版权声明

Authorized translation from the English language edition, entitled OUTDOOR AND NATURE PLAY IN EARLY CHILDHOOD EDUCATION, 1E, ISBN: 9780134742083 by Beverlie Dietze, Diane Kashin, published by Pearson Education Canada, Copyright © 2019 by Pearson Canada Inc.

All rights reserved. No part of this book may be reproduced or transmitted in any form or by any means, electronic or mechanical, including photocopying, recording or by any information storage retrieval system, without permission from Pearson Education, Inc.

CHINESE SIMPLIFIED language edition published by CHINA LIGHT INDUSTRY PRESS LTD., Copyright © 2023.

本书封面贴有Pearson Education（培生教育出版集团）激光防伪标签。无标签者不得销售。

保留所有权利。非经中国轻工业出版社"万千教育"书面授权，任何人不得以任何方式（包括但不限于电子、机械、手工或其他尚未被发明或应用的技术手段）复印、拍照、扫描、录音、朗读、存储、发表本书中任何部分或本书全部内容，以及其他附带的所有资料（包括但不限于光盘、音频、视频等）。中国轻工业出版社"万千教育"未授权任何机构提供源自本书内容的电子文件阅览、收听或下载服务。如有此类非法行为，查实必究。

Outdoor and Nature Play
in Early Childhood Education

幼儿园户外与自然游戏

[加] 贝弗莉·迪策（Beverlie Dietze）
黛安娜·卡欣（Diane Kashin） / 著

陈 欢 / 译

中国轻工业出版社

图书在版编目（CIP）数据

幼儿园户外与自然游戏／（加）贝弗莉·迪策（Beverlie Dietze），（加）黛安娜·卡欣（Diane Kashin）著；陈欢译.—北京：中国轻工业出版社，2023.5（2024.10重印）
ISBN 978-7-5184-4105-1

Ⅰ.①幼… Ⅱ.①贝… ②黛… ③陈… Ⅲ.①游戏课－学前教育－教学参考资料 Ⅳ.①G613.7

中国版本图书馆CIP数据核字（2022）第154116号

责任编辑：张天怡　　　责任终审：张乃柬
策划编辑：高　君　　　责任校对：刘志颖　　　责任监印：吴维斌

出版发行：中国轻工业出版社（北京鲁谷东街5号，邮编：100040）
印　　刷：三河市鑫金马印装有限公司
经　　销：各地新华书店
版　　次：2024年10月第1版第3次印刷
开　　本：787×1092　1/16　印张：29.5
字　　数：282千字
书　　号：ISBN 978-7-5184-4105-1　　定价：98.00元
读者热线：010-65181109
发行电话：010-85119832　　010-85119912
网　　址：http://www.chlip.com.cn　　http://www.wqedu.com
电子信箱：1012305542@qq.com
版权所有　侵权必究
如发现图书残缺请拨打读者热线联系调换
241860Y1C103ZYW

译 者 序

"户外游戏"对幼儿教育工作者而言并不陌生。我国教育部于2012年发布的《3—6岁儿童学习与发展指南》明确建议："幼儿每天的户外活动时间一般不少于两小时，其中体育活动时间不少于1小时。"然而，关于户外游戏、户外时间的讨论很少提及"自然"一词，似乎户外与自然之间没有必然联系。即便近年来越来越多的教师开始把儿童带到树林中、公园里，甚至在幼儿园里布置种植区或者照顾动物，但很多时候，"自然"依旧被认为是只有少部分生态环境优渥的幼儿园才有的特权。除此以外，"自然"也没有和"游戏"直接联系起来。许多教师更愿意从环保意识强化和科学知识学习的视角来塑造儿童的自然时间。由于以上种种误解，加之家庭生活越来越依赖人工环境，在《林间最后的小孩：拯救自然缺失症儿童》[①]（*The Last Child in the Woods: Saving Our Children From Nature-Deficit Disorder*）的作者理查德·洛夫（Richard Louv）提出"自然缺失症"十多年以后的今天，自然依然只是忙碌的当代儿童生活中一个可有可无的元素。

面对这种情况，各国忧心忡忡的学前教育研究人员进一步探索：除了健康和环保的益处以外，自然对儿童的成长还可以发挥哪些作用？为什么幼儿教育工作者和儿童一样需要自然？如何把自然纳入幼儿教育工作者的日常实践？本书就是从这样的视角出发，系统地剖析了户外和自然游戏对儿童全面学习与发展的重要性。

本书的两位作者——贝弗莉·迪策（Beverlie Dietze）和黛安娜·卡欣（Diane Kashin）都是加拿大著名的早期教育学者，她们的著作还有《早期教育基本原理：加拿大学习环境与儿童保育》（*Foundations of Early Childhood Education: Learning Environments and Childcare in Canada*）、《赋能早期教育教学》（*Empowering Pedagogy for Early Childhood Education*）、《早期教育中的游戏与学

---

① 该书的简体中文版已由中国发展出版社于2014年出版。

习》(Playing and Learning in Early Childhood Education)、《"玩中学"课程的项目计划》(The Program Planner for the "Learning Through Play" Curriculum)等。强有力的早期教育背景让她们能够紧紧围绕"教育"展开关于"自然"的讨论。虽然本书写作的初衷是面向加拿大的幼儿教育工作者,但是这样一本教材对中国幼儿教育工作者同样具有重要的理论和实践指导意义。他们应当理解,自然游戏不是在环境中增加大自然元素那么简单——它与学前教育的基本原理密切关联。

曾经的我也和大多数幼儿教育工作者一样更关心儿童的学习与发展,对自然的重要性懵懵懂懂。很多时候,我眼里只有一棵一棵的树木,全然忘记了儿童的成长需要整片森林。2019年,我非常幸运地与中国轻工业出版社"万千教育"编辑部高君女士结缘。受高女士的委托,我承担了《幼儿园户外创造性游戏与学习》①(Nature and Young Children: Encouraging Creative Play and Learning in Natural Environments)一书的翻译工作。该书作者露丝·威尔逊(Ruth Wilson)博士启发我看见自然的力量。我开始意识到,原来儿时在自然中度过的时光给我留下的不仅仅是愉快的回忆。更重要的是,它长久地滋养了我,使我无论面对多么繁重的工作和多么困难的境遇,都能保持对生活的热爱、对新事物的渴求。我开始意识到,自然并不需要人类,但人类尤其是儿童需要自然。时隔四年,承蒙高女士信任,我得以在本书的翻译工作中更加确定,儿童全面学习与发展的需求决定了高质量的学前教育离不开自然。

不管正在阅读本书的你是否已经走过和我类似的心路历程,也不管你是学前教育专业的学生、幼儿园在职教师还是其他工作人员,阅读本书都将帮助你思考以下问题。

"自然游戏"还是"自然教育"

关于自然中的教育有许多术语,包括"自然教育"(nature education)、"森林教育"(forest education)、"森林学校"(forest school)、"森林幼儿园"(forest kindergarten, waldkindergarten)、"灌木丛幼儿园"(bush kindergarten),以及近年来在美国出现的"基于自然的学前教育"(nature-based preschool)等。在国内的

---

① 该书的简体中文版已由中国轻工业出版社于2020年出版。

一些文献中,还有"自然科普""自然科普教育"的提法。它们大多是在不同文化中产生的约定俗成的称谓。由于各国实践方式的差异,这些称谓的内涵与外延没有统一的标准。例如,英国倾向于使用"森林学校"一词,而美国则更多地称之为"自然学校"或者"自然幼儿园"。再如,带儿童到森林、树林中进行自然游戏,在英国常常被称为"森林学校活动",而在国内则被称为"自然教育"。

本书作者把儿童在户外自然环境中获得乐趣与惊奇的体验统称为"自然游戏"。本书的第1章开门见山地解释了户外与自然游戏为什么对儿童很重要、为什么是儿童的权利,并提出"基于儿童权利的学前教育实践"。可以看到,就其组织形式而言,"自然游戏"比"自然教育"更为宽泛,因为前者可以是非正式的教育情景。例如,本书第10章谈到了支持家长和其他人认识儿童自然游戏与发展之间的关系,描述了家长在促进儿童户外游戏体验方面的作用。然而,就其教学方法而言,"自然游戏"又是"自然教育"的组成部分。因为"游戏"本身的自发性、自主性决定了前者是儿童在自然中的自由探索,而后者还包含教师主导或者预设的"自然中的"活动。

特别要指出的是,在中国本土的实践中,"自然教育"囊括了从野外营地到自然学校等各类自然中的学习,而"自然游戏"则是一个更适合学前教育话语体系的术语。在与一线教师工作的过程中,我发现一个有趣的现象:许多教师认为布置一个自然角、饲养几只小动物就是"做自然教育"。这样的一种认识离自然对儿童整体学习与发展的意义还很远。因此,从"自然游戏"而非"自然教育"出发进行阐释,有助于幼儿教育工作者理解户外与自然游戏的深度和广度,让自然游戏如本书作者所倡导的那样成为课程的重要组成部分,而非一个与其他内容割裂的独立"板块"。

"自然游戏"是学前教育的"新潮流"吗

自全球新型冠状病毒肺炎疫情暴发以来,"自然"一词越来越多地进入公共讨论尤其是教育讨论中。人们真切地体验到了自己在自然面前的渺小,体会到了那个比人类社会更大的世界。在学前教育领域,相关的培训、活动和倡议也取得越来越多的关注。对许多教师而言,这是一种"新"的现象,因为他们在学习的过程中接触到了许多新词,如"惊奇感""地方感""亲生命性"等。这就带来一种普遍的误解，认为连接儿童与自然的倡议是新趋势、新潮流。然而，事实恰好相反。

本书第 2 章从历史与理念基础的角度回顾了户外游戏的历史演变，分析了户外游戏与儿童学习的关系，并总结了历史上颇具影响力的教育家、早期教育家关于户外与自然游戏的理论和观点，包括夸美纽斯（Comenius）、卢梭（Rousseau）、裴斯泰洛齐（Pestalozzi）、福禄贝尔（Froebel）、斯坦纳（Steiner）、杜威（Dewey）、麦克米伦（McMillan）、蒙台梭利（Montessori）等。此外，每一章都从一段童年回忆开始，章节里的案例分析和反思也力求把读者的思绪带到自己儿时和自然亲近的日子。通过这些内容，作者不断地提醒我们：与自然紧密连接才是曾经的童年常态。随着阅读的深入，你还会发现，原来对学前教育实践里那些绕不开却又让许多教师感到困难的事情——启发游戏的环境、支持冒险和挑战、激发想象与创造、提供学习的可能性、情绪的调节与管理等，大自然母亲早已给我们准备了答案。这场探索之旅并不是关于什么新的问题，而是关于寻找新的答案，一种只有摒弃人类中心的思维方式才能找到的更好的答案。

我相信对许多教育者而言，了解自然游戏、实践自然游戏是一种向内的回归。它会引发这样的思考：我到底想成为什么样的教育者？在学业和工作的竞争与压力中，我丢掉了什么？我如何能够作为自足、自在的老师，温柔而坚定地支持儿童成为最好的自己，成为一个比我更好的人？自然有一种让人内心安定的力量，在自然的环境中与周围的生命发生关系时，我们更容易反思真正重要的问题。因此，自然游戏不是学前教育理论与实践的新潮流，只是太多人在生活方式变化和教育压力剧增的过程中忘记了童年与学前教育该有的样子。现在，在科学研究和教育研究的支持下，我们终于可以说清楚、道明白自然游戏背后的缘由，终于可以坚定地回归。

"户外与自然游戏"和教学质量有何关系

从某种程度上来说，对这个问题的回答构成本书的主体内容。虽然作者并未刻意从教学质量的视角进行阐释，但通过开放性材料、儿童的学习与发展、冒险和挑战、培养地方感、可持续实践等内容，我们可以看到：在支持户外游戏、自然游戏的过程中，高质量的教学其实是水到渠成的。

开放性材料激发户外"真"游戏

我在工作过程中遇到过很多忘我投入的教师。她们毫不介意花费大量的时间、精力甚至金钱,布置精美的展示区供儿童欣赏,制作精致的超轻黏土水果模型或者结构复杂的小水车供儿童把玩。然而,这样的付出并没有让儿童真正受益。儿童无法全身心地投入她们创设的环境或者活动中,要么无所事事,要么忙碌但不专注。这是一种常见的成人自我陶醉式的教学思维,认为自己的付出一定与儿童的受益成正比。全然不知,成人设计的活动无论"看"起来多么好玩,只要儿童无法深度参与便是"假"游戏。

开放性材料,尤其在户外玩开放性材料则不同。与传统的、成人设计的游戏场比起来,儿童更喜欢充满开放性材料的游戏场地。户外环境具有激发和激励儿童的潜力。无论是人造的开放性材料还是天然的开放性材料,都能在不断变化的户外环境中迸发出惊人的力量,从而让儿童在深度参与游戏的过程中、在看似"胡闹"的过程中,体验多种学习与发展的机会,获得21世纪重要的认知、内省和人际能力的发展。本书第4章从开放性材料的关键要素、理论基础、实践应用等方面对此进行分析,并提供沙坑、快闪冒险游乐场、垃圾游乐场、宝物篮等实践策略,讨论这样的环境所能提供的包容性和多样性,并对开放性材料的存储提出建议。

户外游戏促进儿童学习与发展

其实,很多教师并非不了解开放性材料的益处,但是在教学工作中总是对拥抱开放性材料和自由的户外游戏感到有所顾虑,以至于宁愿执着于课程内容和标准,也不愿观察儿童真实获得的经验。对他们而言,前者更加可控、可预期,后者则有着一种未知带来的恐惧。产生这种现象的根本原因,是教师不知道如何分析儿童在自由游戏中获得的学习与发展。不幸的是,正如本书作者在第5章所指出的那样,这种环境对儿童而言是有害的。儿童需要基于生活经验亲自去发现学习,从而获得各领域的发展。

为了提升教师在这方面的能力,第5章详细地解释了户外与自然游戏对儿童学习与发展的促进作用。不过,各领域发展目标的实现并不是作者关注的重点。本书作者重点着墨的内容是实现发展目标所需要的、更为基础的能力,如好奇心、批判性思维能力、问题解决和推理能力、发散性思维能力、抑制控制能力。

户外与自然游戏在促进这些能力发展方面的有效性是人工环境、室内环境所无法比拟的。在以上能力获得发展的过程中，儿童的语言能力、数学能力、社会交往能力、创造力甚至是身体的健康水平都将随之提升。因此，理解这些能力的学习机会、表现形式和支持策略，就会构成教师通过户外与自然游戏促进儿童整体学习与发展的核心内容。

我把对这种更深层次的教学目标的理解视为教师的"心灵力量"。它能够支撑教师坚定地维护儿童的权利，让儿童在开放的、自然的户外环境里享受游戏、享受童年时光，并知道此时为儿童提供的支持才是真正有效的支持。

户外游戏提供挑战和冒险

儿童需要冒险游戏，他们需要在冒险和挑战的过程中体验高度专注与兴奋，测试自己的能力、管理风险、体验自我效能感、尝试错误和减少恐惧。同时，在冒险游戏中他们还能获得身体运动能力、空间定向能力、抗逆力、认知和社会性、独立性等方面的发展。

幼儿教育工作者大多知道环境的支持是冒险游戏产生和发展的必要条件，但是常常把这种环境等同于有挑战性的户外运动设施。完全人工的运动环境确实能在一定程度上激发儿童挑战自己的想法，但其所能提供的挑战的丰富性、多样性远远不及自然环境里的土、水、空气和火等元素，以及随着天气和季节而不断变化的景观。正如第 6 章所分析的那样，儿童应该拥有在环境中选择进行冒险的自由。这里，儿童自己的选择才是冒险游戏的关键。缺乏自然元素的人工冒险环境剥夺了儿童选择克服恐惧心理把一只蚯蚓捧在手里、在不同的天气从同一个土丘上滑下来，或者和同伴一起用石头搭建一个游乐场的自由。此外，第 6 章还分析了关于"冒险"这个术语的争论，详细阐述了户外自然环境中可能产生的冒险游戏以及围绕冒险游戏的安全性考量，并提出了增加儿童的户外冒险游戏经验的 10 个建议。

换一种方式思考教学环境

不知从什么时候起，一谈到教学环境，教师想到的便是环境"创设"、材料"投放"、主题墙"设计"等。双引号内的词语体现出这样一种认识，即教学环境是教师从无到有创造出来的，只有人造的环境才有教学意义。然而，这并非学前教育最初的样子。

本书第 7 章回顾了不同历史时期关于学前教育的主流理论对教学空间的影响，特别强调了在行为主义出现之前，教育家们如何把自然视作教育儿童的最佳场所。在经历了"游乐场运动""学业性幼儿园运动""保育学校运动"和"安全游乐场运动"以后，今天的"户外游戏运动"正重新倡导重视自然空间的教育价值，提醒教师意识到这些空间和地方对儿童发展的潜力。本书作者特别强调了"户外教室"不等于"在户外创设一间教室"，而是"把户外自然空间看作儿童游戏与学习的潜在场所"。大自然已经给儿童提供了高度的可供性和丰富的学习机会，真正的挑战在于教师能否看见它们。因此，作者建议"自然游乐场"可能是一个更好的称呼，并详细讨论了其实践要点。为了更好地发挥户外自然环境的作用，教师还应该打造一个生态学校，培养儿童的生态意识、拓展他们的社会视野。

把环境教学纳入学前教育带来的是教学原则的变革以及环境与儿童及社区更紧密的联系。这样一种联系被称为"地方感"，它"让儿童知道他们属于身边的物理世界"，从而建立与身边的自然之间的情感联系和关爱环境的态度。这是一种突破了单纯以"教学"为中心的教学环境观，对儿童的福祉和地球的未来至关重要。当然，教师必须从学前教育的视角出发，通过基于游戏的实践来实现这一点。

超越人类中心主义教学观

理查德·洛夫指出，为了每一个人类从另一种生物那里得到疗愈的时刻，人类将为那只动物及其亲属提供同等的疗愈时刻。当作为人类的儿童和教师从自然中获得如此多的益处时，生态伦理要求我们把环境可持续的原则纳入幼儿园日常实践中，从而让周围的生命也从我们的活动中受益。用作者的话说，这是一种"把环境可持续性视作一种广义的教学方法"的思维方式。

对中国的学前教育工作者来说，在幼儿园里落实"环保"的原则并非一件陌生的事情。多年前，教师们就开始用可回收垃圾制作教具、玩具，并鼓励儿童学习垃圾分类的原则。然而，与前文提到的"做自然教育"一样，如果这些措施没有被放入一个完整的体系中进行思考，而只是一个一个独立的、"为做而做"的行为，我们就不仅不能取得预期效果，甚至可能适得其反。这也是为什么本书到第 8 章才开始讨论这个问题——前面的所有章节就是"完整的体系"。教师必须

首先理解儿童如何从自然中受益、如何让儿童从自然中受益，才能理解怎样培养懂得回馈自然的儿童。同时，培养儿童关爱环境的意识远远不是使用可回收材料创设环境或者去户外感受自然之美那么简单。

第8章回顾了学前教育项目中环境教育的演变，指出今天的环境教学已经发展到儿童、教师、家长"共同参与"的阶段，尤其应该尊重长者或第一民族①的智慧，传承关于环境和生命的本土价值观、本土态度。为了发展这样的实践，作者建议教师采用"以探究为导向的教学"，让儿童通过体验惊奇的感觉来发现有关他们环境的新知识，并且从学前教育的视角理解联合国教科文组织所确定的社会文化、经济和环境可持续性支柱，塑造"可持续发展的学前教育"。这就要求教师的实践超越自然游戏和儿童学习与发展本身，立足于生命世界的长久福祉，重新审视自己的课程计划和教学互动。

户外与自然游戏对教师的要求高吗

一个直接明了的答案是，高。但"要求高"并不等于"实践难"。我相信，已经走上这条道路的教师一定会同意"自然让教学变得更容易"的观点。首先，教师将拥有一个充满生机且不需要自己花费时间精心布置的环境。其次，在自然游戏中得到解放的儿童的眼里充满了好奇和惊奇，他们总是会主动地发现学习而不是被动地等待教师告知。最后，教师不需要提前设计好当天、当周、当月的所有课程内容，不必担心儿童不专注、不参与。因为一个有生命力的环境和一群有好奇心的儿童意味着源源不断的游戏与课程得到生成。此外，儿童因连接自然而产生的变化会让家长更愿意支持教师的工作。于是，教师不再需要花时间写教案、做教具、构建课程内容网络。日常教学实践将变得"容易"。不过，这种"容易"建立在高度专业的基础之上。不理解自然游戏的人也无法在自然中支持儿童的游戏。

本书就是为了让教师掌握这样的能力而著的。全书具有极强的互动性，使用了大量实拍图和真实案例，引导、刺激教师和学前教育专业的学生在阅读过程中

---

① 英文为 First Nations，即加拿大的一个种族名称，指的是现今加拿大境内的北美洲原住民及其子孙，但是不包括因纽特人和梅提斯人。——译者注

多思、多辩，让本书的内容最终成为自身教育观的一部分。此外，作者还提供了丰富的策略来支持教师的课程计划、实施和评价，如"PEER原则"①（见第1章），从四季的视角计划课程（第9章）、与家长沟通的策略（第10章）、教学记录与儿童户外游戏环境评价（第11章）等。正如本书最后一章所说，作者希望的是当下以及未来的幼儿教师能够基于持续的研究和实践塑造自然游戏以及儿童的未来。

总之，本书作者以建构主义的方式撰写了这本通过反思和对话促成读者学习户外与自然游戏的图书。全书既有强有力的学前教育、环境教育的理论基础，又通过全面的、可视化的、交互的内容为幼儿教师和学前教育专业的学生提供了切实可行的教学建议。对任何想要了解和实践户外与自然游戏的人而言，本书都是一份不可多得的详细指南。而对那些刚刚接触这一话题的教师而言，在阅读本书的时候，作者发人深省的写作方式一定会让他们体会到"第一次知道自己不知道"的震撼。"人法地，地法天，天法道，道法自然。"中国古人的智慧早就道明了今天的自然游戏运动所传播的道理。让我们重新怀着虔敬之心，和儿童一起，每一天都在大自然母亲面前做一个孩子吧！

最后，感谢亿佳佳教育亦庄中心、安吉儿斑蹼自然学校、安吉儿中兆幼儿园、安吉儿英郡年华幼儿园、山东省淄博市汇英幼儿园、江苏省丹阳市胡桥中心幼儿园、广西壮族自治区柳州市育柏森林幼儿园以及Soyoung Kim为本书提供了精彩的照片，便于读者更好地理解书中内容。再次感谢中国轻工业出版社"万千教育"编辑部的信任。翻译体量如此之大的著作是对我的专业素养和文字功底的一次大考验，疏漏和瑕疵在所难免，还望同行专家和读者们批评指正！

陈欢

2022年8月

---

① 即计划（plan）、参与（engage）、探索（explore）、反思（reflect）。

前　　言

作为一名幼儿教师，你是否还记得儿时在户外游戏的情景？你是否还记得海风吹来时沁人心脾的凉爽、爬上高高的大树时的骄傲之情和在水坑里踩跳溅起水花时的喜悦感受？你是否还记得那种被赋予力量、自由和快乐的感觉？孩童时，你可能从一个院落玩到另一个院落，也许有成人看护你，也许没有。现在，让我们把时钟拨到今天，思考一下当代儿童的户外经验。他们花在户外的时间比以往任何时候都少。户外游戏时间减少，取而代之的是室内游戏活动或具有认知或运动导向的集体活动。儿童失去了探索户外环境的自由，失去了与自然接触的自由，也失去了参与许多必要的游戏活动的自由，因为这些活动现在被成人认为是"危险的"。关于户外游戏，专业人士、研究者和家长存在很大的争论。儿童应该去哪里玩？户外游戏能否为儿童日后的学业表现提供所需要的基本技能？儿童在户外会生病吗？户外游戏难道不是为了让儿童"耗尽力气"吗？为了帮助家长和早期教育工作者清楚地认识户外游戏对儿童全面学习与发展的重要性，这些都是需要讨论的重要问题。

本书的出版恰逢其时，国际学术界和加拿大强调户外游戏在儿童生活中的重要性的新近研究为本书提供了坚实的基础。已有研究表明，户外游戏对增进儿童的健康、幸福，促进儿童的发展以及他们与所处空间和地方的联结感至关重要。事实上，户外游戏对儿童的日常生活也非常重要。基于以上考量，我们希望通过本书介绍一些核心概念，支持大专院校的教育者、实习教师和一线幼儿教师共同研究户外游戏。

除了与幼儿园相关的户外环境外，还有许多空间和地方可以为儿童提供大自然的奇妙和乐趣。并非所有的幼儿园周边都有森林或海滩，但幼儿教师可以考虑把一小片树林或小溪边作为开展地方教学和自然教学的空间。儿童如果有一位热爱和尊重自然的教师，长大后就会成为热爱和关心地球的人。

本书内容根植于知名理论家的工作，他们对早期教育研究做出了宝贵的贡

献,提倡儿童应当有机会在户外游戏与学习。我们对户外活动的益处以及它所提供的学习广度和深度进行了讨论。同时,我们也向读者介绍了许多来自加拿大和其他国家不同学科的研究者,他们影响了当前有关户外游戏的理论概念和观点。

我们写作的初衷是为幼儿教师和学前教育专业的学生提供一本结合了理论、实践和反思的书籍。我们坚信,为了让户外游戏成为课程的重要组成部分,让儿童拥有户外游戏的机会,幼儿教师必须有能够源源不断地从中获取营养的理论、实践和热情。我们认为,户外游戏和多样化的环境是所有儿童的权利与需求。因此,本书强调,无论儿童在哪里游戏,他们都应当有机会在户外探索、发现、惊奇、想象和创造。我们希望本书有助于幼儿教师洞察,理论是如何指导户外游戏课程实践的,什么经验支持儿童的游戏,支持他们对好奇和学习的追求,满足他们关心环境的愿望。此外,本书还意在支持幼儿教师拓展他们的理论视角以及与儿童一起在户外工作和学习的方法。

从学前教育专业的学生、幼儿教师、同事、儿童身上获得的知识和技能启发且激励了我们,他们同我们一样热爱并渴望蕴含丰富的机会和经验的户外环境。本书呈现了我们在推广户外游戏的过程中所掌握的许多理论,以及这些理论在实践中的应用。

最后,希望本书能够引发大家进一步的讨论、辩论和研究。你可以"拥抱"你所感兴趣的内容,并将它们践行到学前教育工作和环境中。

我们的愿景

我们在构思本书,概述潜在的内容和值得关注的领域时,觉得有必要从加拿大的视角来审视户外游戏,认识到学前教育中的儿童、家庭和社区的多样性。我们知道,本书所提出的理论和实践必须适用于各类社区——城市、农村和偏远地区,以及气候较温暖的省份和拥有漫长而寒冷的冬季美景的省份及地区。我们还想借鉴当地人认知与学习中的关键元素,阐释它们如何与学前教育相关联。我们相信,当学前教育专业的学生走上工作岗位后,本书将继续成为他们的参考资源,因为它:

- 支持他们探索户外游戏教学的各个组成部分;
- 创造机会让他们提问、想象、反思和探索进一步的研究,从而深刻理解户外游戏的深度和广度；
- 将户外游戏的历史根源与当代研究相结合，促进他们对以下问题进行讨论，包括户外教学和自然、设计户外游戏的方法以及户外如何为儿童日后的学业学习做准备；
- 引发能够激发他们讨论户外游戏的原因、方式、时间及地点的对话和观点；
- 强调他们对户外游戏的态度和价值观如何影响儿童接纳户外游戏；
- 分享儿童参与各种户外游戏活动的照片，启发他们通过材料、提问和榜样示范为儿童提供类似的选择机会；
- 协助他们形成看待户外游戏的新视角，对保障儿童无论在何种天气下每天都进行高质量的户外游戏充满热情和使命感。

本书内容与板块

建构主义是本书的理论基础。我们希望通过反思和对话促成读者的学习。本书提供了一种全面的、可视化的、交互的内容，希望以此吸引读者促进儿童在自然中的体验。我们将理论与实践相结合，在每一章都列出了户外游戏和自然教学的建议，从而支持学前教育专业的学生的实习，激发在职的幼儿教师提出新的想法、观点和方法。

本书共 12 章，内容依次如下：

第 1 章　走进户外游戏与自然

第 2 章　户外与自然游戏的历史和理念基础

第 3 章　加拿大和国际上的户外游戏研究

第 4 章　开放性材料——在户外与自然游戏中使用自然材料

第 5 章　户外与自然游戏和儿童的发展、健康、学习及思维之间的关系

第 6 章　充满挑战、冒险和风险的户外游戏

第 7 章　基于自然的学前教育空间和地方

第 8 章　可持续性和第一民族——教学

第 9 章　从四季的视角规划课程

第 10 章　支持家长和其他人将儿童的游戏与发展联系起来

第 11 章　教学记录与儿童户外游戏环境评价

第12章 户外与自然游戏——基于研究与实践的未来

每一章都从唤起读者的童年记忆开始，然后讨论我们今天对户外游戏的愿景，以及户外游戏在儿童生活中的地位。为了向学前教育专业的学生阐明有关理论，每一章都介绍了一位颇有影响力的理论家。同时，每一章都提供了实践标准和原则。基于地方的学习是贯穿本书的一条主线：不同的章节呈现了儿童在情感、身体和精神上与之建立联系的不同地方，如花园、社区、公园和森林等。

为了支持所有儿童在生活中享受户外游戏和大自然的权利，本书涵盖了有关可及性与设计方面的内容，以及为支持家庭更多地鼓励儿童在自然中进行户外游戏而提出的建议。我们希望，本书兼具理论性和实用性，因此为读者提供了一些提示和工具，以及具体的课程建议。每天，幼儿教师都应该带领儿童到户外尽情地领略大自然的乐趣和奇妙。每一章也都呈现了一个小故事——"我为什么热爱户外游戏"，让读者理解进行户外游戏是可能的。

每一章都包含以下板块。

学习成果：列出6~8个学习成果，概述章节的核心概念并指导读者的学习，总结该章节要学习的核心内容。

名人名言：引用一位重要的早期教育历史人物的话来支持户外游戏的概念。

童年回忆：描述一段童年记忆，激发读者反思在自然中游戏、与自然一起游戏的益处和重要性。

本章预览：概述章节主要内容。

为户外游戏做好准备：举例说明户外游戏活动、环境和环境中的人如何促进儿童的经验与学习机会的发生。

我们对户外游戏的愿景：描述作者的愿景，阐述该章节在户外课程计划方面的焦点。

户外游戏在儿童生活中的地位：介绍儿童参与大量户外活动的重要性，说明这些活动如何支持儿童的整体健康与发展。

理论基础：交代每个章节的背景并提供一个历史观点，详细阐述对当前倡导户外游戏的运动做出贡献的理论家所产生的影响。

实践应用：描述理论如何影响实践，幼儿教师如何借助理论安排户外游戏计划与实践。

实践原则：解释在户外活动中支持儿童的身体游戏和学习的行动与管理原则。

基于地方的学习：提出儿童有可能与其建立情感、身体和精神联结的地方。

课程计划：使用一个聚焦于计划、参与、探索和反思的框架，描述并说明不同的课程活动。

家长支持与参与：提出鼓励家长参与并帮助家长完全支持儿童的学习、成长和发展的建议。

可及性与设计：回答户外游戏中的无障碍与设计相关的问题，支持有特殊需要的儿童。

户外游戏的提示与工具：列出技术与工具，以改善户外课程计划和与户外游戏有关的专业学习。

在现场——专业反思："我为什么热爱户外游戏"：描述实践中的相关故事，让幼儿教育者有意识地深度思考书中的观点和概念。

案例研究：邀请读者反思不同背景下户外游戏的相关问题。

到户外去：为以成人为中心的户外活动提供建议，提升儿童接触自然时的舒适度。

本章小结：简要说明该章讨论的要点。

安静反思：呈现帮助读者进行反思的问题，培养户外学习意识，认识到自我反思是专业学习的重要特征。

与他人对话：聚焦于其他人的观点，提供对该章内容更多、更复杂的理解，提出支持构建学习共同体的建议。

进一步思考与行动：提出引发进一步思考与行动的建议。改变与户外游戏相关的社会规范需要倡议和行动。

此外，各章还通过一些专栏来帮助读者进一步思考户外游戏，如"想一想，写一写，读一读"和"认识户外游戏——反思要点"。

目 录

第 1 章 走进户外游戏与自然 / 001

本章预览 / 003

为户外游戏做好准备 / 006

我们对户外游戏的愿景 / 008

户外游戏在儿童生活中的地位 / 010

理论基础 / 013

实践应用 / 018

实践原则：基于权利的实践 / 021

基于地方的学习：社区 / 022

课程计划 / 023

家长支持与参与 / 025

可及性与设计 / 026

户外游戏的提示与工具 / 030

在现场——专业反思："我为什么热爱户外游戏" / 030

第 2 章 户外与自然游戏的历史和理念基础 / 035

本章预览 / 037

为户外游戏做好准备 / 039

我们对户外游戏的愿景 / 043

户外游戏在儿童生活中的地位 / 044

理论基础 / 050

实践应用 / 058

实践原则：经验式学习 / 060

基于地方的学习：花园 / 061

课程计划 / 062

家长支持与参与 / 064

可及性与设计 / 064

户外游戏的提示与工具 / 065

在现场——专业反思："我为什么热爱户外游戏" / 066

第3章　加拿大和国际上的户外游戏研究 / 071

本章预览 / 073

为户外游戏做好准备 / 075

我们对户外游戏的愿景 / 079

户外游戏在儿童生活中的地位 / 080

理论基础 / 084

实践应用 / 092

实践原则：自发游戏 / 093

基于地方的学习：游乐场 / 094

课程计划 / 095

家长支持与参与 / 096

可及性与设计 / 097

户外游戏的提示与工具 / 098

在现场——专业反思："我为什么热爱户外游戏" / 099

第4章　开放性材料——在户外与自然游戏中使用自然材料 / 105

本章预览 / 107

为户外游戏做好准备 / 110

我们对户外游戏的愿景 / 116

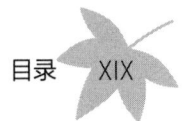

　　户外游戏在儿童生活中的地位　/ 116

　　理论基础　/ 120

　　实践应用　/ 126

　　实践原则：儿童主导的实践　/ 127

　　基于地方的学习：沙坑　/ 129

　　课程计划　/ 131

　　家长支持与参与　/ 132

　　可及性与设计　/ 133

　　户外游戏的提示与工具　/ 133

　　在现场——专业反思："我为什么热爱户外游戏"　/ 134

第5章　户外与自然游戏和儿童的发展、健康、学习及思维之间的关系　/ 139

　　本章预览　/ 141

　　为户外游戏做好准备　/ 144

　　我们对户外游戏的愿景　/ 146

　　户外游戏在儿童生活中的地位　/ 148

　　理论基础　/ 148

　　实践应用　/ 157

　　实践原则：以游戏为基础的实践　/ 158

　　基于地方的学习：公园　/ 159

　　课程计划　/ 161

　　家长支持与参与　/ 163

　　可及性与设计　/ 164

　　户外游戏的提示与工具　/ 165

　　在现场——专业反思："我为什么热爱户外游戏"　/ 166

第 6 章　充满挑战、冒险和风险的户外游戏 / 171

　　本章预览 / 173

　　为户外游戏做好准备 / 181

　　我们对户外游戏的愿景 / 186

　　户外游戏在儿童生活中的地位 / 186

　　理论基础 / 189

　　实践应用 / 191

　　实践原则：基于健康的实践 / 194

　　基于地方的学习：小山顶 / 195

　　课程计划 / 196

　　家长支持与参与 / 197

　　可及性与设计 / 198

　　户外游戏的提示与工具 / 198

　　在现场——专业反思："我为什么热爱户外游戏" / 200

第 7 章　基于自然的学前教育空间和地方 / 205

　　本章预览 / 207

　　为户外游戏做好准备 / 214

　　我们对户外游戏的愿景 / 230

　　户外游戏在儿童生活中的地位 / 230

　　理论基础 / 232

　　实践应用 / 234

　　实践原则：基于游戏的实践 / 235

　　基于地方的学习：森林 / 236

　　课程计划 / 237

　　家长支持与参与 / 238

　　可及性与设计　/ 239

　　户外游戏的提示与工具　/ 239

　　在现场——专业反思:"我为什么热爱户外游戏"　/ 240

第 8 章　可持续性和第一民族——教学　/ 247

　　本章预览　/ 249

　　为户外游戏做好准备　/ 260

　　我们对户外游戏的愿景　/ 267

　　户外游戏在儿童生活中的地位　/ 268

　　理论基础　/ 270

　　实践应用　/ 272

　　实践原则:基于整体的实践　/ 276

　　基于地方的学习:火堆　/ 277

　　课程计划　/ 278

　　家长支持与参与　/ 279

　　可及性与设计　/ 280

　　户外游戏的提示与工具　/ 281

　　在现场——专业反思:"我为什么热爱户外游戏"　/ 282

第 9 章　从四季的视角规划课程　/ 287

　　本章预览　/ 289

　　为户外游戏做好准备　/ 293

　　我们对户外游戏的愿景　/ 300

　　户外游戏在儿童生活中的地位　/ 301

　　理论基础　/ 304

　　实践应用　/ 306

　　实践原则:以科学为基础的实践　/ 313

基于地方的学习：池塘 / 314

课程计划 / 315

家长支持与参与 / 316

可及性与设计 / 316

户外游戏的提示与工具 / 317

在现场——专业反思："我为什么热爱户外游戏" / 318

第 10 章　支持家长和其他人将儿童的游戏与发展联系起来 / 323

本章预览 / 325

为户外游戏做好准备 / 330

我们对户外游戏的愿景 / 335

户外游戏在儿童生活中的地位 / 335

理论基础 / 337

实践应用 / 345

实践原则：基于数学的实践 / 346

基于地方的学习：社区 / 349

课程计划 / 352

家长支持与参与 / 354

可及性与设计 / 355

户外游戏的提示与工具 / 356

在现场——专业反思："我为什么热爱户外游戏" / 356

第 11 章　教学记录与儿童户外游戏环境评价 / 363

本章预览 / 365

为户外游戏做好准备 / 371

我们对户外游戏的愿景 / 378

户外游戏在儿童生活中的地位 / 379

理论基础 / 382

实践应用 / 384

实践原则：基于环境的实践 / 386

基于地方的学习：世界 / 389

课程计划 / 390

家长支持与参与 / 391

可及性与设计 / 392

户外游戏的提示与工具 / 392

在现场——专业反思："我为什么热爱户外游戏" / 394

第12章 户外与自然游戏——基于研究与实践的未来 / 399

本章预览 / 401

为户外游戏做好准备 / 406

我们对户外游戏的愿景 / 412

户外游戏在儿童生活中的地位 / 414

理论基础 / 416

实践应用 / 435

户外游戏的提示与工具 / 435

在现场——专业反思："我为什么热爱户外游戏" / 436

参考文献 / 443

第1章

走进户外游戏与自然

学习成果

学完本章后，你将能够：

- 讨论户外游戏和大自然在儿童生活中很重要的关键原因；
- 解释什么是"儿童体验户外的权利"，以及这对幼儿教师的作用有何影响；
- 描述班宁和沙利文（Banning & Sullivan，2011）的户外游戏标准，以及这些标准在幼儿园中是如何体现的；
- 概述什么是基于权利的实践原则；
- 讨论幼儿教师如何基于儿童、家庭和教育理念安排户外活动；
- 解释可及性与设计为什么是儿童游戏权利与联合国《儿童权利公约》不可或缺的组成部分。

那里应该有一个花园，他们可以在里面饱览树木、鲜花和植物……在花园里，他们总是希望听到和看到新的东西。

——夸美纽斯（Comenius，1632）

 **童年回忆**

我住在一个有很多房子的大社区里。我有两个弟弟，我们喜欢在外面玩街头曲棍球。我现在上四年级了。学校离我家只有5分钟的路程。我喜欢去学校，在学校里我可以看到朋友们，但我希望我们能有更多的时间在外面玩。我记得5岁那年的夏天，我们去露营，每天都在外面的森林里度过。虽然只有一个星期，但我记得很清楚！我喜欢户外探险。我们发现了很多有趣的虫子。有一次，一只山雀落在了我的手上！有一天晚上下了雨，我们早晨到森林里的时候路面十分泥泞！我以为我们得在屋里待一整天，但我们没有。我们在泥里玩！现在我上学了，有时我们甚至不能在课间休息。老师说，我们必须多学习，尤其是在拼写测试中表现得不好的时候。我怀念在外面玩的日子。

本章预览

想象一下不能去户外的日子——可能你会错过聆听脚下积雪嘎吱作响的声音，无法感受雨滴轻轻地落在头上，或者失去看到一个绝佳的水坑并思考是否要跳进去溅起大水花的时光。想象一下，如果你没有机会观察喂食器前鸟儿的美丽，如果没有这些经历，你的人生会缺少什么。现在，想一想儿童的生活。他们能够便捷地去户外吗？那里有哪些机会？儿童会接触哪些类型的户外游戏活动？他们能在多大程度上自由地探索环境——观看、观察、实验、发现，好奇环境中所有事物的"为什么""是什么""什么时候"和"怎么样"的问题，看看儿童在水坑里玩的三张照片。想一想儿童从这些感官体验中学到了什么,以及这些童年早期的经验将如何影响他们往后的学习。

照片 1.1　在水坑里溅起水花

照片 1.2　在水坑里玩

照片 1.3　更多水坑游戏

现在想一想，当儿童被赋予在水坑里玩耍的自由时，他们的学习可能会发生怎样的变化。反思你的想法，思考图1.1中的问题。儿童在室内也能体验到同样的学习方式吗？为什么能或者为什么不能？如果能，他们如何获得同样的体验？如果不能，为什么？儿童能从水坑中学到什么？

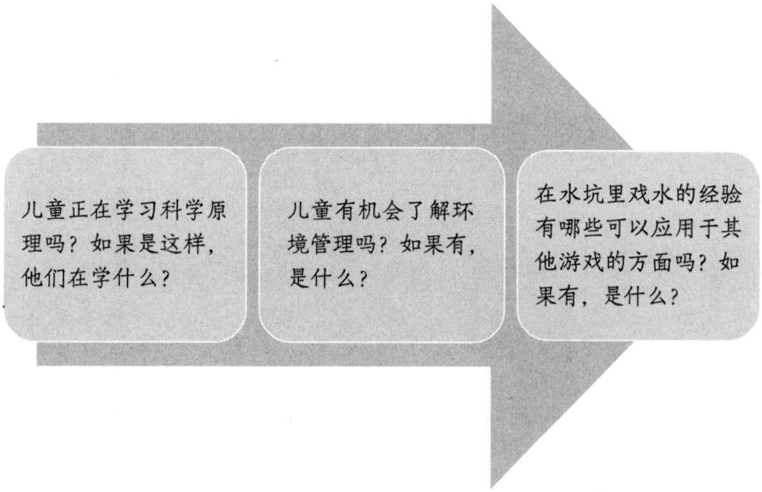

儿童正在学习科学原理吗？如果是这样，他们在学什么？

儿童有机会了解环境管理吗？如果有，是什么？

在水坑里戏水的经验有哪些可以应用于其他游戏的方面吗？如果有，是什么？

图1.1　儿童可以从一个水坑中学到什么

尽管一个水坑对你而言十分平凡、单调，但它反映了世界对于儿童的可能性。韦基（Vecchi，2010，p. 121）将水坑描述为"一块面朝上空的世界碎片"。韦基要求成人思考，当儿童靠近水坑，他们在水中的影子看起来越来越大时，儿童能观察到什么。他们可以思考，为什么离开水坑时影子越来越小了。他们还可以观察水坑和水坑里的倒影如何随着天气而发生变化。这些都能支持儿童学习更多的科学知识。通过接触水坑，儿童可以体验环境管理，因为关爱水坑和关爱环境的其他部分一样。在本章中，我们将向你介绍户外游戏和自然教学的奇妙世界。你会读到这些类型的经验对儿童的好处和重要性，开始看到户外游戏以及与大自然接触如何促进儿童的学习。你将思考幼儿教师在确保所有儿童都可以进行户外游戏方面的角色，因为这是他们的权利！

> 想一想，写一写，读一读
>
> 环境管理对你来说意味着什么？请搜索一下"环境管理"的定义，写出你对环境管理的看法。

为户外游戏做好准备

照片1.4　儿童在探究中亲近自然

照片1.5　儿童和小伙伴一起探索自然

（广西壮族自治区柳州市育柏森林幼儿园）

儿童的社会性、情感、认知和身体发展受到他们与自然的关系的影响。儿童天生就需要自然，也是自然环境的一部分（Smirnova & Riabkova, 2016）。在大自然中，儿童可以与同伴、动物朋友以及关爱他们并确保他们有时间外出的成人建立重要的关系。

想象一下：一群孩子在户外的草地上玩耍，周围都是树。特莎拿着她收集来的树枝走到空地上，其他孩子正在那里画周围的风景。当她拿着树枝走过来的时候，他们都抬起了头。马里奥问："你在哪里找到这些树枝？"特莎指着树林，所有孩子都跳起来跑去找更多的树枝。突然，孩子们决定建造一座堡垒。他们和教师讨论制订计划，并一起考虑哪些树枝适合用来建造堡垒。之后，孩子们决定使用那些和他们的身体一样长的树枝。他们轮流测量树枝，测量的方式是让每一个同伴躺在树枝旁边。之后,他们决定是否使用经过测量的树枝。想一想这段经历会如何支持儿童的学习?

在这个例子中,儿童正在建立彼此之间以及与教师之间的关系。同时,他们也在与自然建立联系。他们在练习数学技能和建构。他们把词汇和数学原理联系起来,如长、宽、厚、薄。教师在一些孩子拿起速写本画画的时候给他们拍照。这段经历被教师用照片记录下来。更重要的是,儿童将终生拥有这些回忆。你还记得你的童年经历吗?根据专栏1.1中的反思要点,回想一下吧。

  专栏1.1　认识户外游戏——反思要点

想一想你在户外度过的一段美好的童年时光。关于那段时光,你尤其记得什么?人?地方?你在做的事情?你的感觉?尝试记起那时的景色、声音、笑容、触感和色彩。把你的记忆写下来与他人分享。你和他人写下的内容有哪些相同或者不同之处?

在每一章,我们都会描述一个关于户外游戏的愿景。愿景陈述与学前教育的乌托邦思维相关(Dietze & Kashin,2016)。这些愿景表达了我们想象中的户外游戏和学前教育在一个完美的世界里会是什么样子的,如照片1.6所示。

照片1.6　在完美的世界里

> **想一想，写一写，读一读**
>
> 在网上搜索学前教育中的"乌托邦思维"。阅读你检索的结果。现在想一想：乌托邦思维对你来说意味着什么？写一段话，描述你对儿童的乌托邦愿景。

有了理想，就可以为实现理想而努力。如今，并非每个儿童或成人的生活中都能进行户外游戏，因此为了让它重新回到儿童的生活中，我们需要：

- 改变成人和儿童对户外游戏的态度；
- 把所有户外游戏空间都视为有游戏的可能性；
- 为儿童提供户外空间，支持他们的好奇心和相关的户外活动。

当我们朝着这一愿景努力时，幼儿教师就可以发挥作用，把户外作为日常游戏和学习的首选地方。

> **想一想，写一写，读一读**
>
> 在网上了解挪威和丹麦的户外活动。户外游戏与文化的哪三个方面在相关资料中最为突出？与苏格兰等其他国家的资料相比，这些资料是否提供了不同的视角？

它们之间有什么相似之处和不同之处？通过思考，你就可以开始综述关于户外游戏的国际视角。

我们对户外游戏的愿景

游戏正处在危险之中，尤其是户外游戏。室内环境的电子设备为儿童提供了很多娱乐活动。相比之下，户外环境为儿童提供现实体验，包括不同的声音、气味、观点、想法和认知方式，这些是无法在室内复制的，尤其不能通过屏幕来复制。拉里莫尔和索贝尔（Larimore & Sobel, 2016）认为，在北美洲的许多地区，为了让儿童达到标准，幼儿园将游戏搁置一边，更多地开展由教师指导的教学活动。儿童认识颜色吗？能数到数字 10 吗？会拼自己的名字吗？达到学业标准正成为许多教师关注的焦点，导致他们认为游戏，尤其是户外游戏，不如学业学习重要。在家里和学校里，儿童在室内的时间比在户外的时间多（Gundersen, Skår, O'Brien, Wold, & Follo, 2016），他们在室内的时间太长了。

在加拿大各地，省和地方政府指导学前教育政策的制定。如果有明确规定儿童户外时间的户外游戏标准，那么他们可能会也可能不会遵守这些标准，因为这种事情取决于对标准的解释。在学校里，许多情况下，儿童花很长时间在室内接受教育。有些儿童甚至正在失去休息时间。尽管他们有在户外游戏的权利，但这种情况还是发生了。在这个关键的历史时刻，加拿大政府和整个社会，要么在户外游戏中保持沉默，要么制定一个新的方向。制定一个新的方向可能需要加拿大考察世界上其他国家如何制定政策和实践来保护儿童游戏的权利，具体地说，是在户外游戏的权利。

所有儿童都有在户外游戏的权利，有权享受户外活动带来的益处和乐趣。了解其他国家如何看待户外游戏是我们倡导加拿大儿童回归户外游戏生活的基础。通过考察户外游戏如何融入其他文化，我们便能拓宽自己对户外游戏的看法，让幼儿教师和学前教育相关人士为本国儿童做出贡献（Chawla, Keena, Pevec, & Stanley, 2014; Gundersen et al., 2016）。例如，在斯堪的纳维亚，户外游戏是童年的重要组成部分。然而，如前所述，在北美洲的一些地区，户外游戏的价值低于学业学习（Larimore & Sobel, 2016）。这些趋势加剧了户外游戏时间的流失（Prince, Allin, Sandseter, & Ärkemalm-Hagsér, 2013）。

在塑造你所在社区的历史进程中，你可以发挥作用。是的，你可以为拯救户外游戏免于灭绝做出贡献。无论室内学习环境如何投放了开放、自然的材料并具有美感，它都不能代替户外的游戏、发现和探索。在本书中，你将读到有关户外游戏的历史、理论和研究。你还会读到帮助你规划户外游戏的实用建议。在大自然中研究户外游戏，幼儿教师将能够发展相关知识和积极的认识，这将影响他们支持儿童及其家庭进行户外游戏的方式。家长当然希望给孩子最好的一切

（Ontario Ministry of Education[①]，2014）。当家长理解户外游戏对儿童的学习和发展的重要性，感觉自己得到支持并参与儿童的学习时，他们就会尊重儿童进行户外游戏的权利。

户外游戏在儿童生活中的地位

越来越多的研究发现，儿童在户外环境中的游戏经验是他们健康发展的基础（Brussoni, Olsen, Pike, & Sleet, 2012; Dietze & Kashin, 2017）。在过去的10年中，许多研究将户外游戏的益处与儿童的社会性、情感、身体、精神和认知发展联系起来（Brussoni et al., 2012; Li, Hestenes, & Wang, 2016）。如今，有研究将童年早期的户外游戏经验与未来的学业成绩联系起来（Pacini-Ketchabaw & Nxumalo, 2015; Shanker, 2016），甚至认为它会影响我们星球的未来。

如果我们一致认为儿童在自然中的游戏体验十分重要，那么为什么越来越多的儿童与自然世界的接触越来越少呢（Louv, 2005）？与20世纪70年代相比，儿童如今在户外进行非结构化活动的时间减少了50%（Chiao, Li, Seligman, & Turner, 2016）。在加拿大的一些地区，幼儿园中的户外游戏并非强制要求。随着儿童进入小学，课间休息的时间减少，他们进行非结构化的户外游戏机会也随之变少。许多学校选择在非结构化的场地为儿童提供结构化的户外活动，如体育活动，但它与游戏不同。"10—16岁的孩子现在平均每天只花12.6分钟"在户外游戏（Chiao et al., 2016, p. 62）。你认为，儿童应该经常在外面吗？儿童想经常出去玩吗？如果儿童有更多的户外活动机会，那么会对他们产生积极还是消极的影响？儿童与自然的分离对他们的健康、幸福和发展都将产生严重的影响，之后的章节会进行探讨。在本章中，我们希望你从权利的视角思考户外与自然游戏。

[①] 即加拿大安大略省教育部。——译者注

> **想一想，写一写，读一读**
>
> 权利的视角对你来说意味着什么？当你在网上搜索这个话题时，会想到什么？写一份关于儿童和户外活动的权利声明。用"儿童有权利……"开始你的陈述。

人们现在认识到，在户外游戏的时间和空间既是儿童的需要，又是他们的权利，对他们的健康和发展至关重要。在全球范围内，游戏被公认为是儿童的基本权利（Brussoni, Olsen, Pike, & Sleet, 2012; Krechevsky, Mardell, Filippini, & Tedeschi, 2016; Ontario Ministry of Education, 2016）。前文特意强调了儿童接触大自然的权利。每个儿童都有权体验户外的乐趣和奇妙。这样的经历对儿童有极大的好处（Smirnova & Riabkova, 2016）。

研究学前教育的人和从事学前教育工作的人，在支持儿童户外游戏的权利中拥有独特的地位。想一想幼儿园的儿童，他们更愿意在户外而不是室内。然后想一想，当他们的户外游戏时间被取消时会发生什么？他们的精神和好奇心会发生什么变化？

> **想一想，写一写，读一读**
>
> 当儿童被要求在室内待一天、两天或几天时，他们会遇到哪些挑战？在网上检索这个问题：儿童待在室内的时间太长对他们有什么负面影响？为什么教师觉得，儿童在室外不如在室内重要？写下你的想法。

从户外游戏中，我们可以学到很多东西。想一想，如果教师像本章开篇的"童年回忆"中所描述的那样，把学习拼写和户外活动结合起来，那么会发生什么？也许儿童可以玩寻宝游戏，发现大自然中的宝藏？照片1.7中的儿童刚刚发现了一只蝴蝶。对儿童而言，学习拼写一些对他们来说有形的东西，难道不比为了一个特定的语言和读写目标而学习与他们的现实生活没有联系的单词更有意义吗？

儿童有权体验户外游戏所带来的乐趣与惊奇。那里有一个令人兴奋的世界等他们去发现，我们有责任把它分享给儿童。这是我们欠儿童的，也是我们欠环

照片 1.7　儿童在户外探索中发现了一只蝴蝶　　照片 1.8　享受户外游戏

境的。在自然中成长、自幼亲近自然的儿童会成为环境管理者。他们会学习关爱环境，而不是摧毁它。儿童可以在自然中与一个地方建立情感连接。这将支持他们发展一种生态身份。通过为儿童提供可以进行观察的地方和体验自然馈赠的机会，幼儿教师便能支持他们形成生态身份。这个地方可以是幼儿园中的户外空间、散步的路上，也可以是森林、草地、山坡、峡谷或小溪，甚至只是一小片树林。儿童需要在户外的时间和机会，以及支持他们的探索、提问和形成生态身份的成人。

生态身份，即生态自我，可以描述为个体与自然环境的连接、对待自然环境的态度（Wilson，2012）。

如今的许多环境保护工作者对儿童所拥有的生活经验感到忧虑，尤其是他们去户外的机会被最小化。戴维·苏泽金（David Suzuki，2014）经研究发现，虽然计算机、电子游戏和上网越来越便捷，能够给人们带来快乐，但是没有现实世界能够提供的所有乐趣。苏泽金认为，"除非我们愿意鼓励儿童重新接触并了解自然世界，否则我们不能期待他们自发地保护和关爱它"（p. 194）。拉里莫尔和索贝尔（2016）也指出，儿童需要时间与自然建立联系，从而在被要求拯救地球之前学会爱它。一场连接儿童与自然的运动正在进行（Sobel，2016）。幼儿教师是这场运动的核心，他们为儿童提供去户外游戏且拥抱自然世界的机会和可能性。

理 论 基 础

研究者和理论家们支持游戏的重要性，特别是儿童户外游戏的重要性（Kemple, Oh, Kenny, & Smith-Bonahue, 2016; Whitebread, Basilio, Kuvalja, & Verma, 2012）。基于户外游戏的益处思考一下，游戏被剥夺会对儿童的生态身份带来什么后果。在游戏中，儿童行使的是为了游戏而游戏的权利，即为了从游戏中获得乐趣和快乐而游戏。游戏不只是享乐，还对儿童的健康和幸福至关重要（Kellert, 2012; Lester & Russell, 2010; Palmer, 2015）。越来越多的文献证明，真实地接触大自然对儿童和成人的情感与身体健康有诸多益处，儿童在生命早期与大自然建立连接至关重要（Dennis, Wells, & Bishop, 2014; Dowdell, Gray, & Malone, 2011; Gill, 2014; Kellert, 2012; Larimore & Sobel, 2016）。

所有儿童都有在户外游戏的权利。如果你问儿童他们有没有这个权利，你认为他们的答案会是什么？他们会做出肯定回答吗？在学前教育中采取"权利整合策略"（Di Santo & Keanelly, 2014），其实是为每个儿童挺身而出，无论他们的性别和背景如何，也无论他们贫穷还是富裕。英国的玛格丽特·麦克米伦（Margaret McMillan, 1919）（见专栏1.2）理解这一概念，并将其作为自己的毕生事业。大约100年前，她和姐姐蕾切尔（Rachel）一起推广户外游戏，因为她们认为户外游戏对健康的益处应该适用于所有儿童。

权利整合策略是指明确认可《儿童权利公约》并将其付诸行动的教与学实践，无论该实践的哲学框架是什么。

> **专栏 1.2　重要理论家：玛格丽特·麦克米伦**
>
> 　　玛格丽特·麦克米伦是儿童早期教育先驱。她曾是家庭教师和活动家，希望每个儿童都有权享受富裕家庭的孩子可以享受的条件（Ouvry，2003）。麦克米伦的"露天运动"受到德国弗里德里希·福禄贝尔（Friedrich Froebel）的影响，关注儿童的发展、卫生和营养。1908年和1910年，她分别在英国伦敦的堡区和德特福德贫民窟花园开办露天学校。尽管曾经被公众质疑，但麦克米伦的学校最终赢得了赞誉，她被认为是儿童早期教育和户外游戏运动的关键先驱人物（Cree & McCree，2012）。

照片 1.9　天空是一个圆顶

（亿佳佳教育亦庄中心）

　　几个世纪以来，许多理论家写过关于户外游戏的益处的文章。我们首先向大家介绍伟大的玛格丽特·麦克米伦。她的话经常被引用：最好的教室和最精美的橱柜都只有一个屋顶，那就是天空（转引自 Schweizer，2009，p. 3）。她指出"天空其实是一个圆顶，低语的树木常常是墙壁很好的替代品"（McMillan，1919，p. 325）。

　　对麦克米伦（1919，p. 325）来说，问题在于那些住在拥挤的临时社区的人与"大自然中最能治愈和振奋人心的一切"隔绝了。为什么麦克米伦——世界上露天幼儿园的创始人，宣称户外是终极教室呢？因为关系在户外似乎会得到增强？因为儿童觉得自己与他们世界里的成人之间的连接似乎会变得更强烈，就像照片 1.10 所展示的那样？因为玩自然元素是一种令人兴奋的经验，就像照片 1.11 中女孩体验泥巴所感受到的那样？它是终极课堂，是不是因为它为儿童提供了与所遇到的动物互动的机会，从而让他们意识到与除人类以外的物种共享这个世界有多么重要（Pacini-Ketchabaw，Taylor，& Blaise，2016）？看照片 1.12，亚历克西丝发现了一只青蛙，正在与它温柔地互动。

照片 1.10　关系在户外得以增强

照片 1.11　体验泥巴

照片 1.12　与青蛙温柔地互动

重新回顾本章所提供的儿童照片。思考一下他们从每一次经历中可能获得的学习。例如，玩泥巴的女孩可能获得了新的感官体验，如泥巴变硬、变黏、变湿或变冷时给人的感觉。她可能检查了泥巴的不同黏稠度，如稠的、干的和稀的。她可能发现了在泥土里加水后会发生什么。她还可能学会新的语言，比如"黏黏的"或"滑滑的"。成人仔细研究户外游戏经验如何有助于儿童的发展，就能更好地认识到它的重要性，以及它如何为终身学习奠定基础。

幼儿教师能够在扭转趋势方面做出重大贡献，让儿童从室内走向室外，获得丰富的户外游戏体验和环境，接下来的几章将详细探讨这一观点产生的原因。户外游戏的倡导者正在呼吁一项运动，让儿童重新接触大自然（Louv，2005；Frost，2009；Sobel，2016）。10多年前，美国的理查德·洛夫撰写了《林间最后的小孩：拯救自然缺失症儿童》一书，让"自然缺失症"一词流行起来。如图1.2所示，患有自然缺失症的儿童将缺乏终身学习所必需的核心经验和价值观。这些在室内是无法获得的。

自然缺失症由理查德·洛夫提出，是指人与自然疏离所付出的代价。

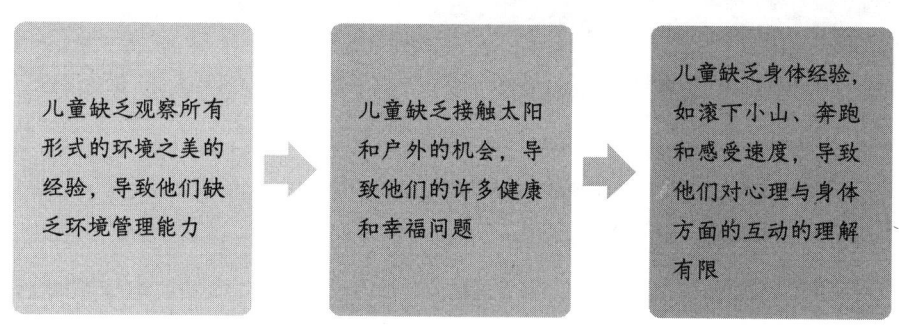

图1.2　患自然缺失症的儿童

如果当代的成人不像过去几代人那样理解户外游戏的重要性，那么作为社会群体，我们就在对抗自身作为户外游戏者和学习者的遗传心智倾向。儿童带着观察、探索、游戏和与他人交谈的本能来到这个世界。

这些本能是在几十万年的自然选择中形成的，我们的祖先以狩猎-采集为生（Gray，2008）。因此，儿童的天性并不是待在室内，主要从事久坐的活动（Gray，2008）。当户外环境有儿童在游戏时，它就会变成学习、游戏、建立关系和促进健康的终极环境（Chawla，2015）。

在加拿大，各级政府、卫生保健机构、教育界人士和幼儿专家都对儿童缺乏户外活动以及随之而来的肥胖和相关疾病的增加表示担忧（Tremblay et al.，2015）。在儿童早期阶段为其提供一个健康的开端，对于加拿大当前和未来的社会、环境和经济健康都至关重要。幼儿教师在支持儿童在童年早期形成健康的生活习惯方面发挥着重要作用。加拿大卫生部将"健康生活"描述为能够增强身体、心理、社会性和精神健康的选择。许多研究者（Burdette & Whitaker，2005；Dietze & Kashin，2016；Fjortoft，2004）称赞了户外活动对儿童健康的广泛益处（见图1.3）。

 儿童更强壮、更精瘦且健康

 儿童的压力水平较低

 儿童有更强的免疫系统，感冒、流感和相关疾病的发病率降低

 儿童能创造更多有趣、综合的游戏

 儿童表现出更加活跃的想象力和沟通能力

 儿童发展游戏伙伴关系，包括表达尊重和同情他人

 儿童更自由地探索

 儿童表现出更高水平的好奇心和惊奇感

图1.3　户外游戏的益处

大量研究指出，儿童的时间和空间正朝着制度化的方向发展，他们不再有机会自由地闲逛和玩耍（Lester & Russell，2010；Murray et al.，2013；ParticipACTION[①]，2015）。这种担忧促使加拿大的研究团队联合发布了一项关于户外运动的立场声

---

① 即"参与行动"，加拿大的一个非营利组织，旨在促进身体健康。——译者注

照片 1.13　儿童用放大镜观察

明。第 3 章将综述这份声明。该声明阐述了研究者、医学专家和倡导者对儿童未来的担忧（Gray et al., 2015）。虽然本书集中讨论加拿大的户外游戏，但也会回顾其他国家的理论家、研究和观点。我们的目的是让你在读完本书后，对户外活动的重要性有更深刻的认识和理解，让你的实践拥有更坚实的基础。

实 践 应 用

　　游戏是儿童探索和理解自然世界的主要工具。玛格丽特·麦克米伦在 20 世纪初就明白了这一点（Schweizer, 2009）。在 21 世纪，我们仍然在学习游戏及其意义。只有知识渊博的成人才能解释游戏在儿童生活中的重要性以及所有相关的错综复杂的方面。虽然儿童的游戏看似简单，但实际上是复杂而巧妙的（Holmes, Romeo, Ciraola, & Grushko, 2015）。

　　儿童在户外游戏时，可以验证自己的想法和理论，完善理解，并发展技能。

"大自然提供了持续的教学契机、无尽的发现机会和进行批判性思维的无限理由"（Banning & Sullivan，2011，p. 9）。如表 1.1 所示，班宁和沙利文（2011）制定了一系列户外游戏标准。他们设计这些标准的目的是提高儿童教育的质量，明确儿童成长与发展的基准。这些学习标准不是静态的，而是动态的"品质、态度和习惯"。幼儿教师"可以通过有意识地强调它们来规划环境，从而改善和扩展"儿童的品质、态度及习惯（Banning & Sullivan，2011，p. 10）。随后的章节会进一步讨论表 1.1 列出的每一条标准。

照片 1.14　儿童在验证自己的想法

表 1.1　户外游戏与学习标准

■ 好奇心和主动性
■ 参与性和坚持性
■ 想象、发明和创造力
■ 推理和问题解决

（续表）

■ 冒险、责任和自信
■ 反思、解释和应用
■ 灵活性和抗逆力

来源：*Lens on Outdoor Learning*, Banning and Sullivan, 2011.

当你思考这些标准时，问问自己哪些标准是新的。每一条标准对你来说意味着什么？你有哪些核心问题？幼儿教师可以查看这些标准，以指导、影响他们面向儿童的实践。例如，他们会思考为什么好奇和主动对儿童来说很重要？为什么参与和坚持对儿童来说很重要？思考当儿童想象、发明和创造时会发生什么？户外游戏环境为儿童提供了很多推理和解决问题的机会。这些标准与儿童的发展有什么关系，对儿童的成长有什么帮助？查看表1.2中的内容。你对儿童的看法是什么？第1栏和第2栏分别呈现了看待儿童的两种不同视角。请思考每一栏内容，并决定你希望儿童体验什么以及为什么。最后一栏是空的，方便你思考做出选择的原因。

表1.2　反思不同的观点

第1栏 你想让儿童体验这些吗？	或者	第2栏 你想让儿童体验这些吗？	第3栏 为什么？
你想让儿童自信而活跃吗？		你想让儿童被动、多疑、感到不安和羞怯吗？	
你想让儿童解决问题并冒险吗？		你想让儿童依靠成人做出决定吗？	
你想让儿童参与环境管理方面的实践吗？		你想让儿童认为环境是理所当然的吗？	

当儿童为自己的行为承担风险和责任时，他们解决问题的能力和信心就会增强。你在学习时会被要求思考、解释并将理论应用于实践。行动、解决问题和自信为什么对你的学习与发展很重要？现在，想一想它们对儿童有多重要。想一想那些缺乏灵活性和抗逆力的孩子。他们会表现出哪些行为？思考什么是抗逆力？为什么它对所有儿童都很重要？当儿童处在丰富的户外游戏环境中时，他们就能

达到这些标准。这种可能性使这样一个论点更有说服力，即所有生活在加拿大的儿童都有权利和机会在大自然中玩耍。

> **抗逆力**是指儿童能够很快地从困难中恢复，表现出能力和韧性。

实践原则：基于权利的实践

1989年，联合国正式通过《儿童权利公约》。1991年，加拿大批准其在本国生效（United Nations Treaty Collection①，2014）。该记录表明，加拿大政府及加拿大各省和地区同意将本国、本地区的法律、政策和实践与《儿童权利公约》的标准协调一致（Di Santo & Kenneally，2014）。通过批准该公约，加拿大做出了保护和增进儿童权利的承诺。尽管《儿童权利公约》的所有条款都很重要，但我们在表1.3中列出了第3、12、19、23、30和31条，因为它们与户外游戏与学习特别相关。

表1.3 《儿童权利公约》条款

第3条	在有关儿童的一切行动中，儿童的最大利益应是首要考虑因素。
第12条	儿童有权自由发表意见，成人应当认真倾听、重视并思考儿童的意见。
第19条	成人有责任确保儿童有安全的游戏环境。
第23条	残疾儿童有娱乐和尽可能充分融入社会、获得个人发展的权利。
第30条	少数民族儿童或本土儿童有权拥有自己的文化，这包括他们的游戏/娱乐形式。
第31条	每个儿童都有权享有休息和闲暇，参加适合其年龄的游戏和娱乐活动，并自由参加文化生活和艺术活动。缔约国政府应尊重和促进儿童充分参与文化与艺术生活的权利，并鼓励适当和平等的文化、艺术、娱乐和休闲活动。

将儿童视为权利持有者是学前教育朝着"权利整合策略"的方向发展的表现。这要求我们从关注儿童的需求和学业成绩转变为将儿童视为权利持有者。从这个角度出发，幼儿园要考虑儿童的权利。幼儿教师要积极倾听儿童的声音，提

---

① 即《联合国条约汇编》。——译者注

出有助于深化他们的知识的问题。这一方法将影响成人如何组织室内和室外的学习环境,从而促进儿童的积极参与、重视他们的所有权(Di Santo & Kenneally, 2014)。儿童不仅需要在户外游戏中重新与大自然建立联系、享受大自然提供的所有益处,还有在户外学习的权利!我们写作本书的起点是将权利视角作为实践原则,在接下来的每一章,我们都将扩展户外游戏与学习的多重视角。

基于地方的学习:社区

蒂姆·吉尔(Tim Gill)被认为是英国关于童年的主要思想家之一。他主张积极改变儿童的日常生活,并在他的著作《没有恐惧:在一个风险规避的社会中长大》(*No Fear: Growing Up in A Risk Averse Society*, 2007)中建议,应该给儿童更多的户外游戏机会。吉尔讨论了儿童在社区里进行户外活动的地方是如何消失的。从祖父母那一代开始,儿童在社区里游戏的地方已经大大减少。为了抵制这种社会趋势,幼儿教师可以支持家庭和儿童进行基于地方的教育。

想一想,写一写,读一读

请写一写,你所在的社区有什么地方可以用作学习资源?

"基于地方的教育"是指利用当地社区和环境作为学习所有课程领域的起点。这种教学方法强调亲身实践和在真实世界中的学习经验,支持儿童与自然世界建立牢固的联系,增强儿童的环境管理能力。在地方中学习利用了儿童户外游戏经验中可以接触的自然空间。如果儿童能够选择户外地方,他们就能与空间的积极特征建立联系(Pelo, 2013)。这些联系能够增强儿童探索的动机,并赋予他们学习目的(Ontario Ministry of Education, 2014)。

想一想,写一写,读一读

思考地方的重要性。你想阅读更多有关地方教育的内容吗?写一个你所在社区中可以被当作学习资源的地方。

不断变化的城市环境阻碍了儿童许多自由参与社区活动的机会（Sandseter，Ärlemalm-Hagsér，Allin，& Prince，2012）。当这些变化将儿童限制在"岛屿"上，这些"岛屿"可能包括家庭、幼儿园和学校等，他们进行户外游戏的机会就会相应减少（Larimore & Sobel，2016）。本地社区的户外游戏能为儿童带来诸多益处，那么幼儿教师应该如何支持儿童在户外游戏和了解自己的社区呢？

课 程 计 划

如果所有幼儿教师都从权利的视角考虑儿童游戏，他们规划户外时间的方式就会发生变化吗？幼儿教师通过计划儿童的在园活动来支持他们的参与、表达、健康和归属感（Ontario Ministry of Education，2014）。然而，这些活动往往发生在室内。当儿童被带到用栅栏围起来、充斥着固定设备的户外操场时，他们的机会是有限的。以迈拉和佩奇的情况为例，根据他们所在省的规定，幼儿园必须每

照片 1.15　儿童在户外游戏

天带学龄前儿童外出 2 小时。他们的幼儿园安排了上午 1 小时，下午 1 小时。计划表上写着这 2 小时都是"户外游戏"，其余时间填写的则是室内活动的详细描述。当迈拉和佩奇走出教室时，他们站在一起，看着同伴们爬上攀爬架、在沙箱里玩耍。儿童在户外时常常感到无聊。除了攀登、玩滑梯和沙坑之外，没有别的什么可以做。在冬季，沙子会结冰，游戏的可能性就更小了。儿童抱怨太冷了，所以幼儿园决定缩短户外时间。事实上，只需要一点思考、一点创意和相对较少的成本，就可以在户外环境中增加一些材料，提高儿童的参与度，保持他们的活力，激发他们的好奇心，并维护他们在户外游戏的权利。

其实，幼儿教师本可以妥善地计划户外条件，确保儿童有足够的时间待在户外，收获户外活动对他们成长的益处。通过本书的各个章节，我们将探讨幼儿教师如何使用图 1.4 所示的"PEER 原则"计划户外游戏。

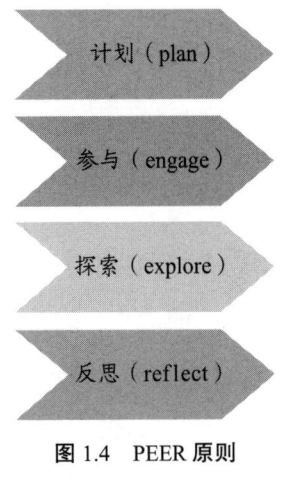

图 1.4　PEER 原则

表 1.4　计划、参与、探索和反思——雪和冰雕

计划	制订计划，邀请儿童创作雪和冰雕。
参与	邀请儿童从冰块或雪堆里砍下一大块冰雪用于创作。桶被装满以后，让儿童参与对话，讨论他们能做什么。记录他们的想法，给他们机会投票决定他们想做什么，或者达成共识。向儿童解释"多数决定原则"和"一致意见"之间的区别。在随后的日子里，给儿童自发创作的自由。
探索	在桶里装满冰和雪后，儿童开始探索。观察和思考儿童如何合作或独立创作雕塑。
反思	思考儿童所做的决定、所经历的过程，以及他们的经验是否不同。

考虑时间、空间和材料，为儿童的户外游戏活动制订初步计划。回想儿童抱怨户外太冷并最终导致户外游戏时间缩短的场景，教师可以做些什么，不仅让儿童在早上和下午的 1 小时户外时间中完全参与游戏，甚至还增加户外活动时间？迈拉和佩奇参加了一个关于户外游戏的在线培训项目，逐渐了解到儿童在户外可以做很多事情。他们开始意识到，除了监督以外，他们还可以在儿童的户外游戏

中发挥作用，可以带儿童走出操场去探索。试想一下，如果有一份书面计划明确说明要在户外放置桶和铲子让儿童收集冰雪，可能会发生什么？收集冰雪后，儿童自然会想雕塑或者设计，特别是在迈拉和佩奇热情地邀请他们进行切割、雕刻和收集的时候。回顾表1.4，进一步思考冰雪雕塑方案的可能性。

正如前面所提到的，迈拉和佩奇缩短了户外活动的时间，因为孩子们都抱怨很冷。在某种程度上，他们自己也不想出去，因为看起来不值得。然而，他们发现，当他们让儿童积极游戏时，抱怨就停止了。幼儿教师不愿意去户外的其他原因可能是什么？他们能说出来的原因有很多。他们可能会说，不是每个孩子都有适合天气的衣服，或者有些家长不想让孩子出门。这些观点是有根据的，但考虑到让儿童待在室内会带来的后果，这些观点是不可接受的。我们建议，只要不是冰雹和闪电等恶劣、危险的天气，儿童都应该去户外。儿童穿着合适的衣物，就能享受户外游戏的乐趣。支持或鼓励家长理解户外活动的重要性，他们也会收获很多。这有助于家长理解为什么合适的衣服是必要的。我们需要相信，所有家长都希望自己的孩子得到最好的一切。幼儿教师可以通过改变自己对户外游戏的态度与做法来支持家长（Gundersen, Skar, O'Brien, Wold, & Follo, 2016）。

家长支持与参与

关于户外游戏和自然世界有一种流行的说法："没有坏天气，只有不合适的衣服。"希利（Healy, 2016）认为这个谚语起源于挪威，但瑞典也有类似的说法。挪威和瑞典有许多森林和自然学校，儿童每天都在户外活动（Knight, 2013）。随着这类活动在加拿大的发展，幼儿教师能够提供详细的清单，列出适合各种天气的服装。一些幼儿园还筹集资金，为可能需要这方面支持的家庭提供雨衣和胶靴等成套服装。

我们鼓励所有幼儿教师提倡和支持增加户外活动，并帮助家长积极参与。如果我们认为所有儿童都有户外游戏的权利，那么显然，我们就应该为家庭提供获取信息的渠道，支持他们理解为什么每天在户外游戏对孩子来说是必不可少的。

幼儿教师要树立榜样，说明户外游戏的重要性，并采取措施让儿童及其家人可以在户外游戏。

可及性与设计

户外游戏环境是儿童最重要的学习空间和地方之一。它帮助儿童与人、自然建立联系，获得社会性、情感、认知、身体和精神方面的发展（Ergler，Kearns，Witten，& Porter，2016）。库珀·马库斯①（Acar，2013）观察到，儿童深受环境的影响。例如，有很多户外游戏经验的儿童了解森林中不同的动物生活在哪里，为什么有些树的叶子会变色，为什么有些树的叶子是常青的。儿童的行为以及他们与社区中人的联系，还有他们使用空间的方式都受到周围环境的影响。户外空间的设计、可及性、可用性和材料，影响儿童如何与同伴建立联系、培养关系，并在游戏中拥抱多样性。儿童与他人以及户外环境互动的深度和广度受到周围环境的影响。

可及性是指一个人能够以功能性的方式接近、进入和退出户外游戏空间（Prellwitz & Skar，2007）。加拿大标准协会②（2007，p.3）将可及性路线描述为"从设备使用区域周边开始，连续的无阻碍路径"。

如今，幼儿教师不仅要从儿童在自然中的物理体验的角度思考户外空间，还要从融合实践的视角来考虑。这意味着户外空间的设计是为了支持所有儿童平等地进入空间、获得游戏体验。空间设计适合有各种残障问题的儿童和家庭，如视力障碍、需要使用移动设备的身体障碍、语言和听力障碍或孤独症。

融合是指"所有人在一生中都有权与同龄人一起参与与自身年龄相适宜的活动"（Miller & Schleien，2006）这一理念。鼓励所有儿童一起玩耍，

---

① 英文名为 Cooper Marcus，是世界知名景观设计师、美国加利福尼亚大学风景园林系及建筑系名誉教授。——译者注

② 英文全称为 The Canadian Standards Association。——译者注

而不是根据能力、年龄或兴趣分开儿童的户外游戏空间，这样有助于促成具有融合性的实践。

如图 1.5 所示，伍利（Woolley，2013）建议幼儿教师在设计和实践中采用三条标准。户外空间如果给儿童带来障碍，就会减少他们通过游戏进行社会交往的机会、真正玩耍的机会以及与户外游戏环境、同伴和社区建立整体联系的机会。这些属性与可持续的、融合的游戏实践的发展以及归属感之类的感受紧密相连（Dietze，2013；Woolley，2013）。

| 所有儿童都能够进入户外空间，并在其中游戏 | 所有儿童都能够进入空间，并在其中参与活动 | 所有儿童都能从空间中的大量选择中做出决定 |

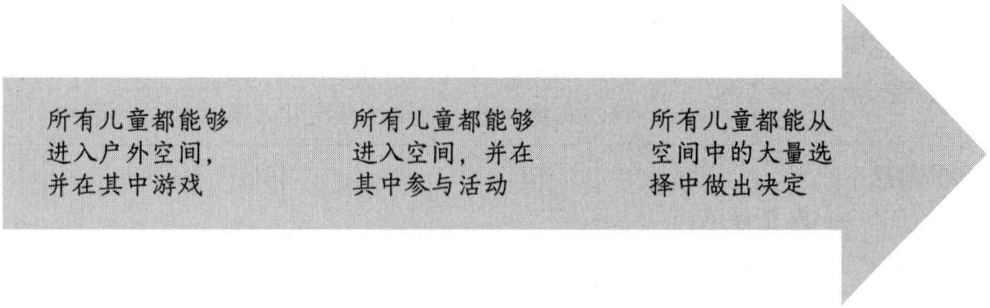

图 1.5　设计实践的要求

接下来，我们将展示设计原则如何影响儿童游戏的各个方面，例如，他们在好奇心的驱使下采取行动的渴望，还有探索、解决问题和冒险。熟悉通用设计的原则，以及如何将这些原则融入为儿童设计的户外空间，对幼儿教师而言很有益处。通用设计的目的是简化每个人的生活，用很少或者零额外成本制造或创造尽可能多的人可以使用的产品和环境。通用设计有益于处于所有年龄阶段和拥有不同能力的人（Bringolf，2008）。如表 1.5 所示，迪策和卡欣（Dietze & Kashin，2016）研究了通用设计的七项原则，并明确了它们如何影响户外游戏空间的设计。

通用设计是指专业人员用于设计幼儿园空间的原则框架，包括户外游戏空间，以确保所有儿童和家庭都可以无障碍地使用它。

表 1.5　户外游戏空间中的通用设计原则

通用设计原则	户外游戏应用
公平使用 为所有儿童提供相同或同等的用途。	户外游戏空间的可及性让所有儿童都可以使用它。儿童不会因为材料、设备或物品在户外游戏空间的摆放而被分开。环境具有吸引儿童不同兴趣的有趣特征，旨在让所有儿童都参与其中。
灵活使用 适应广泛的个性化喜好、兴趣和能力。	户外游戏空间的设计允许根据儿童的兴趣和游戏情节的类型改变用途。该空间能包容不同的能量水平、感知运动和相关能力，允许儿童以自己的节奏进行户外游戏，同时不干扰同伴的游戏。
简单直观的空间 空间的设计和动线一目了然。	户外游戏空间有一个简单的走向，儿童可以通过视觉、听觉或感官的观察和体验理解它。当户外空间发生变化时，儿童和成人讨论这些变化及其对游戏的影响。
可感知的信息 通过图像、语言和触觉等不同的方式向用户传递必要的信息，不受用户的感官能力的影响。	户外游戏设计清楚地传达了空间的不同元素。空间可以通过改变来满足儿童的需要、兴趣和游戏。
容忍错误 将意外或意外行为的危害和不良后果降至最低。	户外游戏空间对所有人开放，空间的布局鼓励儿童与同龄人交往。没有儿童会因为身体上的障碍而感到孤立。持续观察空间，消除危险和潜在的不安全条件。
使用省力 人们可以有效、舒适地使用，尽可能减少疲劳感。	户外游戏环境为儿童和成人提供了方便使用的资源与空间。空间的美学让使用者感到舒适。只需要最少的努力就可以进入和使用空间。
大小和形状合适，便于使用 空间合适，无论使用者的身体、姿势或活动性如何，都可以容易地接近、接触、操作和使用空间。	户外游戏空间以及材料、设备和资源的安排支持所有儿童获得他们在游戏中所需要的支持。无论儿童的身体条件如何，他们都能在游戏中获得清晰的视野。空间通道与设备能够容纳使用辅助设备或需要他人协助的儿童和成人。

遵循通用设计原则的幼儿教师会检查户外空间的各个组成部分，确保所有儿童都能平等地进入游戏区域。检查后，教师可能会发现需要对空间进行调整。这种调整就其本质而言，能够提供更丰富的游戏机会，其中一部分机会可能是教师之前从未考虑过的。例如，可以在户外游戏空间的关键区域设置坡道，方便使用

移动设备的人。这些坡道可以成为儿童学习许多科学原理的地方，如速度、角度或速率。基于通用设计的核心原则，迪策和卡欣（2016）在表 1.6 中进一步确定了户外游戏环境通用设计的三个核心特征。

表 1.6　通用设计的核心特征及其对学前教育户外游戏空间的启示

核心特征	对户外游戏空间的启示
可见度 户外游戏课程是可见的，并以多种方式呈现，支持所有儿童的能力和兴趣。	以多种方式展示儿童的户外活动，如教学记录。展示在户外游戏空间内随处可见，包括出口和入口处。
表达 户外游戏课程为儿童提供多种表达方式。	户外空间内的环境、材料和人都参与以不同的方式进行探索和发现的户外游戏活动中。每天都有各种各样的潜在活动提供多样的挑战，并鼓励儿童体验从简单的方法转向更复杂的方法。这有助于他们获得新的知识和技能。
参与 户外游戏课程提供多种参与方式。	户外游戏空间的设计旨在支持所有儿童在空间内感到舒适，能够自主选择与他人建立联系，并有机会获得时间和资源、接触同伴和成人。这里有很多激发儿童好奇心的机会，也有很多游戏和学习的选择。

幼儿教师和儿童、同事一起做出许多决定，有助于确保户外游戏空间让所有儿童都获益。

- 户外物理空间确保所有儿童都有机会参与各种户外游戏活动。儿童可以自主地使用材料、资源、建构物，以及永久性和非永久性的设备，而不需要成人的干预。
- 户外空间增加安全和健康冒险的机会，确保所有儿童在使用空间时潜在的危险最小化。户外空间满足所有儿童在户外游戏的愿望，无论他们是否健康。
- 户外游戏空间是支持儿童社会性—情感发展的地方，让儿童公平地接触空间、活动和同伴。
- 室外游戏空间为所有儿童提供公平的可及性环境和游戏机会，鼓励探索、发现和学习。儿童可以通过多种方式表达自己的想法，参与户外游戏。

幼儿教师可能会发现，思考和反思以下问题有助于他们为所有儿童规划无障碍、可用的空间时考虑周全：

- 需要考虑哪些因素，以确保空间的设计和设备的摆放能够容纳所有儿童？
- 需要考虑哪些类型的运动和学习能力，以确保融合性实践是明显的？
- 如何设计才能让物理空间一目了然，以确保所有儿童都可以安全地移动？
- 在创设融合性户外游戏空间时，如何支持所有儿童、让他们参与其中？

在户外游戏环境中为所有儿童创造机会和多样的活动是一个复杂的过程。在学前教育实践中，幼儿教师应尽最大所能确保所有儿童都有机会接触大自然、有机会游戏。

户外游戏的提示与工具

我们认为，数字设备和软件应用是支持幼儿教师规划与记录户外经验的工具。在思考幼儿园中的技术使用时，理解技术的广泛定义、知道它不是由自然创造的很重要。技术无处不在，从我们坐的椅子到写字用的铅笔，而不仅仅是计算机和数字屏幕。数字技术（包括计算机和数字屏幕）确实容易让儿童待在家里（Palmer，2015），但它们也可以被视为支持户外游戏的工具，为儿童提供一种融入户外的方式。例如，准备一个可以近距离拍摄自然美景的照相机，能够激发儿童的想象力，促使他们对大自然的神秘和美丽感到好奇。

技术是指为了解决问题而发明的事物，可以被理解为一切不是由自然创造的东西。

在现场——专业反思："我为什么热爱户外游戏"

我们询问了来自全国各地的幼儿教师及其热爱户外活动的原因。在每一章中，我们都提供了来自这些教师的简短叙述，他们对儿童的户外游戏充满热情。芭芭拉·劳特利夫（Barbara Routliffe）在专栏1.3中生动地分享了她的故事。

专栏1.3　我为什么热爱户外游戏

　　这很简单。自然景观为学习提供了绝佳的机会。它自己就有丰富的课程。你还能在哪里找到像在户外中发现的色彩和纹理呢？当你抚摸一棵树时，摸摸树皮的感觉、看看叶子上的露珠，或者在夏日慵懒的下午听蚱蜢的嗡嗡叫声。教室里的任何东西都无法与之比拟。儿童知道如何寻找大自然的美。不需要威胁或强迫，他们就会惊叹地站着，为周围的风景感到惊奇，并且渴望了解更多。如果自主学习是知识的核心，那么户外世界就是一个很好的起点。大自然充满数学、文学、艺术、大肌肉运动、社会性、情感和精神方面的体验。它恳求被发现。人们只要观察儿童在大自然中的游戏和快乐，就会知道儿童内心深处渴望发现它。

幼儿教师芭芭拉·劳特利夫

案例研究

阅读案例研究1.1，思考下面的问题。

案例研究1.1　自然徒步

　　乔治娜认为让儿童在家庭托儿所的户外进行活动很重要，尤其是因为这里有一个很好的围栏院子、一个沙箱和很多开放性材料。儿童可以在外面待上几小时。她照顾的两个孩子甚至在户外睡午觉。在围栏外，乔治娜的房子背对着一个提供了人行步道的保护区。无论什么季节，她每周至少带儿童去大自然里远足一次。他们拿着小桶和篮子去收集自然物。他们不会在树林里走得太远。有一次，他们在一片树林前停了下来，发现几乎每棵树上都有一个洞或者都是空心的，这让乔治娜想起了小精灵做饼干的地方！每次她带儿童去远足都会一直走到这里再返回。乔治娜担心如果再往前走，孩子们会太累。每次抵达空心树处，她就会说"我们该回去了"。回到家，把所有收集来的自然物放在一起，孩子们就可以用它们做开放性材料或自然艺术作品。

  1. 在大自然中远足，乔治娜是否遗漏了哪些可以与儿童分享的东西？

  2. 你建议她做哪些不同的事情来帮助儿童获得地方感①（sense of place）和生态身份？

  3. 如果儿童到达那片树林后不立刻往回走，他们可以在那里做什么？

专栏 1.4 到户外去

  到田野、森林、湖泊或自然保护区散步。放慢脚步，注意周围的景色和气味。花点时间去触摸树木，感受草地上的水滴。倾听大自然的声音：鸟儿的吱吱声、青蛙的呱呱声、蟋蟀的唧唧声。独自安静地坐几分钟。这是你的"静坐点"（sit spot）。希望你和那个地方产生情感联结。你在自然界中的这种经历对儿童是有益的。与儿童分享，你就可以帮助他们发展生态自我或生态身份。

本章小结

- 儿童有权从户外游戏中获得发展方面的益处。
- 户外游戏有助于学习。
- 玛格丽特·麦克米伦（1919）认为，对儿童而言最好的教室是户外。
- 缺乏户外活动经验，儿童就可能患上自然缺失症（Louv，2005）。
- 班宁和沙利文为儿童户外游戏与学习确定了7条标准。

---

① 即人对地方的依恋和归属感，当人对环境产生感知，有意识或者无意识地对特定的空间产生情感体验和情感投入时，就会形成"地方感"。——译者注

- 儿童从地方中学习。儿童所生活的社区提供了多种学习经验。
- 幼儿教师可以为儿童设计促使他们深度参与的户外活动，并提供探索和反思的机会。
- 得到学前教育专业人士支持的家长可以理解户外活动对儿童的重要性。
- 融合性户外游戏环境需要注意通用设计原则和可及性问题。

安静反思

在大自然中寻找一个安静的地方，闭上眼睛舒服地坐着。深呼吸，花点时间减压。睁开眼睛，环顾四周并反思：与自然疏离的儿童，他们的生活会是什么样子？

与他人对话

与他人一起展开一场关于儿童缺乏与自然联系的对话。当儿童花更多时间待在室内时，他们的世界是什么样子？从儿童的角度，向参与讨论的每个社区成员描述这个世界，在描述中增加细节。为儿童的室内世界画一幅图画。列一个清单，展示你可以采取哪些行动来扭转童年变为室内文化的趋势。

进一步思考与行动

你可以成为户外活动的倡导者。改变童年的文化，从一个以室内为主的文化转变为发生在户外的文化，可以从你开始。对一个人来说，这似乎是一项艰巨的任务，但如果所有幼儿教师都能够表达并维护儿童的权利，改变就会随之而来。加入这项运动，让儿童重新接触大自然，并增加儿童在户外游戏的可能性。想象一下，成为改变的推动者，不仅增进儿童未来的健康，还促进地球的健康，那会是什么感觉！现在，你就可以行动起来，丰富你的户外游戏知识库。

第 2 章
户外与自然游戏的历史和理念基础

学习成果

学完本章后,你将能够:

- 讨论户外游戏在历史进程中的演变;
- 描述儿童的游戏活动、游戏类型以及学习与户外游戏的联系;
- 解释你当前的户外游戏理念如何反映持续更新的记录;
- 解释理论家和理论如何影响今天的户外运动;
- 概述种植对儿童的好处以及作为地方的花园的概念;
- 描述儿童的兴趣如何从户外经验中产生。

带孩子到大自然中去,在山顶和山谷中教导他。在那里,他会更好地倾听,自由的感觉会给他更多力量克服困难。但在这自由的时刻,让他接受自然的教导,而不是你的教导。让他充分认识到,自然才是真正的老师。而你,带着你的艺术,只是静静地在自然身边走着。

——约翰·亨里希·裴斯泰洛齐
(Johann Henrick Pestalozzi,1746—1827)

童年回忆

当我回想起自己的童年时,我记得我最喜欢的消遣活动之一就是躺在后院的大树下看云。我看着它们在太阳周围移动和玩耍,有时把太阳盖住,有时让阳光照射出来。当我长大一些时,有一天晚上,天黑了,月亮明亮地照着,星星在天上闪烁。我突然意识到自己是一个伟大事物的一部分——宇宙是神奇的,我与它相连。现在只要有机会,我就会抬头看看天空。好像在我的后院有一场不断变化的现场戏剧表演一样,它总是让我惊叹不已。

本 章 预 览

儿童属于大自然,那是他们的天性(Louv,2005)。在自然中,自由游戏对儿童的健康发展至关重要,它还以奇妙的方式支持他们的学习(Gray,2013)。正如裴斯泰洛齐在19世纪早期提出的那样,自然是一位教师(Elkind,2015)。裴斯泰洛齐是一位教育改革家,他对早期教育的影响一直延续到今天。大自然将教学融入其中,所以当儿童在户外与大自然玩耍时,学习的机会是丰富的。一直以来,儿童都在大自然中学习,在户外游戏(Cohen & Solnit,1993)。例如,考古证据显示,古希腊和古罗马时期的儿童将物品用于游戏。很有可能其中一些物品（类似于照片2.1）来自大自然。古希腊儿童在户外玩由猪膀胱制成的球，而罗马的儿童玩玩具士兵。2500年前，儿童玩跑步和跳跃游戏，以及骑背打斗（Cohen & Solnit，1993）。

照片2.1 儿童用小木棍游戏

想一想，写一写，读一读

可以查找卢梭的书。略读内容，了解卢梭对游戏和自然的看法。

幼儿教师受益于观察游戏的历史演变，因为它影响了我们今天对游戏的理解。从历史的角度看，更能说明如今的幼儿教师为什么提倡儿童参与户外活动。如图2.1所示，几个世纪以来，社会对游戏的看法发生了许多变化。当你回顾这些历史观点时，想一想这些变化是如何与当下的游戏和户外游戏相关的。

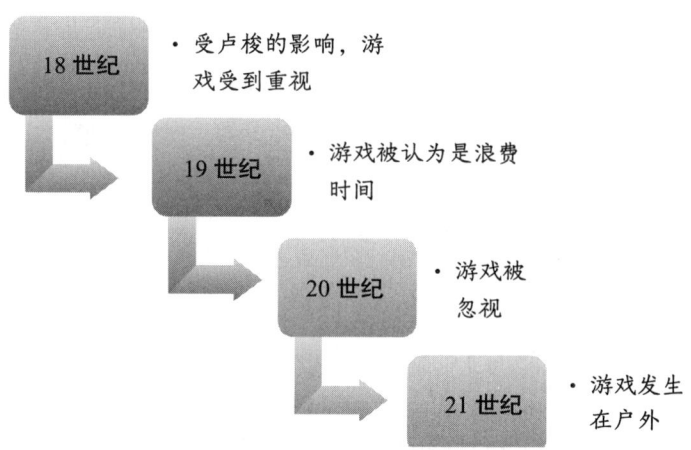

图 2.1 欧洲和北美地区的社会对游戏的态度

在这一章中,我们将探讨历史观点如何影响过去和现在,以及在儿童的生活中如何有助于未来的户外游戏。从历史中学习很重要,因为它让我们了解户外游戏如何演变并继续发展。了解过去给了我们一个更全面的视角,在此基础上,我们形成自己的理念,建构我们作为幼儿教师的实践(Lascarides & Hinitz,2013)。

为户外游戏做好准备

历史学家的研究解释了历史观点如何影响今天的户外游戏。对历史文献的考察表明,关于游戏的评论明显是匮乏的。在研究 13 世纪的中世纪艺术时,历史学家发现,儿童游戏的场景仅出现在艺术作品的边缘。到了 16 世纪,艺术家们开始画儿童玩游戏,这表明在那个时期的儿童可能有更多的机会玩游戏。然而,17 世纪的日记记录了儿童的思想要有所提高,不能只是进行愚蠢的消遣活动。这个建议表明,游戏在那时被认为是一种消遣而不是学习的工具(Cohen,1993)。让-雅克·卢梭(Jean-Jacques Rousseau)的《爱弥儿》①(*Emile*,1762)描绘了一个世界,在那个世界里,儿童应该自由地漫游、探索森林和田野,并通过游戏来

---

① 该书的简体中文版已由中国轻工业出版社于 2016 年出版。——译者注

学习阅读。作为一个在当时极具影响力的人物，卢梭相信游戏是儿童的权利。他写到，爱弥儿应该每天被带到户外，"深入田野"，而不是在"室内的废气"中窒息（1762/1889，p. 41）。儿童的理想世界是在户外游戏。他建议道：

  ……让他到处跑、到处玩耍，一天摔倒一百次。摔跤的次数越多越好，因为他会很快学会自己爬起来。自由的恩惠，抵得上许多伤疤。我的学生将会有许多伤疤，但是作为补偿，他将永远无忧无虑。虽然你的学生不常受伤害，但他们总是受到阻碍和束缚。他们总是不开心。

  尽管卢梭的作品（1889）很有影响力，但在接下来的一个世纪里，人们对游戏及其对儿童重要性的看法发生了巨变。游戏被认为是无聊的。如图 2.1 所示，自 18 世纪卢梭发挥重要影响的时代以后，社会对游戏的态度发生了变化。在每个阶段，社会态度的变化都会影响儿童户外游戏的机会和类型。

  在 19 世纪的维多利亚时代，游戏和休闲很少见，因为它们被认为是浪费时间。对工人阶级的家庭来说，生存是最重要的。儿童经常在矿山和工厂工作。而在中产阶级和富人的家庭里，儿童的闲暇时间被用于自我修养。即便是游戏，也要有目的性（Cohen & Solnit，1993）。20 世纪初，工业革命到来后，学校被设计成一个向儿童介绍新的工业秩序的地方。大量的农民从农场和农村迁居到城市，欧洲国家的移民来到北美地区的工厂工作。随着工厂和住房用地的增加，城市中缺乏供儿童游戏的空间。为了给城市儿童提供安全的游戏地方，让他们远离危险的城市元素，忧心忡忡的市民开始了被称为"拯救儿童"（Frost，2010）的运动。历史上发生过许多社会运动（Opp，2009）。根据专栏 2.1，思考我们是否正处于另一个与儿童有关的运动的风口浪尖上。

  ● **社会运动**的特征是一群人聚在一起倡导他们的共同思想，旨在带来变革。

第 2 章　户外与自然游戏的历史和理念基础　041

　专栏 2.1　认识户外游戏——反思要点

我们是否正处于另一场运动的中心？我们需要一个回归自然的运动，还是一个 21 世纪版本的"拯救儿童"运动？儿童的童年越来越多地以室内活动为特征，我们是否需要拯救他们？

在 20 世纪，儿童有机会玩耍的环境已经被工厂或不安全的城市环境取代，于是儿童保护倡议者为改变儿童文化做出努力。在没有游戏场地的情况下，不是童工的儿童在街道、田野和附近的贫民窟里游戏。20 世纪初，童工数量达到顶峰。随着童工改革运动的出现，这些数值逐渐下降，因为社会改革者试图禁止雇用儿童（Frost，2009）。

从加拿大的角度来看，社会改革对减少童工有积极影响。例如，在 20 世纪初，大多数省份都颁布了劳工法，限制雇用儿童。1873 年，新斯科舍省颁布了限制雇用童工的法律；1877 年，不列颠哥伦比亚省也颁布了这项法律；1929 年，在大多数省份中，法律禁止 14 岁以下的儿童在工厂和矿山工作。从 19 世纪 70 年代早期到 20 世纪 20 年代中期，所有省份都颁布了要求儿童上学的法律（Barman，2011）。

> **想一想，写一写，读一读**
>
> 什么是过度安排？你是否曾觉得生活中有太多事情要做？在网上搜索"过度安排儿童"的相关内容，读几篇相关文章。现在，写信给家长，告诉他们这个问题。请以一位幼儿教师的口吻写这封信。

联合国《儿童权利公约》的第一章指出，游戏的权利对儿童的发展是必要的。审视如今的童年，我们可以发现过去几个世纪以来发生的许多变化。然而，关于游戏在今天的地位仍然存在两个关键问题：儿童在游戏吗？如果是，那么他们在哪里游戏？2009 年，米勒和阿尔蒙（Miller & Almon）在《幼儿园危机：为什么儿童在学校中需要游戏》（*Crisis in the Kindergarten: Why Children Need to Play in School*）中主张，游戏需要被恢复。他们指出，幼儿园里的游戏已经被注重读写和学业能力的教学取代。事实上，作者认为，儿童在更小的时候就开始远离游戏了。2017 年，格朗兰德和伦登（Gronlund & Rendon）撰写了《拯救幼儿的游戏：如何在游戏中促进儿童的深度学习》(*Saving Play: Addressing Standards through Play-Based Learning in Preschool and Kindergarten*)一书，试图解决儿童生活中室内外游戏减少的问题。如今，游戏的主张似乎岌岌可危。

在 21 世纪，儿童的户外活动已经大大减少，取而代之的是室内活动或有组织的体育活动。研究表明，儿童需要更多的时间在户外游戏与学习（Brussoni et al., 2015；Nedovic & Morrissey, 2013）。许多人都认识到，由于缺乏户外活动，今天的童年正处于危机之中（Frost, 2009；Gundersen, Skar, O'Brien, Wold, & Follo, 2016）。随着儿童体验到"游戏机会前所未有地减少，尤其是户外自由游戏"，儿童发展专家和游戏倡导者越来越担心，并坚信改变势在必行（Belknap & Hazler, 2014, p. 218）。新一代的儿童比以往任何时候都更有计划性，压力更大，参与更多成人主导的活动。他们被称为"游戏剥夺"的一代（Belknap & Hazler, 2014, p. 218）。正如 20 世纪的"拯救儿童"运动帮助那些父母在工厂工作、独自一人在街上玩耍的儿童一样（Carr & Luken, 2014），我们正处在一场 21 世纪的新运动当中，保护儿童游戏的权利。这一运动旨在让儿童更多地去户外，从而扭转当前的趋势（Frost, 2009；Sobel, 2016）。你会成为这场运动的一分子吗？你会帮助改变历史吗？

今天，儿童可以通过互联网接触自然，并获得关于自然的虚拟体验（Pearson & Craig, 2014）。随着新技术的进步，虚拟现实版的潺潺小溪和淅淅沥沥的雨声是否能代替真实的体验？从儿童的生活中消除技术是不可能的（Houghton et al., 2015）。当儿童真的坐在潺潺的小溪边实时听到水流的声音时，他们会想到计算机模拟吗？当儿童站在雨中，感受雨滴落在舌尖上时，他们会感到无聊、希望体验虚拟的雨水吗？我们希望儿童有机会在户外体验和游戏，他们会意识到这多么有趣！

我们对户外游戏的愿景

我们的愿景是，在户外自然中游戏将成为如今和未来的儿童游戏的主要方式。儿童需要有归属感的环境，需要与他人建立积极的、赋能的关系。这些环境对支持儿童的最佳探索和参与户外学习活动至关重要。我们认为，大自然中的户外游戏对儿童和成人而言都是一段开放的时间，他们可以审视自己的世界、探索激发他们兴趣的领域。我们希望幼儿教师拥抱户外活动，支持儿童在那里获得有吸引力的有趣经验。幼儿教师将在儿童主导和成人促进的户外活动之间取得平衡。他们会明白，他们的作用是帮助儿

照片2.2　一起在森林中游戏

安吉儿斑璞自然学校

童在户外进行游戏与学习。幼儿教师应将自己视为与儿童在自然中游戏和学习的共同构建者。

在理念层面上，我们从社会建构主义的世界观来看待本书。我们认为，在社会环境中学习对儿童有许多好处，包括发展技能、冒险精神和自我调节能力（Dietze & Kashin，2016）。从建构主义的视角来看，幼儿教师充当了激发者和促进者的角色，支持儿童把握自己的兴趣并体验丰富而有趣的探索和发现。建构主义是指通过积极参与和实验来获得知识（Kashin，2009）。社会建构主义，基于维果茨基（Vygotsky，1978）的观点，认为学前教育专业人士和儿童"共同学习、共同研究和共同构建知识"（Stuhmcke，2012，p. 7）。这意味着社会背景和环境因素对儿童的环境参与水平有很大影响（Stuhmcke，2012）。

> **想一想，写一写，读一读**
>
> 以游戏为基础的学习对你来说意味着什么？加拿大教育部长理事会[①]（2017）发布了一份关于以游戏为基础的学习的声明。找到这份声明，看看哪些专家支持以游戏为基础的学习？请把他们的名字列成一个清单。

社会建构主义学习是通过人与环境的强烈参与而产生的。它被认为是一种强有力的学习形式（Barkley，Cross，& Major，2014）。当儿童的优点和才能得到承认，尤其是当他们的兴趣得到家庭、文化和社会的支持与接纳时，他们就更有可能全身心地投入。儿童表达想法、兴趣和创造关于世界的知识的方式因人而异。

户外游戏在儿童生活中的地位

游戏被认为是学习的载体（Dietze & Kashin，2012；ACDE[②]，2013）。加拿大省级课程框架支持以游戏为基础的学习（Dietze & Kashin，2016）。对儿童来说，游戏和学习是密不可分的。幼儿教师越来越明白，他们的作用是支持以游戏为基础的学习。今天，让幼儿教师认识到在户外进行以游戏为基础的学习的重要性有诸多益处。如本章所述，户外游戏有多种好处。但如果这些好处没有得到承认，或者教师不据此采取行动，儿童的户外活动就可能受到限制。例如，儿童在家的时候会在户外玩吗？幼儿园的孩子每天都有户外活动吗？如果答案是否定的，那么儿童从事什么活动？如果变成室内文化，对儿童和童年的长期影响是什么？我们提倡儿童待在户外，因为研究清楚地表明，室外游戏对发育和健康的好处在室内无法实现（Palmer，2015）。如果儿童没有足够的时间和经验，他们就会错过自然所提供的许多学习机会。

以游戏为基础的学习是一种教学方式，具有游戏性、儿童主导以及一

[①] 英文全称为 Council of Ministers of Education，简称 CMEC。——译者注

[②] 英文全称为 Association of Canadian Deans of Education，简称 ACDE，即加拿大教育院长协会。——译者注

定程度的成人引导等要素。

这种向室内文化的转变将对地球产生的影响会使缺乏户外活动这一问题更加复杂。20多年前，美国著名环境教育家戴维·索贝尔（David Sobel，1996）对未来表示担心，因为很多儿童在很小的时候没有学会关爱和尊重自然世界。不幸的是，在索贝尔表达了他的担忧之后，儿童与自然的联系以及儿童的户外游戏状况进一步恶化（Belknap & Hazler，2014）。儿童将长大成人，肩负起保护环境的责任，他们会从形成对户外的渴望和理解等性格中受益。他们会照顾自己不知道、不喜欢的东西吗？虽然这些是目前许多学科都在询问的问题，但早在20年前，索贝尔就在他开创性的著作中提醒我们，"在要求他们拯救地球之前，让他们热爱地球"（1996，p. 10）。通过在自然环境中体验并与它建立联系，儿童将学会热爱它，长大后才会保护它。回想本章开篇的"童年回忆"。你童年的记忆和自然有什么联系？

自早期理论家时代以来，出现了许多关于游戏的文章，随着时间的推移，游戏、学习和发展之间的联系越来越密切（Eberle，2014）。由幼儿教师指导的游戏可以成为一种有目的的活动，与萌发的读写、计算和探究技能相联系（Ontario Ministry of Education，2014）。然而，对儿童而言，游戏是"一种无目的的、自愿的、不寻常的、有趣的、由规则定义的活动"（Eberle，2014，p. 229）。昂迪尧戴伊（Undiyaundeye，2013）认为，一项活动被视为游戏的前提，是该活动经验包含内在控制、扭曲或虚构现实的能力，以及强烈的内在游戏动机。

游戏是游戏者自发创造的，是"人类对乐趣的需求的直接回应，它只是为了游戏本身"（Nell，Drew，& Bush，2013，p. 6）。回想你自己的游戏经验——当你还是孩子时，你在哪里觉得最有趣？很多人还记得自己在户外游戏的情景。儿童在哪

照片2.3　一起在户外游戏

安吉儿斑璞自然学校

里游戏也是一个重要的考虑因素（Brown & Kaye，2017）。游戏是儿童学习的方式。儿童在户外学到的东西无法在室内被复制（Wilson，2012）。回想本章开篇的"童年回忆"。儿童从观察天空中学到了什么？同样的学习可以通过教师的教学课程来完成吗？那样一来，它就不再是游戏，而是工作。因此，对儿童而言，乐趣就会大大减少，学习转化为知识创造的可能性也将会降低。

从古希腊哲学家柏拉图时期开始，游戏就已经是一种教学方法。柏拉图认为，儿童在好玩的活动中学习得最好（Hunnicutt，1990）。几个世纪后的今天，在许多社会，包括北美地区的社会，柏拉图的思想正在被遗忘。现在，儿童玩耍的时间越来越少，与室内的屏幕互动时间越来越多（Brindova et al.，2014）。当屏幕被关闭时，儿童会玩"他们在屏幕上看到的物品的复制品，这些复制品高度逼真，通常有电子按钮、铃铛和哨子"（Levin，2015，p. 227）。儿童在社区里和同龄人自由玩耍的日子已经一去不复返。研究者和专家对这种下降趋势的影响表达了极大担忧（Belknap & Hazler，2014）。

如果儿童没有时间在户外游戏，可能对当下和未来的社会产生什么影响？儿童错过了哪些经历？怀特布雷德、巴西莉奥、库瓦利亚和费尔玛（Whitebread, Basilio, Kuvalia, & Verma，2012）从历史和文化的视角研究了游戏，并提出无论儿童在哪里玩，他们都在进行相同类型的游戏！如图 2.2 所示，以下游戏类型可以在所有文化中找到，虽然表现形式可能有所不同。

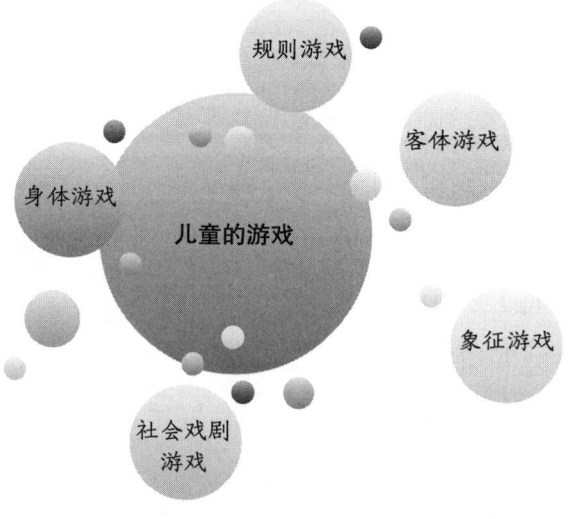

图 2.2　儿童的游戏

查看图2.2中的游戏类型，你认为它们更多地发生在户外而不是室内吗？事实上，户外环境以室内环境所无法实现的方式支持这些游戏（Henderson, Grode, O'Connell, & Schwartz, 2015）。在户外环境中，儿童有足够的空间进行体育活动，可以玩大大小小的物体。在户外，儿童可以接触引导他们探索和发现的环境，这些环境将促进他们的象征游戏和社会戏剧游戏（Moyles, 2014）。户外适合进行已经传承了几个世纪的游戏。如表2.1所示，迪策和卡欣（2017）改编了怀特布雷德等人（2012）的工作成果，扩展了与户外游戏环境相关的五种游戏类型。

表2.1 游戏种类

游戏的种类	游戏的描述	户外可能性
身体游戏	包括活跃的锻炼游戏。	跳、攀爬、跳舞、跳跃、骑自行车和打球、打闹游戏和建构。
规则游戏	儿童有强烈的理解世界的动机，因此他们对规则非常感兴趣。他们喜欢有规则的游戏，也喜欢创造自己的规则。	玩捉迷藏、抓东西、跳房子、伦敦桥（London Bridge）、西蒙说（Simon Says）等游戏；根据儿童制定的规则做游戏。
客体游戏	作为年幼的科学家，儿童正在发展对物质世界和他们在其中发现的物体的探索能力。在摆弄物品时，儿童会给自己设定目标和挑战，监督自己的进程，并发展越来越多认知和身体方面的技能与策略。	收集松果、排列树枝、平衡石块。
象征游戏	符号系统的使用，包括语言、阅读、书写、数字、视觉媒体（涂色、绘画、拼贴）和音乐，是儿童游戏的重要元素。	在户外演奏乐器；户外绘画；数木棍、石头和松果；在户外阅读和书写。
社会戏剧游戏	这是最普遍的游戏类型，出现在1岁左右，与认知、社会性和学业能力密切相关。	为精灵和其他林地生物建造小小世界、假装成动物、假装飞行、表演故事。

来源：Jones, M., & Shelton, M. (2011). *Developing your portfolio: Enhancing your learning and showing your stuff*. New York, NY: Routledge.

想象一个儿童不参与这些类型的游戏的世界。想一想，如果儿童把所有的时间都用在室内看屏幕，他们会错过什么？反思儿童在幼儿园环境中的日常经验。他们是否有足够的时间和选择去户外游戏？他们在户外的时候做什么？批判性地思考下面案例研究所描述的幼儿园。这是一个让你进行批判性反思的机会，批判性反思是批判性思维的延伸。第一个场景是案例研究 2.1。

批判性反思是批判性思维的延伸，包括质疑和挑战，具有描述性和分析性。

批判性思维是指透过表面审视现实，思考谁、什么、在哪里、何时、如何，以及最重要的是"为什么"。

案例研究 2.1　户外游戏中的沮丧：场景一

法蒂玛是一位在城市工作的幼儿教师。她和同事一起照顾幼儿园里的 16 名学龄前儿童。大多数孩子一大早就到了，他们在室内开始一天的生活。上午 9 点，法蒂玛和搭班教师把儿童召集起来进行晨圈活动并点名。然后唱一首早安歌，讨论日历和天气。每天早上，一个孩子在日历上正确地书写数字，另一个孩子看着窗外报告天气。这通常需要 20 分钟。之后，他们上"展示和介绍""法语""本周字母"或者"符号语言"课，每天安排的课程各不相同。这些课程结束后，儿童会被告知当天上午开放哪些区域，继续在室内再玩半小时。接下来，他们被要求排队到自己的小房间里换好衣服，准备去户外玩。每个孩子都穿好衣服后，排成一队等待法蒂玛或她的同事在游戏场地上进行安全检查，然后再出去。孩子们来到户外后，径直走到有攀爬架、沙箱和三轮车的围栏游戏区域。他们总是为谁能使用自行车而争吵。大多数日子里，老师们都很沮丧，以至于预定的户外游戏时间还没到，就让孩子们排队回到室内。

当被问及儿童在户外待多长时间时，法蒂玛认为不到 1 小时，因为户外游戏的大部分时间都花在给儿童穿衣服和排队上了。此外，教师有时会因为儿童在户外的不当行为而提前带他们回到室内。法蒂玛解释说，户外游戏不是幼儿园一天中的重要组成部分，因为更重要的是在室内学习知识，为上小学做好准备，达到家长的期望。在户外，儿童只是游戏，但在室内他们真的在学习。

思考这个案例研究：

1. 在这所幼儿园中，户外游戏得到重视了吗？

2. 幼儿教师相信儿童可以在户外游戏的时候进行学习吗？

3. 他们是否为户外活动安排了足够的时间并坚持下去？

4. 他们计划户外游戏了吗？

记住上述案例所描述的缺乏户外游戏的场景，将其与儿童大部分时间都在户外的案例研究 2.2 进行比较。

照片 2.4　儿童在户外游戏

广西壮族自治区柳州市育柏森林幼儿园

 案例研究 2.2　每天都到户外去：场景二

格雷格在一个小镇上的一所学校附属幼儿园里工作。与幼儿园的院子相邻的是一大片森林自然保护区。这是格雷格在这所学校从教的第三年。每一年，他都在白天带儿童出去，且时间越来越长。儿童几乎每天早上和下午都要出去 2 小时。去年，格雷格筹集到一笔资金，为儿童购置在任何天气条件下都能穿的防水连体裤。儿童升到高年级以后，工作服就留在格雷格身边，供下一届儿童使用。儿童喜欢在外面玩。也许他们最喜欢做的事情是在通往自然保护区的开阔地带跑步。他们知道，当他们听到格雷格像狼一样嚎叫时就该停下来，聚集在一起。通常，他们会进入自然保护区搭帐篷或收集发现的材料。有时，他们会帮忙把存放在院子附近棚子里的大型开放性材料搬到自然保护区的开阔地带，在那里搭更多的帐篷。有时，在一天结束的时候，格雷格很难让儿童进入室内。他常常纠结于把儿童带进室内还是让他们继续在户外学习和探索。他知道，在户外，很多学习都是通过合作的方式进行的。

比较这两种情况。关于户外游戏的价值，他们提供了两种不同的观点。

1. 如果你是一个儿童，你想参加哪所幼儿园？
2. 家庭的经历和文化如何影响儿童想将时间用在哪里？
3. 你认为儿童在场景一中学到了什么？
4. 你觉得儿童在场景二中学到了什么？

5. 在这两个场景中，儿童能获得哪些益处？

照片 2.5　一起在森林中游戏

思考这两所幼儿园，游戏是它们的宗旨吗？琼斯和谢尔顿（Jones & Shelton，2011）将理念定义为已被澄清和阐明的教育信念与价值观。你的教育理念不仅表明你是一名专业人士，还反映在你的实践中。理念支撑实践。对加拿大的许多幼儿园而言，教育理念声明是获得所在省或地区经营许可的必要内容。这些声明会受到定期审查。以下是迪策和卡欣（2016）提出的问题列表，这些问题有助于教育者审视和批判性地反思自己的理念。你将如何回答每个问题？为什么？记录你的答案。你看重儿童的什么？

- 你认为儿童如何学习？
- 你认为户外游戏与学习之间的关系是什么？
- 你的价值观和信念是如何反映理论观点的？

在本书接下来的内容里，你将有机会重新审视这些指导性问题，并批判性地反思你的答案。你可以改变或增加动态记录，它代表了你发展中的早期教育与游戏理念。

动态记录是指被持续修改、增加和更新的记录。

理 论 基 础

直到 19 世纪中期，许多幼儿园都以福禄贝尔幼儿园的哲学、精神和浪漫主义理念为基础（Kernan，2007），本章稍后将对此进行讨论。玛格丽特·麦克米伦最初在英国伦敦开设的保育学校就是受到福禄贝尔的启发。麦克米伦认为，保育学校为儿童提供了感官刺激以及进行活跃的身体游戏和挑战的机会（Kernan，2006）。

20世纪30年代至50年代，以奥地利心理学家西格蒙德·弗洛伊德（Sigmund Freud）为代表的精神分析思想强调情感需求和自然发展，对儿童教育工作者产生了影响。英国精神分析学家苏珊·艾萨克斯（Susan Isaacs）认为，游戏对儿童健康的情感发展至关重要（Kernan，2006）。直到21世纪初的今天，游戏仍然是儿童心理治疗的标准临床实践。游戏被用来帮助那些有复杂的心理问题的儿童（Carr，2015）。游戏也仍然被认为是所有儿童的权利，它的益处远远超出了情感发展。随着游戏理论的不断发展，人们越来越了解游戏的益处及其对儿童健康的重要性（Smith，Cowie，& Blades，2015）。

照片2.6　户外游戏机会

历史理论家一直影响学前教育的理念，并将继续影响其实践。纵观历史，伟大的思想家们影响了社会对儿童和户外游戏的反应。今天，这一传统仍在继续，来自世界各地的研究者和倡导者支持并倡导社会变革，让儿童在日常生活中有更多的户外游戏（Rogers，Waite，& Evans，2017）。

值得注意的是，学前教育领域的先驱者们的研究影响至今。他们是让我们站在其肩膀上的"巨人"（Spodek & Sarracho，2003）。下面，我们将按照时间顺序介绍这些伟大的思想家和教育家。

理论家

约翰·夸美纽斯（John Comenius，1592—1670）

夸美纽斯是捷克哲学家、教育家和神学家，他是自然主义教育概念的提出者，认为儿童可以通过所有的感官进行整体学习（Solly，2015）。通过感官来学习最好的方法是待在户外。

让－雅克·卢梭（Jean-Jacques Rousseau，1712—1778）

卢梭是18世纪来自瑞士日内瓦的法语哲学家、作家、作曲家，他的理念影响了欧洲启蒙时代和现代的政治与教育思想的发展。他在开创性的著作《爱弥儿》中提出，儿童能够在游戏中做出明智的选择，尤其是在自然游戏中（Solly，2015）。卢梭的理念强调了游戏作为一种感官发展工具的重要性，以及通过感官体验和与亲身接触来进行判断的重要性。他认为，儿童在自然世界里学得最好。卢梭的作品影响了裴斯泰洛齐、欧文和福禄贝尔（见下文）的思想。

约翰·裴斯泰洛齐（Johann Pestalozzi，1746—1827）

瑞士教育先驱约翰·裴斯泰洛齐认为，教育的目的是培养思考能力，而不仅仅是知识和技能。裴斯泰洛齐建议教育应该基于天性和儿童的发展展开（Elkind，2015）。作为作家、哲学家以及穷人的捍卫者，裴斯泰洛齐认为，无论在室内还是户外，游戏都是每个发展阶段实现自我价值和取得成就的核心。

罗伯特·欧文（Robert Owen，1771—1858）

罗伯特·欧文是英国的社会改革家和激进思想家。1816年，欧文在苏格兰创设了一所幼儿园。他反对童工，并鼓励为他的工厂工作的工人们让孩子花几小时在户外游戏，强调身体活动（Solly，2015）。

弗里德里希·福禄贝尔（Friedrich Froebel，1782—1852）

德国教育家弗里德里希·福禄贝尔从小就对自然产生了浓厚的兴趣。他创办幼儿园以践行他关于儿童的理念。他强调，儿童首先应该被允许成为儿童。他认为，课程应该基于自然、音乐、灵性、艺术和数学的第一手经验（Solly，2015）。福禄贝尔认为，游戏是儿童所有发展的基础。他强调内在世界与外在世界之间相互联系与和谐的必要性。成人的作用是提供环境，使儿童能够探索"尚未知道但能够模糊推测的领域"（Liebschner，1991，p. 15）。环境对儿童的发展与学习至关重要。"教育者只需要学会如何为游戏提供最广泛的机会和手段，以及最充分的自由"（转引自 Lawrence 1952，p. 192）。户外学习环境为儿童提供了探索和发现的自由，以及奇妙的游戏和学习机会。

鲁道夫·斯坦纳（Rudolf Steiner，1861—1925）

奥地利哲学家鲁道夫·斯坦纳对儿童早期教育产生了重大影响。他坚信重视真实生活体验的教育。斯坦纳的理念在今天的华德福学校里很明显，他认为，游戏很重要，想象力是儿童发展的基石，学习应该遵循自然的速度。他还主张，不应该在儿童 7 岁之前向他们介绍书面文字（Solly，2015）。华德福学校的儿童花时间在户外、在自然中学习。

约翰·杜威（John Dewey，1859—1952）

约翰·杜威是一位来自美国的有影响力的教育理论家。他提倡一种不那么传统的教学方法，因此被称为"进步主义教育之父"。他的方法与建构主义理论一致。根据杜威的理论，理想的学校应该有一个被田野包围的花园。杜威理解户外活动在儿童教育中的价值。他认为，学校是与现实世界脱节的，真实的世界在学校建筑之外，那里才是儿童应该学习和游戏的地方（Rivkin，1998）。

玛格丽特·麦克米伦（Margaret McMillan，1860—1931）

1914 年，玛格丽特·麦克米伦和玛格丽特·蕾切尔在英国伦敦开办了第一家露天保育学校。受福禄贝尔和杜威的影响，姐妹俩相信"花园、健康食品、沐浴、新鲜空气、光线和有规律的睡眠/锻炼对改善儿童健康与福祉的重要性"（Solly，2015，p. 5）。她们和儿童一起开辟菜园种植蔬菜，并为儿童安排空间，让他们在攀爬架、沙坑和"土堆"上玩耍，探索自然和人工物品（Solly，2015）。

玛丽亚·蒙台梭利（Maria Montessori，1870—1952）

玛丽亚·蒙台梭利出生于意大利，是一名受过训练的体质人类学家和医学博士。也许她对学前教育的最大影响是引入了一种强调观察和实验的科学方法。她的影响至今仍在世界各地的许多蒙台梭利中心里延续。这些中心结合了一种特殊的蒙台梭利方法，向儿童介绍被称为"教具"的特殊材料和器械的使用方法。通常，大多数蒙台梭利中心都是在可控的室内环境中进行的（Elkind，2015）。对蒙台梭利本人来说，她的科学方法呼吁让儿童体验大自然的奇妙，她希望儿童一整天都能自由地在室内外活动（Tovey，2014）。

苏珊·艾萨克斯（Susan Isaacs，1885—1948）

苏珊·艾萨克斯是英国心理学家和教育家。20 世纪 20 年代，她是切尔西露天保育学校（Chelsea Open Air Nursery School）的创始人之一。正如本章前面所述的那样，艾萨克斯认为游戏对儿童的情绪健康至关重要。在她对户外游戏的许多贡献中，最引人注目的是，她是第一个为儿童提供攀爬设备的人。她认为，教室应该面朝户外。在露天苗圃里，除了攀爬架，还有沙坑、跷跷板和供儿童种植蔬菜的小块地。儿童被鼓励使用成人工具。艾萨克斯给2—10岁儿童提供"在户外和室内探索的特定自由度"（Solly，2015，p. vii）。艾萨克斯将游戏视为强烈冲动和情感的出口，是减少焦虑的地方。对艾萨克斯来说，花园是一个安全的地方，儿童可以探索，也可以表达嫉妒、仇恨、恐惧或愤怒（Tovey，2014）。她认为，户外环境是帮助儿童治愈内心自我的地方，这一理论后来发展为我们今天所知的自我调节技能。

让·皮亚杰（Jean Piaget，1896—1980）

瑞士心理学家让·皮亚杰对包括学前教育在内的许多研究领域都产生了巨大的影响。正是他的建构主义理论证明了儿童通过游戏和发现来学习。仅仅在教室里教儿童关于自然的知识是不够的：儿童必须在户外环境中学习。皮亚杰是一位环保主义者。他认为，户外活动能滋养、刺激和挑战儿童。儿童建立自己的认知结构，而游戏是他们扩展心智能力的载体。皮亚杰的工作检验了认识论的基本问题，即我们如何认识外部世界（Elkind，2015）。皮亚杰很清楚，无论是室内还是户外，儿童都是通过亲身探索环境来学习的。

列夫·维果茨基（Lev Vygotsky，1896—1934）

苏联心理学家维果茨基是一位社会建构主义者，他强调文化和社会对人类发展的影响。尽管他较早去世，没能充分阐述他的创新性理论，也没能通过大量研究来支持这些理论，但他的影响至今仍在。他的观点对学前教育产生了深远的影响（Elkind，2015）。通过"鹰架"（成人用来帮助儿童跨越最近发展区的工具），户外活动可以让儿童接触更大的挑战，进行更深层次的思考、探索和学习。

鹰架可以被定义为一个过程，成人或更有能力的同伴帮助儿童解决问题、执行任务，或者实现儿童自己可能无法实现的目标（Bakker, Smit, & Wegerif, 2015）。

最近发展区是维果茨基提出的一个概念。在这个概念中，更有能力的同伴或教师帮助儿童学习在高于其所能独自实现的水平上工作，使得他们最终跨越最近发展区并在该水平独立工作（Wass & Golding, 2014）。

洛里斯·马拉古齐（Loris Malaguzzi，1920—1994）

洛里斯·马拉古齐被认为是 20 世纪最重要的教育者之一。他致力于儿童早期教育，投身于如今已经世界闻名的意大利瑞吉欧·艾米莉亚的学前教育。马拉古齐出生在第一次世界大战结束时，在第二次世界大战法西斯政权下度过了他的成长岁月（Moss，2016）。瑞吉欧·艾米莉亚的儿童早期教育方法是基于儿童主动性而提出的想法，教师促进和鼓励他们通过游戏来学习。奈特（Knight，2013）

照片 2.7　儿童锯木头

安吉儿斑璞自然学校

指出，这种方法并非围绕户外环境或自然材料展开，但它却与各种类型的户外游戏项目（包括森林和自然学校）提倡的户外方法相似。例如，森林学校和瑞吉欧·艾米莉亚学校都实施由儿童的想法驱动的课程与学习活动，而不是教师主导的预设课程（Knight，2013）。

> **预设课程**是指把现成的课程交给教师面向儿童实施，无论教师还是儿童，都没有为课程的设计做出贡献。

瑞吉欧·艾米莉亚所珍视和信仰的儿童形象是有能力、能够进行复杂思考。马拉古齐（1994）提出，儿童的形象是教学开始的地方。瑞吉欧·艾米莉亚方法把"教学记录"作为一种让儿童的形象、学习和思考可见的工具。这一方法及其基础理论在 21 世纪产生了重要影响。

> **教学记录**是指幼儿教师让儿童的学习影响课程和教学，从而让儿童的学习可见的过程。这个过程包括观察、记录和解释。

理论

在 19 世纪和 20 世纪，理论家们关注如何解释游戏存在的原因（Santer, Griffiths, & Goodall，2007）。这些理论有助于幼儿园和幼儿教师分析实践，发展能够落实教育理念的课程。审视过去和现在的理论提供了批判性思维与反思实践的机会，同时有助于发展不断变化的个人理念。关于游戏的理论被分为三类：表 2.2 所示的经典派（19 世纪和 20 世纪早期），表 2.3 所示的现代派（1920 年以后）和表 2.4 所示的更能代表当下关于游戏的思考的当代派。

●**理论**是指通过研究事实或对某一特定主题的思想或理念进行推测而得出的思想体系。

表 2.2　经典游戏理论

理论	描述
剩余能量论	儿童需要游戏，是因为他们有多余的精力，需要身体游戏来消耗剩余能量。这一游戏理论认为，当生活变得更容易时，获取食物和庇护所就不需要一个人的全部精力。游戏消耗儿童的剩余精力。
娱乐/放松论	游戏是一种在辛苦工作后补充能量的机制。当儿童进行更聚焦于认知的活动时，他们需要时间进行活跃的游戏以补充能量。
练习论	游戏是儿童练习成人角色的一种机制。儿童基于观察扮演他们生活中的重要角色，如母亲、父亲和教师。
重演论	儿童参与的游戏可以让他们重演祖先所经历的发展阶段，帮助他们减轻负面行为，发展支持社会的正确过程。

表 2.3　现代游戏理论

理论	描述
认知发展论	将游戏视为儿童使用材料和与人互动的工具，是构建有关他们所生活的世界的知识的一种方式。
神经生物论	基于神经科学的新发展，认为儿童所处的环境对大脑发育有积极或消极的影响。参与高质量的游戏能够强化儿童的神经网络。
精神分析论	研究当儿童通过角色转换和重复来表现他们的感受或应对挑战时，游戏如何有助于情绪释放和自尊心的建立。

表 2.4　当代游戏理论

理论	描述
批判性教育论	探讨游戏如何受到社会中性别、阶级和种族不平等的影响。儿童应该有自主学习的自由，而成人要为儿童提供了解不平等现象的机会。
社会文化论	儿童通过日常生活经验理解他们所在世界的社会和文化背景。儿童在游戏中遇到问题，并寻找策略来解决问题。

理论家及其理论建构了户外游戏与学习的理论基础。理论的研究是复杂的，需要对现实的本质、知识的本质和价值的本质进行深入思考（Jones & Shelton，2011）。在学前教育实践中，你可能最常见的两种理论是建构主义（也被称为进步主义）和行为主义，行为主义有时被称为"教导主义"。建构主义和教导主义是理论统一体的两个对立面。这些理论视角如图 2.3 所示（改编自 Dietze & Kashin，2016）。

照片 2.8　儿童户外游戏场地

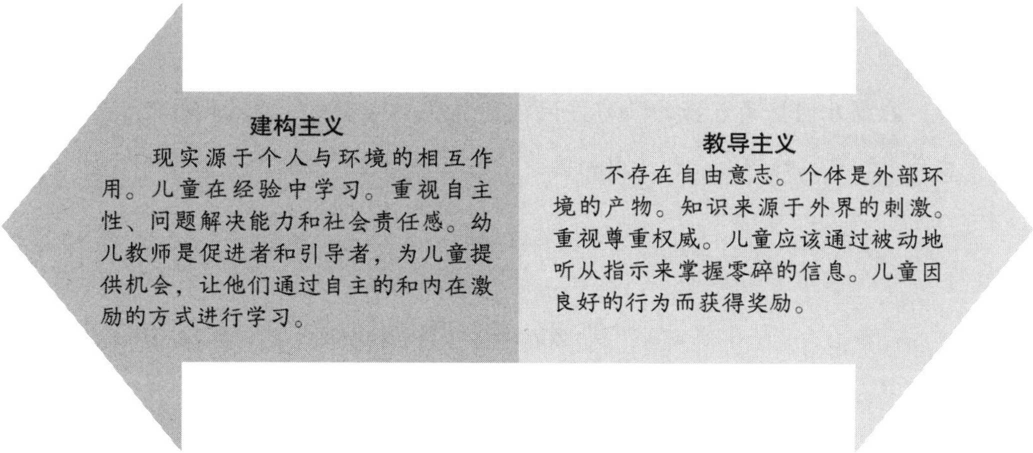

建构主义
现实源于个人与环境的相互作用。儿童在经验中学习。重视自主性、问题解决能力和社会责任感。幼儿教师是促进者和引导者，为儿童提供机会，让他们通过自主的和内在激励的方式进行学习。

教导主义
不存在自由意志。个体是外部环境的产物。知识来源于外界的刺激。重视尊重权威。儿童应该通过被动地听从指示来掌握零碎的信息。儿童因良好的行为而获得奖励。

图 2.3　建构主义与教导主义

来源：Dietze and Kashin (2016). *Empowering Pedagogy for Early Childhood Education.*

教导主义的理论观点通常与行为主义联系在一起。行为主义是心理学的一个分支。它以俄国心理学家巴甫洛夫（Pavlov，1849—1936）以及美国心理学家桑代克（Thorndike，1874—1949）、华生（Watson，1878—1958）和斯金纳（Skinner，1904—1990）的工作为基础，对学前教育产生了影响。"行为主义者认为，所有的行为，无论多么复杂，都可以简化为一个简单的刺激—反应联结"（Gray & MacBlain，2015，p. 4）。你可能会看到儿童因表现出所谓的"良好行为"而获得口头表扬或有形的物质奖励，如食物、贴纸或礼物。此时的重点是达到幼儿教师确定的成果（Gray & MacBlain，2015）。相比之下，建构主义提供了"与行为主义大相径庭"的理论（Gray & MacBlain，2015，p. 4）。建构主义的幼儿教师将儿童视为自主学习的积极参与者。专栏2.2所示的就是一位相关理论家——福禄贝尔。虽然他通常不与建构主义理论联系在一起，但你认为他相信儿童是积极的游戏者和学习者吗？

 专栏2.2　重要理论家：福禄贝尔

　　福禄贝尔被称为"幼儿园之父"。他首先使用了"幼儿园"（kindergarten）一词，现在它已经成为教育的一部分。这个词来源于kinder（德语，儿童）和garden（花园），福禄贝尔引入了"儿童的花园"的概念。他主张将这样的花园纳入用于游戏和学习的空间。不幸而孤独的童年让福禄贝尔求助于大自然。花草树木让他在与世隔绝的漫长岁月中得到安慰。对福禄贝尔来说，自然让人的灵魂从生活的压迫和矛盾中解脱出来。他认为，花园是理想的儿童学习环境，在幼儿园里最可行的学习方法就是游戏。儿童在积极游戏时，往往会自由地表达自己的想法、创造力和感受（Omatseye & Momodu，2014）。

实　践　应　用

　　好奇和主动意味着什么？你如何在观察中看见儿童的好奇与主动？你如何鼓励儿童保持好奇和主动？你能为儿童安排哪些活动来支持他们？本书第1章列

第 2 章 户外与自然游戏的历史和理念基础 059

照片 2.9 与儿童一起种植

出了班宁和沙利文（2011，p. 201）提出的户外学习 7 条实践标准。我们从中选取了专业实践中的好奇心和主动性标准（见表 2.5）。作为一名幼儿教师，我们鼓励你在定义自己的理论并实践时，重新审视这些与儿童在自然中的学习有关的标准。我们建议每位幼儿教师都建立并坚持使用专业发展档案袋。

专业发展档案袋记录了你的信念、专业学习、经验、领域内的专业活动参与情况和教育实践的具体情况。

表 2.5 户外游戏与学习标准：好奇心和主动性

儿童通过提问、提出想法及探索物品和材料表现出渴望学习。
儿童表达对他人的兴趣，并主动与他人互动。
儿童想了解世界，对新事物具有开放的态度。
儿童用多种感官探索和体验。
儿童主动创造，且独立创造的能力逐渐增强。

专业发展档案袋可以包含班宁和沙利文（2011）提出的每一条标准。你可以用照片和语言描述来说明你是如何实现这些标准的。也可以反思每章的实践原则，形成你自己关于户外游戏与学习的理论陈述。在这一章中，我们将介绍受约翰·杜威启发的经验式学习。正如前文"理论家"一节所述，杜威是一位建构主义和进步主义教育家，被认为是"进步主义教育之父"。

实践原则：经验式学习

杜威等理论家在解释基于地方的学习的重要性时，谈到了经验式学习。杜威（1916，p.46）指出："教育不是一件'告知'和被告知的事情，而是一个主动的、建构的过程。"儿童和教育者可以共同建构一种产生于大自然、发生在特定地方的教育学。基于地方的教育者常常以杜威为思想鼻祖，其中一部分原因是他们的理论与杜威对民主、经验和学习环境的支持一脉相承（Jayanandhan，2009）。基于地方的教育以实践和探究为基础，与可持续性和大自然紧密相连（Smith & Sobel，2014）。

杜威重视从户外经验中学习。他认为良好的学校教育依赖户外世界，因为那里是生命发生的地方（Rivkin，1998）。他（1980，p.35）写道：

儿童的生活将延伸到户外，他在花园中、在周围的田野和森林中远足、边走边谈，广阔的户外世界的大门就此为他敞开。

对杜威而言，花园、田野和森林构成儿童学习的理想世界。今天，这些空间仍然存在于被围栏围起来的游戏场地之外——后者已经在幼儿园里过于常见。他主张，教师有必要为儿童提供接触自然环境的机会，"这种自然环境应该是在花园里，从花园里出来的儿童将被引导到周围的田野，然后进入广阔的乡村，那里有所有的事实和力量"（Dewey，1980，p.75）。正是在这些空间中，幼儿教师得以建立教学实践的经验式学习原则。他们通过观察、与儿童讨论以及支持和鼓励，让儿童在大自然中的经验和与大自然的接触更加丰富。

基于地方的学习：花园

从历史上看，花园一直被认为是学习的地方。让儿童在童年早期接触花园，将帮助我们培养绿色一代！儿童在花园中的经验有很多好处。尼莫和哈利特（Nimmo & Hallet, 2008）指出，花园作为一个地方，有以下作用：

- 用于游戏和探究
- 可以让儿童安全地参与冒险
- 提高教师对儿童的期望
- 发展多种关系
- 发展群体
- 引发和发现多样性
- 拓宽社会视野

有不同类型的花园供儿童体验，如蝴蝶花园、蔬菜花园、草本花园和草地花园（McClintic & Petty, 2015）。想象一下每种花园所能提供的经验。你想在哪种花园里玩？就像福禄贝尔多年前所倡导的那样，拥有花园能让所有儿童受益。吉尔（2014）对儿童接触自然的益处进行了系统的文献综述。该综述发现，研究表明，参加园艺活动的儿童比没有园艺经验的儿童有

照片 2.10 儿童花园

更强的科学学习能力，以及更健康的饮食习惯。研究结果还表明，当儿童接触花园时，他们的社会性、自我控制和自我意识能力都有所提高。

照片 2.11 儿童在森林中观察与学习

课 程 计 划

  幼儿教师影响儿童在幼儿园里的经验以及游戏和探索的深度（McClintic & Petty，2015）。成人对游戏和探索的态度与所提供的环境条件，既可以为儿童提供机会、满足他们的好奇心，又可能制造障碍、减少他们在好奇心的驱动下采取行动的欲望。当儿童的好奇心被激发和增强时，他们就会更深入、更长久地探索（Cremin, Glauert, Craft, Compton, & Stylianidou，2015）。在拥有激发好奇心的独特资源和活动且尊重好奇心的环境中，儿童会展现更高水平的探索、发现和学习（Alexander & Grossnickle，2016）。

  好奇心激发儿童的兴趣。发现和培养儿童真正值得关注的兴趣，是幼儿教师义不容辞的责任。儿童对很多事情都感兴趣。教师基于儿童在户外产生的兴趣支持他们的学习与发展,这被称为儿童主导的学习。在这种方法中,幼儿占据主导地位,但教师在支持儿童的游戏和拓展儿童的游戏经验方面发挥着作用。

儿童主导的学习也被称为"儿童发起的学习",在这种活动中,儿童可以选择如何玩、和谁玩以及对学习什么感兴趣。儿童主导或儿童发起,并不意味着成人在支持和计划儿童的游戏中没有发挥重要作用。

使用第1章介绍的"PEER原则",思考幼儿教师如何计划以支持儿童的好奇心?儿童将如何参与活动?哪些材料可以被探索?什么将引导幼儿教师在活动后的反思?我们以表2.6为例,说明如何激发儿童的好奇心。

表2.6 计划、参与、探索和反思——在森林中

计划	准备一次活动,邀请儿童在森林里近距离观察。
参与	根据你的情况,分享弗兰克·塞拉菲尼的书《透过森林仔细观察》(*Looking Closely Through the Forest*,Frank Serafini)或者他写的其他关于花园、海岸或池塘的书。邀请儿童用放大镜近距离观察。
探索	鼓励儿童仔细观察并注意细节。询问儿童看到了什么、想到了什么,以及他们对各种自然物的疑问。记录儿童对他们所看到、想到和好奇的事情的反应。用照相机近距离拍摄自然物,创建你自己的近距离观察书。鼓励儿童讲述他们所看到的故事、数数、寻找模式并思考。
反思	近距离观察自然将激发、锻炼儿童天生的好奇心,他们将有许多探究的机会,从而获得更多的经验和发展长期的项目。记录他们的问题、想法和点子,并反思下一轮可能的计划、参与、探索和反思(Dietze & Kashin,2016)。

即使制订了周密的计划,儿童的兴趣和关注点也会发生变化,尤其是在户外,大自然往往具有不可预测性。因此,幼儿教师应当考虑课程的生成性,以及与儿童共同构建经验或机会的重要性。

生成课程

生成课程是一种从学习者的兴趣中产生的、与教师共同构建的教学和学习方法(Jones & Nimmo,1994)。通过关注值得探索的兴趣,游戏和学习的可能性就会出现(Wien,2015)。幼儿教师与儿童一起创造不预设但却独特的课程和经验。

这种方法提供了一个机会，让儿童拥有游戏的所有权。确定儿童对什么感兴趣，并非一个简单或快速的过程。如果生成课程仅仅建立在儿童感兴趣的事物或话题上，它可能就是有限的。例如，儿童在森林里发现了一只青蛙并表现出兴趣，但不意味着它应该成为课程发展的重点。儿童在想什么？他们对这只青蛙感到好奇的原因是什么？我们需要花时间进行深入思考，并鼓励我们身处的游戏群体中的其他人发声，包括儿童和他们的家人，然后判断什么兴趣将主导课程的发展。

● **生成课程**是一种基于儿童的兴趣计划课程的方式（Dietze & Kashin，2016）。

家长支持与参与

家庭对儿童而言很重要，因此幼儿教师应当创造一个让儿童感到受欢迎的、像家一样的地方。与家庭的积极关系有助于儿童获得归属感、建立与地方的联系。为了让家长成为群体中的一部分，他们必须参与其中并感觉受到支持。参与需要对话和沟通，它超越"家长介入"，形成一种相互联系的互惠关系（Pushor，2012）。让家长支持儿童的户外游戏和学习的方法有很多。邀请家长参与儿童的户外活动是很好的第一步。成人也会从活动中获得学习。也许，他们没有看到存在于户外的游戏和学习的可能性。成人和儿童都会从活动中获得学习，而不是通过讲述。

当幼儿教师熟悉了户外游戏和学习的重要性后，他们就能更好地支持家庭，确保户外游戏也成为儿童家庭活动的重点。儿童在家时不出去玩可能有很多原因。想象一个没有游戏的童年！

可及性与设计

150多年前，英国教育家赫伯特·斯宾塞（Herbert Spencer）提出了"剩余能量说"，认为儿童游戏的主要原因是释放能量（White，2004）。尽管这一理论被大多数研究者和儿童发展理论家拒绝，但它对儿童户外游戏环境的设计产生了持久的影响（Mulryan-Kyne，2014）。由于斯宾塞理论的持久影响，游戏场地被视为进行身体游戏的地方，而不是支持认知、语言、社会性和情感等其他领域的发展——儿童在那里消耗多余的能量。在游戏场地安装攀爬架，就会限制儿童的经验。这些场地通常由人造的地面设计，缺乏草、植物和树木等自然元素。它们不是绿色的，而是灰色的，更像停车场而不是游戏的地方（White，2004）。

这些有着固定设备的游戏场地不仅不吸引人，而且往往无法接近。加拿大的许多市政当局建立了社区游戏场地，目的是为儿童和家庭提供游戏的地方，让他们与其他家庭见面，并参加有助于形成健康生活方式的活动。然而，事与愿违，许多社区游戏场地的结构设计限制或排除了活动能力有限的儿童或成人。这些结构障碍包括：人行道和小路的位置、地面的材质和大型设备周围的高架子（Olsen，2015；Dietze，2013）。解决这些设计问题对加拿大的社区而言至关重要。社区游戏场地的可及性支持幼儿教师培养所有儿童的能力，使其在游戏场地之外也能在潜在的游戏空间中玩耍。这是融合教育实践的核心。

可及性是指产品、设备、服务和环境的设计具有融合性。

户外游戏的提示与工具

技术是一种支持户外游戏和学习的工具。从人类最早制造工具开始，技术就一直存在，而且新技术还在不断被发明出来。我们用技术生活、学习和游戏。技术被用于交流和娱乐。多少技术算太多？今天，学前教育环境中的技术应用引发人们的担忧。20世纪60年代末70年代初，电视是最新的技术，教育者和家长担心儿童对电视痴迷。如今，儿童生长在一个拥有各种新技术的数字时代，这些技术吸引他们的注意力，使他们减少对户外游戏的关注。

禁止儿童使用这些新技术很困难。相反，我们建议通过技术来增强儿童的户外体验。如今，儿童出生在一个充满新兴技术的世界。他们享受着技术的功能和好处。然而，技术并不能取代教师，但它被认为是一种支持儿童及其学习选择权的工具。技术也不是户外游戏和亲身体验的替代品（Goldstein，2013）。相反，它可以用来增强户外游戏学习。例如，当教师和儿童在户外注意到一只色彩鲜艳的鸟时，教师可以利用技术帮助儿童识别它的名字和特征。他们可以通过电子的方式与家人分享自己的发现。真实而有意义的学习从体验开始，然后技术作为一种工具被引入，用以支持儿童对某个话题的兴趣和探索，比如进一步了解鸟类。我们把技术视作游戏的宗旨，它坚持建构主义、经验式学习理论和进步教育运动的原则（Dietze & Kashin，2013）。

在现场——专业反思："我为什么热爱户外游戏"

为什么有些幼儿教师喜欢户外活动，有些却不喜欢？曾经的生活经历如何影响幼儿教师的户外游戏倾向？儿童在户外和室内会表现出不同类型的行为吗？阅读专栏2.3，一位幼儿教师思考为什么户外游戏对她的教育实践很重要。

 专栏2.3　我为什么热爱户外游戏

作为一名幼儿教育工作者、前幼儿园教师、现学前教育专业高校教师，我生命中的大部分时间都花在儿童身上，与他们游戏、和所有年龄阶段的儿童一起学习。基于30多年的经验，我发现户外游戏完全改变了学习经验。一旦突破教室墙壁、把学习和游戏带到户外，一切都变得活跃起来。户外游戏每天都不一样。它总是在变化，总是有新的故事讲述我们看到的、感觉到的和听到的一切。这不仅影响儿童的学习，也影响教育者的学习。我们的大脑是忙碌的、活跃的、警觉的。突然，感官沉浸在视觉、听觉、嗅觉、触觉和温度之中；如果你敢用舌头接住落下的雪花，那么你还能获得味觉体验。我曾见过在正式的课堂环境中对于理解一些概念感到困难的学龄儿童，当他们有机会通过自己天生的好奇心在户外环境中应用这些概念时，他们就立马能够明白。当我教的学前教育专业的学生有机会在户外游戏，并反思作为未来的幼儿教育工作者他们将如何激励儿童的环境管理能力时，我在他们身上看到了我点燃的火花。从个人层面来讲，作为成人，我无法想象一个没有户外游戏的世界。对我来说，在树木繁茂的小路上越野滑雪，从山上骑着自行车飞奔下来任凭风吹过我的头发，或者在黎明时分宁静的湖面划皮艇，才能真正滋养我的灵魂。

弗莱明学院幼儿园谢里尔·赫德（Cheryl Herder）

案例研究

阅读案例研究2.3，思考下面的问题，批判性地反思幼儿教师和儿童所拥有的可能性。

案例研究2.3　树桩

一天，幼儿教师拉维在开车去上班的路上看到路边有一些树桩。房子的主人肯定砍树了。他放慢速度，看见草地上有一个人。他立刻对儿童可以如何使用这些树桩感到好奇。拉维开始思考各种可能性，比如用树桩围成一个圈，他们就可以在户外集合了！儿童也可以爬上去，或者把它们用作玩开放性材料的平台。拉维把车停下来，和房主聊了聊自己所从事的儿童教育工作，并问他是否愿意把树桩捐赠给儿童玩耍。房主说"当然"，还说很乐意让儿童玩自己的树。他帮拉维把树桩装进车里。树桩实在太多了，拉维不得不装两次。他很兴奋地准备把这些树桩摆成一个圆形，然后看看会发生什么！拉维打算和儿童分享他得到树桩的故事。

1. 你会停下来向房主要这些树桩吗？为什么？
2. 除了上面列出的用途，你还能想到其他用途吗？
3. 如何鼓励儿童感谢房子的主人给他们树桩？

专栏 2.4　到户外去

不要害怕天气！即使下雨，也要到户外去。如果地面泥泞，就穿上靴子玩得脏脏的。在水坑里踩水，感受雨滴落在你的舌头上。如果有风，就去放风筝。地上有雪吗？做一个雪雕吧。如果你在各种天气条件下都能适应户外环境，你就会成为儿童的榜样。

本章小结

- 在历史进程中，社会对游戏和户外游戏的态度一直摇摆不定，直到今日，儿童仍然花大量的时间在室内。
- 对儿童而言，游戏和学习是紧密联系的。
- 儿童属于大自然。自古以来，他们一直在向大自然学习、在自然中游戏。
- 查看户外游戏的历史，可以了解关于它对儿童发展、健康和学习的重要性的宝贵信息。
- 如今的儿童接触大自然或参与户外活动的机会比以往任何时候都少。研究表明，这些经历被剥夺会对儿童、社会和环境产生长期的负面影响。
- 在学前教育领域，从 17 世纪至今，有十几位理论家的思想时至今日依然影响着户外游戏以及自然在儿童生活中的地位。
- 了解经典、现代和当代的游戏理论为理解游戏的复杂性以及为什么户外游戏对儿童早期发展至关重要提供了背景。
- 在幼儿园中，最常见的理论是建构主义和行为主义，行为主义也被称为"教导主义"。建构主义的方法支持儿童在自然中、在户外通过尝试和解决问题来游戏。
- 福禄贝尔被称为"幼儿园之父"，他首先提出了"儿童的花园"的概念。
- 了解好奇心和主动性的重要性，有助于幼儿教师计划和促进有趣的户外游戏活动。
- 作为一个学习的地方，花园对儿童有很多好处，包括可以用于游戏、鼓励冒险和促进社区的发展。
- 生成课程是一种基于学习者的兴趣，并让儿童与幼儿教师共同构建的教与学方法。
- 所有儿童都需要平等地使用户外游戏设备和空间。

安静反思

无论你在哪里，花点时间看看窗外。你看到了什么？那是儿童可以游戏的地方吗？他们如果在这里游戏，会做什么？他们会学到什么？作为成人，你在这里会如何游戏？如果你看到的不是绿色而是灰色，就像一个停车场一样，在可能的情况下，你会如何把它变成儿童游戏的空间？

与他人对话

和其他人一起，就儿童的游戏进行对话，思考如何帮助家庭支持儿童——让儿童有机会在大自然中玩耍和学习。在小组中思考这些问题：

1. 关于儿童户外游戏的悠久传统以及户外游戏的好处，家长需要知道什么？
2. 你如何以一种支持、理解和非评判性的方式向家长传达这些信息？
3. "非评判性"是什么意思？

进一步思考与行动

你所在的社区是否有可以提供户外游戏研讨会的组织？你是否考虑过参加一个关于户外游戏的研讨会？在报名之前，请确保你将至少有一段时间是在户外学习的。为什么在室内学习户外游戏很困难？开始收集一些支持户外游戏的组织的名字和联系方式。

第3章
加拿大和国际上的户外游戏研究

学习成果

学完本章后,你将能够:

- 描述学术研究对户外游戏的影响;
- 论述加拿大和国际上正在进行的关于户外游戏实践的研究类型;
- 描述与户外游戏相关的定量研究和定性研究的含义;
- 解释当前户外游戏的实践与历史观点之间的联系;
- 阐述亲生命性理论及美国著名理论家蕾切尔·卡森(Rachel Carson)的影响;
- 比较目前关于户外游戏在儿童生活中的重要性的实践理论。

第 3 章 加拿大和国际上的户外游戏研究

被强迫学习的东西是不会保存在心里的。因此，应避免强迫的方式，而让儿童的课程采用游戏的方式。

——柏拉图（Plato，公元前 428—347）

童年回忆

当我还是个小女孩的时候，我会在小溪边待上几小时，观察河水的流动，一边在石头上摇摇晃晃地保持平衡，一边试着跨过去，还仔细观察蝌蚪和小鱼。在我收集岩石、鹅卵石和其他珍宝的时候，时间被按下了暂停键。我记得自己即使浑身湿漉漉的，也毫不在乎妈妈会说什么。我知道最终我还是得回家，家就在几个街区之外，我饿了就会回去。在小溪边的时候，我感觉自己的感官功能会增强。我能听到小溪潺潺的流水声、青蛙的叫声和蜜蜂的嗡嗡声。我注意到蝴蝶飞掠而过，清楚地记得它们鲜艳的翅膀。这是一个我喜欢和朋友，有时也喜欢自己一个人去的地方。几年后，我们搬走了，我想念那个地方。我将永远记住那些景象和声音。现在，当我回想起那个时候时，回忆让我怀旧并感到安慰。

本 章 预 览

学前教育领域的理论家和研究者早就认识到户外游戏的价值（Ernst，2014）。在第 2 章中，我们介绍了许多理论家，他们是户外游戏和自然教学的重要倡导者。尽管有这些历史根源和研究者的持续兴趣，但儿童户外游戏的机会一直在稳步下降。如今，在 21 世纪，患有 2 型糖尿病、抑郁症、超重、肥胖、多动症等疾病和学业困难的儿童比例令人震惊（Sahoo et al.，2015）。儿童的这些健康状况促使决策者、教育工作者和健康专业人员转向研究，以寻求户外游戏如何影响儿童的健康、幸福和发展等问题的答案（Chawla，2015）。越来越多的研究表明，与历史上的任何时候相比，对今天的儿童而言，到户外游戏至关重要。这意味着，作为幼儿教师，我们有义务阻止这种下降趋势，积极促进自然中的户外游戏（Lewis，2017）。

研究影响实践。当前关于儿童如何在户外学习的研究支持了怀特布雷德和科尔特曼（Whitebread & Coltman，2015）所表达的观点，即有效的教学总是基于对儿童如何学习的理解。理解自然和户外游戏教学法的理论和应用能够在成人面向儿童的工作中支持他们（Moyles，2014）。因此，思考正在进行的户外游戏研究的类型和范围很重要。例如，儿童在户外是如何学习的？研究怎么说？儿童在非结构化的还是结构化的游戏中学得更好？时间和地点有影响吗？如何将教学与课程计划联系起来？关于这个话题的文献非常广泛。本章，我们将在这些研究中为你导航。

教学法是幼儿教师对学习如何发生的理解，它涉及支持教师理解学习如何发生的理论和实践（Ontario Ministry of Education，2014）。

研究的概念可能会让学前教育研究中的新手望而却步。然而，我们鼓励幼儿教师们把参与研究作为他们日常实践的一部分。当我们通过收集信息、分析信息、解释信息来回答或解决问题，从而得出结论并为新的实践方法提出建议时，研究就发生了。这其实也发生在我们的生活中（Mukherji & Albon，2014）；只是我们没有把它称之为研究。在学前教育领域工作时，把自己视作研究者将有助于教师改善形象，采取深思熟虑的分析性实践方法（Edwards & Gandini，2015）。

实践中的研究和学术研究有所区别。二者都是有效的研究形式，本章将对此进行探讨。重要的是，有关户外游戏的各个方面的研究从来没有像现在这样与跨学科群体紧密联系，包括学前教育、健康、教育和心理学专业人士。探讨关于户外游戏的问题，分析结果，并得出结论，对于促进教师掌握关于户外游戏与儿童发展和健康关系的知识、技能及实践（Kellert，2012）是必要的（Park & Riley，2015）。

第 3 章 加拿大和国际上的户外游戏研究

> 想一想，写一写，读一读
>
> "教师作为研究者"对你来说意味着什么？搜索一下相关文章，阅读并理解这个术语。一些作者将作为研究者的教师描述为动态的、不断发展的，写一写这些词语与你的实践有何关系。

站在收集、分析和解释信息的研究者的立场，想象你正在观察照片 3.1 中的儿童。你可以收集哪些类型的信息来指导实践？在你对观察结果的分析中，你会问什么问题？你如何解释你的发现？为什么？在你持续理解儿童、计划进一步的户外游戏和学习活动的过程中，这些解释会把你引向哪里？

如果幼儿教师采用一个视角，将户外游戏视为潜在的研究实验室，那么丰富游

照片 3.1 用轮胎游戏

广西壮族自治区柳州市育柏森林幼儿园

戏的可能性就会通过他们自己的研究方法显现出来。当幼儿教师运用从户外游戏与学术研究中获得的知识时，他们就有了进行实验性实践的理论基础。

为户外游戏做好准备

研究是一个支撑大多数幼儿园教育理论和方法论的概念。例如，研究是瑞吉欧·艾米莉亚方法和教育者角色的核心。在这个视角下，研究"被认为是一种面向未来的、思考和获取知识的方式"（Edwards & Gandini，2015，p. 92）。研究是一种了解自己与实践环境之间关系的方法。它为探究问题和难题提供了多种视角（Edwards & Gandini，2015）。

从瑞吉欧·艾米莉亚的教育者那里获得灵感，研究可以被视为日常生活的一部分。里纳尔迪（Rinaldi，2012，p. 245）将其描述为一种态度或"一种自己思

考以及与他人共同思考的方式,一种与他人、与周围的世界以及与生活相联系的方式"。里纳尔迪认为,研究是一种态度。这对你来说意味着什么?关于户外游戏的态度和心智倾向会影响你的实践。你对户外游戏持什么态度?你成年后最后一次在户外游戏是什么时候?

照片 3.2　户外游戏包括冒险与挑战

乔治森和坎贝尔-巴尔(Georgeson & Campbell-Barr,2015)比较了态度和心智倾向的定义。心智倾向是指在各种情况下以某种特定方式做出反应的一种广泛而持久的行为趋势。例如,如果你认为游戏是浪费时间,作为成人,你就会不愿意在户外或室内游戏。这将影响你如何支持儿童在室内外游戏。乔治森和坎贝尔-巴尔认为,态度是指"观念系统中的元素,与世界上由不同部分(情感的、动机的、智力的和评价的)组成的观点、事物和人有关,并且对变化持不同的开放程度"(p. 321)。图 3.1 总结了态度和心智倾向的概念。

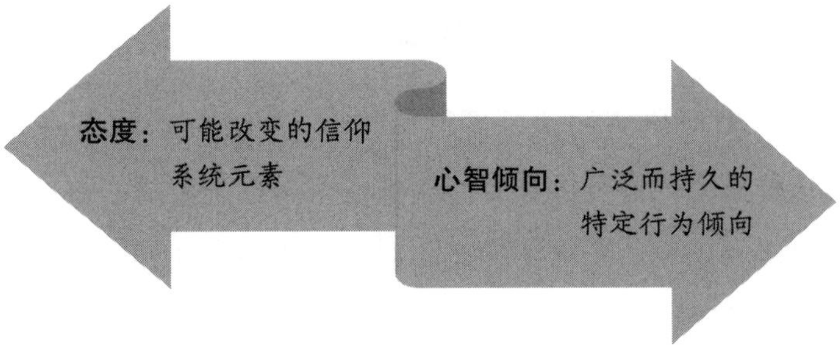

态度：可能改变的信仰系统元素

心智倾向：广泛而持久的特定行为倾向

图 3.1　态度与心智倾向

你可以对户外游戏和自然教学发展出一种积极的倾向。渴望改变态度、拥抱户外游戏的幼儿教师会发展一种策略来调整他们的观念体系。这可能要花一些时间。我们鼓励你踏上这个旅程，把自己视作研究者，锲而不舍地深入理解户外游戏。在这个过程中，你会经历心智倾向的发展和态度的转变。

研究方法简介

研究是一个复杂的过程。理解研究的类型与高质量研究的原则，对幼儿教师和学前教育专业的学生大有裨益。

基本的研究类型有两种：定量研究和定性研究。定量研究通常是指基于叙述或者故事，为回答特定的问题而创建的数据（Hartas，2015）。定性研究人员关心的是对"为什么"问题的回答，这些问题可能从他们的理论和愿景演变而来，也可能由他们对儿童和环境的观察、与儿童和成人的对话，或者与同事、儿童、家长或社区伙伴的对话所触发。数据分析采用的方法通常是在数据内部进行比较，以及了解所呈现的主题背景。定性研究适用于探究许多有关儿童户外游戏参与的核心问题，如设备的使用、儿童的游戏选择、教师对户外活动的态度、游戏空间设计和活动策略等。

● **定量研究**是通过使用可测量的数据来量化问题。数据收集比定性研究更结构化（Wyse，2011）。

● **定性研究**是用于引发想法或发展假设的探索性研究。数据收集方法通常是非结构化的,样本通常较小(Wyse,2011)。

定量研究需要对所研究的话题进行某种形式的测量,研究数据被赋予了数值意义。从事这种研究的研究人员专注于从复杂多样的数据中寻找信息。当研究人员用定性研究协助确定需要测量的东西时,可以结合使用定量研究和定性研究(Maxwell,2012)。在户外游戏研究中,定量研究被用于测量具体概念,比如儿童使用游戏设备的时间或参与特定类型的游戏活动的持续时间。

专栏3.1　认识户外游戏——反思要点

为什么测量户外时间很重要?你认为研究人员是如何收集这些数据的?从早上8点到下午6点,儿童在一天中应该有多长时间从事户外活动?在坦登等人(Tandon et al., 2013)的研究中,45个儿童(平均年龄为4.5岁,其中64%为男孩)在腰上佩戴内置光感传感器的便携式加速计和一个单独的定位导航设备。这些设备准确地测量了他们在室内外的时间。这项研究的目的是了解户外时间和改善健康测量之间的关系。

查阅关于户外游戏的研究,也许能促进你对户外游戏与自然教学的理论和实践的理解。研究是指以指导实践为目的,对一个主题进行系统性调查。鼓励幼儿教师了解研究,并将研究的核心发现纳入实践。这样做的最终结果,是让生活在加拿大的儿童拥有有意义的、有趣的、支持他们的好奇心和兴趣水平的户外游戏经验及资源(Dietze,2013)。

直到最近,大部分关于户外运动的研究主要来自挪威、苏格兰、英格兰和美国等地。自21世纪初以来,加拿大大学的研究人员数量显著增加,他们正在调查、推进和增加户外游戏研究。户外游戏研究是跨学科的,涉及教育、行为心理学、政治、环境和健康科学以及学前教育等。图3.2提供了与户外游戏相关的研究主题类型示例。

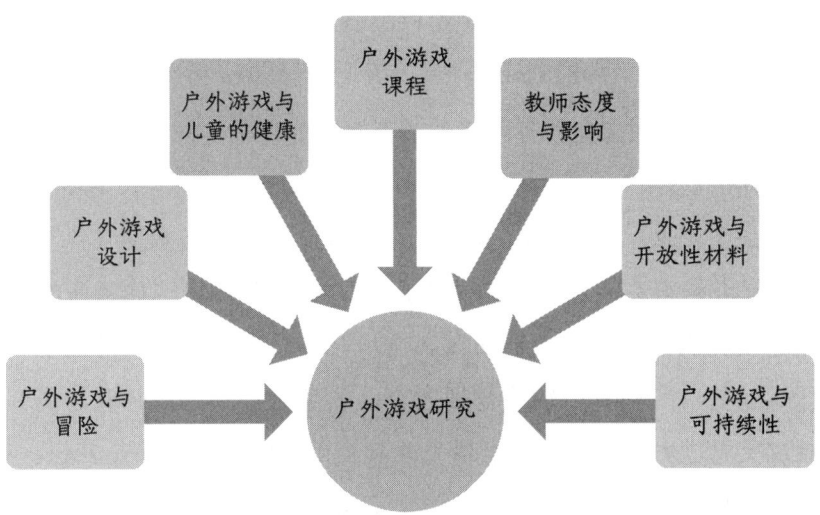

图 3.2　户外游戏研究的类型

这些话题是否激起了你的兴趣和好奇心？研究人员在对户外游戏各个方面的研究中发现了什么？我们希望你熟悉目前关于户外游戏的研究文献。当儿童在户外游戏和学习的时候，这些研究将从许多方面影响你的实践、拓展你的视野，让你看见更多可能。

我们对户外游戏的愿景

我们对户外游戏的愿景是，幼儿教师通过审视自己的观念、阅读研究并将二者结合，从而创造自己的愿景。这需要幼儿教师认识到，在实践中所做的决定由认知和观念所驱动。你的观念影响你的计划、互动、决定和实践。关于户外游戏、儿童户外学习和环境中关系的观念，影响儿童和成人在户外游戏环境中的行为。"每个人都根据已有经验以及他们如何解释这些经验来构建现实"（McClintic & Petty，2015，p. 27）。你从研究中获得的观念与学到的东西会影响你和儿童的户外游戏实践。

麦克林蒂克和佩蒂（McClintic & Petty，2015）进行了定性的案例研究，探讨幼儿教师的观念和实践对户外游戏的影响。研究人员发现，幼儿教师对自己户外经历的回忆表明,他们重视户外游戏所提供的自由。然而,他们认为自己目前的角色是监督儿童。他们认为户外游戏很重要,但强调在儿童的经验中加强规则。研究结果表明,幼儿教师对户外游戏的益处和可能性知之甚少,因而造成这种观念和实践的对立关系。

麦克林蒂克和佩蒂(2015)的研究结果表明,观念与实践并不一致。要把实践、观念和研究结合在一起,就需要对户外游戏充满热情。如果所有幼儿教师都对户外游戏充满热情,会产生什么影响?儿童会有更多的户外活动吗?这对儿童有什么益处?我们希望幼儿教师把自己的童年户外游戏经验与研究结合起来,并通过反思过去和创造未来愿景来改善当前的实践。愿景是梦想。有时候,梦想产生于消极的经验。对一些人而言,最强大、最有意义的童年回忆发生在户外。然而,另一些人可能没有在户外度过太长时间,他们是童年文化经过社会转变的产物。当你的梦想成为愿景,你就会超越事情的本来面目,走向你想要的样子。如果你坚信儿童应该在户外游戏,那么声明自己的愿景就是重要的一步(Carter, Cividanes, Curtis, & Lebo, 2010)。

想一想,写一写,读一读

你认为幼儿园的愿景应该包括什么?在网上查找愿景示例并不难。阅读其中的五六篇,然后自己写一写。

户外游戏在儿童生活中的地位

回顾近来关于户外游戏的研究文献,可以作为一种拓展专业愿景的方式。塞德尔和斯特姆(Seidel & Stürmer, 2014)认为,专业愿景是指运用知识注意和解释学习环境中发生的情景的显著特征。图3.3概述了塞德尔和斯特姆提出的专业愿景的三个方面。

专业愿景在教学中是指帮助教师理解日常实践的专门知识。它发生在注意和基于知识的推理过程中(Seidel & Stürmer, 2014)。

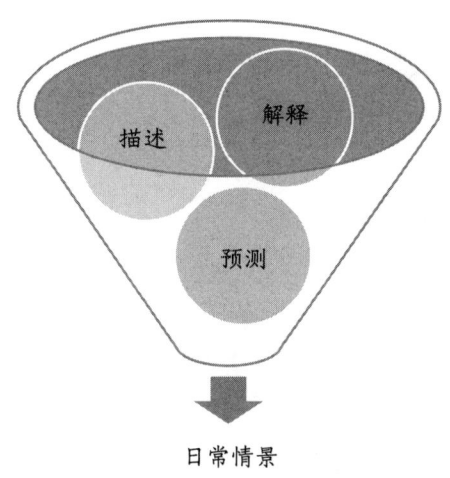

图 3.3 专业愿景的三个方面

文献综述

与户外游戏相关的研究文献是一种获取专业愿景的途径。阅读所有关于户外游戏不同主题的学术文章，似乎是一项艰巨的任务。第一步是缩小户外游戏的范围，如图 3.2 所示。第二步是为主题做一个文献综述，或书面概述重要的学术资源。例如，以户外游戏的开放性材料种类为题撰写文献综述。这两步练习都将丰富你关于开放性材料及其对儿童户外活动的重要性的专业知识和愿景。

文献综述是对于特定主题的书面概述，包括对学术资源的评述。

进行文献综述和撰写文献综述是有区别的。进行综述包括定位恰当的相关学术资源（研究文献），阅读并分析它们。撰写文献综述也涉及同样的步骤，并基于此进行写作，包括：计划、整理、起草、编辑、修改（Galvan & Galvan, 2017）。在很多情况下，你可以找到已经对你所感兴趣的话题进行了调查的文献综述。例如，豪泽等人（Houser et al., 2016）写了一篇关于利用开放性材料促进身体活动的综述。文献综述有助于促进幼儿教师对户外游戏与自然教学相关话题的理解。

基于两篇系统的文献综述，加拿大发表了一份支持户外游戏的重要的《立场声明》（Position Statement）。它由合作伙伴、利益相关者和研究人员组成的多元化、跨部门的小组合作提出,为 3—12 岁儿童的身体游戏提供了充分的依据。这份声明的形成过程包括以文献综述为依据、对当前文献和现有立场声明的批判性评价、研究专家和跨界个人与组织的参与以及广泛的利益相关者的协商。有大量的证据支持积极的户外游戏(Gray et al.,2015)。

照片 3.3　来自大自然的开放性材料

2015 年 4 月,该声明发表在《国际环境研究与公共健康》(International Journal of Environmental Research and Public Health)期刊上。

《立场声明》的发布"是为了回应从业人员、学术界、法律界、保险业和公众对于积极户外游戏(包括冒险)的相关利益和危害而进行的探讨、对话和争论"(Tremblay et al.,2015,p.1)。该声明的编写咨询了不同领域的利益相关者,包括健康、教育、身体活动(Gray et al.,2015)。专栏 3.2 提供了《立场声明》的截图。《关于户外身体游戏的立场声明》(Position Statement on Active Outdoor Play)指出:"在户外自然中进行身体游戏虽然有风险,但对儿童的健康发展至关重要。我们建议在所有环境中增加儿童户外身体游戏的机会,包括在家、学校、幼儿园、社区和大自然中。"(Gray et al.,2015,p.1)完整的陈述提供了背景、证据支持以及一系列旨在增加户外身体游戏的机会、促进儿童健康发展的建议。

专栏 3.2 户外身体游戏的立场声明

立 场 声 明

在户外自然中进行身体游戏虽然有风险,但对儿童的健康发展至关重要。我们建议在所有环境中增加儿童户外身体游戏的机会,包括在家、学校、幼儿园、社区和大自然中。

序言

我们进行了两项系统性文献综述,以检验关于户外和冒险游戏的净效应(即利与害的平衡)的现有最佳科学证据。还参考了其他研究和评论。本声明适用于3—12岁儿童,不论性别、种族、民族或家庭社会经济地位。患有疾病或有残疾状况的儿童,也应在专业健康人员的指导下享受积极的户外活动。

背景

在禁止校园球和争论平底雪橇滑雪安全性的时代,社会是否已经失去了保持儿童健康活跃与保护他们免受严重伤害之间的适当平衡?如果我们对他们能做什么和不能做什么制定太多规则,是否会阻碍他们的自然发展和学习能力?如果我们把预防伤害作为户外活动空间的最终目标,它们还会有趣吗?儿童坐在沙发上比在户外游戏更安全吗?我们需要认识到危险和冒险的区别,需要像重视安全一样重视儿童长期的健康和快乐。

家长、邻居、护理人员、保险公司、学校和市政当局常把冒险视为一个不好的词。但在游戏中,冒险并不意味着危险——比如,在半结冰的湖面上滑冰,或者让一个学龄前儿童独自去公园。它是指儿童认为刺激和令人兴奋的游戏类型,这种游戏中可能存在身体伤害,但儿童可以根据自己的能力识别和评估挑战。它意味着给儿童自由,让他们自己决定爬多高,是否探索森林、弄脏身体、玩捉迷藏和在社区里闲逛,还有探索平衡、翻滚和打闹,尤其是在户外。这样,他们可以保持活跃,树立信心,形成自主能力和抗逆力,发展技能,解决问题和认识自己的极限。它让儿童成为儿童——更健康、更活跃的儿童。

证据

» 儿童在户外活动更多、坐得更少、玩得更久——这些行为有助于改善胆固醇水平、血压、身体成分、骨密度、心肺和肌肉骨骼健康以及心理、社会和环境健康。
» 户外游戏比你想象得更安全!
  ○ 根据加拿大皇家骑警的报告,儿童被完全陌生的人绑架的概率大约是一千四百万分之一。和朋友在户外可能会降低这一数值。
  ○ 不幸的是,骨折和头部受伤确实会发生,但严重创伤并不常见。大多数与户外运动有关的损伤都是轻微的。
  ○ 加拿大儿童乘坐机动车辆死亡的概率,是在户外步行或骑自行车时被交通工具撞击死亡的概率的8倍。
» 让儿童待在室内是有后果的——那样真的更安全吗?
  ○ 当儿童花更多的时间在屏幕前时,他们更有可能接触到网络猎手和暴力,吃不健康的零食。

理 论 基 础

如今,许多研究者强调,幼儿教师理解室内环境和户外环境的区别很重要。如果儿童接触支持探索、支持他们与空间和地方建立连接的户外环境,他们的游戏类型、运动机能、学习、好奇心、环境意识水平和探索就会表现出明显变化(Derby, Piersol, & Blenkinsop, 2015)。此外,幼儿教师的角色在两种环境中也不尽相同。本章着重介绍一些支持将户外游戏作为学前教育重要组成部分的研究。图 3.4 将这些方面的研究归纳为若干原则。我们鼓励幼儿教师使用经过同行评议的文章来指导实践,因为同行评议的过程可以使研究得到多个角度的审查。在这里,这些研究的主题是户外与自然游戏。

同行评议的文章是指在发表之前,为了验证其发表的价值,由多位学术研究者评价过的文章。

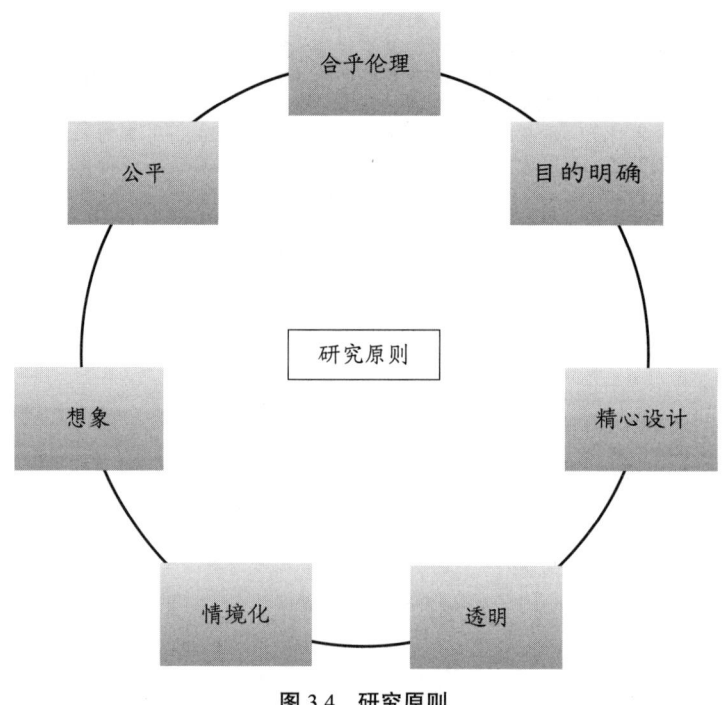

图 3.4　研究原则

行动研究

行动研究将帮助你回答有关你的实践和儿童游戏的问题。从事行动研究时，你就是研究对象。根据迪策等人（2014，p. 3）的说法，"行动研究始于好奇心和惊奇感"。这让它与儿童的户外游戏方式特别一致。迪策等人认为，行动研究是对教学实践与儿童学习关系的研究。行动研究的目标是改善教与学的实践（Dietze et al.，2014）。

研究者必须遵守伦理准则，保护研究对象。他们从大学、学院或学校董事会获得伦理批准。所有研究都需要伦理原则。由于行动研究是一种常见的教育实践，包括收集数据和改变教学，因此假定研究过程将合乎道德。行动研究首先密切关注对儿童的保护（Dietze et al.，2014）。如果行动研究所收集的数据用于发表，就需要获得伦理方面的批准。

行动研究可以是定性的，也可以是定量的（Stepaniak，2015）。它具有迭代循环的反身性特征，由计划、行动、观察与反思组成（Rose，Spinks，& Canhoto，2015）。如图3.5所示，它是一个持续的过程。

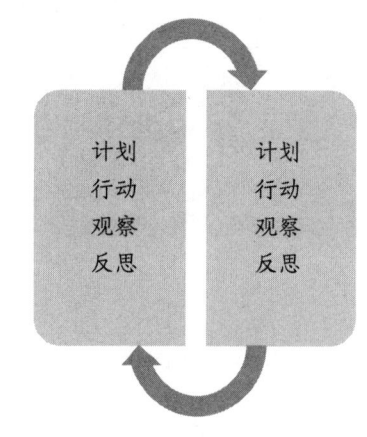

图 3.5　行动研究循环

行动研究计划始于一个或多个问题，这些问题会让你停下来思考（Rose，Spinks，& Canhoto，2015）。思考户外游戏时，幼儿教师可能想知道，如果延长户外游戏时间会发生什么。随后，教师将制订计划，并将其付诸实施、观察儿童，确定是否产生了影响。观察结果将被记录下来，然后加以回顾。届时，从观察得来的书面反思将引发实践的变化。

加拿大和国际研究者一直在倡导调查与改变儿童的户外游戏活动，在自然游戏环境中提供更多样的经验、时间及机会（Waller，Sandseter，Wyver，Ärlemalm-Hagsér，& Maynard，2010）。在后面的章节中，我们将提供一些精选的研究，这些研究推动了关于户外游戏与儿童发展关系的新知识的产生。

照片 3.4　儿童在户外游戏

加拿大和国际上影响儿童户外游戏的研究

埃伦·桑德塞特（Ellen Sandseter，2010）的一项定性研究调查了挪威学龄前儿童的冒险游戏。这项研究的结果表明，冒险游戏主要在户外进行，令人激动和兴奋，可能还会造成身体伤害。然而，研究结果也表明，冒险不同于危险。通过对学龄前儿童和教育者的观察与访谈，我们确定了冒险游戏的类别及其子类别，如表 3.1 所示。

表 3.1　冒险游戏的类别

类别	冒险	子类别
高处	掉落	攀爬、跳跃、平衡
快速	无法控制的速度可能导致碰撞	摆动、滑、跑
危险工具	诸如割伤和擦伤之类的伤害	切割工具、锤子、绳索
危险元素	掉落；接触到水或火	悬崖、小山；岩壁深水；火堆

（续表）

类别	冒险	子类别
打闹游戏	伤害他人	树枝、打闹
消失/迷路	无人看护	独自探索、探索陌生的地方

美国作家索贝尔（2008）的研究显示，与人造游戏区相比，儿童在绿地区域能进行更有创造性的游戏。这一发现引导研究者提出了儿童在自然中体验自由时的7个主题。图3.6及下文解释了这些游戏主题。

儿童在大自然中会自然地想要构思各类冒险。他们会参与幻想和富有想象力的戏剧表演。在户外，儿童有时间自然地与所发现的生物交朋友。整个活动期间，他们可以探索一个地方的自然地理，并绘制地图和路径。在大自然中待上一段时间，儿童就会创造出自己的特殊空间，如洞穴和堡垒。他们会用找到的自然材料创造一个小小世界以表征他们正在发现的世界。在户外，儿童喜欢收集发现的物品和寻找宝藏。关于这些游戏主题的知识能够支持幼儿教师为儿童设计时间、空间和材料（Sobel，2008）。

图3.6　游戏主题

加拿大的研究

加拿大的研究者一直致力于户外游戏研究。例如，赫林顿和莱斯迈斯特（Herrington & Lesmeister，2006）比较了12所幼儿园的户外游戏中心，并为幼儿教师、设计师、管理人员和家长提出了"7C"内容。信息指南的目标是设计支持儿童发展和游戏的户外空间，配合现有的标准及指导方针的使用。"7C"包括：

- 个性（character）——室外空间的整体感觉和设计
- 情境（context）——实际的游戏空间和周围更大的景观
- 连接性（connectivity）——空间的物理、认知和视觉连接性
- 变化（change）——空间是如何随时间变化的
- 机会（chance）——让儿童操纵和创造的机会
- 清晰度（clarity）——可能会干扰幼儿教师空间视野的障碍物
- 挑战（challenge）——空间对身体和认知的挑战

来源：Herrington and Lesmeister（2006）.

迪策和金（Dietze & Kim，2014）研究了户外游戏环境的核心元素，支持儿童拥有有趣、激发好奇心和惊奇感的空间。他们的评价工具提倡幼儿教师检查游戏区、游戏环境元素、身体运动和冒险、体验式游戏、开放性材料、幼儿教师的角色以及家长和家庭户外游戏。

加拿大的研究者们认识到，安全是游戏空间设计的关键驱动因素，儿童与自然元素进行自由游戏的机会正在减少。布鲁内尔、赫林顿、科格伦和布鲁索尼（Brunelle, Herrington, Coghlan, & Brussoni, 2016）带头扭转这一趋势。他们对成人进行了一项调查，重点关注受访者的童年回忆。在592名受访者中，69%的人认为现在的游戏场地太安全了。当他们回忆自己的童年时，59%的受访者更喜欢自然的游戏空间。研究结论是，儿童应该有更多带有自然元素、可以进入非结构化区域、富有挑战性的游戏机会。

加拿大对户外活动的研究越来越多。在学术机构和资金的支持下，儿童将有更多的游戏机会，幼儿教师也有可能获得更多的知识。例如，劳森基金会（Lawson Foundation）是加拿大支持户外游戏研究项目的主要基金会和倡导者。

照片 3.5　儿童在户外进行运动游戏

在劳森基金会的资助下,本书作者研究了幼儿教师对户外游戏的态度。研究结果表明,幼儿教师有接受专业培训的愿望。参与者表示,理想情况下,随着知识的增加,儿童的户外经验将会增强。

回归自然运动

儿童从成人的行动中学到的东西,比成人说的要多。儿童在生活中观察成人,以此了解什么是有价值的、神圣的和重要的。威尔逊(Wilson,2012,p. 51)指出,儿童从周围成人的生活中所体验的和看到的价值观,"往往是伴随他们一生的态度和价值观""如果我们想让儿童对自然界敏感和感兴趣,我们就必须这样做"。威尔逊引用蕾切尔·卡森的话,她鼓励成人以伙伴的身份和儿童一起探索自然。威尔逊建议,成人应该培养自己的好奇心,而不是急于积累大量的科学知识。向儿童展示爱护和尊重自然环境的心智倾向与态度,成人也会从中获益。威尔逊(p. 52)还建议:

在教室内外温柔地养护植物和动物,建立和维护野生动物的户外栖息地,负责任地处理垃圾,回收或再利用尽可能多的材料,我们就可以树立爱护和尊重自然的榜样。

> **专栏 3.3　重要理论家:蕾切尔·卡森**
>
> 蕾切尔·卡森是美国海洋生物学家和自然资源保护主义者,她被认为推动了全球环境运动。她在倡导立法杜绝使用对环境有害的杀虫剂方面发挥了重要作用。她还鼓励家庭让儿童接触大自然,并让家长确信,即使自己对大自然的了解有限,也可以帮助孩子欣赏大自然。

如今这代人缺乏户外活动的时间,这反过来又给儿童带来了许多健康、学业和心理方面的挑战。这些挑战有可能成为终生问题(ParticipACTION,2015)。2015 年的《参与行动报告卡》(*ParticipACTION Report Card*,p. 1)强调了户外游戏的重要性:"最大的风险是让儿童待在室内。"户外游戏影响儿童健康的生活和发展。

根据弗罗斯特(Frost,2009)的说法,受到美国前副总统阿尔·戈尔(Al Gore,2006)的书《难以忽视的真相》(*An Inconvenient Truth*)及其同名奥斯卡获奖纪录片的影响,北美地区对保护地球和让儿童回归自然的兴趣日益增长。此外,弗罗斯特还指出,理查德·洛夫(2005)的畅销书《林间最后的小孩:拯救自然缺失症儿童》同样起到了呼吁和激发行动的作用。当戈尔致力于引起公众意识到全球气候变化时,洛夫、查尔斯(Charles)等人创建了有关儿童与自然的网络平台,努力推动一个让儿童重新走进自然的国际运动(Frost,2009)。

回归自然运动带来了重大发展——2004 年,美国加利福尼亚州的娱乐、公园和旅游圆桌会议①制定了《儿童户外权利法案》(Children's Outdoor Bill of Rights),后来被许多其他州采纳。同样,加拿大安大略省在 2013 年发布了《儿童户外宪章》(Children's Outdoor Charter),这一宪章是一项长期倡议,旨在:

---

① 英文全称为 California Roundtable on Recreation, Parks, and Tourism。——译者注

1. 增强公众对于让儿童经常亲近大自然的重要性的意识;
2. 邀请所有感兴趣的人和组织为儿童创造与自然接触的机会;
3. 强烈提倡个人直接体验自然,促进终身健康和幸福,并发展一种强烈的保护伦理。

2014年,加拿大公园委员会①发布了《连接加拿大人与自然》(Connecting Canadians to Nature,2014)。这份文件提出了支持自然运动的理由,认为它是一项为所有加拿大人的健康而进行的投资。基于全国视角,加拿大政府再次投资了"参与行动"(ParticipACTION)。这个非营利组织在公开宣传活动中发挥了重要作用,鼓励家长和教育工作者让儿童到户外活动。在撰写本书时,加拿大不列颠哥伦比亚省、新不伦瑞克省和新斯科舍省已经认可并正在制定策略来宣传儿童在户外游戏与学习的重要性。

亲生命性理论

许多研究者和理论支持提倡为儿童提供接触自然和户外游戏的机会的运动(Sandseter,2010;Parsons,2011)。教育者们现在认识到,这一运动是一种社会需求,并试图为儿童提供更多的机会,让他们参与支持游戏、学习并与自然连接的环境。

人类寻求与自然和其他生命形式建立联系的观点被称为"亲生命性"。亲生命性的假说表明,人类和其他生命系统之间存在一种本能的联系。美国的爱德华·O.威尔逊(Edward O. Wilson)在他的《亲生命性》(*Biophilia*,1984)一书中介绍并推广了这一假说。他认为,人类

照片 3.6　发现自己与蠕虫的亲密关系

---
① 英文全称为 Canadian Parks Council。——译者注

进化发生在与自然错综复杂的关系中，更重要的是，人类与自然的这种亲缘性仍然根植于我们的基因。

亲生命理论认为，儿童有一种天生的、遗传上的倾向去探索自然世界并与之联系在一起，这被称为"亲生命性"——对自然的爱（Wilson，1984）。穆尔和马库斯（Moore & Marcus，2008）发现，在 2 岁大的儿童身上就可以观察到亲生命行为。为了让儿童与生俱来的亲生命性倾向得到最佳发展，应当在合理的儿童发展与学习原则的基础上，给予他们具有发展适宜性的机会来学习和了解自然世界（Wilson，2016）。

亲生命性是一种人类寻求与自然和其他生命形式建立联系的视角。

实 践 应 用

专业的学前教育标准旨在提高学前教育的质量，并通过确定儿童成长和发展的基准来支持幼儿教师。基于研究开展实践的幼儿教师，常常将户外标准融入他们的责任当中。幼儿教师在多大程度上将这些标准应用于实践，可能取决于他们的权限和现有的监管标准（Banning & Sullivan，2011）。班宁和沙利文（2011）在本书第 1 章中列出了户外学习的 7 条实践标准。在这一章中，我们强调专业实践的参与性和坚持性标准。

户外环境中的参与性和坚持性标准非常重要，因为它们支持儿童的健康发展（Banning & Sullivan，2011）。表 3.2 列出了班宁和沙利文（2011）提出的参与性和坚持性标准。当儿童身处户外环境时，他们更愿意参与游戏、与他人建立关系和探索（Dietze & Kashin，2016）。他们更愿意以非常规的方式使用材料，并进行安全的冒险（Banning & Sullivan，2011）。户外活动的多感官特征有助于儿童集中注意力（Taylor, Kuo, & Sullivan，2001），并通过参与激发灵感的活动来培养毅力。儿童可能会在一项活动中坚持下去，因为户外学习的自由有利于他们获得成功（Banning & Sullivan，2011）。

表 3.2　户外游戏与学习标准：参与性和坚持性

- 尽管受到干扰或被打断，儿童仍旧能够专注于各种适宜的任务、活动和项目。
- 儿童从事越来越复杂的任务、项目和活动，愿意在一段时间或几天内完成它们。
- 儿童持续尝试完成困难的任务，保持专注，克服随之而来的挫折、失望、困难和障碍。
- 儿童有目的地选择自己感兴趣的活动和互动，制订计划并在完成计划的过程中表现出越来越强的独立性。
- 在需要时，儿童从同龄人和成人那里寻求并接受帮助、信息、工具和材料。

来源：Banning and Sullivan，2011，p. 201.

照片 3.7　儿童在森林学校的露营中准备食物

实践原则：自发游戏

游戏有助于儿童终身的能力发展。另一方面，游戏的缺失"会导致发展延迟和不完整的发展"（Nell，Drew，& Bush，2013，p. 1）。幼儿教师将自发游戏的原则融入实践中，便能增加儿童"体验和表达惊奇、好奇、知识、创造力及能力"的可能性（Nell, Drew, & Bush, 2013, p.1）。内尔等人（Nell et al., 2013）认为，自发游戏是指儿童发起的、材料具有开放性的游戏。

自发游戏的观点可以追溯到福禄贝尔。它涉及操作一系列开放性材料来创建一个物理结构，该结构本身就是游戏过程的视觉呈现（Nell et al., 2013）。如图3.7所示，幼儿教师还使用许多其他术语来描述这类游戏。

建构的　自发的　游戏　开放的　自我激励的

图 3.7　可互换的游戏词汇

基于地方的学习：游乐场

帕森斯（Parsons, 2011）区分了自然和人造的户外游戏场地。自然包括草木元素，如森林、田野和林地。这些地方是进行自然游戏的地方，它们如果不曾受人类的影响，就可以被视作野生环境。我们将在第4章探索森林，并在第9章探讨将游戏场地作为与幼儿园相关的地方。在这一章，我们将介绍游戏场地的演变。它是指邻里间的儿童聚在一起玩耍的地方。帕森斯（2011）将这些称为人造环境。

20世纪以来，游乐场越来越流行、越来越复杂，但大萧条和第一次世界大战阻止了游乐场运动的迅速发展。第二次世界大战到来之后，游乐场上的金属设备被出售，用以援助战争。在战争年代，学生们被允许从学校抽时间从附近的农场或商店收集废金属，并将其堆放在学校操场的边缘，以便军队捡拾。这是儿童的游戏。想一想那些成堆的垃圾！当它们被创造出来以后，一种简单但具有革命性的游乐场在丹麦得到发展，通常被称为"垃圾游乐场"（Frost, 2015）。

1936年，一位丹麦景观设计师首次提出了"垃圾游乐场"的概念。这些游乐场因冒险而著名,1950 年,《麦考尔》(*McCall's*)杂志在美国明尼阿波里斯市赞助了第一家冒险游乐场。尽管这些游乐场开始在北美地区的城市出现,但由于人们担心它们的垃圾外观,加之安全法规的扩充、对伤害和责任的恐惧、资金和游戏导师的不足,以及缺乏社区领导者的支持,它们的寿命都很短(Frost,2015)。现在,冒险游乐场又开始出现,因为领导者们正在寻找方法,让儿童重新兴奋起来,找回参加户外游戏的渴望。

自 20 世纪 70 年代的游乐场标准发布以来,安全规定和指导方针已经成为规范。标准会抑制儿童的游戏吗?标准能保证儿童的安全吗?这些问题没有简单的答案,幼儿教师和家长必须考虑儿童在游戏中缺乏冒险与探险到底意味着什么。

照片 3.8　社区游乐场

照片 3.9　冒险游乐场

课 程 计 划

幼儿教师通过计划和安排活动,让儿童获得引人入胜的、有趣的户外游戏经验。"邀请物"(invitation)和"诱导区"①(provocation)是对传统上被称为"活动

---

① provocation 的原意是"挑衅、激怒、刺激",译作"诱导"是参考了《幼儿园真谛》(一本由日本幼教专家仓桥物三所著的学前教育专业图书)中的"诱导保育"思想,即"为儿童提供充分的自由时间和进行自由活动的环境及设备条件,让儿童能自己充实自己,在不能自我充实时,给予诱导或指导,按儿童的需要进行教育"。provocation 和"诱导保育"思想在许多地方有相似之处。——译者注

照片 3.10 感官体验

区"或"学习中心"的描述。一个邀请物就是一种邀请。邀请是指以一种亲切、礼貌和赞美的方式,让儿童在场和参与。这可以通过口头、图片或文字的形式完成。诱导区是指让儿童感到惊讶的事情。这是一些意想不到的东西,通常以一种引发儿童好奇心的方式来展现(Dietze & Kashin,2016),并最终激发他们探索的欲望。

从户外游戏的角度来看,邀请物和诱导区是指材料在环境中的呈现方式。这些与活动或者学习中心不同。它们非常关注设计的细节或经验的美学。从计划、参与、探索和反思的角度来看,照片 3.10 和表 3.3 展示了探索自然材料的邀请。想一想这种体验是如何支持参与性和坚持性标准的。

表 3.3 计划、参与、探索和反思——材料拓片

计划	在户外为你需要展示的材料制订计划,包括一排花、混合香料、纸和石头。
参与	以一种邀请的方式呈现材料,让儿童用所有的感官参与其中。
探索	通过使用工具,儿童结合气味、颜色和纹理进行创作。儿童用纸等材料制作出可以触摸、观看和闻嗅的拓片。
反思	儿童参与活动了吗?他们在探索过程中表现出坚持性了吗?通过反思儿童的参与时长以及他们与材料之间的互动,你可以进一步提供材料来建构新的经验。

家长支持与参与

并非所有家长或儿童都能在具有同样舒适程度的户外与自然游戏环境中学习。有些人对"冒险游戏"持谨慎态度,而另一些人认为儿童在不同的天气条件下更容易患上疾病。幼儿教师可以支持并向家长提供研究结果,这些研究结果概

述了户外游戏的许多益处。你将如何支持家长认识户外游戏的重要性？

家长希望自己的孩子得到最好的一切（Ontario Ministry of Education，2014）。当家长了解了户外游戏对儿童发展的益处后，他们就会有动力拓展儿童在家里的经验。

> 想一想，写一写，读一读
> 理解每位家长都有不同的背景和经历，想一想你将如何帮助所有家长。做一份发送给家长的简报，帮助他们了解户外游戏的重要性。

可及性与设计

许多市政当局、社区和幼儿园都有兴趣创建支持健康生活方式的游戏和学习区域。然而，许多游戏空间限制或排除了有行动限制的儿童或成人（Dietze，2013）。在联合国《儿童权利公约》（1989）中，有若干条规定聚焦于确保儿童能够在当地社区接触和获得经验。例如，第31条规定：

每个儿童都有权享有休息和闲暇，参加适合其年龄的游戏和娱乐活动，并自由参加文化生活和艺术活动。

第23条指出：

身心有残疾的儿童应能在确保其尊严、促进其自立，有利于其积极参与社会生活的条件下享有充实且适宜的生活。

尽管加拿大于1991年批准了联合国《儿童权利公约》，加拿大标准协会[①]（CSA）于2007年发布了关于游戏空间可及性的立场声明，但迪策（2013）、迈克尔科（Michalko，2009）和蒂奇科斯基（Titchkosky，2008）等研究者依旧认为，加拿大的许多公共游戏空间把有行动限制的儿童或家庭排除在外。游戏空间

[①] 英文全称为 Canadian Standards Association。——译者注

的可及性让儿童有机会自由探索和发现，有助于增加他们的身体活动、提升他们的自我概念。行动受限的儿童无法平等地进入社区游乐场之类的游戏空间，可能会因此而感到与同龄人隔离，无法参与相同水平的活动、探索或冒险（Dietze，2013）。没有这些经验，儿童发展社交技能、社群或社区身份（Loukaitou-Sideris & Sideris，2009；Dietze，2013）的机会就将大幅减少。

普雷维茨和斯卡（Prellwitz & Skar，2007）将"可及性"定义为，个人能够以功能性方式接近、进入和退出游戏空间。"游乐场的可用性"（playground usability）被描述为，一个人"能够在与他人平等的条件下四处活动，融入和使用环境"（Tamm，1999，p. 145）。

美国北卡罗来纳州立大学通用设计中心的研究员和创始人罗纳德·梅斯（Ronald Mace）强调，产品和环境的设计必须让所有人都能使用，而不需要进行调整或专门设计。从学前教育的角度来看，研究者清楚地发现，儿童与学前教育环境互动的能力影响他们的自我价值感（Sandseter，2011）。检查空间、制定政策，并在实践中支持环境里的所有儿童和成人，这对满足多样的需求十分重要（Dietze & Kim，2014）。

户外游戏的提示与工具

有许多方法可以把技术融入学前教育实践，支持关于户外与自然游戏的学习（Willis，Weiser，& Kirkwood，2014）。利用技术支持儿童的户外游戏活动是对工具的有效利用。相反，如果技术被用来代替户外学习经验，就会对儿童的发展产生许多负面影响，而且不会受到研究的支持（Plowman，McPake，& Stephen，2012）。

如果给儿童照相机让他们在户外拍照，会发生什么？照相机会成为一种自发游戏的工具。教师可以利用这些照片查看和思考儿童与地方的关系。儿童可以使用这些照片回忆经历、促进语言和社会互动。可以邀请儿童用照片制作合作类书籍，讲述他们在自然中的位置。

在现场——专业反思:"我为什么热爱户外游戏"

是什么让一些幼儿教师对户外游戏充满热情?他们的热情是来自经验吗?幼儿教师是否需要在户外度过童年才能变得热情?一位幼儿教师思考了自己对户外教育的热情,阅读专栏3.4中的专业反思。

专栏3.4　我为什么热爱户外游戏

从记事起,我就喜欢户外活动。我的父亲一直是户外运动爱好者(钓鱼、露营,等等),所以在我的童年时期,每年夏天我们全家都会去露营。我的父母也会在周末开很久的车带我和妹妹去乡下(这是30多年前的事了,那些"乡村"地区现在已经被开发)。我的"快乐之地"一直都是被自然包围的地方(特别是附近有树的湖泊、河流、小溪)。

当我成为一名幼儿园教师时,我很兴奋能够和儿童分享我对大自然的热爱。我入职的第一所幼儿园(加拿大宾顿市的伯奇班克公立学校幼儿园)已有40年历史,学校附近的公园里有很多成熟的树木(包括巨大的垂柳)。我和我的教学伙伴会尽可能多地带儿童一起外出。我们常常带着零食、水壶和"惊奇小推车"(一个小推车,我们在里面放满各种各样的东西,如放大镜、纸、铅笔、蜡笔、关于自然的书、水彩颜料和画笔、毯子、儿童收集东西用的塑料容器,等等),每天早上待在户外近2小时。

儿童经常说他们想整天待在外面,因为探索大自然太开心了。这让我非常高兴,因为我一直都有同样的感觉。2年前,我开始在我现在的幼儿园工作(宾顿市春溪公立学校幼儿园)。当我得知附近有池塘和森林(步行5~10分钟的距离)时,我欣喜若狂。我们经常在早晨去大自然里散步,在学习和探索中获得很多乐趣。在森林里,孩子们喜欢探索(例如,爬上爬下或走过原木,用大木棍建造堡垒,发现苔藓和蘑菇,比较不同木棍的大小,计数和分类树叶,等等)。在池塘边,他们喜欢数鸟,往水里扔石头,看谁能溅起最大的水花,计算他们扔出去的石头掉到水里后激起多少圈涟漪,观察香蒲

（他们称之为"热狗植物"），越过小溪，踩大石头，还有很多很多……

把课堂带到户外，就会有很多学习机会。这里的"户外"，不仅指幼儿园里人工创设的户外，还指附近的社区和其他各种各样的自然区域。我带着平板电脑和儿童一起去大自然里散步，回来的时候里面满是图片和逸事笔记，它们与读写和数学方面的许多课程期望相关。儿童做了大量的计算、测量、比较、估计、分类，他们创造字母表中的字母，还进行了很多其他使用自然类开放性材料的活动。他们问很多问题，并与同学和老师分享他们的观察。通过探索、游戏和调查来进行主动学习非常重要。这很美妙！

我一直鼓励儿童和他们的家人一起到户外活动。最近，我给每个儿童都寄了一份野外家庭自然俱乐部（Wild Family Nature Club）的工具包。我喜欢听家长们说，我对大自然的热爱激励了他们花更多的时间和孩子待在户外；或者，他们的孩子坚持让他们参加家庭自然散步，因为学校都是这样做的。我热爱大自然，并愿意与他人分享这份热情。

幼儿教师内韦尔拉·谢珀迈尔（Nevella Schepmyer）

案例研究

热爱户外游戏的幼儿教师对儿童和他们自己有一种承诺，即把户外游戏纳入每天的实践中。一些幼儿教师希望为儿童提供积极、难忘的户外体验，但他们还需要进一步的专业发展，而非只是在游乐场上担任监督员的角色（McClintic & Petty，2015）。阅读案例研究3.1并思考下面的问题。

 案例研究 3.1　团队户外游戏方法

在过去的2年里，斯图亚特公立学校的学前教育团队一直在改变室内学习环境，慢慢地移除塑料的、封闭的玩具，用更开放的材料替换它们，包括在自然中找到的开放性材料。他们改变了教学方式，指导性更低，专注于一种更进步的建构主义方法。

他们在早晨前 15 分钟安排户外活动时间，因为儿童正在下车，乘坐校车的儿童正陆续抵达。下车后，他们会进入学校附近建筑一侧的围栏空间。地面是铺好的。儿童在小攀爬架上玩耍，没有其他玩具、材料或设备。这个团队想在户外做更多的事情，他们一直在筹集资金购买新设备，并聘请顾问来帮助他们决定如何使用资金。在这段时间里，教师一边忙着和家长谈话，一边必须盯着攀爬架，因为它没有大到容纳所有的孩子，有时他们会争抢空间。团队必须非常仔细地监督。

孩子们到齐以后，就进到室内。上午，教师在教室里提供促进儿童学习的诱导区，儿童可以自由地在他们喜欢的地方游戏。第二次到户外的时间是午饭后。他们通常在外面待 30 分钟，天气好的话可能会待更长时间。有时，教师把球和呼啦圈带到户外，这样孩子们就有更多的事情做。不过，孩子们似乎不太感兴趣。他们想做的就是同时登上攀爬架！教师不断地干预以阻止儿童打闹。儿童回到室内时非常疲乏。教师们发现，这是进行安静活动的最佳时间。通常，儿童在吃完下午点心后会变得更加精力充沛，所以教师会针对儿童的兴趣设置更多的诱导区，并常常安排小组会议来讨论正在进行的探究项目。当铃声响起时，一些孩子会被接走，而另一些孩子去体育馆参加课后活动。

1. 你会向斯图亚特公立学校的学前教育团队推荐哪些额外的材料或设备？
2. 你认为教师为什么要干预游乐场上的儿童？
3. 你会怎样改变时间表，让儿童在外面待得久一点？

对案例研究中的团队来说，重要的第一步是激励他们进行改变。在本章中，我们强调幼儿教师超越当前实践的重要性，通过研究来提供新的知识和实践。利用研究为实践提供信息的主要特点包括：

- 从国内和国际的角度审视当前的研究；
- 确定研究结果如何影响实践——它在实践中是什么样子的，如何增加儿童的户外活动选择；
- 思考关于户外游戏的研究如何影响政策、实践和儿童参与更健康的生活方式的机会。

研究被应用于实践，就会告诉教师当前的户外游戏状态为什么必须改变，户外游戏为什么应该变得更加活跃和有趣。研究和实践的结合，有助于幼儿教师实现"促进户外游戏成为儿童日常学习生活的重要组成部分"这一目标。当研究和实践自然结合以后，我们可以优先考虑如何使户外游戏环境支持儿童的需求和兴趣。

 专栏 3.5　到户外去

思考你每天在室内做的事情，如阅读、吃东西。去户外做这些事情！带一本书和零食到自然中的某个地方，去户外，而不是待在室内。这会给你的生活带来怎样的影响？有哪些儿童活动可以被带到户外？

本章小结

- 儿童户外游戏的机会急剧减少，导致 2 型糖尿病、抑郁症、超重、肥胖、多动和学业困难的儿童比例惊人。
- 研究影响实践。查看关于儿童如何学习以及户外游戏如何有助于他们学习的研究是幼儿教师角色的基础。
- 研究是一个支撑大多数幼儿园的理念和方法论的概念。它是思考和发展学前教育实践环境的一种方式。
- 鼓励幼儿教师了解并反思他们对于研究和户外游戏的态度及心智倾向，它们会影响户外经验在儿童中延伸的深度和广度。
- 基本的研究类别：定量研究和定性研究。定量研究通常是指回应特定问题时产生的描述符号或故事所生成的数据（Hartas，2015）。定性研究侧重于回答"为什么"，这些问题可能产生于理念、愿景、对儿童和环境的观察、与儿童和成人的对话，或者与同事、儿童、家长或社区伙伴的互动。
- 正在进行的户外游戏研究的类型包括：户外游戏与冒险、户外游戏设计、户外游戏与儿童的健康、户外游戏课程、教师态度与影响、户外游戏与开放性材料、户外游戏与可持续性。

- 2015年，一个跨部门的户外游戏研究小组发布了一份加拿大户外游戏立场声明。
- 研究原则包括合乎伦理、目的明确、精心设计、透明、情境化、想象和公平。
- 行动研究是一个包含计划、行动、观察和反思的循环。
- 安大略省已经发布了《儿童户外宪章》。它的目的是提高人们对定期亲近大自然的重要性的认识。加拿大公园委员会发布了一份题为《连接加拿大人与自然》的文件。
- 帕森斯（2011）区分了自然和人造的户外游戏场地。自然包括草木元素，如森林、田野和林地。这些是进行自然游戏的地方，它们如果不曾受到人类的影响，就可以被视作野生环境。人造环境包括社区游乐场。
- 通过计划和设计让儿童感到有吸引力、有趣的活动，教师可以增强儿童的户外游戏体验。
- 游戏空间的可及性让儿童有机会自由探索和发现，有助于增加他们的身体活动、提升他们的自我概念。行动受限的儿童无法平等地进入社区游乐场之类的游戏空间，可能会因此而感到与同龄人隔离，无法参与相同水平的活动、探索或冒险（Dietze，2013）。

安静反思

森林和自然学校使用"静坐点"的方式帮助儿童与自然建立联系。"静坐点"是让儿童或成人在大自然中找到一个地方独自坐着，安静地反思。我们鼓励你找一个地方，坐下来反思自然，以及为什么帮助儿童和我们自己与自然建立联系很重要。

与他人对话

我们在每一章都呈现了由加拿大各地幼儿教师撰写的关于户外游戏的专业叙述。重读专栏3.4中内韦尔拉的故事，然后讨论一些基本问题：是什么让内韦尔拉对户外游戏充满热情？什么样的生活经历促成她的热情？你认为儿童会如何回应热衷于户外游戏的成人？

进一步思考与行动

你认为儿童应该有更多的户外活动机会吗？你如何依据这些观念行事？有些儿童没有机会在围栏外的游戏场地中游戏。有时，他们的游乐场外有一个自然空间，如森林、草地或山坡。如果你有机会向教育者们解释在自然空间里游戏很重要的原因，你会怎么说？

第 4 章

开放性材料——在户外与自然游戏中使用自然材料

学习成果

学完本章后,你将能够:

- 解释什么是开放性材料;
- 讨论开放性材料和身体素养之间的关系;
- 描述开放性材料的历史,从它们最早的支持者到冒险游乐场的发展;
- 概述与开放性材料相关的各种理论;
- 将开放性材料与固定的设备进行比较;
- 解释幼儿教师在各种游戏空间里为儿童提供开放性材料方面的作用。

第4章 开放性材料——在户外与自然游戏中使用自然材料

任何一本书里的描述、图像都不能取代真实森林中的真实树木,以及在它们周围能发现的所有生命。

——玛丽亚·蒙台梭利

童年回忆

我最美好的童年回忆之一是我们搬到一个新社区的时候。我哥哥因为离开他的朋友们而难过,但我很兴奋。搬家工人来了,新的家电也送到了,我们有了这么多箱子!我父亲问我们是否想把一些箱子搬到外面去。我永远不会忘记我们创造的纸板箱城市,以及我们想象自己身处真实的城市时的乐趣。没过多久,邻居家的孩子过来一起游戏。不知不觉间,我们有了新朋友!我们用这些箱子玩了好多天,直到有一天下雨,我们的城市被毁了。但我们并不难过,因为我们交了很多新朋友,还了解了纸板箱的多种可能性!

本 章 预 览

开放性材料是一种开放、可变、非结构化的材料,可用于多种用途。纸板箱只是开放性材料中的一种。1971年,英国景观建筑师西蒙·尼克尔森(Simon Nicholson)创造了"开放性材料"一词。尼克尔森(1971,p. 30)认为,儿童喜欢与易变事物互动,从而进行游戏、发现、发明和实验。他说:

在任何环境中,无论是发明创造的程度还是发现的可能性,都与环境中易变事物的数量和种类直接成正比。

对开放性材料相关文献的回顾表明,在诸多定义中,有一种定义被认为是最"全面的"(Houser, Roach, Stone, Turner, & Kirk, 2016, p. 15)。萨顿(Sutton,

2011，p. 409）将开放性材料定义为：

> 任何完全可动元素的集合，能够促使人拿起、重新安排或创造新的构造甚至是现实，一次一块或多块。开放性材料需要手脑协同工作，是探究的催化剂。开放性材料是有吸引力的开放式互动环境的灵活边缘，允许参与者留下自己的印记。运用开放性材料的活动为儿童提供了一种深刻而有趣的方式，使他们将学习与快乐建立联系。

纸板箱城市就是一个例子，体现了来自开放、可变的材料的创造性。"可变"的意思是它很可能会改变。许多大小不一的纸板箱散落在草坪上，和一群儿童混在一起。当儿童共同发挥想象力进行创造时，会产生不同的结果。今天，在幼儿园室内学习环境中，一个共同的特点就是开放性材料，包括贝壳、岩石、松果、玻璃宝石、大理石、盒子和其他各种各样的材料，它们都可以用来支持儿童的创造力和想象力。

开放性材料不仅可以用于室内学习环境，还对户外游戏至关重要（McClintic，2014）。尼克尔森（1971）基于户外环境发展了开放性材料理论。

山东省淄博市汇英幼儿园

照片 4.1 室内开放性材料

想一想，写一写，读一读

你对户外游戏和学习中使用的开放性材料有什么看法？你认为，尼克尔森（1971）在写《如何不欺骗孩子：开放性材料理论》（*How Not to Cheat Children: The Theory of Loose Parts?*）这篇文章时，在想什么样的开放性材料？列出一份你认为适合户外游戏的材料清单。

儿童在玩开放性材料时会投入全部的认知、社会性和情感，身体也很活跃。

豪泽等人（2016）列举了许多研究，表明儿童与非结构化、可变材料的互动方式能够调动积极的身体参与，这反过来支持身体素养的发展。开放性材料固有的可变性邀请儿童发现，进而做出决策和解决问题。在玩开放性材料时，儿童变得积极参与。这些材料的使用方式取决于儿童的兴趣和想象力，而不是玩具制造商、家长或教师。可以这样想：儿童是主动的，而材料是被动的——它们受儿童摆弄。儿童使用开放性材料时，可以用许多不同的方式游戏。思考图 4.1 以及从使用开放性材料演变而来的游戏类型。

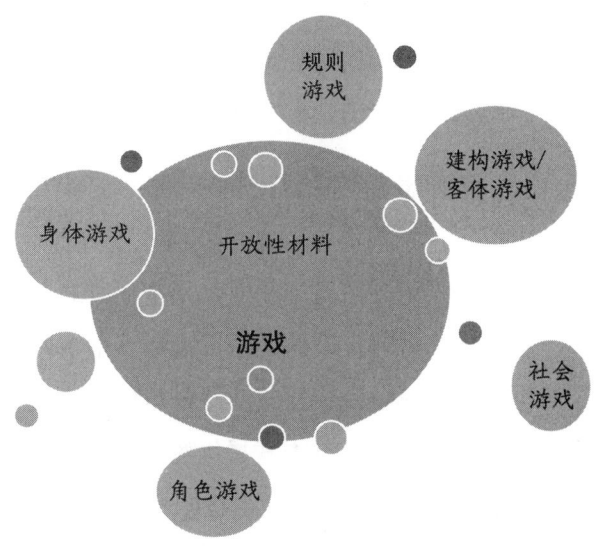

图 4.1　游戏与开放性材料

身体素养是指为健康生活而积极运动的动机、信心、身体能力、知识和理解（Houser et al.，2016）。

开放性材料往往能够引发许多身体活动（Houser et al., 2016）。建构游戏涉及多种材料，如布、积木、木板、盒子等，以及各种工具。当儿童建造类似于本章开篇的"童年回忆"所描述的纸板箱城市游戏屋时，戏剧游戏就发生了。儿童利用开放性材料、基于规则来创造游戏（McClintic & Petty，2015）。开放性材料可以支持团队协作游戏，也可以由一个儿童单独游戏（见照片 4.2），或者两个儿童并排玩平行游戏。开放性材料还可以引发冒险游戏，我们将在本章其余内容和第 6 章进一步讨论。

照片 4.2　开放性材料与独自游戏

为户外游戏做好准备

回想古代时，儿童玩木棍、石头和松果。在没有工厂制造的玩具和设备的情况下，木棍等材料在户外供儿童游戏。然而，在18世纪中期，受福禄贝尔的影响，人们开始支持和鼓励儿童在游戏中使用开放性材料。这就是我们现在看到的开放性材料运动的开始。福禄贝尔是使用道具促进动手学习的先驱。他发现，儿童在游戏中使用开放性材料与他们的认知和审美技能发展之间存在联系，有助于提升他们以各种方式操纵物体的能力。因此，他研发了经过特殊设计的工具包，包含不同形式的几何形状的木制模块化部件（Sutton，2011）。

福禄贝尔的工作影响了玛丽亚·蒙台梭利，这位意大利医生和教育家创立了学前教育的蒙台梭利模式。早在1907年，她就指出，当儿童有机会使用和手差不多大小的开放性材料时，他们会投入更多的精力。她还创造了自己的教具（Sutton，2011）。60年后，在冒险游乐场时代，尼克尔森（1971）谈到了开放性材料的价值，并点燃了延续至今的一场运动。

冒险游乐场是指专门给儿童游戏的地方。熟练的游戏工作者支持和促进儿童在该空间的体验，儿童对游乐场的设计和发展拥有所有权（Teague，2015）。

20世纪70年代，儿童在田野、街道、小巷、树林、小溪和湖泊中探索户外环境。他们"总是在外面胡闹"（Keeler，2017，p. 9）。在第2章讨论冒险游乐场时提及的"自由游戏的美好时光"中，开放性材料和丰富的挑战使冒险与探险的机会增多（Keeler，2017，p. 10）。在此期间，儿童宁愿在建筑工地而不是传统的游乐场上游戏（Teague，2015）。

1943年，在观察儿童的游戏后，一位教师和景观设计师在丹麦哥本哈根的艾姆德鲁普开设了第一个垃圾游乐场。他们使用"木材、自然材料、绳子、帆布、轮胎、砖、网、球、废弃家具、轮子和其他建筑材料"（Teague，2015，p. 11）。冒险游乐场的第一位游戏导师或游戏工作者是约翰·贝特尔森（John Bertelsen）。他认为，儿童成为自己空间的设计师和建设者非常重要（Teague，2015）。游戏工作者现在在欧洲非常普遍，但它其实是一个相对较新的职业，直到20世纪80年代才开始受到重视（Kilvington & Wood，2010）。为了理解"游戏工作者"的含义，可以参考表4.1中基尔文顿和伍德（Kilvington & Wood，2010）提出的8项游戏工作原则。

游戏工作者主要出现在英国，是帮助儿童在冒险游乐场、公园和其他环境中游戏的专业人员（Wilson，2010）。

表4.1 游戏工作的原则

■ 游戏是所有儿童与生俱来的冲动。
■ 游戏是一个自由选择和自我指导的过程。当儿童决定游戏内容时，这受到内在的激励。
■ 游戏工作者的作用是支持和促进游戏过程。
■ 对提倡游戏的游戏工作者来说，游戏的过程优先。
■ 游戏工作者支持所有儿童创造自己的游戏空间。
■ 游戏工作者是一名掌握了关于游戏过程的最新知识的反思型实践者，对儿童的回应以知识和反思为基础。
■ 游戏工作者意识到自己对游戏空间的影响。
■ 游戏工作者干预儿童的游戏，延长他们的游戏时间，并平衡冒险与儿童的健康和游戏在其发展方面的益处。

来源：Kilvington & Wood (2010). *Reflective playwork: For all who work with children.*

玛乔丽·艾伦（Marjorie Allen，也被称为赫特伍德的艾伦夫人）在参观完艾姆德鲁普的游乐场后，回到英国，建议在被战争炸毁的地方建造冒险游乐场，让儿童有一个安全的游戏场地。1948年，她开设了英国第一个垃圾游乐场。德拉蒙德·阿伯内西（Drummond Abernethy）追随艾伦夫人的脚步，为英国儿童创造了更多的游乐场。他"将游乐场的名字从垃圾游乐场改为冒险游乐场，以反映更积极的形象"（Teague，2015，p. 12）。随着时间

照片4.3 快闪冒险游乐场

的推移,冒险游乐场因缺乏资金或安全问题而关闭。然而,现在全球出现了一场"游戏复兴"运动,类似游戏工作者一样致力于这一事业的成人,正通过"提供时间、空间和材料,让儿童可以探索、漫游、自由奔跑和做自己"来改善儿童的生活(Keeler,2017,p. 9)。如今,随着冒险游乐场在北美地区的复苏,幼儿教师和学前教育相关人士可以加入这场复兴运动,但需要考虑开放性材料的价值和重要性!

专栏 4.1 认识户外游戏——反思要点

你在哪里可以找到开放性材料?如果你正在考虑购买,请三思。有许多好玩的东西可以代替购置材料,只要它们干净、不锋利。在你的回收箱中寻找诸如盒子、管子、塑料瓶和容器之类的材料。儿童会如何使用它们?找到旧钥匙、搅拌碗、木勺、床单和毛巾,儿童就可以剪、涂、撕或粘。在公园、森林或院子里寻找诸如树枝和树叶之类的自然材料。询问周围的人有没有亮色织物、旧轮胎、帽子、袜子、瓶盖、键盘和旧手机(Almon,2017)。所有这些材料都可以用于儿童的户外环境,支持冒险游戏!

开放性材料与 21 世纪的能力

开放性材料为儿童提供了多种游戏、学习与发展技能和能力的机会。"技能"和"能力"这两个术语经常被互换使用,但它们并不相同。技能是用专业知识做某事的能力,而能力是一个更宽泛的概念。能力的一部分实际上可能包括技能、态度和知识(Ontario Ministry of Education,2016)。有一些具体的能力被认为是在 21 世纪取得成功的重要因素。

开放性材料支持 21 世纪能力的发展(Daly & Beloglovsky,2014)。这些 21 世纪的能力支持儿童在认知、人际和个人领域的成长(Ontario Ministry of Education,2016),如图 4.2 所示。

儿童使用开放性材料时会锻炼这些领域的能力,并发展批判性思维、沟通、合作、创造和创新的能力(Ontario Ministry of Education,2016)。想象一群儿童在玩木棍、石头和篮子。他们是否在形成 21 世纪能力?表 4.2 说明了开放性材料游戏的内在可能性。

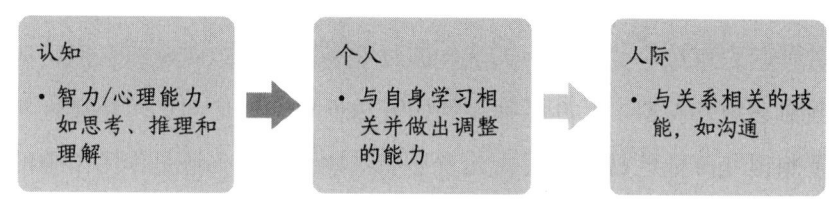

图 4.2　21 世纪的跨领域能力

来源：Ontario Ministry of Education（2016）.

表 4.2　开放性材料与 21 世纪能力

批判性思维	具有设计、管理项目、解决问题和决策的能力（Fullan，2013）。	儿童用篮子搬运石头，决定设计一个立体雕塑。经过多次尝试，他们意识到一个稳定的基础是雕塑不倒的必要条件。
沟通	有效沟通和倾听的能力（Fullan，2013）。	当幼儿教师询问儿童关于雕塑的问题时，他们能够描述所涉及的过程。当教师邀请儿童在雕塑上画个记号时，他们会认真倾听。
合作	具有与他人合作并帮助他人学习的能力（Fullan，2013）。	每个儿童都为材料运输、雕塑创作和标记制作贡献想法。
创造和创新	追求新想法的能力（创造），并实现这些想法（创新）（Ontario Ministry of Education，2014）。	这是儿童第一次建造垂直而不是水平的结构。

来源：Ontario Ministry of Education（2016）.

作为开放、可变的材料，开放性材料鼓励儿童进行操作和实验。儿童喜欢那些可以变动和操作的材料。当户外环境里出现有趣且独特的新项目时，儿童的好奇心将被激发。开放性材料是儿童主导游戏的跳板（McClintic，2014）。提供开放性材料，可以激发儿童的好奇心并引导他们参与独特且具有创新性的实验。在考虑开放性材料的供应时，了解其不同类型也很重要。

开放性材料的类型

开放性材料可以分为人造、天然和回收三种。你可以在家里、旧货店和旧货市场中找到开放性材料。幼儿教师在使用开放性材料时应考虑可持续性实践。用胶水和颜料改变开放性材料以后,儿童还能继续使用吗?还是作为单独的成品被送回家?这些改变后的开放性材料成品被送到家里会发生什么?幼儿教师如果将儿童视为创造者而不是消费者,就会从中受益。

为了支持儿童的开放性材料游戏,需要思考开放性材料的类型以及儿童可能如何使用它们。图4.3、图4.4和图4.5提供了每种开放性材料示例。

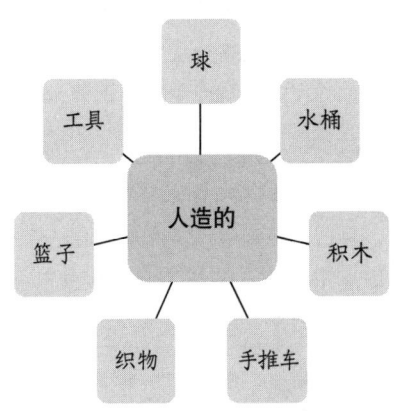

图4.3 人造的开放性材料

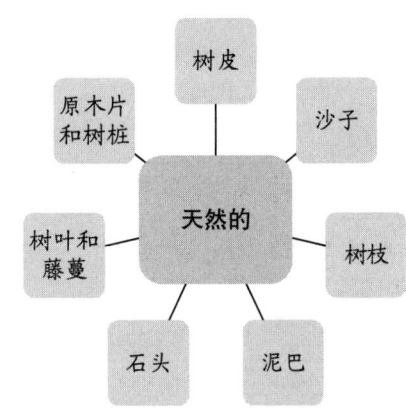

图4.4 天然的开放性材料

考虑给儿童提供一些开放性材料组合,例如,利用天然鹅卵石和回收的硬纸管,儿童就可以玩弹珠游戏。利用树枝、织物和夹子,儿童可以建造一个庇护所或房子。原木片,也就是树干薄片,可以给儿童提供扩展游戏的机会。把回收的锅碗瓢盆放到有泥土的地方,就会变成泥巴厨房。户外环境中开放性材料的类型取决于季节和游戏发生的地点(Neill,2013)。

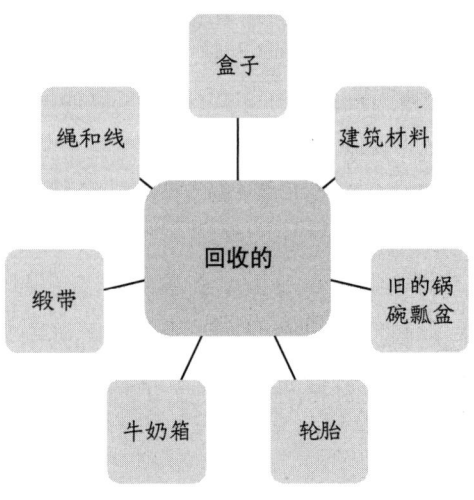

图4.5 回收的开放性材料

第 4 章　开放性材料——在户外与自然游戏中使用自然材料

海滩所提供的开放性材料不同于森林。如果游戏发生在游乐场的围墙之内，那么可以添加当地季节性的材料，如图 4.6 所示。

开放性材料可以购买，许多幼儿园材料供应商现在在商品目录中都有开放性材料。然而，开放性材料并不需要昂贵。你可能已经有了可以重新利用的材料。可以请求朋友和社区成员捐赠他们不需要的物品。当地商家如果有剩余的材料，就会很乐意捐赠。木工车间可能有木块，餐馆可以提供空瓶子或空桶，汽车修理厂或当地的机械工可能有不要的方向盘和轮胎。想象一下存在的多种可能性（Saxby-Leichter & Law，2015）。

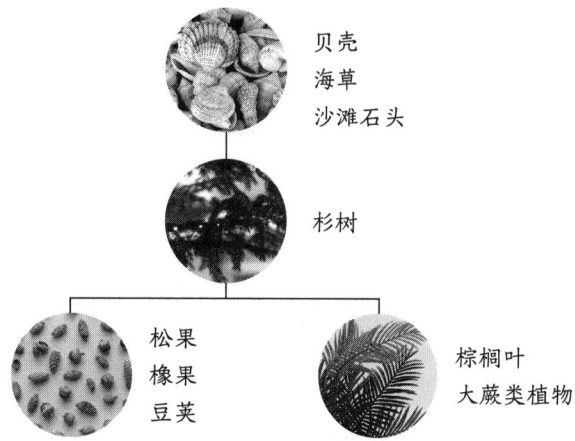

图 4.6　在游乐场上增加当地季节性的材料

天然的开放性材料可以从森林或当地公园中收集。一个不错的规则是只收集掉在地上的东西。从树上取树枝或剥树皮是不符合环境要求的，也不适合儿童效仿。在可能的情况下，儿童将受益于体验开放性材料最原始的样子。通过这种方式，儿童会发展与地方的联系，这将支持"地方教学"的发展。

照片 4.4　用轮胎游戏

地方教学是受约翰·杜威著作的启发而提出的，是指在一个特定的地方进行学习（Jayanandhan，2009）。

儿童的生活是由他们居住的地方决定的。当幼儿教师认识到地方教学的重要性时，儿童在自然中学习的经验和机会就会扩大。基于地方的教育是一个利用当地社区和环境作为学习所有课程领域的起点的过程。这种教学方法强调亲身实践和真实世界的学习经验,帮助儿童与自然世界建立更强的联系,从而提高他们的环境管理能力。

地方"不仅意味着一个地理位置,还包含与世隔绝、探索、改变周围事物、与自然世界直接接触的机会,以及难忘的时刻"(Wilson,2016,p. 140)。戴维·索贝尔认为(2005,p. 7),基于地方的教育"创造了身为积极而有贡献的公民的更高承诺"。佩洛(Pelo,2009)认为,教师的角色是培养儿童的生态身份,它将和文化与社会身份一样塑造儿童。生态身份可以在一个特定的地方产生。我们的愿景是让儿童有机会发展与地方的情感联系。把开放性材料留在原地,让儿童有机会随时间和季节重新访问这个地方,就是对地方教学的支持。

我们对户外游戏的愿景

我们对开放性材料的愿景是,幼儿教师将这些材料视为户外环境的关键材料。应该将开放性材料放在户外!尼克尔森(1971)将开放性材料设想为户外环境的补充。在思考开放性材料时,我们鼓励你思考如何将可移动的、灵活的大型材料用于室外环境(Neill,2013)。

我们希望幼儿教师将户外游戏视为童年的重要组成部分,并认识到开放性材料对鼓励多样的游戏机会所发挥的作用。我们希望你尽自己的一分力量来促进开放性材料在户外的使用。可以用最少的费用或零费用获得开放性材料。它们将影响游戏的深度、广度以及同伴关系。"即使是少量的开放性材料也会产生巨大的影响,这令人惊讶"(Almon,2017,p. 19)。儿童特别喜欢橡子、石头和木制品等自然材料(Almon,2017)。

户外游戏在儿童生活中的地位

发现是一件非常令人兴奋的事情。当你在自然界中发现一个物体,然后继续发现关于这个物体的一些东西,就像在进行一场探险一样。探险是儿童探索和测试自己能力的机会，是他们管理风险的机会，是他们提高能力、变得足智多谋和增强抗逆力的机会（Solly，2015）。探险游戏富有想象力和创造力，可以是冒险的，但不应该是危险的。

冒险和危险不同。儿童无法预料危险，因为它是意外发生的。但他们可以预见冒险。当儿童有机会冒险时，他们可以进行评价、管理。冒险对儿童而言是可见的，因为他们可以预见（Couchenour & Chrisman，2016）。例如，在一堆又重又大的石头中，儿童选择拿起一块石头，控制着重量把它搬到滑梯上。如果儿童捡起石头的时候一脚踩到旁边的一块碎玻璃，那将是一种危险。幼儿教师需要检查开放性材料和相关空间以消除危险，使儿童进行安全的冒险（Couchenour & Chrisman，2016）。

在一堆树叶中跳来跳去并非没有冒险——这种冒险本身就是探索的一部分——但它是一种相对安全的冒险。借助大自然提供的开放性材料，儿童可以建构自己的冒险。他们可以用整个身体平衡、跳跃和奔跑，支持运动觉的发展（Sobel，2008）。当儿童发现自己在森林等树木繁多的游戏场地时，开放性材料就已经在那里了。

儿童在户外环境中可接触的开放性材料的种类和他们的游戏方式，可以显著地影响和冲击他们的体验。当开放性材料与沙子、水或植物等其他开放性材料相结合时，儿童获得的经验将是多种多样的且具有回应性（Maynard & Waters，2014）。当儿童接触这些材料时，他们会发展出一种能力感。在选择户外环境中的开放性材料时，请考虑图4.7所示的五个关键要素（Dietze & Kashin，2017）。

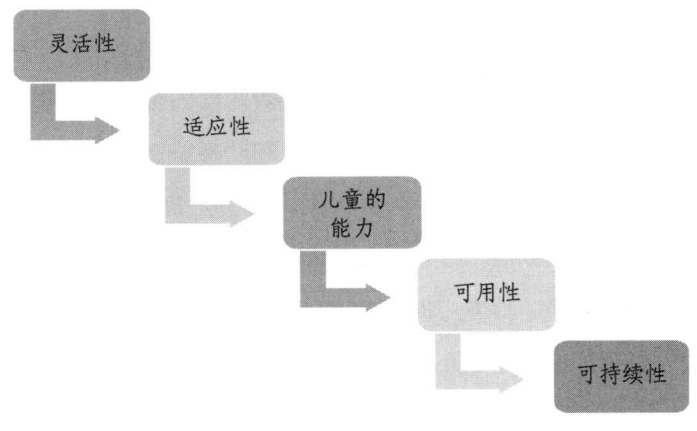

图 4.7　开放性材料的关键要素

- **灵活性**：指物品的多功能性。它有多少种使用方法？有多灵活？例如，一块布在户外戏剧表演区和建筑区的使用方式大不相同。
- **适应性**：指物品如何以不同的方式被使用和被重复使用。例如，如果水管被放在玩水区附近，将被如何使用？如果旁边是一些弹珠和小球，又将如何使用这些水管？
- **儿童的能力**：与儿童使用开放性材料的自如程度有关。幼儿教师要思考儿童是否能够自己操作这些材料，或者是否需要成人的支持。在选择开放性材料时，幼儿教师应仔细考虑材料如何支持儿童的能力。例如，儿童能把游戏场地中的大石头从一个地方移到另一个地方吗？根据他们的力量和使用经验，这些石头的大小合适吗？如果儿童在搬石头时需要帮助，是否有诸如马车或推车之类的支持？

照片 4.5　随处可见的落叶

广西壮族自治区柳州市育柏森林幼儿园

- **可用性**：指材料被收集、补充、改造和重新使用的容易程度。材料的获取有限制吗？例如，附近有松树的话可能会有很多掉落的松果，但游戏场地中使用的小海滩岩石是一个家庭从很远的海滩上收集、捐赠的。邀请儿童掰下小块松果放在他们用黏土捏造的生物上，会消耗掉一些材料。然而，它们的补给很容易。相比之下，如果让儿童画石头，把它们作为礼物带回家送给家人，就会消耗掉不容易补充的资源。
- **可持续性**：指材料的耐用性。一天结束后，这些材料可以留在游戏场地中吗？还是必须储存起来？想一想织物坐垫和水管的耐用性有什么不同。或者比较一下大纸板箱和轮胎的使用。织物和坐垫不如管子及轮胎耐用。需要在一天结束的时候储存这些材料，避免天气造成的损坏影响儿童的游戏。幼儿教师应当考虑可持续性如何影响儿童从第一天到第二天甚至更长时间的游戏情节。

开放性材料对儿童而言很有价值，因为它们具有多种功能。回想一个你曾经见过或玩过的游乐场。那里是否有固定的设备或开放性材料？表 4.3 和表 4.4 呈现了改编自迪策和卡欣（2017）的研究结果，比较了滑梯和攀爬架等固定设备与开放性材料的游戏价值。

表 4.3　固定设备

- 儿童倾向于玩大肌肉动作游戏，如攀爬、转圈和跳跃。
- 儿童将自己的想法应用于设备的机会有限。
- 随着时间的推移，尝试新想法的兴奋感受到设备固定性质的限制，游戏会变得乏味。
- 设备有限的移动能力，限制了同伴和社交游戏。
- 维修费用低。
- 注重培养儿童的身体能力。
- 不需要儿童思考、深思和探索各种选择。

表 4.4　开放性材料

- 儿童可以用来设计和重新设计的材料，支持他们的游戏情节。
- 适用于所有类型的游戏和所有儿童的技能。
- 支持儿童根据游戏经验的需要建造、拆卸、操作、合并和再利用材料。
- 鼓励儿童和同伴一起玩积极的、有创意的、富有想象力的游戏。
- 需要维护和储存。
- 提高社会性、情感、身体和认知领域的技能和能力。
- 需要儿童运用必要的思考和解决问题的技巧，将开放性材料融入游戏情节中。

当你比较固定设备和开放性材料的特点时，很明显，开放性材料能为儿童拓展非常不同的游戏价值、活动选择和潜在的学习经验。开放性材料需要儿童调动思考和解决问题的技能。它们提供了比固定设备更多的机会，鼓励儿童创造新颖、独特和具有启发性的方式来使用日常物品。开放性材料也为儿童提供了冒险的机会，从而挑战他们、拓展他们的极限并从中获得愉悦感（Woods，2016）。从稳定、固定的游乐场设备上摔下来，对儿童而言是危险的。玩开放性材料的好处之一是提供安全的冒险（Neill，2013）。第 6 章将深入探讨冒险游戏。

<h1 style="text-align:center">理 论 基 础</h1>

为了不只是将开放性材料看作有形事物，幼儿教师被鼓励将其理论化。在学前教育中，理论是一组帮助解释有关儿童学习与发展的某个话题的观点。通常，一个理论是通过抽象思维发展起来的，它基于一般原则，独立于被解释或理论化的东西。理论为幼儿教师提供了影响思维与实践的"认识方式"（Nolan & Raban，2015，p. 5）。我们研究了皮亚杰、维果茨基和美国心理学家尤里·布朗芬布伦纳（Urie Bronfenbrenner）等主要理论家，以指导我们与儿童、家庭和社区的工作，因为"他们提供了对许多方面的概念性理解，这些方面在其他情况下很难被领会"（Nolan & Raban，2015，p. 6）。理论化是指对与你的工作相关的特定主题进行深入思考，形成一个理论前提。

理论化是指对某事形成一个或一套理论。

作为理论的开放性材料

当尼克尔森（1971）考虑在儿童游戏中使用开放性材料时，他就在对其进行理论化。有了理论为你的儿童工作奠定基础，你便能以合理的方式对日常实践进行改善、加强和改变，从"实践"走向"践行"。践行是将理论和行动结合在一起，创造变革性的改变过程（Nolan & Rabin，2015）。本书贯穿了理论家们的工作，将帮助你建立影响和改变实践所必要的理论基础。然而，理论化并非著名理论家的独有行为。幼儿教师也可以建构理论。仔细想一想图 4.8 中的文字。它们是动词"理论化"的同义词。

践行是指理论被付诸实践的过程。

想一想开放性材料。尼克尔森（1971）认为开放性材料是经过组合、运输和变形的。思考一下开放性材料。为什么儿童会被这些材料吸引？观察开放性材料

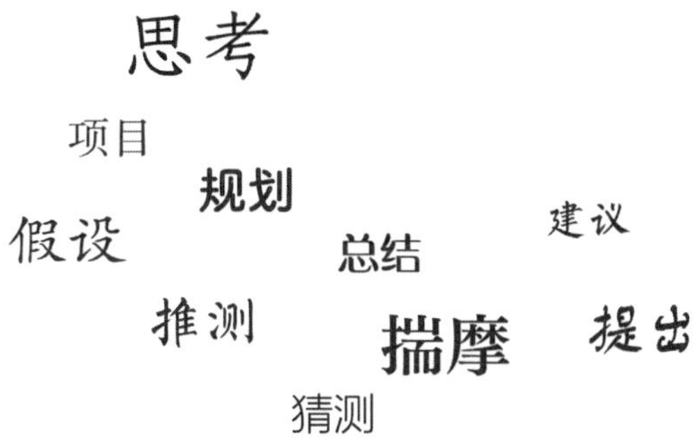

思考
　　项目
　　　规划　　　建议
　　假设　　总结
　　　推测　**揣摩**　提出
　　　　猜测

图4.8　理论化词语

游戏中的儿童，并提出关于儿童和开放性材料的观点。沃勒等人（Waller et al., 2017）认为，冒险游戏中的开放性材料对儿童有很强的吸引力，他们尤其喜欢一系列人造的、回收的开放性材料，以及鲜花、浆果、橡子、松果、种子、石头和树枝等自然物品。

　　户外环境为开放性材料提供的背景是室内所无法复制的。户外环境具有激发和激励儿童的潜力，因为它似乎有无限的发现可能性。每一次户外探险都会因各种变数而不同，因为景观、声音、生物、天气和大自然的其他方面都在不断变化（Waller et al., 2017）。儿童被户外环境的新奇所吸引是因为它每天都在变化吗？奥斯特罗夫（Ostroff，2016）认为，从婴儿期开始直至整个人生，人类的动力都来自新鲜感、变化和兴奋。想象一下，在雷雨过后，你走到外面，碰到了一根倒下的树枝。地上到处是树叶、细枝和松果。这种变化可能很有趣，发现它后，儿童做的第一件事可能就是收集这些"珍宝"。

　　根据亲生命性理论，儿童有一种天生的收藏冲动，因为他们与自然世界有一种与生俱来的联系。30多年前，威尔逊（1984）提出了一种理论，认为儿童有亲近自然的生理需要。大自然给儿童提供了许多机会，满足他们与拾来的材料建立联系的需求。由于材料的"可供性"（affordance），开放性材料的具体特征会影响儿童的游戏方式（Maxwell, Mitchell, & Evans, 2008）。

　　可供性理论由吉布森（Gibson，2014）提出，他认为环境和其中的物体对使用它们的儿童而言具有独特的价值与意义。空间或物体的"可供性"是指它有潜力可以做的事情或可以成为的样子（Casey & Robertson，2016）。有些材料的可供性不同于其他材料，例如，弹球、平衡砖块、对齐木棍，这完全取决于使用者。

让·皮亚杰将物理知识称为儿童在对物体和材料采取行动以发现其特征、属性或可供性时所学习的知识（Kamii，2014）。

可供性理论是指环境中的线索暗示的可能性（Gibson，2014）。

> **专栏 4.2　重要理论家：让·皮亚杰**
>
> 　　让·皮亚杰在帮助幼儿教师理解儿童认知发展方面做出了重要贡献。他是第一个提出全面的儿童发展阶段理论的人。作为建构主义理论家，皮亚杰认为，儿童在他们自己的思维过程中构建对世界的理解。把玩物品是儿童认知发展的重要组成部分（Jarvis，Swiniarski，& Holland，2016）。通过图式、同化和适应，儿童发展他们的思维过程。

　　皮亚杰的理论很重要，因为它们反映了材料的可供性。当儿童有机会组合、运输和改变物体时，他们可以发现很多关于物体属性的内容。皮亚杰认为，儿童从发现中学习，并指出"每当成人过早地教儿童他们本可以自己发现的东西时，儿童就无法发现它，从而无法完全理解它"（Piaget，1970，p. 715）。学习是通过图式、同化和顺应进行的。图 4.9 说明了图式、同化和顺应。

图式被认为是儿童游戏行为中的重复模式（Nutbrown，2011）。

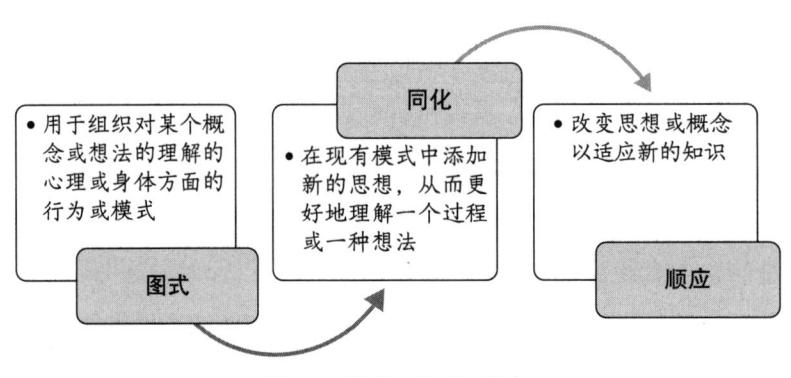

图 4.9　图式、同化和顺应

图式游戏

阿西（Athey，1990）对建立游戏和图式的联系发挥了重要作用。它们是综合、协调的行为。通过这些行为，儿童获得了用于梳理想法、感觉和关系的知识。图式理论是一个透镜，成人可以通过它观察并思考儿童的行动和行为的重要性，以及它们如何与思维过程相关（Maynard & Waters，2014，p. 29）。阿西（1990）认为，图式是心智发展的核心。纳特布朗（Nutbrown，2011）指出，教育活动应该围绕这一核心展开（Maynard & Waters，2014）。想象一个儿童整天玩原木片。表 4.5 改编自纳特布朗（2011）的图式列表，展示了儿童在玩原木片时可能会有的潜在经验。

> **图式游戏**是指儿童在游戏中重复的模式。

表 4.5　玩原木片中的图式

搬运	捡起、移动并倾倒一篮子原木片。
变换	给原木片涂色，改变它们的颜色。
轨迹	将原木片扔到篮子里，探索它们的移动。
旋转和循环	旋转原木片。
围合和包裹	用其他物品包围原木片，将原木片藏在材料下面。
连接	用线将穿孔的原木片串在一起。
拆分	将串在一起的原木片拆开。
定位	按照大小摆放原木片，将较小的原木片排成一排，堆叠较大的原木片。

阿西（1990）和纳特布朗（2011）继续以皮亚杰及库克（Piaget & Cook，1952）的图式游戏理论为基础，对图式、同化和顺应进行研究。图式游戏是儿童探究图式的一种方式，从而获得对自己和周围世界的理解。旋转原木片，儿童正在研究旋转的概念（旋转和循环图式），并思考需要采取什么行动来产生这个结果。图式是旋转，同化就是旋转原木片的能力，而顺应是指把这种新知识运用在未来继续旋转原木片和其他材料的过程中。

启发式游戏

20世纪80年代早期，儿童心理学家埃莉诺·戈尔德施米特（Elinor Goldschmied）提出了"启发式游戏"一词。"启发式"（heuristic）一词来自希腊语 heurisko，意思是发现或理解（Goldschmied & Jackson，1994）。启发式游戏是指儿童对物体的探索性游戏。儿童通常独自玩耍，但对其他人可能会用类似物品做什么感兴趣。儿童的目标是发现可以用一个或多个物品做什么。通常这些物品是成人放在篮子里的，这些篮子被称为"宝物篮"。这些篮子在户外用起来和在室内一样方便。对所有年龄阶段的人来说，任何涉及试验的活动都可以被称为启发式的。它从儿童蹒跚学步开始，贯穿整个生命周期（Hughes，2015）。

● **启发式游戏**是指一个人通过探索物品来发现各种可能性。

● **宝物篮**的灵感来自埃莉诺·戈尔德施米特的研究，在英国很受欢迎。它是指用非商业、非塑料的婴幼儿玩具激发儿童的好奇心。

> **想一想，写一写，读一读**
>
> 你认为"宝物篮"这个词为什么会被构想出来？用关键词"婴幼儿宝物篮"在网上搜索网站和图片。在阅读和查看发现的内容之后，创建一个可以在篮子中提供的物品列表。你想叫篮子什么？

奥尔德（Auld，2002）确定了启发式游戏的5项原则，如图4.10所示，这些原则可以很容易地与户外游戏和所有年龄的儿童的自然教学相关联。在选择启发式游戏材料时，幼儿教师需要考虑具有不同属性和用途的物品。奥尔德（2002）建议提供木材、金属、羊毛、纸板和石头等物品。为了增加趣味性，物品可以是轻的、重的、小的和大的。这些物品可以来自厨房、浴室、洗衣房或卧室，并且可以相互套嵌，有利于儿童探索图式游戏。在启发式游戏中，成人被认为要"不干涉"，只在必要时进行观察和干预。启发式游戏的时机很重要，因为学步儿需要良好的饮食和休息才能集中注意力并探究。游戏应该被设置在一个没有干扰的地方。如果有多个儿童同时参与启发式游戏，那么材料应该丰富多样（Auld，2002）。

遵循这些原则后，婴幼儿开始探索开放性材料。这是一种适合儿童主导的游戏，并提供了多种发现机会。在任何年龄阶段，自我发现都意义深远。穆斯塔卡斯（Moustakas，1990）发展了启发式研究的方法论，将其作为发现经验的本

照片 4.6　用材料做试验

质和意义的内在探索过程。这个过程是动态的、创造性的，最终带来自我发现和自我认识。发现在任何年龄阶段都很重要。

自我发现是指发现自己和靠自己去发现。

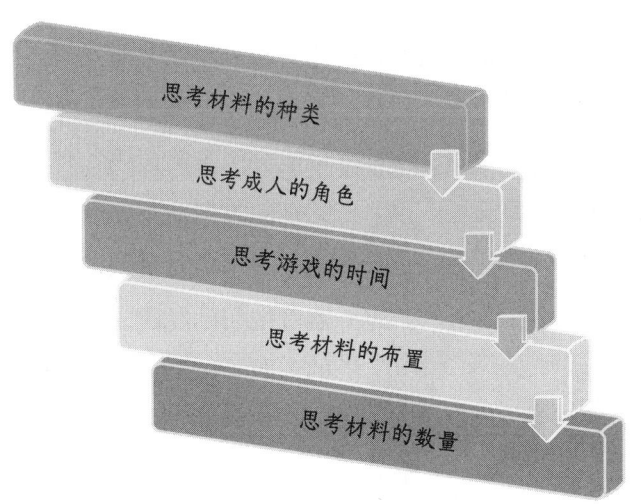

图 4.10　启发式游戏的原则

实践应用

班宁和沙利文（2011）将想象、发明和创造力描述为儿童的语言。作为儿童重要的学习工具，它们是童年必不可少的一部分，但越来越不受重视。幼儿教师在思考自己是否提供了支持想象、发明和创造力的材料与户外活动时，可以看看表4.6所列举的指标。

表4.6 户外游戏与学习标准：想象、发明和创造力

- 儿童展现、欣赏和享受幽默感。
- 儿童参与假装，表达情感，尝试新的想法和行为。
- 儿童用真实的或虚构的物品玩角色游戏。
- 儿童进行试验和探索，用新的、独创的方式组合和使用材料来尝试新的做事方法（Banning & Sullivan, 2011, p. 202）。

照片4.7 用材料表现创造力

安吉儿斑璞自然学校

你会提供哪些开放性材料来鼓励儿童展示、欣赏和享受幽默？以独特的方式使用材料可以让儿童发笑。想象一下，当儿童把用来收集自然材料的桶放在头上时，可能会引发笑声吗？与其把这种经验引导到别的方向，不如鼓励儿童的幽默感，因为它展示了儿童创造性地表达想法。这标志着他们已经建立了联系，他们理解了新的东西（Banning & Sullivan, 2011）。

想一想大自然给儿童提供的开放性材料。班宁和沙利文（2011, p. 84）认为，"自然材料是灵活而不明确的"。这种不明确性给儿童提供了发挥想象力的机会。森林里倒下的树可以是一艘宇宙飞船、一个仙女的房子或者一座城堡。树

叶可以是仙女地毯，树枝可以是魔法棒，树上的突出物可以是发射火箭的控制面板。在游戏中添加其他开放性材料能够增加儿童的体验，支持他们用假装的物品玩扮演游戏。

当儿童有机会组合并移动材料时，他们会以新颖的方式使用它们，锻炼他们的创造力（Banning & Sullivan，2011）。当环境中有充足、多变的材料可供组合、运输和改造时，创造力就会出现。幼儿教师为儿童提供开放性材料，他们就能以我们无法想象的方式指导自己的学习。

实践原则：儿童主导的实践

幼儿教师支持儿童在游戏中变得独立，因为这会使他们获得能力和技能。为了能够独立，儿童需要有足够的机会主导游戏。这也被称为"儿童主导"或"儿童发起"的游戏（Pyle & Danniels，2017）。它与成人或教师主导或发起的活动形成了鲜明的对比。就后者而言，其定义就决定了它们可能不是游戏，因为游戏是儿童自由选择的（Lindon & Rouse，2013）。儿童可能以幼儿教师没有考虑到的方式使用材料。例如，一位幼儿教师在两个轮胎旁边放了木板，假设儿童要做一个高架人行道。然而，恰好与之相反，两个儿童一起把一个轮胎压在另一个轮胎上面，形成一个坡道。在这种儿童主导的活动中，幼儿教师建议儿童试着把东西滚下斜坡，然后寻找合适的开放性材料。这是一种儿童主导的活动。它是丰富的，这就是幼儿教师抛弃成人的计划来跟随儿童的引导很重要的原因。

幼儿教师在介入游戏前，应考虑游戏经验的价值和儿童主导活动的重要性，还要考虑从经验中获得学习的价值，而不是采取直接教学的方法。想象一下，游乐场后面是一片森林，到处都是落叶和针叶树。教师没有带儿童去那里指出不同类型的树木之间的差异，而是让他们在那里进行经验式学习和自发的活动，用篮子和水桶收集并摆弄不同的树叶和球果。在适当的情况下，教师可能会鼓励儿童观察差异。幼儿教师把儿童主导游戏的原则作为实践的一部分，儿童将从中大受裨益。这并不意味着儿童没有得到监护和支持，或者"什么都可以做"。在开放性材料活动中，幼儿教师能够发挥多方面的作用。照片4.8呈现了这些重要的作用。

照片4.8　幼儿教师在开放性材料供给方面的作用

幼儿教师在提供开放性材料方面具有许多作用。他们寻找图4.11所示的独特且多样的开放性材料，通过观察和倾听，收集和提供进一步的资源来促进游戏。通过记录和思考，幼儿教师可以提出自己关于如何使用开放性材料的观点，从而加强儿童的学习。当儿童摆弄开放性材料时，幼儿教师可以鼓励儿童，充当激发者。

*激发者*是促进者而非主导者，他们在学习者日益熟练地解决问题的环境中培养儿童自我主导的能力（Mezirow，1997）。

第 4 章 开放性材料——在户外与自然游戏中使用自然材料 129

图 4.11 独特且多样的开放性材料

山东省淄博市汇英幼儿园

基于地方的学习：沙坑

19 世纪 80 年代，一位德国政治领导人在柏林的公园里放了一堆堆沙子。当来自美国的玛丽·扎克泽韦斯卡（Marie Zakerzewska）博士访问柏林时，她看到儿童在沙子里的活动，于是推动了北美地区儿童游戏的沙花园（sand garden）的诞生（Frost，2012）。想一想玩沙的好处。儿童能从一堆沙子中学到什么？

沙子和水被认为是儿童户外环境中最重要的两种元素。沙子对于儿童的社会

照片 4.9　玩沙游戏

性和认知发展有很大的价值（Olsen & Smith，2017）。花时间观察儿童使用可变的材料——沙子——玩耍。沙子能让儿童玩起来。将开放性材料添加到沙子中，沙坑就会成为一个重要的地方，儿童在这里有丰富的触觉体验，从而形成创造性思维（Olsen & Smith，2017）和解决问题的技能。沙坑在儿童的生活中是一个重要的地方。考虑可以添加到沙坑的开放性材料。查看表 4.7，思考儿童在接触沙子和表格中列出的开放性材料时，可能想出哪些潜在的游戏。

表 4.7　开放性材料和沙子的可能性

沙子	
■ 织物	■ 水杯、船和木棍
■ 纸板和订书机	■ 松果和木棍
■ 丝带和木棍	■ 玩具塔和绳索
■ 盒子和胶带	■ 水管和水壶

课程计划

许多幼儿教师正逐渐认识到开放性材料如何支持儿童的户外游戏（Olsen & Smith，2017）。可以通过书籍引发儿童的创造性表达。户外阅读活动能够增加额外的刺激。风、太阳和云可以增加体验的氛围。表 4.8 提供了有关开放性材料的儿童读物，表 4.9 提供了基于"计划、参与、探索和反思"原则的课程计划。

表 4.8　有关开放性材料的儿童读物

书名	描述	作者	插图作者
《不是箱子》[①]（Not a Box）	赞美有关纸板箱特征的想象力。	（美）安托瓦内特·波蒂斯（Antoinette Portis）	安托瓦内特·波蒂斯
《不是棍子》[②]（Not a Stick）	遵循《不是箱子》的理念，讲述木棍的多功能性，激发儿童的想象力。	（美）安托瓦内特·波蒂斯	安托瓦内特·波蒂斯
《完美搭档》[③]（Stick and Stone）	主要人物是一根木棍、一块石头和一个松果，让儿童探索充满想象力和创造力地使用这些开放性材料的方式。	（美）贝丝·费里（Beth Ferry）	（美）汤姆·利希藤黑尔德（Tom Lichtenheld）
《魔力小镇》[④]（Roxaboxen）	讲述了一群左邻右舍的儿童如何用开放性材料创造一个他们自己的社区。	（美）艾丽丝·麦克莱伦（Alice McLerran）	（美）芭芭拉·库尼（Barbara Cooney）

表 4.9　计划、参与、探索和反思——使用儿童图书

计划	给儿童阅读绘本《魔力小镇》。
参与	让儿童讨论书中的儿童创建自己的社区所使用的材料。
探索	探索环境，寻找相似的材料，并邀请儿童在合适的空间和地方创建自己的社区。

[①] 该书的简体中文版已由黑龙江美术出版社于 2019 年出版。——译者注
[②] 该书的简体中文版已由黑龙江美术出版社于 2019 年出版。——译者注
[③] 该书的简体中文版已由长江少年儿童出版社于 2017 年出版。——译者注
[④] 该书的简体中文版已由北京科学技术出版社于 2019 年出版。——译者注

（续表）

反思	在儿童的游戏中，是否有迹象表明这本书影响了他们？他们为社区制定了规则吗？他们是否为彼此分配了社区成员角色？如何建构这种经验来进一步支持儿童的合作和社区意识？

家长支持与参与

每一个季节都为开放性材料游戏提供了新的可能性。对家长而言，了解一年四季户外活动的益处很重要。如果家长因季节变化而不喜欢户外游戏，可能有一些背后的原因，比如，他们了解到一些关于儿童在雨中或在较冷的温度下游戏的益处的错误信息。邀请家庭成员参加和体验所有季节的户外环境，可以鼓励家庭参与。幼儿教师需要支持家长和社区成员理解户外游戏的重要性。研究表明，儿童的户外游戏和未来的成功之间存在相关性（Underwood & Killoran, 2012）。当幼儿教师为家庭创造机会体验所有季节的户外游戏空间时，在这个过程中建立的所有联系都将支持社区的建设。

照片 4.10　在泥巴中游戏

基勒（Keeler, 2016）认为，只有"对学龄前儿童及其家人而言是成功的"（p. vii），自然游戏场地才算设计良好。例如，在夏天种植成排的羽衣甘蓝可以形成一片森林；或者种植抱子甘蓝，让它长成一片树丛。种植一个多感官花园，鼓励儿童收集植物作为开放性材料。用树桩做桌子和鼓。在游戏场地添加其他乐器或创作音乐的开放性材料。在秋天，耙一堆树叶，看看会发生什么。用木棒和浮木制作雕塑。冬天，拥抱冰雪，用铲子铲雪来盖住物品；收集冰雪来建构。春天，播种、拥抱泥土。当家长被邀请参加这个季节的活动时，他们也会发现户外游戏的乐趣。

可及性与设计

开放性材料是儿童容易接触的材料。开放性材料可以为所有学习者提供一个切入点。关键是要提供足够的时间来使用这些开放性材料和了解儿童。特殊儿童"受益于练习新技能的无限时间。如果他们过于匆忙，或者被告知停止做同样的事情而去尝试一些新的东西，他们可能会变得气馁或沮丧，并失去兴趣"（Mitchell，2013，p.15）。由于开放性材料提供了如此多的可能性，因此儿童可能希望反复使用它们。这种重复很重要，因为它允许儿童进行试验、坚持、练习，并产生想法。通过练习，他们将"更熟练地处理这些材料，同时发现这些材料的特性，并改变使用和组合它们的方式。开放性材料根据每个儿童的发展水平鼓励他们对所有类型的游戏进行创造与创新"（Mitchell，2013，p.15）。儿童需要时间来充分参与和体验开放性材料的好处。

开放性材料可以带来多样性和新奇的户外游戏环境，并支持包容性的空间。有些儿童在探索时会犹豫不决。如果开放性材料总是在那里，随着信心的增长，这些儿童便会参与其中。材料的多样性越广，就越有可能发展不同类型的游戏。无论儿童的能力和需求如何，让他们在环境中感到包容至关重要（Casey，2011）。

户外游戏的提示与工具

考虑到硬纸板之类的材料不能每天放在外面，因此存储是必要的，而且存储的位置非常重要（Murray，2011；McClintic & Petty，2015）。你是否认为，如果幼儿教师和儿童每天都要把开放性材料带到户外环境里，那么可获得的开放性材料的范围就会受到限制？理想情况下，在游戏空间中可以有几个存储结构，以容纳容易取用的开放性材料。"游戏的丰富程度和质量在很大程度上受到户外环境中可用的设备及材料的类型与多样性的影响"（McClintic & Petty，2015，p.31）。仔细思考开放性材料的存储并尝试把存储设施融入户外环境,将有益于幼儿教师。

开放性材料的存储是一个挑战。想一想环境中已经存在的东西。如果有铁链栅栏,那么可以用 S 形挂钩挂牛奶箱,在泥巴厨房附近存放壶、平底锅和盘子。积木、工具、水桶、表演游戏道具、装饰品和衣服都可以放在容器里。防水布也可以用来覆盖材料。一个储藏棚可以用来存放那些不能被留在外面的容器和更大的开放性材料。

在现场——专业反思:"我为什么热爱户外游戏"

为什么一些幼儿教师对户外游戏中的开放性材料充满热情,而另一些人觉得开放性材料很危险?你是否认为,将儿童视作能力很强、很能干的人是幼儿教师必备的素养?阅读专栏 4.3,一位幼儿教师反思了他对作为开放性材料的木棍的热情。

 专栏 4.3 我为什么热爱户外游戏

詹姆斯和尼克跑过草地,用木棍互相追逐打闹。尼克停了下来,保持身体不动,而詹姆斯慢慢地把他的木棍指向尼克的身体。靠近时,他笑着喊道"碰!该你了!"然后就跑掉了。作为一名教育工作者,我曾在许多学校工作,那些学校不允许使用棍棒等物品。在那些环境中,儿童不被鼓励捡起木棍,因为他们害怕儿童互相伤害。然而,看到儿童"强健"的一面,就要将儿童视为有能力设定自己的界限和准则的人。詹姆斯和尼克之间的这种互动提醒我们,幼儿园中的儿童能够玩这样的游戏,不会有人受伤,他们也不需要成人来定义如何玩游戏。

幼儿教师迈克尔·布鲁斯(Michael Bruce)

案例研究

阅读案例研究 4.1，思考下面的问题，批判性地反思幼儿教师和相关儿童的可能性。

 案例研究 4.1　开放性材料的转移

卡特里亚娜和米雷拉在一个重视开放性材料的幼儿园里工作。她们的家人、同事和朋友响应捐赠号召，纷纷送来了一桶桶的原木片、树枝、石头、岩石和松果，装着织物的容器和各种各样的坛坛罐罐和厨房用具。除了这些较小的物品，还有原木、树桩、木板和板条箱。这些材料被添加到卡特里亚娜和米雷拉已经拥有的游戏空间中，包括沙桶、铲子、积木、玩具卡车和篮子。由于环境中充满所有的开放性材料，卡特里亚娜和米雷拉觉得儿童的户外游戏变得混乱。开放性材料在游戏空间里到处都是。所有能移动的东西都被移动和丢弃了。米雷拉感到非常沮丧，并向卡特里亚娜建议移除所有开放性材料。卡特里亚娜也很沮丧，但她觉得这个问题有解决的办法。

1. 你同意米雷拉的观点认为应该移除开放性材料，还是支持卡特里亚娜的观点，认为有其他解决方案？可能的解决方案是什么？

2. 所有开放性材料都必须同时被拿出来吗？那些没有被使用的开放性材料应该如何存储以及存储在哪里？

3. 如何让儿童参与解决开放性材料的转移问题？

 专栏 4.4　到户外去

拿一大块布料到户外去。这种布料有多少种使用方法？找点东西盖上，再找点东西包起来。将布料平铺在地面上，花几分钟思考布料的可供性。你还可以添加什么来改善这个开放性材料活动？

本章小结

- 开放性材料是可变的、非结构化的、可以以多种方式使用的材料。景观建筑师西蒙·尼克尔森提出了"开放性材料"一词。

- 当儿童玩开放性材料时,他们的认知、社会性和情感都会投入其中,身体也很活跃。积极锻炼身体有助于身体素养的发展。开放性材料也支持有建设性和戏剧性的规则游戏,以及合作游戏、平行游戏和独自游戏。

- 对开放性材料的支持可以追溯到18世纪和19世纪,主要来自理论家福禄贝尔和蒙台梭利。冒险游乐场的出现以开放性材料为特色,游戏工作者是指那些支持儿童体验开放性材料的成人。

- 开放性材料支持21世纪认知、人际和个人领域的能力发展。21世纪的能力包括批判性思维、沟通、合作、创造和创新。开放性材料可以组合起来,增强儿童的游戏体验。可以通过各种来源获得开放性材料。在获取开放性材料时要考虑环境和地方教学。

- 图式游戏表现在儿童使用开放性材料的经验中。图式游戏的概念来源于让·皮亚杰的图式、同化和顺应理论。开放性材料支持启发式游戏,宝物篮尤其有益于学步儿的自我发现。

- 开放性材料的关键要素包括灵活性、适应性、胜任性、可用性和可持续性。与固定设备相比,开放性材料对儿童有特别的游戏优势。

- 幼儿教师支持儿童主导的发现活动,并在加强和鼓励开放性材料游戏经验方面发挥重要作用。

- 自19世纪以来,沙坑一直是儿童游戏的重要地点,也是开放性材料游戏的基础。

- 可以通过多种方式将开放性材料活动与语言和读写能力结合起来,例如,将有关开放性材料的儿童读物引入环境中。鼓励幼儿教师计划开放性材料和儿童读写能力发展之间的联系。

- 鼓励家长支持儿童玩开放性材料,每个季节都提供玩开放性材料的机会。

- 开放性材料可以带来多样性和新奇的户外游戏环境,并支持包容性的空间。材料的多样性越广,就越有可能发展不同类型的游戏。无论儿童的能力和需求如何，让他们在环境中感到包容至关重要。

- 存储是一个重要的考虑因素，对开放性材料的提供而言往往也是一个挑战。

安静反思

花时间玩沙子。不需要很多沙子，足够你体验它和感觉到舒缓效果即可。玩沙子，打旋、移动、用它写字。想一想沙子和玩沙子。你会添加哪些开放性材料来增强你的体验？现在想象一下在海滩上，你能将哪些开放性材料放到沙子里？如何在儿童的游戏场地中复制这种体验？

与他人对话

和其他人一起进行关于开放性材料的对话。作为一个共同体，思考以下问题：

1. 你在哪里可以找到开放性材料？
2. 你如何在户外环境中存储开放性材料？
3. 如果你和不重视开放性材料的人一起工作，你会怎么办？如何帮助他们发现开放性材料的好处？

进一步思考与行动

统计并列出你所在社区中可以找到开放性材料的地方。本地有没有可以回收或"升级回收"材料的旧货店？当地是否有商家为儿童提供户外游戏时使用的开放性材料，如轮胎和木板？也许有一个地方专门供幼儿教师获取开放性材料。如果你能找到这样的地方，可以去看看哪些材料最适合户外游戏。如果没有地方让教师获得这些材料，那么你所在的社区应该采取什么措施来建立自己的回收站？

第 5 章

户外与自然游戏和儿童的发展、健康、学习及思维之间的关系

学习成果

学完本章后，你将能够：

- 讨论儿童从户外游戏中获得的一系列社会性、情感、认知、沟通和身体发展技能；
- 概述幼儿教师在户外游戏环境中可能用以支持儿童的批判性思维、解决问题和推理技能发展的策略；
- 解释维果茨基关于最近发展区的观点和布鲁纳（Bruner）关于鹰架的观点是如何支持儿童的学习与发展的；
- 明确什么是以游戏为基础；
- 解释让所有儿童有机会在公园游戏的价值；
- 描述幼儿教师在户外活动中可能扮演的不同角色。

第 5 章　户外与自然游戏和儿童的发展、健康、学习及思维之间的关系

深入自然吧,你会更加理解一切。

——阿尔伯特·爱因斯坦（Albert Einstein,1879—1955）

童年回忆

当我还是个孩子的时候,我和我的姐姐、弟弟离开乡下的家两星期,去一个我们只能在城市公园里玩耍的地方。我们的家里有树屋和藏身的地方,有很大的空间。在城市里,我们则体验了浅水池和秋千;我们在旋转木马上旋转,坐在树下看书,等着阿姨下班来接我们。我们每天都在那里遇到来和我们一起玩的孩子,尽管我们并不真正了解他们的家人。我们在公园里和在家里玩的方式（两个人荡秋千,另一个人推着他们）不一样。两个人坐在旋转木马上,另一个人试图让它尽可能快地旋转。我们互相帮助,体验公园里的设备带给我们的兴奋。现在,作为一个成人,当我看着附近的公园时,发现所有的娱乐设施都被撤除了。不过,我所居住地方的附近有一座公园,公园旁边有小路,我喜欢带孩子们去那里,这样他们就可以在巨大的石头上玩耍,然后找到地方躲起来。

本 章 预 览

了解户外游戏对儿童发展的重要性不是一个新的研究领域。早在十七八世纪,自然与儿童发展之间的关系就一直是人们探讨的话题。卢梭等理论家观察到,在户外环境中进行的教育为儿童提供了用身体和感官接触与体验自然的机会。同样,裴斯泰洛齐认为,来自弱势背景的儿童在户外环境中学习会取得显著进步,这使他们能够参与艺术和农业活动（Coe,2016）。1840 年,福禄贝尔在对儿童的观察中指出,户外游戏是一种必不可少的体验,他提出幼儿园的概念是指"儿童的花园"。他认为,儿童的成长和发展就像植物一样,需要合适的条件才能

苗壮成长。他的原则从儿童在户外环境中学习为基础,在那里他们发现和操作自然材料(Froebel,1889)。杜威也强调,儿童通过看、体验和做来学习。他坚持认为,儿童受益于户外环境,包括那些有花园的环境(Dewey,1962)。

> 想一想,写一写,读一读
>
> 你认为,可以将儿童的发展比作植物和花园的发展吗?如果你接受这个观点,那么你认为课程计划应该是什么样的?为什么?画一幅画或列一个清单,列出你认为促进植物健康所需要的东西。然后,列出你认为儿童需要什么。比较两个列表。找一篇讨论福禄贝尔关于儿童在户外环境中学习的原则的文章。

如第1章所述,从加拿大的角度来看,幼儿教师受到《儿童权利公约》(United Nations High Commission for Human Rights[①],1989)的指导。尽管《儿童权利公约》的各个方面都很重要,但第3条、第12条、第19条、第23条、第30条和第31条与儿童的户外游戏、发展及学习特别相关。尽管有令人信服的研究和政策,但多年来,儿童接触户外环境的机会已经减少。在加拿大各地,如今许多儿童大部分时间主要在室内环境中度过,在户外环境的时间有限(Coe,2016)。纵向研究证实了户外游戏对儿童游戏和发展的重要性(Cooper,2016)。例如,库珀(2016,p.85)认为,这些研究现在证实了儿童的早期经历与其所在社区的经济、学术和社会地位直接相关。他指出,与此同时,"大量研究表明,户外游戏学习和带有多种自然元素的游戏环境"促进且丰富了"与儿童发展、健康及福祉相关的所有领域"。库珀(2016)进一步指出,尽管有了这些发现,但旨在提高幼儿园教育质量的指导方针、法规或标准对这一重要性的强调有限。

纵向研究是指一种研究设计,包括对同一儿童进行长时间的观察,通常超过5年。

---

① 联合国人权事务高级专员办事处。——译者注

第 5 章　户外与自然游戏和儿童的发展、健康、学习及思维之间的关系　143

领域是指儿童早期发展中的认知、社会性、情感、沟通、语言和身体的发展。

与库珀（2016）相似，索贝尔（2008）认为，处于强调课程标准而不是经验学习的环境中，对儿童而言是有害的。在实施以亲身体验户外与自然为基础的教学的环境中，儿童会基于这些生活经验发现学习。

将户外游戏与儿童的身体发育联系在一起并非惊世骇俗。虽然这是户外游戏颇为重要的贡献之一，但户外游戏对儿童整体发展的影响远不止于身体。想一想儿童从游戏建造一个堡垒或创造一个动作中可能会获得什么。想象一下他们做饭或者在泥巴厨房里发现碗里的冰开始融化。这些经验对儿童的全面发展与学习有哪些帮助？关于与自然、人和地方互动对儿童全面发展的益处的研究仍在不断增加（Beyer et al., 2015）。在本章中，我们将强调这样的概念，即儿童需要户外游戏的机会和进行户外游戏的途径，因为儿童会适应他们所接触的环境（Lee, Jordan, & Horsely, 2015）。我们鼓励你思考、观察和讨论简单或复杂的户外经验如何引导儿童进行各种各样的学习和发现。

照片 5.1　儿童通过探索了解环境

安吉儿斑璞自然学校

幼儿教师将户外视为儿童全面发展与学习的实验室，这将有效地支持和倡导儿童获得户外游戏空间。因此，幼儿教师不仅要转变话语说明为什么在各种各样的天气和季节进行户外游戏很重要，还要确保儿童有关想法、决定、时间、空间和地方的声音普遍存在于课程的规划和实施过程中（Kernan & Devine，2010）。

为户外游戏做好准备

户外游戏对于儿童的发展十分重要，就像富有营养的食物和健康的人际关系（Seltenrich，2015）。传统上，教育工作者认为户外游戏有助于儿童的社会性、情感、认知和身体发展（Gundersen, Skar, O'Brien, Wold, & Follo, 2016）。近年来，身体素养、融合教育、学业成就（Swank, Cheung, Prikhidko, & Su, 2017）和环境公民已经成为有关户外游戏对儿童发展重要性的文献中流行的主题（Gleave & Cole-Hamilton, 2012）。现在，研究概述了儿童有机会参与户外游戏和与自然互动的重要性。研究表明，与自然、绿地和游戏互动的儿童"发展了更高水平的社会凝聚力和社区意识"（Beyer et al., 2015, p. 253）。此外，这种相互作用有助于儿童提高体育活动水平，从而减少不利的健康状况，如压力、肥胖、精神疲劳、维生素D缺乏、心血管疾病、睡眠呼吸暂停（Ogden, 2006）和糖尿病。拜尔等人（Beyer et al., 2015）对25篇文献进行综述，这些文献研究了户外时间与健康的关系，他们发现儿童身处自然环境中时，愤怒、疲劳和悲伤等负面情绪会减少，精力和注意力会增强（Bowler, Buyung-Ali, Knight, & Pullin, 2010）。如表5.1和表5.2所示，儿童发展与户外游戏的关系十分紧密。在阅读这些表格时，想一想为了获得这些益处，儿童需要获得的一系列户外游戏体验。

环境公民是指儿童和成人是环境的组成部分，我们如何与生态系统互动以及如何参与、关爱和保护生态系统将影响未来的生活空间（Dietze & Kashin, 2016）。

表 5.1　户外游戏对儿童发展的益处

身体	认知
熟练控制物品 投掷、击打、悬挂、摇摆、推、拉、提升、滑动、捕捉、建造/搭建、隐藏、摆弄、塑造、挖掘、种植和使用工具。 **运动技能** 走、跑、双脚跳、单脚跳、飞奔、跳绳、爬行、攀爬、滚动、平衡和翻滚。	**过程** 观察、识别、标注、推理、匹配、命名、概念化、应用和转移。 **逻辑思维** 分类、按顺序排列、发展空间和时间概念、预测、估计、符号化、安排、排序、显示和发展词汇。
社会性/情感 **自我和他人** 发起、轮流、建立自我概念、坚持、合作、包容、尊重、欣赏、同情、强调、控制、承担责任、群体参与、合作解决问题、回应个人需求、分享、突破极限、参与团队管理和建立社会联系。	**沟通** **沟通和表征** 解释、说、听、读、写、戏剧化、画、做模型、移动、唱歌、跳舞、音乐制作、角色扮演、重建、模仿、表演有节奏的动作、创造性地自我表达和幻想游戏。
感官意识 触摸、品尝、闻、听、注意、感觉和看。	**调查** 提问、探索、感知、表达、控制、发起、适应、收集、实验和小组探索。
创造性解决问题 欣赏、建立关系、想象、发明、总结、评价、冒险、重建、反思、改进和探索。	**批判性思维** 概念化、产生想法、实施、综合、推理、修改、反思、参与和冒险。

表 5.2　户外游戏对发展的益处

- 参与户外游戏的儿童发展出更多样化的游戏模式（Martensson, Boldmann, Soderstrom, Blennow, England, & Grahn, 2009）。
- 接触户外游戏越多的儿童，其注意力和专注力越强（Mayer, Frantz, Bruehlman-Senecal, & Dolliver, 2009）。
- 儿童发展同理心、责任感、正念、环境管理和对自然的欣赏（Cheng & Monroe, 2012; Howell, Dopko, Passmore, & Buro, 2012）。
- 在户外游戏的儿童对同龄人和成人有更积极的感觉，也增强了自尊、自信和与他人的联系（Maller, 2009; Moore, 1996）。
- 接触自然的儿童，其焦虑和抑郁水平较低，自我价值和自尊水平较高（Chawla, Keena, Pevec, & Stanley, 2014）。
- 自然环境通常会增加儿童在自由游戏、冒险和建立真实关系中的参与度（Coe, 2016; Waters & Maynard, 2010）。

其他研究结果也说明了户外活动对儿童发展的益处是多方面的。

检查每一个发展领域并思考儿童接触的游戏类型、材料和机会，对幼儿教师大有裨益。在不同的季节和天气中，儿童的体验会有哪些不同？这些空间、地方和日常活动如何影响儿童的参与？为什么儿童发展是教育实践的核心？探索本章内容时，我们鼓励你思考儿童所参与的不同类型的游戏活动。这些活动对他们的发展意味着什么？独特的问题如何拓展儿童的学习？成人如何为游戏提供新的发展与学习机会？

专栏 5.1　认识户外游戏——反思要点

为什么户外游戏与营养丰富的食物、人际关系一样重要？如果儿童不接触户外游戏，他们的成长过程中可能会缺少什么？塞尔滕里奇（Seltenrich，2015，p. 254）观察到，"随着研究人员深入地了解接触自然的好处，'公园处方'越来越受欢迎"。这说明当今的童年是什么状态？接触公园如何改善儿童的健康和发育？

我们对户外游戏的愿景

我们希望儿童置身于开放的户外环境中，包括各种场所、活动和每天参与户外游戏的机会。理想情况下，幼儿教师对户外活动充满热情，并在与儿童的对话中树立好奇的榜样。诸如"如果我们这样做会怎么样""想象一下我们这样做会发生什么"或"我对这个想法很好奇"之类的语句，都是教师支持儿童增加他们的好奇感和探索想法的方式。当它成为一种生活体验时，无论是集体还是个体的儿童和成人都将拥抱大自然的美丽。这需要儿童有机会去感受微风拂过、雪在脸颊上轻轻飘落，去体验阳光灿烂，或雨中水坑里溅起的水花——这样的机会应该被拥抱。

第5章 户外与自然游戏和儿童的发展、健康、学习及思维之间的关系

> **想一想，写一写，读一读**
>
> 你想象中的理想的儿童游戏空间是什么样的？为什么游戏很重要？苏珊·赫林顿（Susan Herrington，2007）在其关于儿童户外游戏空间的7C信息指南中，指出了户外游戏空间中特点（character）、环境（context）、连接性（connectivity）、变化（change）、机会（chance）、清晰度（clarity）和挑战（challenge）的重要性。搜索一下7C并试着找到这份指南。它如何影响你对户外空间的想法？

越来越多的研究支持户外游戏与儿童发展之间的关系（Szczytko & Stevenson，2017）。随着更多研究的开展，我们希望研究与实践的联系越来越紧密。随着幼儿教师将研究与实践联系起来，儿童最终将有更多机会获得有助于发展与学习的各种户外游戏经验。将研究与实践、实践与研究相结合是幼儿教师的基本技能（Dietze & Kashin，2016）。这不是一项容易的任务。幼儿教师受益于深入查阅新的研究，以确定它在儿童、课程、教师和环境中意味着什么。一些研究可能不一定有益于幼儿园的理念、所服务的儿童，或者受空间或人员配置模式限制的实际需求。

为了通过户外游戏和自然环境来支持儿童的发展，幼儿教师可能需要突破舒适区、改变实践，才能反映研究。这种变化涉及一些冒险和挑战因素，因为新的方法要经过测试和提炼并付诸实践。例如，致力于支持儿童户外游戏经验的幼儿教师会对思考和参与户外活动的新方式做出积极反应。相反，那些对当前实践感到舒适的幼儿教师则可能没有同样水平的动机或愿望来改变活动、材料或选择以支持儿童的户外游戏。幼儿教师在把研究转化为实践时，可以使用许多模式来指导他们。根据自己的课程和专业实践理念确定一个合适的模式，幼儿教师将从中获益（Doan，2013）。我们希望幼儿教师能够持续接受可以影响和改变他们的户外游戏与自然实践的、最新的研究指导，让儿童处于一个支持他们的游戏、学习与发展的环境中；也希望户外游戏和自然活动不断发展，教师的教学实践以研究所提供的信息为基础。

户外游戏在儿童生活中的地位

研究人员、教育工作者、健康专业人员以及其他人一致认为，接触户外环境对儿童的学习与发展至关重要（Duque，Martins，& Clemente，2016）。这在今天尤其重要，因为儿童生活在城市环境中，体验着匆忙的童年，日常生活中有更多的技术（Villanueva et al.，2016）。儿童的自由时间正在被有组织、有计划的活动取代，对社区安全的担忧阻碍了他们的户外活动（Seltenrich，2015）。钟摆如果不重新摆回有利于户外游戏的位置，就会对未来社会产生深远的影响。什齐特科和史蒂文森（Szczytko & Stevenson，2017，p. 36）认为，"教室窗外的大树，有助于儿童提高注意力和考试成绩"。他们还指出，美国北卡罗来纳州立大学的研究人员认为，上课时间到户外活动的儿童更有可能养成管理环境的态度和行为。

匆忙的童年是指儿童在童年时过着超负荷的生活，并且被寄予厚望（Elkind，2013）。

不是所有的户外游戏空间都能给儿童提供同样的探索和学习机会。当幼儿教师考虑如何让儿童接触各种各样的户外游戏时，检查儿童游戏的地方和空间很有帮助。空间如何影响儿童的游戏？这个区域的可能性、挑战或障碍是什么？空间向儿童传达了什么？

理 论 基 础

好奇心、批判性思维和解决问题的能力是儿童游戏、学习与发展的基础，所有这些技能对儿童发展 21 世纪的能力都是必要的，这些技能在第 4 章中已经介绍过。儿童在童年早期所接触的环境为他们的社会性、情感、认知和身体技能的发展奠定了基础，这些技能与好奇心、批判性思维和解决问题的能力相匹配。户外环境提供的空间、材料和选择可以为儿童提供丰富的学习机会，这在室内环境中是无法实现的（Burdette & Whitaker，2005）。户外环境可以激发儿童的"想象力、独创性和创造力"（Ernst，2012，p.9）。伯德特和惠特克（Burdette & Whitaker，2005，p.48）认为：

……儿童很可能会遇到刺激解决问题和创造性思考能力的决策机会，因为户外空间通常比室内空间更多样化，结构更松散。此外，户外活动对儿童大动作的限制较少，对儿童视觉或大动作探索范围的限制较少。这些不规定、不限制活动的因素加在一起，会引起儿童对好奇心和想象力的运用。

其他学者，如迪策和卡欣（2016）认为，在户外游戏环境中，儿童可以自由游戏，积累丰富的经验，形成更灵活的思维、创造力和解决问题的技能。相反，在户外探索时间有限的儿童的好奇心和冒险技能水平则会降低。如图5.1所示，幼儿教师可以从户外游戏中观察到儿童的推理和解决问题的技能与认知和社会性-情感发展的关系，这对学前教育是有益的。

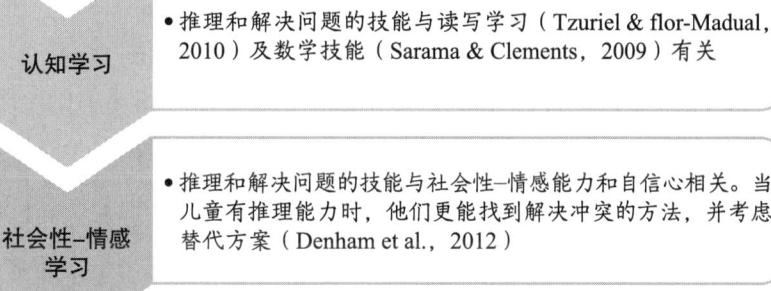

图5.1 户外游戏如何支持儿童的认知和社会性-情感学习

幼儿教师熟知如何鼓励儿童推理概念和解决问题，特别是在室内环境中（Seltenrich，2015）。户外游戏环境为儿童提供了许多新的游戏和学习方式。班宁和沙利文（2011，p.93）提醒幼儿教师，"儿童每天、每时、每刻都试图采用各种问题解决技巧和策略来解决问题"。批判性思维、解决问题和推理是相互联系的，但它们的意义以及儿童使用这些技能的方式都有所不同。接下来，我们将逐一讨论。

批判性思维是一种自我引导、自我约束（Elder，2007）和自我纠正的思维模式，对一个想法、经验或问题进行思考。它跨越多个领域（Whitaker，2014）。这个过程需要"概念化、应用、分析、综合和评价通过观察、体验、反思、推理或交流收集或产生的信息，以作为观念和行动的指南"（Scriven & Paul，1987，n.p.）。根据莱（Lai，2011）和加林斯基（Galinsky，2010）的研究，儿童在游戏中需要很多机会来获得知识和运用自我控制能力：

- 理解想法和经验之间的联系；
- 识别、构建和评价想法与可能的解决方案；
- 试着弄清楚已经做了什么，为什么这个想法行不通，下一步想尝试什么，为什么；
- 反思自己所了解和相信的经验；
- 确定已知信息以及如何利用有助于问题解决的信息，明确可能有助于解决特定问题的其他资源。

想一想那些对用绳子和织物制作吊床感兴趣的儿童。他们认为，可以把它放在两棵树之间。儿童需要具备什么样的批判性思维才能成功地搭起吊床？为什么儿童会在这种活动中学会批判性思维，而不是在纸上的匹配练习中用不同的标记圈出相似和不同的地方？这两种学习有何不同？

儿童需要有机会发展批判性思维，原因有很多，包括它与语言及沟通技能、创造力和自我反思密切相关。在儿童进行批判性、系统性思考的过程中，他们也会获得新的语言技能，这有助于他们表达自己的想法和观点。儿童能够思考他们的游戏，描述他们需要做什么才能制作一个吊床，并描述为什么他们的第一个想法需要进一步发展。这个过程支持儿童有效地讨论他们的经验（Lai，2011）。讨论增强了他们分析想法、行动和解决方案的技能。当儿童思考新的想法或可能的解决方案时，他们就在发展创造性思维。创造力与儿童产生新想法、评价这些想法、选择支持他们希望实现的想法的能力有关。自我反思，作为批判性思维过程的一部分，支持儿童为自己的想法、行动和决定辩护。因此，它可以帮助儿童评价成功、错误和新的选择。

正如英国《早期奠基阶段儿童教育指南》（Early Education Development

Matters in the Early Years Foundation Stage，Stewart & Moylett，2012）所指出的那样，学习批判性思维始于童年。在成人的支持下，户外游戏环境培养儿童的批判性思维技能。如表5.3所示，成人鼓励儿童提出想法、建立联系、选择做事的方式。

表5.3　支持儿童发展批判性思维技能的策略

想法	联系	决定
■ 提出想法。 ■ 检查解决问题的潜在方法，并确定将使用什么策略来解决问题。 ■ 找到做事的新方法。	■ 建立联系并注意已有经验中的模式。 ■ 预测。 ■ 修改想法，然后验证它们。 ■ 围绕主题、顺序、因果关系展开思考。	■ 决定如何解决问题。 ■ 要灵活，并根据需要改变策略。 ■ 反思结果，并确定是否达到了预期的结果。

幼儿教师首先通过好奇心来示范批判性思维，之后成为一名思考者。如图5.2所示，幼儿教师让自己的思维可见。

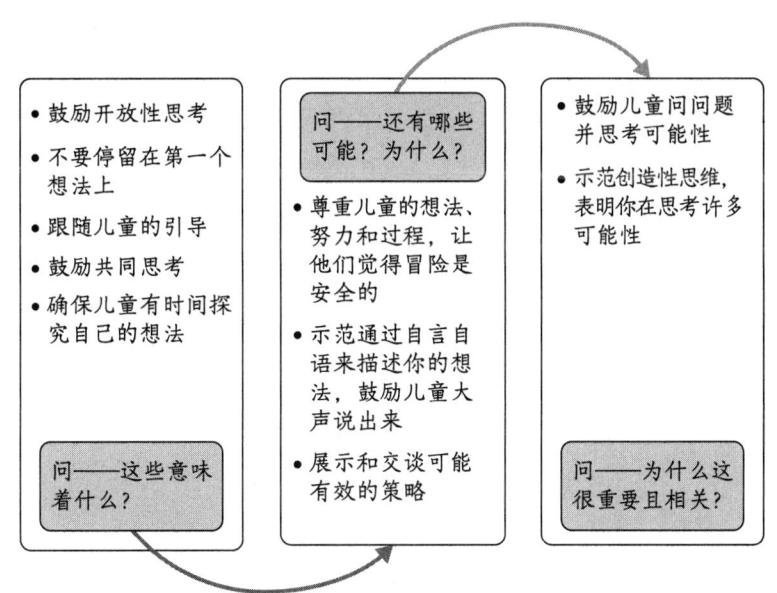

图5.2　鼓励批判性思维的方法

在照片5.2中，你看到了什么？你如何支持儿童运用批判性思维来决定她如

照片 5.2　儿童在木板上保持平衡

何保持平衡并成功地走下木板？你对儿童如何走下木板的好奇和鼓励会如何促进她的思考过程？建立联系是批判性思维过程中至关重要的一部分。幼儿教师在日常教学中使用许多策略。它们可能很简单，比如，把儿童的注意力吸引到声音和活动上，或者向儿童提出一个问题，让他们以不同的方式思考。幼儿教师需要定期评价户外环境，将其视为一个发现空间。从儿童的角度来看，有哪些机会可以进行新的学习和发现？

儿童一出生就开始解决问题，因为他们试图理解周围的世界。幼儿园有丰富的游戏和学习机会，让儿童自然地参与解决问题。当儿童实验和调查想法或材料时，当他们选择材料来执行自己的想法时，或者与同伴一起参与时，问题就会得到解决。你是否听到过儿童问同伴"你能把球扔多远"或者"如果我们在上面再放一个木块会怎么样"。这些行动支持儿童发展解决问题的能力。

问题解决与早期学习相关，是指儿童和成人用来识别什么不起作用的过程，找到问题的源头，提出、排序和验证想法，从而达成一个解决方案，支持目标的实现。

解决问题的机会深藏于幼儿园中。儿童通过观察，与成人和同龄人互动，对周围环境中的人、地方和事物进行试验，以及实践想法、做出决定和得出结论来获得这些技能（Innis，2012）。维果茨基（1978）发现，儿童解决问题的能力和策略因环境而异。他指出，当不止一个儿童试图解决一个问题或帮助另一个儿童解决问题时，他们所进行的思考要比自己解决问题时更深刻。他认为，这种更深刻的学习和经验会延伸儿童的思维，即最近发展区。想一想儿童试图爬上树并爬进树屋。当有能力的儿童通过角色扮演、口头指导或身体支持来帮助其他儿童时，那些接受帮助的儿童就会进入解决问题的新阶段。布鲁纳（1966）指出，这个过程是鹰架式学习的一部分。通过这个过程，儿童会从他们当前的问题解决水平转向更复杂的思考和选择，以实现目标或解决问题。有些儿童天生就是问题解决者；其他儿童则可能需要帮助和指导，直到建立起对自己解决问题的能力的信心。

如图5.3所示，有5个重要步骤可以帮助儿童增强问题解决能力（Hemmeter，Santos，& Ostrosky，2008）。在解决问题的过程中，对儿童而言具有挑战性的因素之一是确定问题。和批判性思维一样，儿童将受益于在环境中通过与幼儿教师对话来明确问题。这种角色示范帮助儿童发展必要的词汇来表达问题。想一想，孩子们试图把沉重的树桩从游戏空间的一端移到另一端。他们试着把树桩倒向一边来滚动它们。他们来回翻转树桩，最后用胳膊和手把它们推过来，同时用脚抵住另一个树桩。他们开始滚动树桩时，先试了一下，但很快意识到他们无法把树桩搬上三层楼梯。幼儿教师观察到这一情况后，马上询问他们是否需要帮忙，孩子们回答说"是"，于是她让他们说出他们想要做什么以及他们认为问题是什么。孩子们认为，他们无法把树桩滚上楼梯。教师问："你们还想过其他的解决方法吗？"然后，她问他们是否想让她把他们的答案记录在黑板上，这样他们就可以验证每个答案，并决定哪个可能是他们的问题解决方案。让儿童叙述可能的解决方案，有助于他们认识到这个问题有多种选择。这就是儿童发展发散性思维的方式。

发散性思维是指一种自由流动的思维过程，产生想法并探索可能的解决方案。

图5.3 支持儿童增强问题解决能力

在儿童对四种可能的解决方案进行头脑风暴后，教师让他们确定哪一个可能是最好的解决方案，以及他们为什么这么认为。例如，杰兰认为，在楼梯上放置木板来滚动树桩是最好的主意。托马斯认为，使用木板很好，但他接着补充说，也许可以使用可移动的推车和木板。当孩子们走过去把木板放在楼梯上，扶起可移动的手推车时，他们讨论如何把手推车推到木板上。首先，托马斯建议试试木板和没有装树桩的手推车，看看他们的想法是否可行。他们很快发现，木板没有手推车那么宽。然后，他们不得不处理这种情况。当孩子们思考解决方案时，教师倾听他们的解决方案，发现可能的沮丧迹象。托马斯想知道，是否可以试一试把两块木板放在一起。问题是两块木板之间的空间是不是太大了？孩子们再次测试他们的解决方案。随着一个问题得到解决，其他问题浮出水面。这些孩子熟悉专注于解决问题的策略，因此他们坚持探究自己的想法。虽然对儿童而言，按照他们的第一个想法或冲动行事并不罕见，但有效的批判性思维者和问题解决者需要具备抑制控制能力（Diamond，2006）。这种控制能力可以帮助儿童管理自己的情绪、冲动和相关行为，从而使他们解决问题的能力更加集中。

抑制控制是指"忽视干扰、集中注意力、拒绝做出一种反应而选择做出另一种反应的能力"（Diamond，2006，p. 76）。

正如冈德森等人（Gundersen et al.，2016）所概述的那样，儿童的学习通常被分为情绪、社会性、认知和身体领域。但如前文所述，儿童的游戏通常要求他们使用所有的发展领域。这样的过程和经验支持儿童学习重视不同的想法与观点，灵活地思考和行动，并扩展他们的逻辑和创造性思维过程。这些能力与批判性思维和推理能力有关。

推理是一种过程，基于理解、事实或两者的结合来形成个人观点（Lao，2017）。基于皮亚杰的理论，以往推理技能的发展被认为有四个主要阶段：感知运动阶段（0—2岁）、前运算阶段（2—7岁）、具体运算阶段（7—11岁）和只有年长的儿童才能获得高阶思维的形式运算阶段（11岁至成年时期）。然而，如今的研究表明，情况可能并非如此。例如，伍德沃德（Woodward，2009）认为，儿童在婴儿期就能推理和解决问题。随着他们获得更多的生活经验，儿童早在3岁时可能就会建立联系、形成复杂的想法，并开始进行逻辑思维和推理（Whitaker，2014）。

儿童在很小的时候就开始发展推理能力，这是终身学习的基础。当儿童接触和体验户外环境时，他们必须身处强调"做中学"这一概念的地方。作为经验式学习的一部分，幼儿教师通过鼓励儿童运用批判性思维和解决问题的技能来支持儿童。幼儿教师在与儿童的对话过程中可以示范良好的推理技能。例如，假如儿童想玩跳房子。有些儿童可能会说，要有一个画好的"房子"才能玩跳房子游戏，可以用粉

照片 5.3　儿童探索如何爬上去

广西壮族自治区柳州市育柏森林幼儿园

笔在人行道上画一个。作为幼儿教师，你会如何扩展这个思维过程？你会提出什么样的问题来引导儿童研究其他可能性？你可能需要向儿童解释哪些错误信息？你会如何与儿童一起探索制作"房子"的其他方法？粘条或胶带这时可能有哪些用处？

正如前文所述，学者们现在提出，有证据可以挑战皮亚杰（1930）对于逻辑推理能力直到青春期才开始发展的观点。许多研究者（Gopnik et al., 2004; Hollister & McCullough, 2010; Cannon & Woodward, 2012）认为，有足够的证据表明，逻辑思维和推理开始于婴儿期，并在童年时期进一步发展（Whitaker, 2014）。推理和解决问题的技能需要理解因果关系、象征性思维、归纳推理和演绎推理、类比推理和抽象推理。表 5.4 对每一项技能进行了简要说明。

表 5.4　问题解决和推理所需要的技能

因果关系是一个事件或行为与另一个事件或行为之间的关系，其中第一个事件或行为影响第二个事件或行为，而第二个事件或行为又依赖第一个事件或行为。例如，一个婴儿咿呀学语地说"爸爸"，成人回答说"爸爸"。	归纳推理是一种依靠个人的行为或经验，而不是事实或一般规则，来得出结论或做出决定的思维方式。例如，儿童往泥巴里加水，因为他们以前曾用沙子改变泥巴的黏稠度。

（续表）

演绎推理是一种利用事实或一般规则来得出结论或做出决定的思维方式。例如，如果我把较大的砖块放在底部，我就可以把塔建得更高。	类比推理是一种识别新概念和已理解概念之间相似性的思维方式，然后利用这些相似性来理解新概念。例如，儿童对黏土和橡皮泥使用类似的捏压方法。
抽象推理是对不存在的物体或想法进行思考的能力。例如，尽管儿童不在游戏空间中，但他们知道在游戏时如何使用石头。	象征性思维是一种用符号代替物体或思想的能力。例如，一块石头可以用来创建类似于积木的结构。

维果茨基（1978，p.86）将最近发展区定义为"由独立解决问题所确定的实际发展水平，与通过成人指导或与更有能力的同伴合作解决问题所确定的潜在发展水平之间的距离"。他建议，通过提供需要新的思考、推理和问题解决技能的材料与潜在经验，环境为儿童提供扩展现有知识和能力的机会。当儿童有了适宜的环境——同伴、教师和挑战他们的材料时，他们就会把自己的已有经验与想要完成的任务结合起来，在某些情况下，他们还会从其他人那里获得支持和指导。

照片5.4 儿童合作搬运

第 5 章 户外与自然游戏和儿童的发展、健康、学习及思维之间的关系

 专栏 5.2　重要理论家：列夫·维果茨基

列夫·维果茨基出生于苏联，是具有开创性的著名心理学家。他认为，人际关系和在社会环境中的行动对学习与发展有很大的影响。他提出"最近发展区"的概念，这一概念在发展和教育理论中流行开来。他还为促进语言发展、问题解决和思维之间的关系做出了重要贡献。

维果茨基（1978）提出的最近发展区在当代的交互教学（reciprocal teaching）和合作学习（McLeod，2012）中有所体现。交互教学让儿童运用总结、提问、澄清和预测的技能；所有这些都与批判性思维、问题解决和推理能力有关，能够帮助儿童赋予新知识以意义（McLeod，2012）。合作学习是指一群儿童为了达到一个共同的目标而一起努力。幼儿教师创造安全的户外游戏空间，鼓励儿童表达不同的想法和观点。这能够引起发散性思维、帮助儿童接受不同的想法和观点，是儿童发展批判性思维、问题解决和推理能力的过程的一部分。

交互教学是一个过程，儿童和成人在这个过程中以对话的方式对某个观点、过程或活动建构意义。

实 践 应 用

新近研究清楚地定义了户外游戏与儿童的学习、健康、幸福和心智倾向的关系。儿童需要各种各样的空间、场所和经验才能茁壮成长。发展是一个复杂的过程，不应该想当然。正如"理论基础"一节所概述的那样，批判性思维、问题解决和推理是对儿童发展至关重要的核心技能。班宁和沙利文（2011，p. 202）将推理和问题解决能力的发展作为实践的重要标准，如表 5.5 所示。

表 5.5 户外游戏与学习标准：推理和问题解决

■ 儿童探索并能够确定有意义的问题。
■ 儿童解决问题的方法不止一种。
■ 儿童运用各种策略解决问题，如试错、比较、排序和分类。
■ 在探索过程中，儿童参与讨论、商量以及与其他儿童和成人合作解决问题。

幼儿教师在支持儿童发展推理、批判性思维和问题解决能力方面发挥着关键作用。这始于，支持儿童基于好奇心与兴趣通过观察、对话、材料和机会来理解他们所在的世界（Ramani，2012）。当儿童接触有趣的户外游戏环境时，他们会"摆弄物品，与他人互动，构建关于世界运作方式的知识，并学习因果关系等重要概念"（Whitaker，2014，p. 84）。如果没有有趣的地方进行游戏，那么建立关系、考虑别人的想法和谈判的机会就会减少。

幼儿教师能够有效促进儿童的游戏。他们的方法应该支持儿童的学习、支持他们理解"猜测"和"知道"之间的区别（Whitaker，2014）。这可能需要幼儿教师鼓励儿童立足更广泛的角度，或丰富用于解决问题的资源。幼儿教师也可以支持儿童验证自己的想法，从而明确应该采取的下一步。"区分是否有足够的证据来得出结论的能力是解决问题的基础"（Whitaker，2014，p. 84）。儿童需要户外环境来推动他们获得这些经验，这些经验可以激励他们探索新的视角。他们在童年早期解决问题的能力会影响他们后来的学业成就和与他人的社会关系。幼儿教师应确保自己的实践能够支持儿童提高问题解决、推理和批判性思维的能力。

实践原则：以游戏为基础的实践

游戏教学作为一种课程模式在学前教育文献中并不新鲜。维果茨基认为，儿童的游戏是他们全面发展的基础，它与学业并无不同。许多定义描述了以游戏为基础的实践。我们认为，游戏是由儿童发起或由儿童自我指导、自我激励的。游戏是非结构化的、富有想象力的、探索性的、活跃的，在一开始时没有明确的目标。从理论上讲，以游戏为基础的课程重视引导儿童创造知识和学习经验的作用。当儿童处于游戏环境中时，他们会在获得新的理解、想法和知识的同时，进行实验、发现、创造、想象、即兴创作、摆弄物品和建构。儿童是学习的计划、执行和反思的积极参与者（Cutter-Mackenzie & Edwards，2013）。加拿大教育部长理事会（2017，p.1）指出，"现在有证据表明，游戏中的探索、思维技能、问题解决和语言表达会促进儿童大脑中的神经通路的发展"。他们强调，研究清楚地表明，以游戏为基础的学习可以让儿童在社会性、情感和学业上取得巨大成功。

以游戏为基础的户外活动支持儿童的探究循环。通过实验、探索、提问、调整想法、询问和解决问题，儿童的批判性思维、问题解决和推理能力都会得到提高（Council of Ministers of Education，Canada，2017）。以游戏为基础的课程要求儿童有灵活的时间安排，有大块的时间参与游戏。户外游戏空间要提供有意义的材料，支持儿童的想法和对区域的探索。

基于地方的学习：公园

儿童失去与自然的联系以及在非结构化空间中游戏的机会，正日益成为人们关注的问题（Gundersen et al.，2016）。尽管公园很重要，但许多儿童可能接触过公园，也可能没有（Gundersen et al.，2016）。塞尔滕里奇（2015，p.22）发现，过去10多年进行的研究清楚地表明，"儿童在户外停留会带来很多收获，而无法进入公园会造成很多损失"。加拿大各级政府都将公园设计成公共空间，其中一些公园被认为是带有游乐场设备和相关配件的传统公园，而其他公园处于更自然的状态，有小径、树木等各种各样的自然景观。

正如迪策（2013，p.14）所指出的那样，社区公园通常旨在"为儿童和家庭提供游戏的地方，让他们与其他家庭见面，并参加有助于形成健康的生活方式的活动"。随着当前的运动继续强调自然和游戏对儿童学习的益处，社区公园可以作为户外空间，提供不同于一般幼儿园的学习体验。由于生活经历、家庭文化、所在群体与自然的联系不同，"公园"这个词对儿童、家长、幼儿教师和学前教育专业的学生有不同的含义（Szczytko & Stephenson，2017）。

> **想一想，写一写，读一读**
>
> 想一想，当儿童有机会在传统的社区公园里玩耍时，他们能体验到什么。上网搜索，了解一下有行动障碍的儿童在社区公园面临的一些困难。寻找一篇关于公园、游戏空间和可及性的文章。
>
> 写一写，如何让空间具有包容性。思考如何确保所有儿童都能平等地使用空间和地方？

什齐特科和史蒂文森（2017，p. 36）认为，传统公园，比如那些主要为游乐场设备而设计的公园，对儿童来说不如那些更"野生"的公园理想。他们将"野生"描述为"人为维护较少，有本地植被"。儿童喜欢这样的公园，因为他们可以冒险和实验，体验自由的感觉。弗约托夫特（Fjortoft，2004）认为，儿童欣赏自然之美更多的是由于空间的野性而不是秩序。丰富多彩的大自然激发了儿童的好奇心和兴趣，为他们的探索和学习提供了更多的选择。经过维护和修剪的公园缺少野生公园中可能自然发生的经验或探究。想象一下，地方如何改变儿童的游戏。冈德森（2016，p. 117）认为，由于其"开放性、多样性、改变性、探索性、创造性、神秘性和野性"，自然，如公园里的自然，为儿童提供了许多游戏机会。这些空间没有规定儿童必须要怎样玩，而是为儿童提供了根据需要、经验和心智倾向改变游戏的选择（Chawla，1991）。

照片 5.5　在公园里游戏的儿童

想一想儿童处在一个学前教育环境中，他们可以接触树木、泥土和树叶等事物。再想一想附近一个刚刚被割过草的公园。然后，想一想当儿童可以进入没有被修剪过的空间时，他们可能会躲在草地上，或者沿着不同的路径跑上跑下，或者绕过拐角，游戏会有哪些不同。他们在光滑的原木或长满苔藓的岩石上攀爬。

潜在的学习经验是如何改变的？儿童需要进入各种各样的空间和地方，以探索和拥抱自然。想一想不同的公园里的游戏有什么不同。在确保儿童能够走进公园并自由地探索他们的需求和兴趣中，幼儿教师起着独特的作用。

冈德森等人（2016，p. 117）认为，为了让儿童从公园中获得最大的益处并体验自然，成人的角色需要被重新定义。如果成人控制公园内的游戏，儿童学习的机会就会减少。如果成人采取一种"相对而言更倾向于不干涉的方式，而不是组织和计划具体的活动，那么自发、非结构化和自主的儿童游戏便可能引发一种更有情感流动、更能愉悦感官和更具体的参与自然的方法"。这种方法与非结构化或以游戏为基础的学习原则和实践是一致的。

课 程 计 划

虽然大家都知道以游戏为基础的课程由儿童发起，但思考幼儿教师在课程计划过程中的作用很重要。越来越多的研究认识到，幼儿教师对于支持儿童在户外游戏发挥着关键作用。教师所扮演的角色要么促进儿童的发展，要么阻碍儿童的发展。成人在户外游戏中的参与和与儿童的互动会影响儿童的学习（Cutter-Mackenzie & Edwards，2013）。西拉杰-布拉奇福德（Siraj-Blatchford，2007）指出，当持续性共享思维的过程可见时，儿童的游戏就会得到加强。这意味着儿童和成人要参与讨论，以不同的方式记录他们的想法和学习。同样，共同构建知识可以进一步加大户外游戏中参与与学习的深度和广度（Gundersen et al.，2016）。

户外游戏需要教师做好与室内活动类似的准备。它需要计划、观察和评价。儿童需要在一个安全但有挑战性的环境中接触各种各样可以激发多种游戏的材料。有效的户外活动让儿童充分参与积极的游戏活动和体验中。多功能的空间，加上设备和材料，支持儿童的好奇心和探索需求。

户外游戏课程的发展首先受儿童兴趣的影响，其次是幼儿园的价值观和优先事项。在课程计划的过程中，幼儿教师要认识到，如果户外游戏总是以群体的形式进行，或者呈现一种僵化的游戏体验，那么它对教育者和儿童都没有好处。反之，户外游戏能够平衡技能、概念和游戏，进而促进儿童的身体运动和兴趣。

幼儿教师的角色与课程的计划和实施有着密切关系。以游戏为基础的学习包括儿童主动行动、共同构建知识和持续性共享思维。秉持这样的观点，我们提出了幼儿教师在户外游戏中所扮演的三个关键角色，如图 5.4 所示。

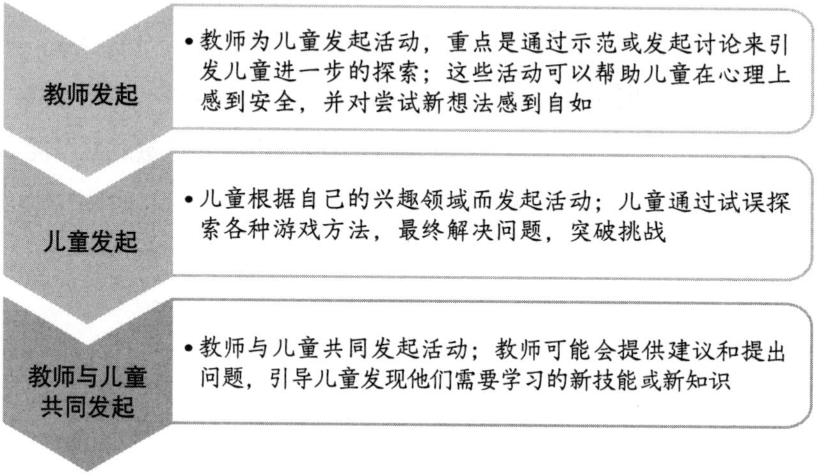

- **教师发起**：教师为儿童发起活动，重点是通过示范或发起讨论来引发儿童进一步的探索；这些活动可以帮助儿童在心理上感到安全，并对尝试新想法感到自如
- **儿童发起**：儿童根据自己的兴趣领域而发起活动；儿童通过试误探索各种游戏方法，最终解决问题，突破挑战
- **教师与儿童共同发起**：教师与儿童共同发起活动；教师可能会提供建议和提出问题，引导儿童发现他们需要学习的新技能或新知识

图 5.4　幼儿教师的关键角色

照片 5.6　儿童的游戏需要幼儿教师扮演不同的角色

江苏省丹阳市胡桥中心幼儿园

包含这类角色的课程计划支持教师创设一种邀请儿童在游戏中体验流动性的环境。通过预设、促进和引导，儿童形成自己的假设，预测可能发生的事情，使用信息，比较他们的发现，探寻新的策略并最终改变他们的心理结构，在学习中融入个人意义（Munroe & MacLellan-Mansell，2014）。

幼儿教师应当从户外游戏的角度审视自己的角色，可以使用计划、参与、探索和反思的"PEER 原则"确定哪个角色最适合某种情况。如照片 5.6 所示，儿童对用别样的梯子爬到游戏屋的屋顶上感兴趣。

表 5.6 说明了幼儿教师的思考过程,以及他们在儿童使用梯子的兴趣、儿童的发展与学习潜力方面所扮演的角色。

表 5.6 计划、参与、探索和反思——在游戏中使用梯子

计划	当四名儿童看到维修工拿着梯子时,他们对在自己的游戏空间里使用梯子产生了兴趣。为了支持儿童的兴趣,你列出了把梯子放在游戏空间里的益处和挑战。在此过程中,你评价了儿童的身体素养和技能。提供儿童有十足信心参与的活动,因为它会为儿童提供冒险的机会。如果决定让梯子成为游戏环境的一部分,你就需要确保儿童有能力使用它,并避免向他们传递害怕摔倒的混乱信息。
参与	把梯子放在游戏空间里,如果儿童表现出感兴趣,就和他们进行对话。根据谈话的方向,谈话内容可能包括让他们制定在游戏空间里使用梯子的规则,以及有关教师角色的规则。
探索	支持儿童探索和使用梯子。根据观察结果,确定儿童是否以及何时需要教师的支持。记录儿童的成功,并就他们的活动与之进行对话。
反思	儿童参与活动吗?他们在探索过程中表现出了坚持的品质吗?哪些儿童参与了活动?在活动过程中,或者当儿童进行反思时,你听到了哪些对话?这些活动对他们的发展与学习有什么帮助?下次,你会提供什么材料?在活动过程中,教师的哪个角色是主要的?

家长支持与参与

对许多家长而言,为了确保儿童为学校系统做好准备而做的宣传导致他们放弃户外游戏,希望以此让儿童获得更多的学业经验(Gleave & Cole-Hamilton,2012)。正如第 3 章所指出的那样,家长通常希望他们的孩子得到最好的一切(Ontario Ministry of Education,2014)。这意味着,对幼儿教师来说,制定策略以支持家长理解户外游戏与未来学习成绩之间的关系大有裨益。例如,如果家长获得了充分的信息,理解户外游戏经验如何支持儿童发展社会交往能力、问题解决能力和创造性思维过程,以及获得数学、科学、语言和读写的基本技能,户外游戏的障碍可能就会减少。一些幼儿教师能够在户外示范好奇,家长需要有机会与这类教师进行互动。作为榜样的幼儿教师能够促进讨论,帮助家长拓展有关户外活动如何为儿童的发展与学习提供大量选择的知识。

可及性与设计

户外游戏空间的设计影响儿童如何利用环境来支持他们的游戏。正如格林曼（Greenman，2005）所概述的那样，幼儿教师的关键作用之一是检查户外游戏空间，确定环境对儿童"说"着什么。空间传达的是什么信息——它是组织良好的吗？是否有空间让儿童将他们的开放性材料移动到游戏空间的各个部分？他们在哪里攀爬，在哪里停下？哪里有支持儿童创造秘密藏身之处的隐蔽空间？户外游戏空间的风格影响儿童如何与材料、同伴以及成人打交道。空间的布局不仅影响儿童的感受，还影响他们对空间的使用以及他们如何在空间里寻路（Dietze & Kim，2014；Dietze & Kashin，2016）。迪策、卡欣（2016）和其他一些研究者明确，在思考空间时，必须赋予儿童参与寻路过程的自由。福尔茨（Folz，1998）提出了 8 项寻路设计原则，其中 2 项被用于儿童户外游戏空间的设计。

寻路是指儿童引导自己通过物理空间的过程。

- **原则 1**：为每个区域或位置创造不同的身份。这意味着幼儿教师确保每一个区域，如沙、水或自然探索区，有独特的、可感知的特点。一般来说，空间具有一定的功能，在较大的空间里为儿童提供一个可识别的参考点。
- **原则 2**：创造提供不同视觉特征的区域。从寻路的角度来看，这意味着游戏空间的每个部分都应该具有不同于其他空间的视觉属性。有些空间可能有非常明确的边界，而另一些空间可能提供特定类型的自然特征，如用一圈高大的向日葵围成的休憩的地方。

儿童寻找能给他们带来舒适感的空间和地方。寻路与儿童的问题解决能力有关，比如，询问空间在哪里，他们想在空间里做什么，空间里需要什么。当儿童进入一个空间时，他们会根据大脑处理的信息绘制认知地图。认知地图的制作过程帮助儿童发展空间意识和积累空间的知识。这支持他们形成可视化图像和记忆信息，并随着新的经验或感知的发生而变化。这些整合过程有助于儿童将游戏带入各种独特的方向和地方。

第 5 章　户外与自然游戏和儿童的发展、健康、学习及思维之间的关系　165

认知地图是指物理或空间在某个人心理的表征。

户外游戏的提示与工具

在整个加拿大，让儿童在冬季有机会进行户外游戏似乎是最具挑战性的。儿童在冬季进行户外游戏有很多益处，包括减少细菌的传播、增加维生素 D、锻炼大肌肉、提高问题解决能力和想象力。

想一想，如果把大泡泡棒和溶液带到户外会发生什么。儿童可以学习什么类型的科学原理？例如，在户外吹的气泡比在室内吹的气泡大，而且由于温度，气泡持续不破的时间更长。吹泡泡成为一项需要儿童的身体保持活跃的活动，并且很有可能让多个儿童参与到追逐游戏中。

照片 5.7　当环境有趣时，儿童将接触材料和体验创造力

在现场——专业反思:"我为什么热爱户外游戏"

认为户外游戏与儿童发展有关的幼儿教师,常常进行反思性思考。户外游戏应该是所有儿童的权利。阅读专栏5.3中幼儿教师的专业反思,她从自己的环境出发考虑户外游戏。

  专栏5.3 我为什么热爱户外游戏

我们知道,户外游戏对儿童的健康发展至关重要。在户外自由游戏对身体、认知、社会性和情感都有好处。残障儿童经常面临户外活动的障碍。空间对他们而言可能无法进入、安全性不足,或者没有充分的成人支持。在为儿童设计真正具有包容性的户外活动时,残障儿童往往被忽视,但事实上,他们可以从户外游戏中获益良多。大自然的地表可以增强大肌肉运动技能,大自然中的景象和声音可以提高感官处理、自我调节和专注的能力。自由游戏也能增强自信和自尊。我见过儿童实现似乎不可能实现的目标时的快乐,例如,整晚的独木舟之旅,生火做饭,在教室或"治疗"空间之外完全投入艺术、戏剧、音乐和体育活动中。一些有特殊需要的儿童花很多时间跟随成人,比如,在学校、心理辅导课程和医疗过程中。游戏和进行自主选择的时间和空间对于提高儿童的能力必不可少。在夏季活动中培养出来的技能和信心通常会持续整个学年。在冬季,许多儿童会回想夏天的日子,甚至一直倒计时到暑期课程再次开始。通常情况下,发展中的儿童也能从整合性户外活动中受益——当儿童感到舒适并能够真正地做自己时,友谊就会自然而迅速地发展。

幼儿教师卡伦·蒂格尔(Karen Tegel)

案例研究

阅读案例研究5.1,思考下面的问题,批判性地思考为什么团队策略可以改变当前的户外实践。

第 5 章　户外与自然游戏和儿童的发展、健康、学习及思维之间的关系

 案例研究 5.1　户外游戏的团队策略

大学儿童中心的幼儿园管理团队对增加户外游戏很感兴趣。他们非常热情，但也感到了一些来自员工的阻力。他们认识到，只有幼儿教师渴望拥护这一运动，管理人员的愿景才会实现。在过去 4 周的每次员工会议上，团队都会花 15 分钟研讨户外游戏的重要性。这引起了一些教师的热烈讨论。随着教师们开始表现出更多的兴趣，有关儿童发展和活动设计的讨论变得更加激烈。管理人员表示，他们愿意聘请顾问来支持对更深入地研究户外游戏项目感兴趣的教师。他们觉得，教师真的想了解更多关于户外游戏的知识。

随着讨论的继续，管理人员注意到一些教师开始提问，同样重要的是，他们开始以新的方式与儿童进行户外活动。管理人员知道，他们面临的挑战之一是租用大学的空间，因此，在改造空间方面存在一些限制。然而，他们也相信，有些改变是可以实现的，从而支持儿童的好奇心和在户外游戏与探索的愿望。为了调动教师的进一步参与，在即将到来的会议上，他们将教师分成小组，以确定教师希望在空间中提供的材料类型。每个小组的预算是 700 美元①。为了"跳出思维定式"来思考，他们还为每组提供了 40 张关于有趣的自然材料和合成材料的照片，支持教师对儿童的思考。哪些类型的物品可能是儿童无法接触到但能激发他们的好奇心的？照片中有自然材料和在当地公园游戏的儿童。这个过程进一步促使教师想象可能会发生什么。教师们在小组工作的最后，对材料清单进行了比较。特别有趣的是，小组开始讨论将自然材料带入空间，或者儿童进入有自然材料的空间的重要性。另一个有趣的发展是，一个小组建议儿童中心购买其中的一些材料，然后让顾问和他们一起工作，帮助他们促进儿童使用这些材料。

1. 你会在 40 张照片中放入哪些类型的照片，为什么？
2. 你认为，管理人员为什么使用这种渐进的方法支持幼儿教师改变他们的实践？
3. 你认为，促进儿童户外游戏最重要的三个方面是什么？为什么？

---

① 以实时汇率换算为准。——译者注

我们已经在这一章中着重阐述了户外游戏与自然和儿童的发展、健康、学习及思维之间的关系。然而，各种各样的原因导致许多幼儿教师并不一定接受户外游戏为儿童提供的机会。因此，许多幼儿园正在改变它们的理念和实践。

这个案例研究的关键组成部分是管理人员使用的策略，为幼儿教师做好准备并使其改变实践。始终跟随儿童的引导的主要优点是：

- 幼儿教师将受益于参与专业发展活动和探索将新知识转化为实践的方法；
- 共同探索概念和确定在环境中可行的方法，让幼儿教师和管理人员都有所获益；
- 与积极的同事一起学习和计划课程，可以提高儿童活动的质量，并将理论转化为实践。

了解户外游戏与自然如何影响儿童的发展对幼儿教师来说是必不可少的。重要的是，查阅有关户外游戏在儿童发展中的重要作用的研究，并将其与幼儿教师在为儿童提供和与儿童一起提供机会方面所扮演的各种角色相结合。当幼儿教师接受户外游戏时，他们实质上就会推动儿童、家庭和社区的整体健康发展。

专栏5.4　到户外去

拿一条大毯子到户外去。儿童有多少种方式使用这些材料？如果你添加木棍和绳子会发生什么？有没有一个自然的地方可以放置这些材料，让儿童搭建帐篷或秘密之所？你还可以添加什么来推动儿童体验新的想法或概念？在儿童的游戏空间里放毯子和木棍，他们能学到什么？

本章小结

- 纵向研究证实了户外游戏对儿童发展的重要性。
- 研究表明，生活在强调课程标准而不是体验式游戏的环境中，对儿童是有害的。
- 研究表明，与自然、绿地和游戏互动的儿童，可以发展更高水平的社会关系、归属感和环境管理能力。

第5章 户外与自然游戏和儿童的发展、健康、学习及思维之间的关系

- 户外游戏影响一系列的社会性、认知、情感和身体发展技能。
- 儿童从户外游戏中受益良多,包括发展游戏模式、提高专注力、减少焦虑、增强自尊和自信,以及对同龄人更加积极的感受。
- 积极支持儿童获得户外游戏经验的幼儿教师会对思考和参与户外活动的新方式做出积极反应。
- 儿童身处给予他们自由游戏和丰富经验的户外游戏环境中时,能够发展灵活的思维、创造力和问题解决能力。相反,户外探索时间有限的儿童,其好奇心和冒险能力会降低。
- 批判性思维是一种对某个想法、经历或问题的自我引导、自我约束和自我纠正的思维方式。
- 学前教育中的问题解决是指儿童和成人用来识别什么不起作用的过程,找到问题的源头,提出、排序和验证想法,从而达成一个解决方案,支持目标的实现。
- 推理能力是指基于感知、事实或将两者结合以形成观点的能力。
- 列夫·维果茨基提出了"最近发展区"的概念,这一概念后来在发展和教育理论中流行开来。
- 游戏教学作为一种课程模式在学前教育文献中并不新鲜。游戏是非结构化的,富有想象力、探索性,是活跃的,而且开始时没有明确的目标。
- 过去10多年进行的研究清楚地表明,"儿童在户外停留会带来很多收获,而无法进入公园会造成很多损失"(Seltenrich,2015,p. 22)。
- "野生"公园是指那些很少有人维护、有本地植被的公园。儿童喜欢这样的公园,因为他们可以冒险、实验和体验自由的感觉。
- 越来越多的研究发现,幼儿教师在支持儿童的户外游戏方面发挥着关键作用。教师扮演的角色促进或抑制儿童的游戏和户外经验。
- 户外游戏需要教师做好与室内活动类似的准备。它需要计划、观察和评价。儿童需要在一个安全但有挑战性的环境中接触各种各样可以激发多种游戏的材料。
- 户外游戏课程的发展受儿童的兴趣以及幼儿园的价值观和优先事项的影响。
- 对幼儿教师来说,制定策略以支持家长理解户外游戏与未来学习成绩之间的

关系大有裨益。
- 幼儿教师的关键作用之一是检查户外游戏空间，确定环境对儿童"说"着什么。
- 当儿童进入一个空间时，他们会根据大脑处理的信息绘制认知地图。认知地图的制作过程帮助儿童发展空间意识和积累空间知识。
- 幼儿教师将受益于参与专业发展活动和探索将新知识转化为实践的方法。
- 共同探索概念和确定在环境中可行的方法，让幼儿教师和管理人员都有所获益。
- 与积极的同事一起学习和计划课程，可以提高儿童活动的质量，并将理论转化为实践。

安静反思

花些时间在公园里。看看地上的材料。触摸并闻一闻。你感觉和闻到了什么？什么材料可以组合在一起？在你所处的地方，儿童可能接触到哪些新单词？你在思考什么？你在做什么梦？或者摆弄什么？你想和儿童分享哪些经验？为什么？

与他人对话

思考户外游戏如何成为儿童发展、健康、学习和思考的基础，并讨论教师为什么需要成为倡导者，让儿童获得户外游戏的机会。

1. 你如何在家庭和社区中促进这种讨论？
2. 你如何支持家庭把户外游戏和儿童的学习联系起来？
3. 如果钟摆没有摆回赞成户外游戏的方向，会发生什么？在接下来的20年内，这将如何影响我们的社会？

进一步思考与行动

读完这一章后，问问自己，我们为什么很难再为儿童提供户外游戏和接触大自然的机会？你认为障碍是什么？你认为，你会让儿童对户外游戏充满热情吗？你最担心的是什么？你如何看待在各种天气和季节里游戏？你如何支持家长理解户外游戏对儿童的发展、学习、健康和环境管理的重要性？

第 6 章

充满挑战、冒险和风险的户外游戏

学习成果

学完本章后，你将能够：

- 定义冒险游戏，描述你在持续冒险游戏中的位置；
- 讨论冒险和危险的区别；
- 向儿童解释参与冒险游戏对他们的发展有什么好处；
- 列出桑德塞特（2007）提出的6类冒险游戏；
- 解释如何在学前教育环境中使用风险/效益评估；
- 讨论支持家长认识到儿童参与冒险游戏的益处和需求的方法。

第6章 充满挑战、冒险和风险的户外游戏 173

与其把他关在闷热的房间里，不如每天带他到草地上；让他跑来跑去，让他挣扎着摔倒吧，一次又一次，摔得越多越好；他会更快地学会振作起来。自由的喜悦将弥补许多伤痕。我的学生受伤的次数会比你的学生多，但他总是快乐的；你的学生受伤的次数可能会少一些，但他们总是受挫、压抑和悲伤。我怀疑他们的境况是否有所改善。

——让－雅克·卢梭

童年回忆

我第一次和家人去露营大概是在3岁时。多年来，我们总是回到同一个营地，所有的营地都坐落在一片壮观而古老的森林里。我5岁的时候，我的表兄弟姐妹也来了，当他们向我介绍削木棍之后，那就成为我最喜欢的消遣活动。我发现剥树枝上的树皮很轻松。有时我会用树枝制作最适合烤棉花糖的木棍，有时我会花几小时做出最光滑的木棍，再把它涂成彩虹的颜色。当时，我从未想过这种活动有危险，但现在我不知道自己是否还会给那个年龄的儿童一把刀来削东西！这让我开始思考儿童游戏中的冒险！

本 章 预 览

儿童需要一个能够让他们参与探险、挑战甚至是冒险的游戏环境。冒险游戏可以帮助儿童了解他们的世界；测试什么是可能的，什么是不可能的；学会犯错；发现有关空间、地点和环境的新事物（Dietze, Pye, & Yochoff, 2013）。冒险游戏可以被定义为一种激动人心的活动，可能含有受伤的风险，但更重要的是，它为儿童提供了挑战、测试极限、探索边界和学习管理风险的机会（McFarland & Laird, 2017）。本章将探讨冒险游戏的概念及其与儿童学习和发展的关系，并明确儿童游戏中的冒险与危险之间的区别。

桑德塞特（2011）认为，冒险游戏的概念似乎与幼儿教师保护儿童安全的愿望不一致。本章重视成人在支持这类游戏中的重要作用。尽管关于"冒险游戏"这一术语的使用有越来越多的争论，但我们建议幼儿教师将其视为儿童认识和评价自身风险的一个机会。在一定的支持下，成人可以教儿童安全的做事方式，并培养他们对这类游戏的积极态度。例如，儿童可以学习安全地削木棍的方法。我们决定在本章中使用"冒险游戏"一词，同时接受其他词汇的存在，例如，"大胆的"和"富有挑战性的"也可以用来描述"冒险游戏"。

当前有关儿童户外游戏的研究清楚地表明，与其试图消除儿童游戏中的所有风险来创设一个绝对安全的环境，幼儿教师不如致力于创设一个"足够安全的环境，让儿童行动、变换、寻找挑战和冒险"（Tovey，2017，p. 179）。你小时候用过刀吗？你削过木棍吗？想象一下儿童从这种经历中发展出来的技能。削木棍不仅是一种愉快的消遣方式，而且是跨越几代加拿大人的家庭传统。削木棍可以帮助儿童学习安全技能，同时探索创造力。这种经历有助于提高他们的问题解决能力和批判性思维能力。

对一些人来说，儿童用小刀削东西的想法可能令人担忧，因为这种活动存在风险因素。同样，爬树或在木板上保持平衡也有风险，因为儿童可能会摔倒。儿童独自在森林里游走呢？那也是有风险的，因为儿童可能会迷路。你小时候有过这些经历吗？你试过爬上滑梯而不是从滑梯上滑下来吗？你是否荡秋千太快导致有点晕眩？所有这些活动都可以被称为冒险游戏。它们让你感觉如何？你是否感到激动、兴奋和

照片6.1　冒险游戏支持儿童发展与健康

冒险？你感到自由了吗？你当时害怕吗？

在过度监管的环境中，儿童应对挑战的机会明显比在活跃的游戏空间中更少（Frost, Wortham, & Reifel, 2012）。儿童需要挑战环境。儿童有权享受这类环境。体验冒险、富有挑战性甚至是有风险的游戏对儿童的发展和整体健康都非常重要（Brussoni et al., 2015）。幼儿教师可以影响儿童在户外游戏时可能面临的挑战类型。

1889年，卢梭在撰写《爱弥儿》时就明白冒险游戏的好处。卢梭从爱弥儿的老师的角度撰写了这本书，这是他关于教育的专著。卢梭的思想对现代教育与政治思想的发展产生了重要影响。《爱弥儿》是一本开创性的著作，它表明儿童能够在游戏中做出明智的选择，尤其是在自然游戏中（Solly, 2015）。卢梭的理论强调了游戏作为一种发展感官的工具的重要性，以及通过感官体验和与事物的接触来进行判断的重要性。他认为，儿童应该在自然世界中学习。卢梭的作品影响了裴斯泰洛齐和福禄贝尔（Elkind, 2015）。

● **专著**是指正式、系统地论述某一特定问题的著作。

回忆一下本章的开篇内容。为什么卢梭主张让爱弥儿经常摔倒？卢梭明白，当儿童有机会冒险时，他们就会学习如何管理风险。他认为，儿童会有一种解放的感觉。他说，在大自然中自发进行活动可以永久保持儿童天生的良善之心（Elkind, 2012）。冒险游戏对儿童有积极的影响。这种积极的观点与卢梭认为的他那个时代的其他教育家普遍持有的立场相反。在我们这个时代，这种情况改变了吗？

想一想，写一写，读一读

当卢梭提出了一个新的儿童形象时，他其实就回应了当时人们对儿童的传统看法。你认为，历史上传统的观点是什么？在网上搜索一下，找出更多信息，阅读卢梭在《爱弥儿》中的话，然后写下你对儿童的看法。

"在我们的社会中，冒险通常与负面的东西相关，当你提到'冒险'一词时，大多数人只会将冒险与负面的想法和后果联系在一起"（Eager & Little, 2011, p. 6）。然而，现在，冒险游戏与为儿童带来许多积极的结果相联系。对幼儿教师

和学前教育专业的学生来说，现在是时候重新认识"冒险应该被避免"这一观点了。"冒险需要被管理，但不一定是需要被避免的危险"（Sandseter，2011，p. 261）。儿童在提倡、支持和鼓励冒险的户外游戏环境中茁壮成长，同时也要注意安全。

你怎么看待儿童游戏中的冒险？它会让你担忧、焦虑、紧张吗？也许当儿童有机会参加冒险游戏时，你会感到兴奋，并且很自在地为儿童提供经验。当你思考自己对儿童冒险游戏的感受时，想一想 1~10 之间的一个数字，把自己放在图 6.1 所示的冒险游戏连续谱中，"1"表示最不放心，"10"表示最放心。照片 6.2 显示的是加拿大森林学校提供的一个工作坊的冒险游戏连续谱。从连续谱的一端到另一端，你可以看到，这个教育团队的放心程度是不同的。这个工作坊的教育者根据他们对冒险游戏的感受来放置旗帜。如果他们愿意为儿童提供这些类型的体验，他们就会把自己的旗帜挂在连续谱的右边。当你阅读本章并探索冒险游戏及其所有的益处和重要事项时，这个数字可能会改变。在本章的后面，你会被要求重新审视冒险游戏连续谱。

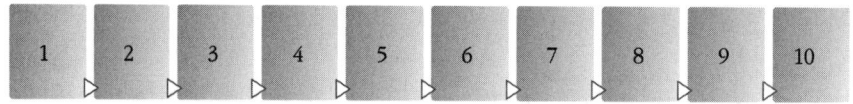

图 6.1　代表放心程度的冒险游戏连续谱

照片 6.2　冒险游戏连续谱

图 6.2 所示的冒险游戏包括冒险和挑战。桑德塞特（2010）使用了"恐怖而有趣"一词描述在危险情境中产生的强烈兴奋感。科斯特和格里夫（Coster & Gleeve，2008）指出，参与冒险游戏的儿童会体验到乐趣、兴奋、激动、骄傲和成就等感觉。这些感觉被认为可以解释为什么儿童喜欢这类游戏。这类游戏既有趣又吓人。桑德塞特（2010）引用了各种各样的研究，认为表达这些激动人心的感觉的形式有微笑、大笑、喊叫、尖叫、大声呼叫或舞蹈。

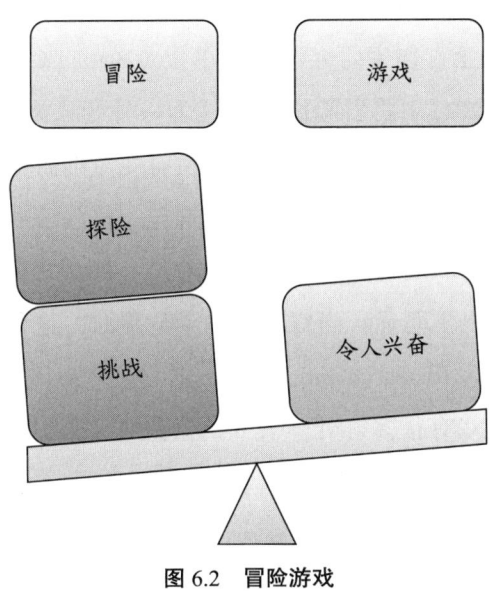

图 6.2　冒险游戏

儿童所进行的具有挑战性的游戏，通常是他们自己创造的、令人兴奋的和感到冒险的游戏。在儿童游戏中出现的挑战是显而易见的。儿童可以决定自己的能力，并决定是否冒险。它不同于危险，危险是儿童看不见或不明显的一些东西，可能会导致伤害。儿童在游戏中需要挑战才能在发展中前进。幼儿教师要提供支持并鼓励具有挑战性的游戏，特别是对那些表现出不愿意参与的儿童（Solly，2015）。冒险游戏是指儿童抓住机会探索和测试自己的能力，管理风险，提高能力、策应力和抗逆力。冒险游戏富有想象力和创造性，可能有风险，但不一定是危险的。

挑战是指充满刺激和冒险的游戏。对儿童来说，挑战是显而易见的，他们可以决定自己的能力，并决定是否参与（Solly，2015）。

● **危险**是指某些本质上很危险、需要被移除的东西。

● **冒险游戏**是指儿童探索和测试自己的能力的机会，可能涉及风险。

回想一下，我们在第4章讨论了与开放性材料有关的冒险和危险之间的区别。加拿大不列颠哥伦比亚省伤害研究和预防单位（British Columbia Injury Research and Prevention Unit，2015）将冒险游戏描述为一种令人激动和兴奋的游戏形式，可能含有身体伤害的风险。幼儿教师明白，所有儿童的游戏都有受伤的风险。例如，儿童会摔倒并撞到头部，成人偶尔也会这样。冒险游戏需要儿童识别和评价挑战，并决定他们将采取的行动。相反，危险是一种对儿童来说不明显的伤害来源，因此潜在的伤害也不明显。当冒险等同于危险时，这种游戏的益处就会减少（British Columbia Injury Research and Prevention Unit，2015）。

儿童参与冒险游戏有很多好处。表6.1所示内容改编自不列颠哥伦比亚省伤害研究和预防单位（2015）的资料。

表6.1 冒险游戏的益处

冒险游戏对儿童发展的益处
■ 身体、运动和动觉能力
■ 空间定向能力
■ 环境素养
■ 自我价值和自我效能
■ 认知和社会性发展，包括预测、与同伴交流、探讨不同的观点、制订计划
■ 通过自然而然地逐步接触来减少恐惧
■ 风险感知和管理技能
■ 语言发展
冒险游戏的其他益处
■ 促进身体活动
■ 减少心理疾病和学习困难
■ 促进独立

儿童需要练习冒险游戏，以便学会在生活中管理风险。练习可以帮助他们学会规避风险以避免受伤（British Columbia Injury Research and Prevention Unit，2015）。想象一下，一旦儿童掌握了铁锤的使用方法（见照片6.3），他们会感觉如何。儿童知道如何握住铁锤并使用工具来实现预期的效果，这有助于他们形成自我效能感。自我效能是儿童发展的一个重要因素。自我效能是指儿童对自己有能力取得成功的估计（Gardner，2011）。美国心理学家阿尔伯特·班杜拉（Albert Bandura，1997）指出，

照片6.3　冒险游戏是儿童自由选择的

自我效能通过体验式游戏和学习发展起来，受到他人的鼓励和反馈的影响，并与儿童的许多人际关系相关。

自我效能是指相信自己能够完成任务或者掌控局面。

儿童需要冒险的游戏机会。这与幼儿教师要求儿童完成可能涉及风险管理的任务不同。后者不是冒险游戏。某一活动成为游戏的前提是该活动必须包含一种内部控制措施，一种扭曲或创造现实的能力，以及强大的内部游戏动机。如果幼儿教师或家长对活动有特定要求，那它就变成工作而不是游戏（Dietze & Kashin，2018）。为了成为游戏，活动需要被儿童自由选择（Saracho，2013）。

如照片6.4所示，在所有季节里，户外游戏环境都可以为儿童提供具有挑战性的机会。20多年前，弗罗姆伯格和柏根（Fromberg & Bergen，1998，p. 322）证实，"创设游戏环境的目的是为儿童提供一个令人兴奋的地方，让他们聚集在一起游戏，并且适宜他们的能力水平的挑战会给他们提供再次回来的动机"。弗罗姆伯格和柏根建议，幼儿教师可以区分什么是具有发展性的挑战，什么是不必要的风险。他们举了一个钩子已经磨损得很厉害的秋千的例子。荡秋千的儿童无

照片 6.4 冬季的冒险游戏

法识别或评估这个问题,因此它是一种危险。另一方面,荡得尽可能高则是冒险和挑战性游戏。

吉尔(2007)提出了支持儿童进行冒险游戏的 4 个理由,如图 6.3 所示。某些类型的冒险活动可以帮助儿童学习明确行动、解决问题并做出下一步决定。经历这些过程是儿童学习管理风险的方式(Waite,Huggins,& Wickett,2014)。由于儿童对冒险有一种直觉,因此幼儿教师被鼓励在受控的环境中为儿童提供这些机会,这样他们就不会在其他地方尝试进行可能导致危险的活动。没有机会以安全的方式满足儿童对探险、冒险或挑战的渴望,可能会造成更大的风险和危险。户外游戏总是会涉及一些冒险,但冒险所带来的健康和发展的益处明显更多。最后,儿童通过学习检查环境与预测冒险或伤害的可能性来塑造性格和个性。

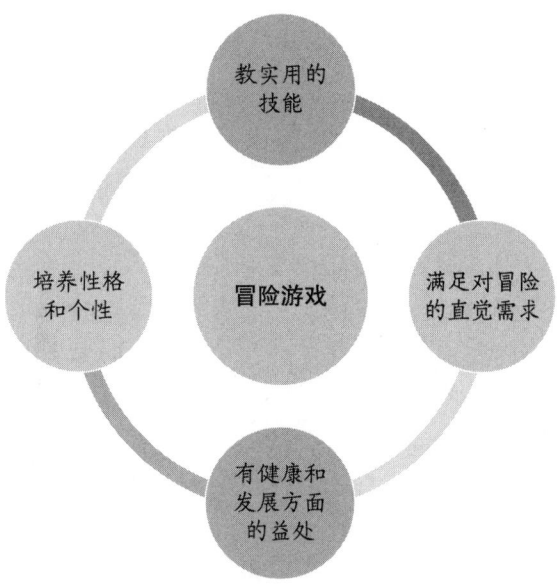

图 6.3 支持冒险游戏的 4 个理由

为户外游戏做好准备

研究表明，儿童需要能够在游戏中抓住机会尝试新事物（Niehues et al., 2013；Brussoni et al., 2015；ParticipACTION, 2015）。然而，在实践中，幼儿教师可能遇到来自自身的信仰、家庭或同事的反对。儿童会受到幼儿教师所使用的语言和交流策略的积极或消极的影响，特别是涉及冒险游戏机会时。此外，幼儿教师如何解释和表达自己还会影响专业团队所使用的整体语言。幼儿教师在与儿童、家长和同事相处时，注意用词很有好处。理想情况下，教师的口头交流和肢体语言应该鼓励和支持儿童的户外游戏，以及儿童参与冒险游戏的愿望。环境越积极，儿童就越有动力在户外游戏和学习（Dietze & Kashin, 2017）。

诚如本章开篇所言，我们使用的术语很重要。考虑以下场景。一位幼儿教师在户外游戏场地布置了障碍训练场。当家长们早上带着孩子来幼儿园时，教师表示儿童将有机会参与冒险游戏。家长们会怎么想？不同的家长会如何解读这种活动？为什么？沃斯（Voce, 2016）认为，冒险游戏是一个模糊、矛盾的术语，容易被误解。他一直建议使用"探险"一词，而不是"冒险"。沃斯指出，虽然"冒

照片 6.5　往高处爬

险"和"探险"是同义词,但后者在学前教育环境中具有更积极的意义。沃斯认为,"探险"更恰当地抓住了儿童游戏的本质。在探险游戏中,儿童想要突破界限,测试极限,承担一些风险,但他们追求的是乐趣和刺激。相反,冒险游戏会让人联想不计后果的危险。

奥尔索普(Allsup,2016)认为,"风险管理"是一个用在儿童身上很奇怪的短语,因为它最初是一个为保险行业提出的概念。奥尔索普建议尽量减少风险而不是控制风险,因为儿童可能对正确的含义感到困惑。冒险的意思是危险,所以儿童可能会认为可以碰碰运气。在与儿童交流挑战性活动时,使用"冒险"一词太冒险了。强调"冒险"一词表明,人们更多地关注可能出错的地方,而不是如何让儿童在具有挑战性的情况下既独立又安全。与其使用这个词,奥尔索普更建议幼儿教师使用"探险""准备"和"信任"之类的词语。

吉尔(2016)支持使用"冒险游戏"一词,并建议接受"冒险"这个词不仅仅是一个细节问题:它是帮助那些对冒险游戏感到焦虑的人考虑其重要性的最重要的一步。使用"冒险"这个词是有价值的,因为它能让人面对不利结果的可能性。避免使用"风险"一词,而使用"有冒险性的"或"具有挑战性的",这对家长来说意味着儿童将会冒险,而且不会出什么问题。

桑德塞特(2016)根据挪威的语境回应了关于术语的争论。在挪威的日常语言中使用"冒险游戏"一词是没有问题的,她表示,关于术语的分歧可能是不同文化和语言的结果。冒险游戏与冒险都有积极和消极的一面。桑德塞特建议,不应该用温和的词汇掩盖我们的意思，只强调积极的东西。相反，词汇的使用应该包括负面结果的可能性，因为对这种结果的恐惧正是我们设置所有限制和额外安全法规的原因。

幼儿教师了解这些讨论、争议，以及人们对"冒险""探险"和"挑战"等术语的思考，会影响他们有关户外游戏的理念和实践。作为专业人士，幼儿教师要谨慎地选用词汇，以满足目标受众和语境的需要。

基于相关研究对儿童参与户外冒险游戏重要性的支持，幼儿教师可能希望重新考虑涉及儿童的活动设计。关于不参与冒险游戏对儿童发展的负面影响的研究非常丰富。加拿大的一项研究记录了 16 家幼儿园的学龄前儿童使用游戏设备的情况，发现他们只有 13% 的时间使用游戏设备，并且只有 3% 的时间是按照预期使用的（Brussoni, Olsen, Pike, & Sleet, 2012）。在另一项美国的研究中，儿童保育提供者担心，过于严格的标准已经使户外游戏场地对儿童没有挑战性而且无趣，从而妨碍了他们的身体活动。此外，布鲁索尼（2012）指出，一些儿童以不安全的方式使用设备来创造和保持一种挑战感。

家长对儿童安全的担忧是影响儿童进行探险、挑战和冒险游戏的重要因素之一（Niehues, Bundy, Broom, & Tranter, 2015）。另一方面，研究发现，家长认识到，在童年早期限制游戏可能会导致儿童长大后面临更大的风险。这可能是因为他们在童年时期没有通过冒险游戏建立自信（Brussoni et al., 2012）。英国的一项以居住在城市和农村地区的 93 个 7—11 岁儿童为对象的研究结果显示，儿童希望有机会自己评估风险（Brussoni et al., 2012, p. 3140）：

> 冒险让他们有机会向自己和同伴展示勇气和身体技能。有趣的是，虽然他们认为轻伤是一种表明冒险的方式，但他们同样认为太多伤痕意味着粗心或笨拙，后者都是贬义词。因此，他们似乎有自己的管理系统，将冒险和受伤保持在一个可控的水平。

这项研究将风险承担和自我调节建立了联系（Kleppe, Melhuish, & Sandseter, 2017）。儿童在回应环境中的其他儿童和成人时使用自我调节。自我调节的水平影响儿童如何对环境中的人和材料做出反应。他们在冒险游戏中学会自我调节，调节焦虑和沮丧。没有学会自我调节的儿童"将远离而不是参与具有挑战性的学习活动"（Florez，2011，p. 47）。自我调节能力与儿童的冒险游戏有明显的关系。当儿童觉得自己能够做到某件事时，他们就会建立必要的自信，开始进行带有风险的游戏活动。这有助于他们用自信取代焦虑和缺乏能力的感觉（Florez，2011）。

●**自我调节**是指一个复杂的过程，它允许儿童对环境做出适当的反应（Florez，2011）。

冒险游戏还有更多的好处。儿童在经历桑德塞特（2010）所说的恐怖而有趣的感觉时，会在消极和积极情绪之间来回转换，这最终会拓展他们的极限，增强他们的身体和情感技能。冒险游戏是不可预测的游戏。如果没有这种游戏，儿童就会错过有助于促进自我管理和健康的自主挑战（Niehues et al.，2013）。当儿童在游戏中冒着身体上的风险时，他们将了解自己身体的能力，同时管理风险以避免受伤。他们也会形成自信、自我意识、毅力和独立性（Cevher-Kalburan & Ivrendi，2016）。

冒险游戏有助于儿童发展感知运动能力和空间定向能力。它也有助于他们掌握社交技能，比如，在与他人交往时解决冲突。当儿童在游戏中冒险时，他们也将学会调节自己的情绪，应对害怕和恐惧（Cevher-Kalburan & Ivrendi，2016）。思考一下这个例子：查利和萨布丽娜正在玩一组户外积木。随着两个孩子的游戏进行，积木一个接一个地增加，建构物开始摇晃。查利告诉萨布丽娜不要再添加积木了，但她挪了一个桶到建构物旁边，并踩着一块积木爬到上面。幼儿教师在一开始观察他们的互动时，想知道查利会做什么，因为他显得犹豫和担心。然而，几秒钟后，他也接近了这个建构物，当萨布丽娜继续添加积木时，他调整其他积木以阻止摇晃。孩子们在一起游戏时会解决问题，还能探索重量、高度和平衡的科学原则，以及空间定向的数学概念。

查利和萨布丽娜出于内在动机参与了这场冒险游戏。这是一种由儿童自由选择和主导的游戏。他们预测结构的稳定性和添加另一块积木的影响。他们这样做不需要奖励或外部动机。内在动机使儿童独立、自主、自信。卡尔顿和温斯勒（Carlton & Winsler，1998）在20多年前就提出，儿童需要挑战。幼儿教师可以通过表现出坚持不懈和喜欢挑战，成为具有激励作用的榜样。当有挑战性的任务让儿童觉得自己有能力时，他们的自我效能感就会增强。通过为查利和萨布丽娜提供时间、户外环境中的大积木以及一个迎接挑战的空间,他们便能够在内在动机的驱动下承担风险,提升能力和自信。

内在动机是指为了游戏本身而进行游戏,而不是为了任何外部目标或奖励。

冒险游戏的重要性可以追溯到 20 多年前的研究。瓦伦丁(Valentine,1997)发现,儿童认为自己有能力保证自己的安全。儿童觉得他们自身,而不是父母,对自己的安全负有主要责任。儿童通过冒险游戏学习风险管理策略(Brussoni et al.,2012)。对游戏中的儿童的观察研究发现,他们似乎能意识到潜在的危险,并相应地调整自己的活动(Brussoni et al.,2012)。桑德塞特和肯奈尔(Sandseter & Kennair,2011)认为,儿童参与冒险游戏可以减少恐惧。儿童需要足够的冒险游戏机会,从而学习应对诱发恐惧的情景。否则,他们将持续感到恐惧并可能产生焦虑症。

正如本节前文所说,尽管自 20 世纪 70 年代以来,人们就对儿童的冒险行为和游戏行为进行了研究,但关于定义的共识仍然有限。然而,研究表明,冒险包括好奇、探索、高度专注、恐惧和兴奋。"儿童通过试错来探索周围的环境和自己的能力,他们的行为涉及兴奋和恐惧之间的平衡,因为儿童要么战胜挑战,要么因恐惧而退缩"(Kleppe et al.,2017,p. 371)。幼儿教师有责任理解冒险在游戏中的复杂性,并确定如何将自己的理论观点嵌入儿童的户外游戏环境中。

> 专栏 6.1　认识户外游戏——反思要点
>
> 儿童通过各种类型的游戏进行学习,包括冒险游戏(Gray,2014)。通过探索环境、验证想法、挑战自己,他们了解周围的世界。重要的是,要认识到冒险游戏的价值,以及它可以给儿童带来的巨大好处。在网上找一个关于冒险游戏的视频,看看儿童在学习什么?儿童冒着什么风险?你认为,参与其中的成人是如何管理风险和将风险最小化的?

我们对户外游戏的愿景

"儿童天生喜欢冒险游戏"(Brussoni et al.,2012,p.3134)。幼儿教师有责任为儿童提供实践这种自然倾向的活动。我们的愿景是,幼儿教师仔细思考如何为儿童提供环境,鼓励他们参与有冒险、探险和挑战的活动中。冒险游戏可以帮助儿童了解世界,测试什么是可能的、什么是不可能的,了解犯错并发现关于他们自己、空间、地点和环境的新事物(Dietze & Kashin,2017)。

冒险有助于发展儿童深入解决问题的能力和批判性思维技能。在过度监管和材料有限的环境中,儿童战胜挑战的机会明显更少,只有身体游戏空间才能提供这样的挑战。儿童有权在能够让他们有机会体验探险、挑战甚至冒险游戏的环境中游戏,因为这类游戏对儿童的发展和整体健康非常重要(Dietze & Kashin,2017)。

户外游戏在儿童生活中的地位

儿童需要冒险的机会,但是幼儿教师应该为哪个年龄阶段的儿童提供冒险、探险和具有挑战的游戏环境?一般来说,对游戏中冒险行为的研究主要集中于4岁以上的儿童。那么4岁以下的儿童呢?克莱普等人(Kleppe et al.,2017)对来自5所幼儿园的儿童进行了一项观察研究。该研究旨在探讨4岁以下儿童冒险游戏的发生及特点。研究发现,1岁儿童进行的冒险游戏比大一点的儿童更少。这个年龄阶段的儿童正在学习走路,因此我们可以看到冒险游戏与运动发展有关。他们在测试周围环境和他们的身体与周围环境的关系。这种类型的游戏涉及不确定性和探索,包括身体的、情感的、感知的或环境的,可能有积极或消极的后果。

所有年龄阶段的儿童都会在周围环境中遇到危险。如果不允许儿童玩活跃的身体游戏,他们就会更容易出现超重或肥胖等健康问题(Marano,2011),也可能在以后的生活中产生焦虑或恐惧(Sandseter,2011)。"判断冒险首先需要应用常识,然后进行风险与效益的计算"(Marano,2011,p.426)。成人试图消除冒险其实是在伤害儿童(Gill,2012)。如果没有冒险,儿童就会在决策和问题解决方面过度依赖成人（Marano，2011）。

通过在教学中有意为之，幼儿教师可以提供支持儿童管理冒险的机会。阅读案例研究6.1，它展示了幼儿教师托妮和格雷丝记录并与家长分享的一组儿童经验。在一所支持户外游戏的幼儿园中，托妮和格雷丝认为与家长接触很重要，这样他们就可以获得新的信息，了解冒险游戏在儿童生活中的重要性。托妮和格雷丝认为自己是鼓励儿童探索存在于环境中的可能性的重要榜样。看下面的照片并思考以下问题。这些儿童正在学习冒险以及管理冒险！

1. 你如何描述第一张照片中成人的面部表情？
2. 看看照片里成人和儿童的距离，这对儿童有什么影响？
3. 如果你是他们的教师，你下一步会做什么来继续支持儿童的冒险？

照片 6.6　学步儿与冒险游戏

 案例研究 6.1　儿童学习冒险

今天，孩子们一起在自然教室的森林区域用木板搭起板条箱。他们非常兴奋地爬上去一路走过板条箱，然后从他们建造的结构上跳下来。偶尔，他们会说"请帮帮我"，但大多数情况下他们都希望自己完成。这展现出孩子们所获得的巨大发展，因为他们持续不断地发现安全的冒险。

孩子们轮流使用他们努力创造的有趣装置。之后，他们决定休息一下，坐在一

> 根凸起的原木上。儿童把这个简单的座位变成火车。他们举起手臂说："火车……火车！"
>
> 其他人则为他们的汽车和卡车寻找一个临时的坡道，这在一段时间发挥了作用。然后，他们在斜坡上走来走去。有些孩子甚至勇敢地跑下来。这太有趣了！

幼儿教师可以发挥作用，确保儿童有机会参与具有挑战性和冒险性的游戏，同时制定策略确保他们的安全。幼儿教师认识到，没有挑战性和冒险性的游戏环境会减少儿童充分发展的机会。在图 6.4 中，迪策和卡欣（2017）阐述了这一重要作用的各个方面。

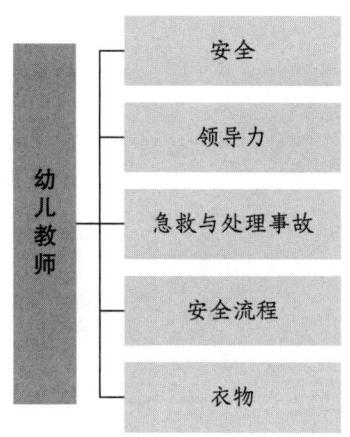

图 6.4　幼儿教师在冒险游戏中的作用

迪策和卡欣（2017）建议幼儿教师关注安全问题，以平衡户外游戏的风险和益处。随着政策和流程的完善，以及定期完成风险评估，幼儿教师能够支持儿童进行冒险（Dietze & Kashin，2017）。

风险评估是指在幼儿园户外环境中进行的、用以消除危害并确定管理风险的措施。

风险评估包括对潜在风险和可能获益的描述。以爬树为例。当儿童爬树时，益处包括从这一活动中获得的乐趣和快乐。儿童可能会感到被赋能，并且多个领域的能力得到增强,包括认知、社会性、情感和身体。在爬树的时候,他们可能会发挥想象力,假装并参与冒险。在详细了解这种经验的益处之后,幼儿教师评估风险。潜在的风险是什么?这可能包括,当儿童在树枝上攀爬或玩耍时树枝折断。列出益处和风险之后,就可以采取行动管理风险。树枝结实吗?可以在儿童开始爬之前把它移除吗?对该地区进行持续监测是必要的,因为树木可能会因天气而发生变化。即使移除了树枝,仍然可能存在风险。然而,儿童需要冒险和挑战的机会。他们需要时间来测试自己、拓展自己的能力。为儿童提供冒险游戏,让他们有机会学习为自己评估和管理风险(Ball, Gill, & Spiegal, 2012)。

幼儿教师需要发挥领导力,以身作则,支持儿童进行冒险游戏。首先为儿童提供机会丰富的户外环境,同时努力控制风险。其次,教师要接受急救培训,配备急救箱、急救方案和急救程序,以应对小事故和更严重的事故。对设备的日常检查有助于减少或消除危险。在户外游戏环境中的每个人,不管是儿童还是成人,都需要穿着适合天气和冒险游戏的衣服。为了成功地管理风险,儿童和成人还需要练习。当幼儿教师了解冒险游戏对儿童发展的好处时,他们往往会创造安全、开放的户外游戏环境,让儿童体验冒险和挑战。

理 论 基 础

探险、冒险和挑战都不是新概念。想一想索利(Solly, 2015, p. 10)所引用的玛格丽特·麦克米伦(1930)对理想的户外活动区域的建议:

儿童的花园必须提供各种刺激来让儿童进行肌肉游戏和运动。必须在制订计划时考虑到真正的安全问题,同时鼓励儿童勇敢且冒险地游戏。粗糙的石头,弯弯曲曲的小径,偏僻的地方,以及一片可以躺着的草地。

花点时间思考一下麦克米伦的用词,记住,她多年前就说过这些话。想一想你观察到的游戏区域。它们是否反映了肌肉游戏、运动以及可以躺下的一片草地?这个空间是否鼓励儿童勇敢而安全地游戏?

自20世纪以来,身体游戏的倡导者一直在呼吁关注那些缺乏游戏机会的儿童的健康,特别是缺乏活跃的户外游戏。回想你自己的童年——你如何描述你的童年?你认为那是一个室内的童年还是户外的童年?你是否曾在户外自由自在地玩上几小时?你冒险了吗?你还记得玩冒险游戏是什么感觉吗?再想一想你现在认识的儿童,他们有同样的机会吗?

桑德塞特(2011)是当今研究冒险游戏的主要理论家之一。她继续提倡让儿童有这样的经验。她的作品是关于冒险游戏的专著。

桑德塞特(2007)提出了6种类型的冒险游戏。这些游戏支持幼儿教师观察儿童游戏的空间。思考一下,为什么把这些危险的游戏融入儿童的环境中很重要。它们在幼儿园中会是什么样子?

- 打闹游戏:摔跤、用木棍击剑、假装战斗。
- 速度游戏:快速摆动、快速滑行和滑雪橇、快速而不受控制地奔跑、快速骑自行车、快速滑冰和滑雪。
- 高空游戏:在静止或可动的表面上攀爬和跳跃、在高处保持平衡、在很高的地方悬挂和摆动。
- 危险工具游戏:刀、锯和斧头等切割工具,绳索等缠绕工具以及锤子、钉子等其他工具。
- 具有危险因素的游戏:悬崖、深水或冰水、火堆。
- 探索游戏:独自探索、在不熟悉的环境中独自游戏。

专栏6.2　重要理论家:埃伦·桑德塞特

埃伦·桑德塞特是研究冒险游戏的权威专家之一。桑德塞特(2011)指出,幼儿教师感知到的风险如何影响儿童冒险游戏的机会。教师的态度、对风险的容忍度以及对冒险游戏的管理,都影响儿童所能获得的机会。桑德塞特表示,挪威的幼儿教师对冒险游戏的态度比大多数其他国家的教育者更积极。一项针对挪威教育者的调查发现,他们普遍对惊险和冒险的游戏持积极态度,很少干预或限制这类游戏。

图 6.5 是一张拼贴图，呈现了由桑德塞特（2011）提出的冒险游戏类别。你能辨别出每张照片主要展示的是哪一类冒险游戏吗？

图 6.5　冒险游戏类别

实 践 应 用

土、水、空气和火这些元素有让儿童体验挑战、探险及冒险的潜力。奈特（2011）将户外游戏中的风险和冒险置于这 4 个元素之中。在户外环境中，天气每天都在变化，为儿童提供了机会了解元素和体验惊险的探险。想象你站着，双臂张开,大风吹过。你知道自己不会被风吹走;想象一下感受风的力量和飞翔多么令人兴奋。再想象一下,5月,你和其他教育者一起在户外参加一场冒险游戏研讨会,在一天里经历阳光、风、雨和冰雹!现在想一想你会感到多么兴奋。现在的儿童应该有这样的经验吗?幼儿教师可以使用这些元素支持儿童进行各种包含冒险游戏的活动。

这4个元素带来了许多冒险。有了泥土,就有挖掘、滑动、滚动和奔跑的机会。触觉游戏是儿童了解周围环境和世界的最早方式之一。触觉体验给儿童提供舒适、知识、刺激和快乐。许多幼儿园给儿童提供的是沙子而不是泥土,尽管泥土有很大的游戏潜力。泥土是可塑的,有多种颜色和纹理,可以被挖掘,也可以被用于艺术和建构活动。如照片6.7所示,泥土提供了滑来滑去的机会。如果儿童在玩泥巴的时候把泥巴塞进嘴里或弄伤自己的风险得到控制,那么这个经历就会是快乐的(Knight,2011)。

照片6.7 在泥巴里游戏

安吉儿斑璞自然学校

在有水的地方,儿童可以感受雨水的拍打、喷水或被喷水。儿童可以在浅水里踩水,或者感受从户外水龙头流出的水。他们可以使用排水沟创造水流,体验因果关系。在水里玩可以舒缓身心,也很有趣。水太深会很危险,但在雨中游戏会十分奇妙。儿童被吸引到洒水器旁游戏,一边探索水流一边喷水。水坑会随着季节和太阳位置的变化而变化,因此提供了无穷无尽的探索机会。水流起起伏伏,让儿童有机会发现如何改变其方向,例如,通过制造沟渠和水洞(Knight,2011)。浅水区和海滩提供无穷无尽的发现机会。幼儿教师在考虑水元素时,会决定风险管理策略,从而让儿童在玩水中获益。

在风中,儿童体验风筝和旗帜的游戏。光明和黑暗也是空气的特质。夜晚的灯光让儿童兴奋不已,因为他们能感受到照亮黑暗的力量。空气和风会产生声音,儿童可以通过制作乐器和操纵乐器产生各种声音(Knight,2011)。

涉及火的户外活动有很多好处。世界各地的许多幼儿教师已经制定了管理风险的策略，这样儿童的生活可能会因为这个令人兴奋的元素而丰富起来。然而，与儿童一起生火需要谨慎和仔细的计划。还有许多要点需要考虑（Knight，2011），包括儿童的年龄和发展阶段，以及他们之前的消防经验。尽管有危险，但对儿童来说仍然有很多益处，包括观察火焰、品尝在篝火周围烹饪的食物、体验围绕着篝火发展起来的与同龄人的集体感。在经验、信心以及较高的师幼比的支持下，幼儿教师可以让儿童更充分地参与（Knight，2011）。

> **想一想，写一写，读一读**
>
> 你认为，风险评估表格中应该有什么？在网上搜索"儿童早期风险评估模板"，阅读并评论一些出现的图片。设计你自己的风险评估表格并使用它！

涉及火的户外活动要求幼儿教师实施风险评估程序，包括识别风险或危害、做出有关预防措施的决定。如何管理风险？韦特、希金斯和威克特（Waite，Higgins，& Wickett，2014，p. 79）提出了以下4个步骤来为冒险游戏做好准备：

1. 为户外游戏制定一个政策框架，列出对儿童的益处，同时表明户外学习环境和学前教育教学团队将如何支持儿童的户外游戏；
2. 对所处环境和提供给儿童的每一个活动进行书面的利害分析；
3. 对户外环境进行定期检查，对有风险的游戏活动进行反复检查；
4. 确保学前教育教学团队的成员参与政策的制定和定期检查与回顾，以便他们在户外游戏中做好"及时干预"的准备，这被称为"动态风险评估"。

幼儿教师通过进行风险/效益评估来学习管理和最小化风险，以确定益处和风险程度。在带儿童进入户外环境之前，幼儿教师要扫视儿童游戏的区域、检查潜在的风险，如倒下的原木或树枝。幼儿教师将风险/效益评估作为尽职调查的一部分。它可用于确定危害的级别和尽量减少对儿童伤害的方法。教师将这些信息记录下来，与管理人员和家长共享。这一专业实践有助于识别潜在的伤害，并确定支持儿童在没有危险的情况下进行冒险游戏的策略。

儿童是积极的学习者，他们在测试"如果……会发生……"时通过身体认识世界。在儿童学习的过程中，他们会行动以及与他人和环境互动（Banning & Sullivan, 2011）。还记得当你是孩子的时候，你想学会摆动双腿让自己在秋千上荡得越来越高吗？这个目标表明，你像大多数儿童一样，有主导游戏的欲望。荡秋千的过程就是一个例子，说明儿童如何成为内在驱动者，发展独立与自信。表 6.2 展现了冒险、责任和自信的标准。

表 6.2　户外游戏与学习标准：冒险、责任和自信

■ 儿童选择适宜的身体、社会性和认知挑战。
■ 儿童设定目标并随着自信的增强而实施计划。
■ 儿童与他人交流想法与观点，包括同伴和成人。
■ 儿童在解决问题或者完成任务之后表达高兴和满足。

来源：Banning and Sullivan, 2011, p. 202.

当儿童有机会冒险时，他们就会开始在自主游戏中承担责任。运用试错等策略，儿童会对自己的学习负责、发展对自身能力的信心。当儿童达到这一标准时，他们的游戏、学习和健康都会得到加强（Banning & Sullivan, 2011）。

实践原则：基于健康的实践

儿童健康是专业实践的重点。作为一种实践原则，幼儿教师认识到：

儿童需要以户外冒险游戏为手段通过经验进行学习，许多发展和健康方面的益处也与此相关。限制儿童户外冒险游戏机会的社会趋势，加上在文化上占主导地位的对安全的过度关注，可能对儿童的健康发展构成威胁。（Brussoni, Olsen, Pike, & Sleet, 2012, p. 3142）

布鲁索尼等人（2015, p. 6423）强调，"儿童的发展、学习、心理健康和身体健康（包括身体活动和健康体重）"与冒险游戏有关。尽管冒险游戏对健康有益，但儿童伤害预防项目因其可能造成的伤害而建议限制冒险游戏（Brussoni et al., 2015）。了解冒险游戏对儿童健康方面的益处的幼儿教师，可以成为健康实践的倡导者，支持儿童探险、挑战和冒险。

家长担心儿童的安全，所以他们可能希望幼儿教师加强监管。但过度监管会降低儿童在冒险游戏中的独立性和参与度（Brussoni et al., 2015）。幼儿教师在与家长分享冒险游戏对儿童的益处和缺乏户外冒险游戏经验的不良后果中发挥关键作用（Brussoni et al., 2015）。幼儿教师可以成为讨论和制定解决方案中的一部分。

基于地方的学习：小山顶

第 7 章将详细描述为支持户外游戏而设计的户外游戏空间与项目，如森林学校和自然幼儿园。本章则主要介绍自然游乐场。与传统的人造滑梯、秋千和攀爬架相比，自然游乐场有很多好处（Zamani, 2016）。在不同的社区环境中，自然游乐场比传统游乐场更受欢迎。自然游乐场的一个特征可能是倾斜的或长满草的小山。这些也可以在游乐场之外的空间和地方找到。

自然游乐场是供儿童游戏的地方，有沙子、水、活的植物和倾斜的小山等自然元素。

想象一下，儿童接近山顶时会做什么。他们已经爬上小山到达山顶了吗？他们在山顶会做什么？他们滑下来时会在夏天感受柔软的草地或者在冬天感受滑滑的积雪吗？从一个季节到另一个季节，儿童的体验会有怎样的变化？雨后，山坡可能变得泥泞而潮湿。山顶作为一个地方，成为儿童可以体验风、雨、雪、太阳或雾等自然元素的空间，他们可以发挥运动能力感受在小山中的兴奋。山坡带来的益处是否大于固定滑梯？固定滑梯是一种既昂贵又缺乏创造性游戏选择的设备。与在滑梯上游戏相比，儿童在小山顶上游戏时的冒险和挑战有什么不同？这对他们的社会性、情感、认知和身体发展有什么影响？

课程计划

幼儿教师应拓展自己关于户外冒险游戏的知识,并怀着支持儿童接触这类游戏的意图安排课程。使用工具被认为是一种高风险的游戏类型。在向儿童介绍刀和锯等危险工具时,成人要示范安全的使用方式。这是遵循"PEER 原则"制订课程计划的一部分。

削木棍对儿童而言是一种美妙的体验,也是一种让他们与我们的祖先传承下来的技能相联系的方式。在这种经验中,儿童削收集到的木棍的末端,做成可操作的数学材料。照片 6.8 展示了这些木棍。它们可以用来玩多米诺骨牌或创建几何形状。一开始削东西时,儿童可以使用蔬菜削皮器,而不是刀子,但他们仍然必须谨慎,因为这也可能存在危险。幼儿教师向小组儿童介绍这项活动,以便对儿童已形成的安全做法进行监控。表 6.3 展示了彩虹数学棒活动。

照片 6.8 彩虹数学棒

表 6.3 计划、参与、探索和反思——彩虹数学棒

计划	从风险/效益评估开始。确保提供的材料和工具足够小,小组规模足够小,向儿童演示如何正确使用削皮器。和儿童一起把树枝捡起来。寻找掉落在地上的绿色树枝,或有意从树上修剪下来的树枝。不要随意从树上剪下树枝,那样会损害树木的进一步生长。
参与	让儿童把树枝排成一行,使它们的长度和粗细相对一致。用园艺剪刀帮助儿童把树枝修剪成同样大小。确保儿童是坐着的,削的时候剪刀要远离他们的身体。当树枝末端的树皮被清除以后,儿童就可以在末端涂色。
探索	儿童可以根据颜色将这些树枝分类,或者在建构课程中使用它们。儿童可以创造几何图形或玩多米诺骨牌游戏。

（续表）

反思	这种活动的益处是否大于风险？儿童对削树枝有什么反应？你一开始是用蔬菜削皮器还是刀子？用木棍探索了哪些数学概念？你会继续为儿童提供这种活动来增加你收藏的数学棒吗？

家长支持与参与

家长的关注和担忧"具有个性化，因为每一个家庭、每一个儿童都是独特的"（Solly，2015，p. 106）。如图 6.6 所示，陌生人、弄脏、人身安全和生病是家长可能担忧的 4 个问题（Solly，2015）。

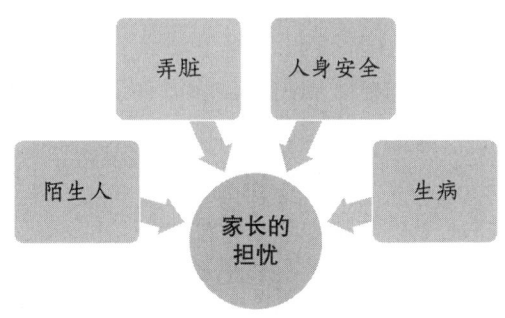

图 6.6　家长的担忧

对陌生人的担心或"陌生人的危险"可能是家长最关心的一个问题，所以他们知道在幼儿园中落实正规的流程很重要，包括访客登记规则、徽章、门禁，等等。家长也可能对儿童弄脏衣物有实际的担忧。解决这一问题的一个方法是在幼儿园中安装洗衣机和烘干机，这样儿童的衣服就可以被干净地送回家。另一种方法是确保儿童有多套可换洗的衣服。如果家长担心儿童的安全，他们可能会通过语言交流或肢体语言将自己的担忧传达给儿童。幼儿教师可以通过分享旨在确保儿童安全的方案和程序，帮助缓解家长的这些担忧。幼儿教师使用各种策略了解家庭的价值观、文化和对儿童户外游戏体验有积极或消极影响的做法（Solly，2015）。家长可能也会担心儿童在寒冷或下雨的天气里在户外游戏会生病，他们会被淋湿。幼儿教师必须正视自己对天气如何影响儿童健康的看法，因为这将限制儿童的经验以及让家长参与讨论不同季节的户外游戏的益处的机会（Copeland, Kendeigh, Saelens, Kalkwarf, & Sherman, 2012）。

可及性与设计

儿童自然会寻求参与冒险游戏。户外游戏环境的某些特征会影响儿童的游戏（Sandseter, 2009）。第 4 章介绍的可供性理论可以用于分析冒险游戏经验。吉布森（1982）提出了可供性理论，赫夫特（Heft, 1988）对该理论进行了详细阐述，包括邀请儿童参与冒险的不同游戏类型（Sandseter, 2009）。如图 6.7 所示，幼儿教师可以在户外游戏环境中发起这些邀请。在设计户外游戏场地时，要注意寻找这些可供性特征。

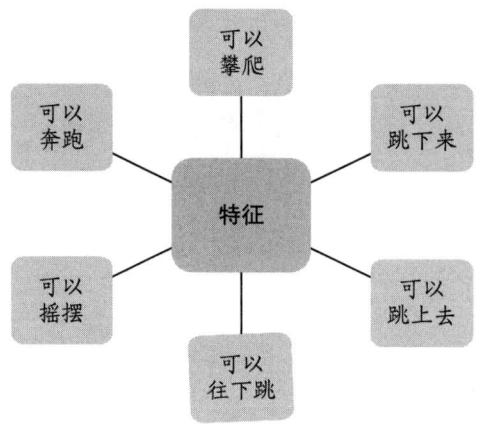

图 6.7　户外游戏场地的可供性特征

户外游戏的提示与工具

幼儿教师可能使用许多策略与同事、家长和儿童展开关于冒险的对话。以下是我们列出的 10 个方法（Dietze, 2016）。教师可以使用这些方法来增加儿童的户外冒险游戏经验，并帮助家长了解其益处。

1. 支持家长鼓励儿童去冒险，可以通过简报和网站向家长提供关于冒险与儿童发展和学习关系的信息。
2. 邀请家长与儿童、幼儿教师一起进行户外冒险游戏，这使幼儿教师能够强调提供冒险机会的游戏类型。
3. 创建教学记录，直观呈现儿童参与冒险游戏的情景，包括照片中的游戏如何支持儿童冒险的要点。
4. 审视自己对冒险的观念和感受。幼儿教师们作为团队梳理每位教师的感受，然后共同制定在户外活动中平衡位置和角色的策略，从而鼓励和支持儿童的冒险行为。
5. 观察儿童的技能，然后为他们创造机会，让他们在冒险中进步。鹰架儿童的游戏能够支持他们在冒险游戏中取得成功。
6. 为儿童创设具有挑战性的环境，提供一系列开放性材料，如绳索和岩石、不同的地形，以及支持儿童建构大型结构的材料。
7. 在户外探索中，幼儿教师要注意自己和儿童的言语与肢体语言。幼儿教师要控制说"不"或"那很危险"的本能。他们决定了某一行为是否危险，或者儿童是否被过度保护。
8. 至少每6个月检查一次程序和实践，以确保它们恰当地处理了危害和风险。
9. 参与专业学习，分享当前关于儿童和冒险的研究。
10. 反思以下几点：
    - 成人如何帮助儿童决定他们想要进行的冒险？
    - 成人如何支持儿童，帮助他们从冒险中获得学习，尤其是那些不成功的冒险？
    - 如何为儿童的某些探索提供支持，而不降低他们对潜在想法的热情？
    - 如何与家长就儿童冒险的价值进行沟通？你们多久进行一次这样的沟通？
    - 如何继续拓展自己的知识并适应冒险？

还记得你在本章开始的时候选择的数字吗？这个数字代表了你在图6.1中的

冒险游戏连续谱所感受到的放心程度。现在本章即将结束,请回顾一下这个连续谱。你现在会修改自己所选择的数字吗?在更多地了解冒险游戏对儿童发展的重要性后,你是否更喜欢冒险游戏?经验越多,你就越会放心。阅读下面的内容——一位经验丰富的教师的专业反思。你觉得她会把自己放在哪个位置?

在现场——专业反思:"我为什么热爱户外游戏"

 专栏6.3 我为什么热爱户外游戏

户外环境为儿童提供了许多挑战自我、测试个人极限、实现自我能力的机会。通过发展这些技能,儿童成为有能力的自我风险评估者,这是一项重要的生活技能。爬上岩石、跳跃、爬树、在海里追逐海浪、跳过海浪……这些都是快乐的童年记忆,如今却常常匮乏,因为成人小心地保护儿童,不让他们参加任何被认为太危险的活动。培养儿童的冒险倾向至关重要。研究表明,户外的冒险者也是室内的冒险者,他们会在计算、读写、科学以及社会性和情感等领域寻求和接受挑战。在户外,儿童面临不同程度的风险,可以选择他们愿意承担的风险水平。有些人会为自己能爬到最低的树枝上而感到高兴,而另一些人会庆祝自己能爬到更高的树枝上。儿童在户外有自己的期望和挑战。

妮基·巴肯(Niki Buchan)
澳大利亚早期儿童自然学习咨询公司高级教育顾问

案例研究

阅读案例研究6.2,看照片6.9,回答问题。

案例研究 6.2 石头游乐场

乔治在离住处较远的一所全新的幼儿园里担任幼儿教师。乔治对他的新工作非常兴奋。他觉得自己的价值观与幼儿园的理念一致，户外游乐场的创新设计给他留下了深刻的印象。然而，乔治担心的是周围的石头游乐场。他一直觉得儿童会摔下来受伤。当他在面试中问起游乐场的情况时，他被告知有一个详细的方案来指导冒险游戏，教师会定期填写风险/效益评估表。乔治拿到了一张表格。你认为，他应该如何回应下面的问题？

在给乔治的表格上，以下内容他不知道如何填写。基于照片 6.9，你将如何回答以下问题：

1. 儿童在这个地方游戏有什么好处？
2. 可能的危害或风险是什么？
3. 可以采取什么措施来减少风险或危害？

照片 6.9 石头游乐场

> **专栏 6.4　到户外去**
>
> 你上次爬树是什么时候？在你家附近找一棵树。在你的院子里、当地公园或森林里寻找最好爬的一棵树。爬上这棵树，仔细想一想，你从一根树枝爬到另一根树枝时会学习什么、练习什么。儿童爬树有什么风险和益处？

本章小结

- 儿童需要环境来支持他们的冒险游戏。100 多年前，卢梭在写《爱弥儿》一书时就明白这一点。
- 对儿童来说，挑战是很明显的，它不同于危险。危险是看不见或不明显的，可能导致伤害。
- 冒险游戏是指儿童通过抓住机会探索和测试自己的能力，管理风险，提高能力、策应力和抗逆力。冒险游戏富有想象力和创造性，可能有风险，但不一定是危险的。
- 冒险游戏对儿童有很多好处，包括获得身体和运动能力、空间定向技能、有关环境的能力和读写能力、自我价值和效能，促进认知和社会性发展，以及减少恐惧和具备风险管理技能。冒险游戏促进身体活动，减少心理疾病和学习困难，并促进独立。
- 幼儿教师在与儿童、家长和同事相处时，注意用词很有好处。幼儿老师了解这些讨论、争议，以及人们对"冒险""探险"和"挑战"等术语的思考，会影响他们有关户外游戏的理念和实践。
- 冒险与自我调节之间存在联系。当儿童对其他儿童、成人和环境中的材料做出反应时，他们会使用自我调节技能。他们在冒险游戏中学会自我调节，调整焦虑和沮丧情绪。当儿童觉得自己能够做到某件事时，他们就会建立承担风险的信心。这有助于他们用自信取代焦虑和缺乏能力的感觉。
- 冒险游戏有助于儿童发展感知运动能力和空间定向能力。这有助于他们在与他人交往和解决冲突时掌握社交技能。儿童也将学会平衡自己的情绪，在冒险游戏中应对恐慌。

- 天生喜欢游戏和冒险的儿童会形成独立性与自主性。当具有挑战性的任务让儿童觉得自己有能力时，他们的自我效能就会增强。
- 有研究表明，儿童会在冒险游戏中学习风险管理策略。对游戏中的儿童的观察研究发现，他们似乎能够意识到潜在的危险，并相应地调整自己的活动。
- 冒险包括好奇、探索、高度专注、恐惧和兴奋。幼儿教师有责任理解冒险在游戏中的复杂性，并确定如何将他们的观点应用到儿童的户外游戏环境中。
- 幼儿教师要注重安全，平衡户外、冒险和具有挑战性的游戏中的风险和益处。随着方案和程序的确立，以及定期完成风险/效益评估，幼儿教师支持儿童有机会冒险。风险评估包括对潜在风险的描述，但也应列出可能的益处。
- 桑德塞特是当今研究冒险游戏的主要理论家之一，她将冒险游戏分为6类，包括打闹游戏、速度游戏、高空游戏、危险工具游戏、具有危险因素的游戏以及探索游戏。
- 土、水、空气和火这些元素有让儿童体验挑战、探险和冒险的潜力。一些研究将户外游戏中的风险和冒险置于这4个要素之中。幼儿教师使用这些元素支持儿童拥有各种类型的游戏体验和进行冒险游戏的环境。
- 儿童是积极的学习者，他们在测试"如果……会发生……"时通过身体认识世界。在学习的过程中，儿童会行动起来以及与他人和环境互动。当儿童有机会承担与他们的独立水平适宜的风险时，他们就会开始在自主游戏中承担责任。运用试错等策略，儿童对自己的学习负责，并发展对自己能力的信心。
- 家长担心儿童的安全，所以他们可能希望幼儿教师加强监管。但过度监管会降低儿童在冒险游戏中的独立性和参与度。幼儿教师在与家长分享冒险游戏对儿童的益处和缺乏户外冒险游戏经验的不良后果中发挥关键作用。幼儿教师可以成为讨论和制定解决方案中的一部分。
- 山顶通常是自然游乐场的一个特征。在这里，儿童有机会攀爬、滑落，体验由风、雨、雪、太阳或雾等因素带来的变化。儿童用运动能力感受在小山中的喜悦。
- 家长所表达的关切和担忧因人而异，因为它们对每个儿童来说都是独一无二的。幼儿教师可能会使用许多策略与同事、家长和儿童展开关于冒险的对话。

安静反思

花时间琢磨和思考。找一根带树皮的绿色树枝，用小刀或蔬菜削皮器削掉树枝上的树皮。削掉树皮时，想一想儿童有机会发展自己的控制力和自信心时会有什么感受。

与他人对话

和其他人一起参与一场关于在游戏中冒险的对话。回忆冒险游戏连续谱，比较你们的数字。你们中有多少人改变了对冒险游戏的看法？讨论为什么有些人比其他人更放心。你如何帮助家长对冒险游戏感到放心？

进一步思考与行动

你所在的社区里有哪些组织支持儿童玩有挑战性、冒险性和探险性的游戏？你可以参加一个快闪冒险游乐场，看看儿童对冒险游戏的反应。幼儿教师有工作坊吗？参加一个工作坊，参与其中，并与其他了解冒险游戏的重要性的人建立联系。他们是如何采取行动支持冒险游戏运动的？你会做什么？

第 7 章
基于自然的学前教育空间和地方

学习成果

学完本章后，你将能够：

- 说明儿童在生活中接触自然空间的重要性；
- 讨论福禄贝尔关于户外游戏的价值观和理念如何影响当前人们对户外空间和地方的看法；
- 描述历史上改变儿童户外活动空间和地方的各种运动；
- 概述自然游乐场、户外教室、生态学校、森林学校和自然幼儿园的特点；
- 讨论幼儿教师在帮助儿童解释、表达和扩展他们的思维时所扮演的角色类型；
- 解释儿童发展地方感和基于地方的学习的重要性。

第7章 基于自然的学前教育空间和地方

一个精力充沛的男孩在父亲正要把一块木头从他面前挪开时喊道:"不用挪,我能过去。"的确,这个男孩第一次克服了困难,他是靠自己的力量完成这一壮举的。他的力气和勇气都得以增强。他回来时,第二次越过障碍,很快就学会了轻松地清除障碍。如果说活动给这个男孩带来了乐趣,那么现在工作给这个男孩带来了快乐。因此,便有了童年时大胆冒险的壮举,比如,在洞穴和峡谷中探索,爬树、爬山,探寻高处和深处,漫步穿过田野和森林。

——弗里德里希·福禄贝尔

童年回忆

听妈妈说,我如果想取得进步,就必须在幼儿园里努力学习。我不知道她是什么意思,但我每天都很忙。我每天早上在数学区度过一段时间,然后去图书角阅读,之后在书写区。我需要填写老师给我的表格,我非常努力地涂色和很好地印出图案。当老师说我做得很好时,我喜欢从她那里得到贴纸!我不喜欢出去。我不喜欢篱笆,它让我感觉自己像被关在笼子里。外面也没什么可做的。我喜欢用蜡笔和纸张作画。我也喜欢贴纸。

本 章 预 览

如今,儿童在哪里玩?在哪里学习?本章开篇"童年回忆"中的儿童大部分时间都在室内从事与工作有关的活动,而不是游戏。故事中描述的教室是围绕学习区设计的。当有时间游戏时,几乎空空如也的围栏空间为儿童留下了很多美好的回忆。儿童在田野里自由奔跑、滑下山坡或者在花园里游戏时茁壮成长。

儿童的户外游戏和学习需要与大自然中的特殊地方及空间相联系。自然环境能促使人们好奇、探索和发现,是"有生命的"。当儿童有机会在这些地方体验时，他们的好奇心就会增强。这些环境使儿童感受到自己与更大的生命宇宙相连。在这些空间和地方产生的记忆会形成一个"平静的水库"，儿童可以从中汲取资源（Chawla，2012，p. 50）。幼儿教师有能力让儿童进入自然空间和地方。户外游戏空间可以从相对自然或野生的空间转变为维护良好或被开发的空间，如修剪后的草坪、景观公园、铺砌的区域或游乐场。户外游戏与学习的空间和地方比比皆是。需要回答的问题是，它们是否得到了充分利用？

米勒、蒂乔塔和怀特（Miller，Tichota，& White，2009）认为，儿童早期教育没有充分利用户外自然环境。厄恩斯特（Ernst，2014，p. 736）认为，尽管户外自然环境为"儿童在所有课程领域的学习提供了无限的可能性"，但幼儿教师可能不会意识到这些空间中潜在的学习机会。幼儿教师可能"缺乏看见户外自然环境的可供性所必需的基本经验"（Ernst，2014，p. 736）。幼儿教师如果没有在户外自然环境中的经验，就可能很难认识到这些空间和地方对儿童而言的巨大潜力。

"自然空间在教育中的重要性不是一个新概念，福禄贝尔、杜威、蒙台梭利、斯坦纳、卢梭和马拉古齐等教育理论家都强调了自然体验对儿童发展和健康的作用"（Ernst，2014，p. 735）。福禄贝尔的一句话开启了本章内容，我们在第 2 章中也提到过他，他提倡在大自然中进行户外游戏。他创办了第一所幼儿园，并启发了幼儿园运动（Sobel，2016）。福禄贝尔的许多思想和观点已经进入如今的许多幼儿园中。

1837 年，福禄贝尔开办学校，后来被称为幼儿园（Muelle，2013）。在他的学校里，福禄贝尔（1974）"强调游戏，从简单的活动开始，之后发展到复杂的游戏。他认为，儿童应该通过游戏来学习"（Muelle，2013，p. 87）。福禄贝尔的影响是广泛的，并引发了众所周知的幼儿园运动。他的工作对如今的学前教育环境产生了重大影响（Elkind，2015）。本章将探讨当前儿童的游戏空间和地方。研究福禄贝尔的思想及其对 19 世纪幼儿园运动的影响，可以发现它们与当今的户外游戏与自然运动是一致的。100 多年前，梅里尔（Merrill，1916）描述了一个受福禄贝尔启发的幼儿园课程，包括自然的好处。表 7.1 概述了课程的组成部分。

表 7.1　幼儿园里的自然兴趣

- 观察太阳、月亮、星星、天空、云、雨和雪。观察室内和户外的阴影。观察季节。
- 照顾动物，如猫或兔子。模仿动物的声音。观察水族馆里的生活。
- 照顾毛毛虫、毛毛虫茧、蝴蝶或蛾子。
- 在春天播种鲜花和蔬菜的种子，在秋天培植、浇花。
- 命名鲜花、水果和谷物、叶子和草等，用它们装饰和作画。整理和分类种子、贝壳和鹅卵石。
- 观察鸟巢和其他动物的栖息地。学习自然物的名称，如橡子、球果、苔藓等。儿童摆弄这些自然物，了解它们的名称、颜色和用途。
- 散步和短途旅行。

来源：Merrill, J. 1916. The kindergarten of today. In *Paradise of Childhood* by Edward Wiebe.

幼儿园运动始于幼儿园在整个德国的普及，并最终进入北美地区。随着工业化的社会影响，社会活动家们支持幼儿园的发展。他们意识到早期游戏和学习的重要性，免费幼儿园变得非常流行（Muelle，2013）。今天，当其他支持儿童户外游戏的运动正在形成时，我们再次受到福禄贝尔的思想的启发。如照片 7.1 所示，为儿童种植花卉和蔬菜，让他们体验园艺，这在今天仍然十分流行。

照片 7.1　儿童为蔬菜和花卉浇水

19世纪50年代，当幼儿园运动来到北美地区时，它带来了福禄贝尔对大自然重要性的强调（Frost & Sutterby, 2017）。北美地区的第一所幼儿园在美国威斯康星州成立。1870年，加拿大第一所幼儿园在爱德华王子岛的夏洛特顿创办。到19世纪70年代末，一些较大的城镇和城市已经有了幼儿园。1883年，加拿大多伦多公立教育局设立了一个幼儿园项目（Prochner, 2015）。在幼儿园概念传播的同时，人们也希望保护自然空间（Frost & Sutterby, 2017）。19世纪40年代，社会改革家们意识到城市的无计划发展会给儿童带来负面影响。像美国波士顿和纽约这样的大城市非常拥挤，由于交通繁忙，因此街道十分危险。由此，纽约市中央公园内的第一个大型公园项目应运而生（Frost & Sutterby, 2017）。到了19世纪80年代，社会改革家们越来越关注生活在拥挤的城市环境中的儿童的需求。

户外游戏被认为是一种满足儿童需求的方式。在19世纪80年代，第4章提到的德式沙花园迅速流行（Frost & Sutterby, 2017）。另一个被称为"游乐场运动"的浪潮紧随其后。游乐场包括在公共空间安装的人造游戏设备。到20世纪20年代，在各种形式的政治和财政支持下，城市开始规划公园和游乐场（Frost & Sutterby, 2017）。然而，尽管游乐场运动在城市中逐渐普及，但这一运动并未在农村地区发生。这种缺失的部分原因是农村地区有开放的空间、农场动物，而且儿童本就已经在玩自然材料（Frost & Sutterby, 2017）。现在，许多幼儿园都在进行一种运动，将户外游戏和基于自然的原则、实践融入教育中（Sobel, 2016）。

游乐场运动始于对拥挤的城市和父母长时间工作的回应，这些都是工业革命的现实特征。这场运动旨在帮助穷人家庭、移民家庭和无家可归的儿童。该运动的理念是，有成人监管的游戏可以改善儿童的整体健康状况（Bachrach, 2012）。

回想一下第2章介绍的社会运动。社会运动的特点是一群人聚集在一起推进他们共同的想法，旨在带来改变。幼儿园运动改变了儿童的早期游戏和学习。那么，今天的运动会在未来产生怎样的影响？

随着时间的推移，行为主义这一新的心理学理论出现，福禄贝尔学说对学前教育的影响有所减弱。桑代克和华生等行为主义者提醒教师不要在教室里表现母爱。他们认为，重点应该放在学习目标上。尽管杜威和他的进步教育理论反对行为主义的原则，但教育作为一种社会改革运动的意义有所减少，对行为的强调开始占据主导地位（Muelle，2013）。幼儿园的目标是帮助儿童适应学校内的日常生活和社会环境，更多地强调学业而非自然（Muelle，2013）。但是，强调学业学习的幼儿园的兴起让位于当今的运动。研究历史有助于幼儿教师了解过去对现在的影响，并思考未来。

19 世纪 90 年代初，随着学前班成为公立学校的一部分，幼儿园变得普遍起来。一些幼儿园是私立的，为社会精英的儿童服务，而另一些是免费的，为弱势儿童服务。与此同时，由于工业化和城市化的发展，提供托育服务的日间托儿所数量增加。在加拿大，这些园所直到第二次世界大战开始之前都相对停滞不前。随着越来越多的双亲家庭在战争年代进入劳动力市场，特别是在 20 世纪 60 年代之后，更多的女性进入劳动力市场，就有了对更多全职日托服务的需求（Prochner，2015）。最初，保育学校、托儿所和幼儿园通常侧重于看护或学业技能。20 世纪 60 年代还普及了皮亚杰的理论以及儿童自主活动的理念（Muelle，2013）。与福禄贝尔相似，皮亚杰认为儿童从经验中获得学习。皮亚杰相信，儿童应该通过具有创造性和想象力的游戏来学习（Elkind，2015）。皮亚杰的研究对学前教育产生了持久的影响。

20 世纪 50 年代，另一场运动兴起。由于游乐场上的设备非常高，处于像混凝土一样坚硬的表面上，并且高速运作，这导致市民开始关心儿童的安全，于是安全游乐场运动开始。不安全的游乐场设备被拆除，指导方针相继出台。近年来，在许多司法管辖区，学龄前儿童的游乐场伤害诉讼率很高，更多的法规由此被推出（Frost & Sutterby，2017）。随着监管范围的扩大，人们担心游乐场不再能满足儿童的需求（Frost & Sutterby，2017）。加拿大标准协会有一套关于儿童游戏空间和设备的安全标准，旨在将风险和伤害降到最低。1990 年，加拿大标准协会出版了一份指南《儿童游戏空间和设备》（Children's Playspaces and Equipment），并在 1998 年、2003 年和 2007 年进行修订。根据菲尤泽利和扬查（Fuselli & Yanchar，2012）的研究，该标准包括对游乐场以下特征的详细说明。

- 布局
- 通道（上下设备）
- 铺面材料

- 设备强度
- 性能要求
- 安装要求
- 检查和维护
- 每件游戏设备的设计规格

为了符合这些标准，游乐场开始逐步淘汰秋千、跷跷板和旋转木马，安装了更多乏味但安全的设备。批评者对此回应道，新标准没有考虑到旧设备所能带来的发展方面的益处，因为它们可以为儿童提供冒险的机会（Brussoni et al., 2014）。照片 7.2 展示了一个符合标准的游乐场。

照片 7.2　符合标准的游乐场

虽然加拿大标准协会提出遵循标准是自愿的，但在实践中，许多司法管辖区都坚持遵守，以尽量减少伤害和诉讼（Fuselli & Yanchar, 2012）。然而，过分关注安全可能会对儿童发展造成负面影响。今天，我们看到越来越多关于标准的争论，因为游戏空间已经变得非常有限。游戏设备所提供的游戏选择不利于儿童发挥想象力，限制了儿童的游戏。

如今，科技的诱惑等许多原因使儿童变得不那么活跃，也更少与大自然接触。缺乏户外游戏和亲近大自然的机会，引发了一种新的户外游戏运动。许多儿童权益倡导人士正试图教育社会，让人们认识到重新联系儿童与自然的重要性。森林和自然学校被认为是这一运动的重要组成部分（Sobel，2016）。

索贝尔（2016）对森林学校和自然幼儿园进行了区分。自然幼儿园原产于北美地区，是环境教育运动的产物。环境教育与许多学前教育理论框架相匹配。早在25年前，威尔逊（1994）就认为，幼儿园中的环境教育包括让儿童有机会：

- 形成一种好奇感，并能遵循好奇心行事；
- 意识到周围的美；
- 体验触摸、感觉、品尝和闻等多种选择，并从不同的角度观察环境；
- 发现并尊重共享环境的所有人和生物。

自然幼儿园让儿童每天都在户外与自然世界接触，在室内外提供发展适宜性课程（Sobel，2016）。

环境教育是指支持个人探索环境问题、参与解决环境问题，并采取行动改善环境的过程。

将环境教育纳入学前教育"是一个整体的概念，包含有关自然工作的知识以及情感、心智倾向和技能"（North American Association for Environmental Education[①]，2010，p.2）。自然幼儿园正是从这些理想中诞生的，它们不一定只在户外，也有"设计精美的室内环境"（Sobel，2016，p.36），并且儿童每天都有许多机会与自然、家畜和野生动物接触。自然幼儿园遵循更传统的准备路径，强调读写和计算能力（Sobel，2016）。

森林学校起源于欧洲，最早出现在斯堪的纳维亚国家。森林学校强调尽量减少室内设施，全天候外出（Sobel，2016）。随着加拿大森林学校和自然幼儿园的兴起，受福禄贝尔幼儿园和幼儿园运动的启发，人们开始重拾对自然的兴趣。尽

---

① 即北美环境教育联合会，简称NAAEE。——译者注

管"福禄贝尔的愿景在整个20世纪时起时伏",但在20世纪50年代和60年代,它确实在瑞典重新出现(Sobel,2016,p.31)。到2008年,瑞典已有180所基于自然的幼儿园。根据索贝尔(2016,p.33)的研究,这些幼儿园"甚至比福禄贝尔最初的幼儿园更自然"。在这些瑞典的自然幼儿园中,森林及其原材料是主要的学习来源(Sobel,2016)。福禄贝尔的幼儿园强调使用一套他称之为"恩物"的玩具。这些恩物主要用于儿童的数学和科学学习。如今,木棍、鹅卵石、松果以及其他通常由塑料制作的常见的数学教具取代了福禄贝尔的恩物。这些现代版的福禄贝尔恩物可以在各种幼儿园中找到,包括森林和自然学校(Sobel,2016)。

森林学校注重"没有纸,没有蜡笔,只有伟大的户外"的学习,比自然学校更少强调室内活动(Sobel,2016,p.38)。

今天,欧洲、澳大利亚和新西兰有数千所森林学校,它们"在许多亚洲国家突然出现"(Sobel,2016,p.1)。北美地区的自然幼儿园"在1970年最初的地球日前后"相继出现(Sobel,2016,p.1)。近年来,越来越多的加拿大科学家对儿童户外游戏感兴趣,包括森林学校运动和自然幼儿园。

由于"原产国"不同,森林学校有各种各样的名称。例如,它们在瑞典被称为"风雨学校"(Sobel,2016),在德国被称为"森林幼儿园"(Fritz,Smyrni,& Roberts,2014),在澳大利亚你可以找到"灌木丛幼儿园"——斯堪的纳维亚森林学校在当地的演变(Davis & Elliott,2014)。还有许多其他类型的儿童户外游戏场地,包括生态学校、户外学校、冒险游乐场、快闪教室、户外教室、游戏花园和可食用花园。幼儿教师可以从这些户外场地以及游戏与学习空间中获得学习,以改善他们在自己所处的环境中为儿童提供的活动。

为户外游戏做好准备

本章介绍的幼儿园并非都在户外进行教学,但它们都鼓励儿童使用户外环境。尽管近年来强调户外活动的幼儿园激增,但正如本文所概述的那样,这并不是一个新现象。斯坦纳在1919年提出了华德福教育理念，他认为户外是学习的最佳场所。斯坦纳提倡在任何季节都进行户外游戏，无论天气如何。他认为，户外环境应该配备一个有遮盖的区域，以便在户外游戏时避开各种元素。他"鼓励所有儿童使用户外环境，并让教师提供尽可能自然的空间"（Constable，2017，p.4）。图7.1展示了根据康斯特布尔（Constable，2017）的研究调整后的华德福户外环境的特点。

图7.1 华德福户外环境的特点

康斯特布尔（2017，p.4）指出，斯坦纳的方法"可能是我们现有的最接近户外教室和森林学校的历史模式"。森林和自然学校的特征是定期、持续地探访相同的自然空间（Andrachuk et al.，2014）。许多其他幼儿园可能有机会进入儿童和幼儿教师经常使用的自然空间。

森林和自然学校

当儿童能够经常进入相同的自然空间时，他们"就有机会通过这种教育方法与土地、专注的教育者、其他儿童以及自己建立持续的关系"（Andrachuk et al.，2014，p.12）。森林和自然学校可以是全日制或非全日制的，可以在各种不同的户外地区进行，不一定是森林。参加森林和自然学校的儿童可以"在当地的林地和绿地、城市及其附近的公园、学校操场及其邻近的自然空间或自然游乐场和户外教室"待上一整天或半天（Andrachuk et al.，2014，p.12）。学校采用一种生成式、体验式、探究式、游戏式和地点式的学习方法（MacEachren，2013）。在加拿大，许多在森林和自然学校工作的幼儿教师经常接受加拿大儿童与自然联盟[①]提供的实践培训。其他人可能从专业的学习活动中获得知识和技能，这些活动将各种观点融入户外游戏教学和课程模式中。

表7.2列出了加拿大森林和自然学校的指导原则：户外学习的脑、心、手（Andrachuk et al.，2014），其中很多原则适用于各种户外游戏教学和环境中。

表7.2 森林和自然学校的原则

- 课程在各种各样的空间中进行，包括当地的森林、小溪、草地、草原、山脉、海岸、苔原、自然游乐场和户外教室。
- 是在相同的自然空间里定期、重复活动的一个长期过程。
- 植根于与地方建立的持续关系，并遵循地方教育原则。
- 植根于并支持建立有吸引力、健康、充满活力和多样化的社区。
- 旨在促进儿童和青少年的全面发展。
- 视儿童和青少年为有能力的学习者。
- 在知识渊博的教育工作者的支持下，支持儿童和青少年识别、共同管理和规避风险。体验冒险的机会被视为学习与健康发展的组成部分。
- 要求有资格的教师扎根并致力于森林和自然学校的教学理论与实践技能。
- 要求教育者扮演促进者的角色，而不是专家的角色。
- 使用松散、自然的材料支持开放式的活动。
- 过程和结果一样重要。
- 要求教育者采用生成的、实验的以及基于探究、游戏和地方的学习方法。

来源：Andrachuk et al.（2014）*Forest and nature school in Canada: A head, heart, hands approach to outdoor learning.*

正如你注意到的，这些原则可以在各种户外游戏环境中得到应用。幼儿教师可以从这些原则中获得灵感，并研究当地的空间环境，如森林、小溪、草地、草原、山脉和海岸，以确定他们是否以及如何在实践中遵循其中的某些原则。他们

[①] 英文全称为 Child and Nature Alliance of Canada。——译者注

也可以考虑自己的游乐场空间,思考如何实践这些原则。本书,特别是本章的重点是让儿童进入具有可供性的户外空间。

想一想空间和地方是如何影响儿童的户外游戏的。例如,重复带儿童到相同的自然空间可以帮助他们认同和发展地方感(Pelo,2013)。地方感(a sense of place)是指为儿童提供情感联系的特殊空间。这种联系支持他们的情感发展(Hashemnezhad, Heidari, & Hoseini, 2013)。地方教育的发展与森林学校和自然幼儿园运动的关系是显著的(Sobel,2016)。

地方感是指人沉迷于某个地方而产生的情感联系。地方感可以带来广泛的世界意识(Sobel,2008)。

增加儿童接触户外空间和地方的机会有助于他们参与社区活动。幼儿园可以成为社区的活跃成员,扩大多样性并支持儿童的健康发展。这有助于儿童的全面发展,使他们成为社区中有能力、有冒险精神的成员。幼儿教师可以帮助儿童在户外游戏中建立信心,形成管理风险的能力(Ontario Ministry of Education, 2014)。

贯穿本书每一章的主线是促使儿童进入户外游戏环境。促进生成性、探究性和基于地方的活动开展的成人,把开放性材料作为儿童游戏的必要材料。看看下面这些在森林学校里拍摄的照片。

在照片 7.3 中,我们可以看到儿童在休息,这种体验如何支持他在多个领域的全面发展?照片 7.4 中,一个孩子正在削木棍,这为儿童的冒险提供了什么样的机会?照片 7.5 中,儿童正在观察动物的足迹,幼儿教师如何利用这种活动来引发一场探究呢?森林可以成为户外学习教室。如何在其他户外游戏环境中发现类似的活动?例如,幼儿教师如何

照片 7.3　在森林里休息

照片 7.4　在森林里削木棍

照片 7.5　发现动物的足迹

在游戏空间开展户外午睡活动？可以给儿童提供哪些资源来查看游戏空间或社区里的动物足迹？哪些地方被儿童当作自己的特定地点？在城市中，这些地点在哪里？农村地区会有哪些不同？

户外教室

当户外环境是儿童学习的地方时，它就会成为一间教室，可以是正式设计的，也可以是任何户外游戏空间。任何两间户外教室都不可能是一样的，环境每天都会因为各种因素而发生变化。许多学校的户外教室位于院子或田野里（Constable，2017）。户外教室可以复制室内教室的座位安排和教学平台。创设有教学平台和座位的户外教室反映出一种不支持自主游戏的环境。在学前教育中，游戏是儿童的学习工具（Dietze & Kashin，2018）。

在本书中，我们从一个更广阔的视角来看待户外教室。我们没有将空间设计成教室，而是把户外自然空间看作儿童游戏和学习的潜在场所。虽然"户外教室"一词在学校环境里很常见（Constable，2017），但从学前教育的角度来看，它可能是限制性的（Maynard & Waters，2007）。西拉杰－布拉奇福德、西尔瓦、劳赫恩、米尔顿和查尔斯（Siraj-Blatchford, Sylva, Laugharne, Milton, & Charles, 2006, p. 81）建议进一步"斟酌、阐明和修改"这一名词是有益的。户外教室可以被认为是儿童进行游戏、探索、发现和学习的任何地方。自然游乐场是儿童学习与游戏的空间和地方。

自然游乐场

在加拿大，幼儿园受本省的规定指导。各省的规定各不相同，包括有关户外游戏空间的规定。尽管使用滑梯、单杠和秋千等设备的传统游乐场继续被广泛使用，但人们越来越对自然游乐场感兴趣（Coe, Flynn, Wolff, Scott, & Durham, 2014）。詹宁斯（Jennings, 2014, p. 2）指出：" 一场儿童游乐场自然化的运动已经开始。"在解释把自然元素融入儿童游戏空间日渐成为趋势的诸多原因时，理查德·洛夫的著作《林间最后的小孩：拯救自然缺失症儿童》（2005）经常被引用（Coe et al., 2014）。当儿童在人造设备上游戏时，他们的游戏比在自然游乐场上的游戏更容易预测、更缺乏创造性。儿童在自然游乐场上游戏的时间是在传统游乐场上的 5 倍（Weintrub, 2010）。幼儿教师的作用包括不断创造或进入户外空间，让儿童从环境中获得的游戏价值和机会最大化。

基勒（2016）建议为游戏创造安全的空间，提供无限的可能性。将游乐场自然化，原木、树桩、树枝、木片、树林、灌木、木材废料、轮胎和巨大的木制卷轴是非常合适且划算的材料。最好再增加水泵和软管，而不是静水（池子或池塘），这样儿童就不会掉进水里。沙子和水为开放性材料游戏提供了机会（Kuh, Ponte, & Chau, 2013）。儿童空间的可供性会影响他们与地方的互动。

内多韦基和莫里西（Nedovic & Morrissey, 2013）引用的一项研究表明，与每天在植物等自然特征较少的空间中游戏的儿童相比，更多地接触自然空间的儿童有更好的运动协调能力和注意力。富兰克林（Franklin, 2008）发现，与传统的游戏场地相比，在有更多树木、草地、树枝和鹅卵石等自然特征与材料的地方，儿童的假装游戏情节更丰富。绿色植物和树木增强了儿童游戏的创造力。大自然中不同的颜色、树木和地表的变化会引起儿童的兴趣。户外是一个儿童了解世界的地方（Nedovic & Morrissey, 2013）。

自然游乐场具有一些传统游乐场没有的可供性，传统游乐场通常只有滑梯和秋千等固定设备。德朗和克里斯滕森（Drown & Christensen, 2014）研究"自然游乐场是否比配备了人造设备的游乐场提供了更多进行角色扮演的游戏机会"这一问题。看看照片 7.6。注意，场地的一侧长满了很高的草。儿童在那里会做什么？它具有哪些可供性？例如，一天早上，迈卡和莫莉涉水穿过草地，发现了瓢

照片 7.6　自然游乐场

虫、蚱蜢和蜘蛛。不久之后，迈卡假装自己是一只瓢虫和莫莉说话。作为回应，莫莉假装自己是一只蚱蜢，开始在高高的草丛中跳跃。正在树下玩耍的格里芬也爬进了草丛。迈卡建议他当一只蜘蛛。于是，这一角色扮演游戏持续了一上午，三个孩子都在扮演自己的角色。高高的草丛是如何支持和促成这一活动的？如果儿童在一个人造的、配有设备的游乐场里游戏，会有哪些不同？

内多韦基和莫里西（2013）通过研究对三四岁儿童的游戏空间的再开发，发现儿童希望拥有充满树木、花朵、水、动物和昆虫等自然物的自然空间。这项研究的关键发现之一是自然特征和材料对儿童的角色游戏深度的影响。此外，该研究还意外发现，绿色、自然花园对儿童有抚慰的作用。研究者认为，自然材料和有机生长似乎可以帮助儿童慢下来专注于游戏，而不是在短时间内从一个活动换到另一个活动。

自然游乐场的优点是具有多种功能和供儿童游戏的开放空间。"在开放的游戏空间中，儿童可以调动一系列大肌肉运动技能，如跑步、跳跃、爬行和滚动"（Spencer & Wright，2014，p. 29）。在开放空间中添加球、豆袋和篮球筐等操作性设备时，会出现更多的游戏选择。开放性材料支持儿童参与建构游戏，这有助于大小肌肉运动能力的发展。添加道具或服装可以鼓励儿童进行角色扮演和幻想游戏（Spencer & Wright，2014）。乔木、灌木、草、无毒开花植物、藤蔓、地形变化（即土丘、梯田、斜坡）和安全的地面，能让自然游乐场成为受欢迎且美丽的环境，为儿童提供多样性和兴趣。开放式组件可以支持冒险、挑战和探险。挑战儿童身体、社会性和认知能力的原木、平衡木及树桩可以鼓励他们创造自己的挑战或超越障碍训练场，并参与越来越有难度且复杂的活动（Spencer & Wright，2014）。图 7.2 展示了斯宾塞和赖特（Spencer & Wright，2014）提及的示例，说明自然游乐场上可以出现什么。

图 7.2　自然游乐场的特征

儿童使用三轮车、踏板车、马车、可推动玩具时，可以体验速度、与他人合作，并进行角色扮演。这些经验可以帮助儿童在行进的过程中锻炼出强健的肌肉。增加带有轻微斜坡的道路，可以为儿童提供额外的挑战和可供性（Dietze，

2013；Spencer & Wright，2014）。借助球、丝带、绳索和呼啦圈等操作性设备，儿童可以练习"投掷、翻滚、滚球、踢腿和击球等物体控制技能"（Spencer & Wright，2014，p. 30）。

沙区可以抬高或降低地面。斯宾塞和赖特（2014，p. 31）描述了自然游乐场上沙子的可供性：

升高的沙桌可以让有特殊需要的儿童参与。在凸起的沙区，儿童可以坐在容器里或站在容器周围玩沙子。在下凹的沙区，儿童使用他们的身体发展非运动技能，比如，在挖沙和游戏时弯腰和蹲下。泥土或泥土挖掘区为儿童提供了不同的触觉体验，并有机会发现昆虫和蚯蚓。

在一个自然游乐场里，玩水区可以是永久的，如瀑布；也可以是临时的、便携式的，如软管、蹚水池或水桌。水给儿童提供了学习许多科学原理的机会。想一想儿童在游戏中如何学习这些原则，例如，体验水是如何移动和变化的，思考什么物体下沉或漂浮以及水是如何影响或改变其他材料的，如泥土、黏土和沙子（Spencer & Wright，2014）。

当儿童使用平衡木和踏脚石时，他们在练习平衡、弯腰、转弯和转移重量等需要保持稳定的技能。大原木是很好的平衡材料，光滑的石头或树桩也适合用于练习平衡，同时还可以将自然元素融入游乐场中（Spencer & Wright，2014）。游戏屋和其他结构，如凉亭，为儿童提供了社交和交流的机会。有编钟、鼓、雨棒和其他乐器的音乐区可以给儿童提供探索他们所处环境中的自然声音的机会。把锅碗瓢盆和铝垃圾桶盖挂在篱笆上会成为划算的乐器替代品（Spencer & Wright，2014）。图7.3列出了斯宾塞和赖特（2014）建议添加到自然游乐场的其他特征。

儿童通过种植蔬菜、药草和花卉，可以在花园里体验植物的生命周期。花园不仅富有美感，还会让儿童体验到各种纹理和气味，进行探索和发现（Spencer & Wright，2014）。松果、牛奶箱、木块、树桩、原木和树枝等自然类开放性材料可以促进建构游戏（Spencer & Wright，2014）。

如果自然游戏空间有可攀爬的树木，儿童就有机会攀爬、平衡和转移重心。爬树为儿童提供了推测和管理风险、更好地控制大肌肉，并参与各种问题解决场景的经验。不是所有的自然空间都有可以攀爬的树木。大树干和岩石会给儿童带

第 7 章　基于自然的学前教育空间和地方

用于攀爬和翻滚的山坡

花卉和蔬菜园

装饰元素

开放性材料

用于攀爬的大树

甲板或台阶

图 7.3　自然游乐场的其他特征

来类似的体验及冒险感（Spencer & Wright，2014）。爬土堆和滚动土块有助于儿童发展稳定的技能，如平衡、滚动和停止。他们发展运动技能，如奔跑、飞奔和跳绳（Spencer & Wright，2014）。想象一下儿童从土堆上跑下来会多么快乐和兴奋！

升高的甲板或台阶可以成为儿童聚集或表达欢迎的地方。儿童一起读故事、表演故事、唱歌或跳舞。大草垫可以在游戏空间的不同地方用于创造有趣的聚集场地。在不同的日子里，聚集的地方可以转移。幼儿教师定期更换聚集场地，以支持儿童观察游戏空间的不同部分（Spencer & Wright，2014）。斯宾塞和赖特（2014，p.33）指出：

高质量的户外游戏空间包括装饰元素，如横幅、风铃、风向袋、雕像、旗帜、文化产品或装饰物品（如花环、栅栏编织物、壁画、风向标、风车、奇特的标志、花环或雕塑）。这些元素可以在视觉和听觉方面增加兴趣及吸引力。

基勒（2008）建议在社区居民的帮助下实现游戏空间的个性化，使其独特而受欢迎。当地的机械师、农民、建筑工人以及园丁能为空间提供有趣的材料和活动。无论在游乐场添加什么元素来实现自然化并为儿童增加游戏机会，材料都应该是可持续且环保的（Davis，2010）。

生态学校

正如本章前文所述，"生态学校"通常以生态为重点。生态学校是一项全球"可持续发展教育"（Education for Sustainable Development）项目，旨在鼓励儿童和青少年参与和融入环境。"生态学校在五大洲的幼儿园、小学、中学等机构中运行"（Andreou，2017，p. 39）。为了成为生态学校，学校需要经历7个步骤（Andreou，2017），如图7.4所示。那么，如何遵循这些步骤支持幼儿园进一步改进他们的实践，使其更加注重生态环境？

幼教机构在他们的环境中应用以上7个步骤，要么可以推进生态实践，要么可以成为一所生态学校。虽然生态学校一般位于学校环境中，但幼儿教师可以反思这一过程，并决定如何将类似的过程应用于学前教育环境中。成立生态委员会是这一过程的第一步。生态委员会反映学校的人员构成，包括行政管理人员、护理人员、教育工作者和学生。一旦完成了环境评价、明确了问题，就需要制订行动计划，包括可衡量的变革目标。在将环境方面的工作纳入学校课程的同时，监测和评估目标的实现情况。生态委员会通过宣传和参与来确保全校人员了解学校的生态工作。最后，提出一个生态口号。这是一份代表学校对环境的承诺声明。

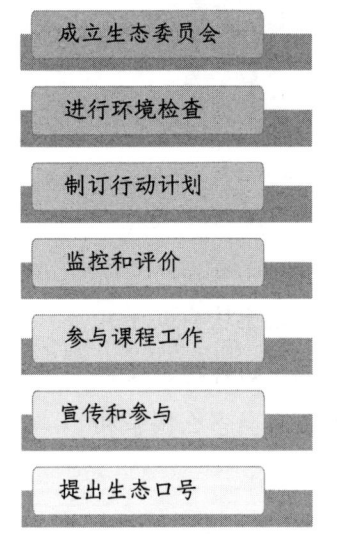

图 7.4 成为生态学校的 7 个步骤

幼儿教师可以从生态学校形成的过程中获得灵感，并以自己的方式工作，变得更加注重生态。阅读案例研究 7.1 中卡伦的故事。卡伦是一位幼儿园园长。她描述了她所在的幼儿园逐渐注重生态的过程。卡伦一直致力于学习如何为儿童创设健康的户外环境。思考下面的问题。当你阅读第 8 章的时候，你会了解更多关于环境可持续性原则和实践的信息，因为它们与儿童的户外游戏和学习经验有关。

第 7 章　基于自然的学前教育空间和地方

 案例研究 7.1　培养环保意识

我在 1998 年创办了幼儿园。一开始，我在担任幼儿教师时参加了一个关于杀虫剂及其对儿童健康的负面影响的会议。这唤醒了我内心的环保主义意识，我发誓要为儿童、家长和员工创造一个健康的环境。我们的环境政策聚焦于让儿童实践 3R①（减少、重复利用、回收利用），节约用水以及在幼儿园里堆肥。我们也有意为儿童提供动手实践的学习活动，让环保意识成为他们的习惯。我们希望培养儿童的终身习惯和环境管理能力。

2006 年，我参加了一个关于幼儿自然教育的论坛。它真的改变了我的想法和关注点！我意识到，在我要求儿童拯救地球之前，我需要教他们热爱地球！虽然我们总是花很多时间在户外，但我们的新关注点是让儿童与自然建立联系。我们的幼儿园融入大自然中，遵循一种新兴的课程理念。我们一天中的大部分时间都在户外教室里度过。我相信，没有坏天气，只有不合适的衣服。我认为，在美丽的自然环境中进行户外活动是所有儿童必不可少的经历。我们一直致力于改造游乐场，使其自然化。我们添加了许多开放性材料，并创建了新的游戏区域，包括声音花园、泥巴厨房、脏脏材料空间、有机花园和传粉者友好花园。

1. 你认为这位园长在这一过程中采取了哪些步骤，以确保学前教育团队、家长和儿童都成为该过程的一部分？

2. 园长说，如果儿童不热爱地球，我们就不能要求他们拯救地球。这是什么意思？

3. 你觉得一个声音花园里会有什么？

在儿童游戏的地方创造的空间每天都影响着他们的生活。塞缪尔森和卡加（Samuelsson & Kaga，2008，p.9）提出，我们"迫切需要新型教育，以防止我们的星球进一步退化"。这些新型教育"必须从儿童早期开始，因为这一时期的价值观、态度、行为和技能可能对未来的生活有持久的影响"。这句话是否促使你考虑让你

---

① 即减少（reduce）、重复利用（re-use）和回收利用（recycle）。——译者注

创建的户外空间体现生态意识？儿童游戏和学习的理想空间还包括什么？

冒险游乐场作为游戏的地方

冒险游乐场是儿童以有助于他们的健康、创造力和学习的方式进行游戏的地方。回想一下第2章介绍的冒险游乐场，第4章进一步讨论了它与开放性材料的关系。在本章中，我们将冒险游乐场视为进行开放式游戏的空间和地方。开放式游戏是用来描述"冒险游戏运动"试图恢复的游戏类型的术语。冒险游乐场与"蓬勃发展的创客运动"和"人们日益增长的培养儿童创新和创造力的愿望"相一致。创客运动是指"越来越多的人"参与创造人工制品，并"在线上和线下论坛中与他人分享创造的过程与产品"（Halverson & Sheridan，2014，p. 496）。创客运动已经从制造行业蔓延到教育领域，并与强调动手学习方法的建构主义理论相结合（Halverson & Sheridan，2014）。幼儿教师鼓励并邀请儿童做东西便是支持创客运动。在带有开放性材料的冒险游乐场上，他们是"未来创新者的孵化器"（Mills，2017，p. 58）。此外，冒险游乐场对儿童还有其他好处。

开放式游戏可以让儿童在游戏中自由且创造性地表达自己。他们的游戏不受预设的限制（Frost, Brown, Sutterby, & Thornton, 2004）。

创客运动是指为游戏和功能而创造性地设计与建构项目（Martin, 2015）。

儿童在冒险游乐场中感到自主，因为他们能够在游戏空间里发挥创造力、实验和冒险（Staempfli, 2009）。为了让儿童有能力创造自己的游戏环境，他们需要有机会思考、实验和做一些事情，从而体验高水平的学习。

快闪冒险游戏空间

为了向儿童介绍冒险游乐场的独到之处，快闪游乐场运动日益壮大。快闪冒险游乐场的设计是为了证明，在现有的户外环境中添加冒险游戏的地方有很多（Leichter-Saxby & Law，2017）。

冒险游戏空间为儿童提供挑战和冒险。在英国，作为一种支持儿童进入冒险游戏空间的方式,各种政府机构投资于游戏管理员,他们"带着小开放性材料套件前往住宅区的开放空间"(Leichter-Saxby & Law,2017,p. 23)。就冒险游乐场而言,游戏管理员与游戏工作者有所不同。"游戏工作者"的做法直到2010年才被引入北美地区,是一个相对较新的想法(Leichter-Saxby & Law,2017)。

游戏管理员,是指从一个社区移动到另一个社区去支持儿童的户外游戏而非待在冒险游乐场的游戏工作者。

小型快闪活动出现在社区的任何地方,它们可以在任何合适的空间中形成,只要那里建立了支持游戏中的共同信念的关系和联系(Leichter-Saxby & Law,2017)。快闪冒险游戏运动表明,可以通过调整户外空间来支持儿童在日常生活中体验开放式游戏。例如,在2017年,英国的"快闪冒险游戏"团队进行了一次遍及全加拿大的巡演,在全国各地的城市快闪。

近年来,园艺运动兴起,正如福禄贝尔多年前所建议的那样,该运动试图将园艺带回儿童的生活中。

游戏和食物花园

花园为儿童提供了多种游戏和学习活动。尼莫和哈利特(2008)将花园描述为儿童工作和游戏的地方。食物花园允许儿童观察和参与种植食物的奇妙过程。根据尼莫和哈利特的说法,花园为儿童提供了以下机会:

- 游戏和探索
- 进行安全冒险
- 发展多元关系
- 发展群体
- 引发并揭示多样性
- 开阔社会视野

作为一种学习环境,园艺变得越来越流行。对学校花园的研究表明了花园作为提供营养、促进生态学习以及培养环境管理能力的场所的重要性(Vandermaas-Peeler & McClain,2015)。花园也是进行科学和数学学习的地方(Vandermaas-

Peeler & McClain, 2015)。想象一下,当儿童用照片 7.7 所示的材料进行实验和探索时,他们进行学习的可能性有多大。

照片 7.7　与儿童一起种植

广西壮族自治区柳州市育柏森林幼儿园

范德马斯-皮勒和麦克莱恩(Vandermaas-Peeler & McClain,2015,p. 24)对儿童在花园中与教师的互动进行的纵向案例研究表明,"内容丰富的花园有潜力成为以整体和综合的方法促进儿童学习的环境"。"幼儿园里的花园为儿童提供了无数的机会来发展数学和科学思维、生态意识以及对自然世界的积极情感回应"(Vandermaas-Peeler & McClain,2015,p. 24)。在能提供食物的花园中,游戏会为儿童提供发展一百种语言之一——食物语言的机会(Edwards,Forman,& Gandini,2012)。

第 7 章 基于自然的学前教育空间和地方

专栏 7.1　认识户外游戏——反思要点

在意大利瑞吉欧·艾米莉亚的学前教育中心，户外环境中的花园被认为非常重要。儿童可以照料花园，播下种子，看着它们长大。儿童有机会了解植物的生命周期，了解它如何受到时间和照料的滋养，以及如何受到太阳、雨水和温度等环境条件的影响。在帮助准备一顿饭时，儿童可以看到食物如何从花园到餐桌，同时学习有关食物的语言（Cavallini & Tedeschi，2008）。

你可能经常听到"从农场到餐桌"这个短语，那么听说过"从农场到幼儿园"吗？作为一个研究领域，已经有很多关于"从农场到幼儿园"的研究，这些研究将当地农场和幼儿园联合起来。"很少有研究关注学前教育环境中的从农场到幼儿园的项目"（Carbone et al.，2016，p. 178）。农场作为一个学习的空间和地方，儿童在这里可以专注于探究食物与健康饮食。研究者发现，从当地农场购买新鲜的农产品可以为幼儿园节省资金。新鲜的农产品也可以鼓励儿童吃更多的水果和蔬菜（Carbone et al.，2016）。其他的好处还包括，儿童有机会与社区建立联系（Carbone et al.，2016）。将儿童与空间、地方联系起来，有助于拓展儿童在社区中的视野，支持我们对儿童的期望。与当地农场和花园建立联系的幼儿园有很多好处。图 7.5 列出了一些好处。

图 7.5　食物花园的好处

从农场到幼儿园是"从农场到学校"模式的延伸，这种模式让儿童与附近的农场建立联系（Institute for Agriculture and Trade Policy[①]，2011）。

当儿童有机会参与从种子到收获的食物生长周期时，他们将接触新鲜的食物，并了解他们所在社区中种植的不同类型的食物。

我们对户外游戏的愿景

我们预见有一天，在儿童的早期学习中，许多方法和教学融合在一起，从而使灵感有多个来源。幼儿教师不需要以教学为中心，或者只坚持一种方法的理念。从如今影响学前教育世界的许多社会运动中汲取灵感吧！你能从森林学校和自然幼儿园运动中学到什么？你能从环境教育、自然游乐场和冒险游戏运动中学到什么？幼儿教师可以从世界各地的儿童游戏场地中寻找灵感，以创设自己的庭院。其中的哪些方面与你的价值观和理念相一致？你可能进一步发展或改变哪些方面，为什么？

户外游戏在儿童生活中的地位

布里兰特和曼昆（Brillante & Mankiw，2015，p. 3）认为，"大多数儿童出生时就做好了准备，并渴望探索周围的物理世界"。甘迪（Gandy，2007）建议儿童在童年早期就开始发展地方感。当儿童在环境中探索和操作材料时，他们试图理解周围的世界。"发展地方感让儿童知道他们属于身边的物理世界，属于那个他们与他人共享的社会和文化世界"（Brillante & Mankiw，2015，p. 3）。地方感和归属感之间有着强烈的联系。正如图7.6所示，发展对某个地方的归属感与身处某个地方不同（Brillante & Mankiw，2015）。

[①] 即农业与贸易政策研究所。——译者注

● **归属感**是指一种与他人的联系感和被重视的感觉。它涉及与他人建立关系,并作为一个群体、社区和自然世界的一部分而做出贡献(Ontario Ministry of Education,2014)。

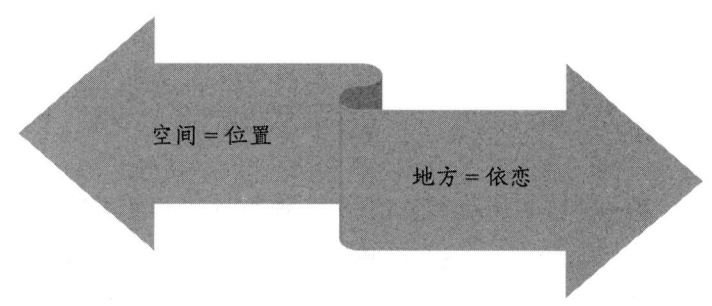

图 7.6 空间和地方

发展地方感与归属感有关。归属感与联系感有关。与幸福、参与和表达一样,归属感是学习与发展的基础(Ontario Ministry of Education,2014)。

这是一种与地方的情感联系(Pelo,2013)。韦格伦特(Vergeront,2013)将"地方"描述为"让我们感觉像家一样的场所",而"空间"是我们的地址。幼儿教师可以成为儿童的"地方创建者"(Brillante & Mankiw,2015,p. 5)。自然中的活动和户外环境中的探索可以帮助儿童发展与人和地方的关系。布里兰特和曼昆(2015,p. 9)描述了地方感对儿童的重要性:

对幼教工作者来说,理解早期地理经验很重要,例如,积极探索空间和操纵环境中的物体可以使儿童发展认知技能并理解他们周围的世界。这些经验是我们理解地方感的基础。因此,地方感既依赖我们的经历,又依赖我们所接受的教育的全面性。

根据美国社会研究委员会①(2010)的研究,理想的情况下,幼儿教师项目有义务和责任培养教师形成一种与儿童在一起的地方感。这将促成儿童对人和地方的深深的依恋。

---

① 英文全称为 National Council for the Social Studies。——译者注

拉尔夫（Ralph，1976，p. 64）指出，一个人对地方的态度以及与地方的联结性可以分为真实的和不真实的两种。他把对地方的真实态度描述为：

对整个复杂的地方特征的直接且真实的体验，而不是通过一系列相当武断的社会和知识潮流来调节和扭曲本应有的体验，也不遵循刻板的惯例。

- **真实的**是指真实的体验。

- **不真实的**是指非真实或者缺乏真实性或诚意的体验。

儿童从直接经验和好奇探究中发展出一种对自然和环境的地方感。拉尔夫（1976）描述了一种不真实的地方感，即当个体身处明显存在刻板印象、规则和"公认的真理"（Hung，2014）的环境中时会产生的感觉和态度。拉尔夫进一步指出，不真实的态度是指一个人没有地方感，也没有对地方或地方特征的理解。从学前教育的角度来看，幼儿教师应确保儿童有机会表达他们的地方感，并在其中创造意义。这需要儿童有时间、空间和选择来探索空间内开放或秘密的地方。这样的联系对培养儿童的归属感和对环境的关爱态度是必要的。

理 论 基 础

福禄贝尔影响了当代户外游戏和自然运动的使命，其致力于改变空间和地方以使儿童游戏再无法被低估。图7.7列出了福禄贝尔幼儿园的显著特征。这些特征在当今的各种学前教育游戏空间中都显而易见（Sobel，2016）。

福禄贝尔方法是一种基于一套原则来思考儿童和童年的方法。首先，空间和空间内的教师从本质上是尊重儿童的，认为他们是强大而好奇的学习者，有天生的学习欲望。另一个关键特征是连通性，因为所有的学习都应该是有意义的、整体性的，并与儿童的经验相联系。游戏、交谈和第一手经验是学习的核心。创造力也与游戏、想象和符号表征有关，它们是创造力的重要特征（Tovey，2016）。

福禄贝尔方法强调儿童从行动自由、自我激励的选择中受益。户外的自然世界是必不可少的，这样儿童就可以"欣赏它的奇妙，并开始理解所有生物之间的

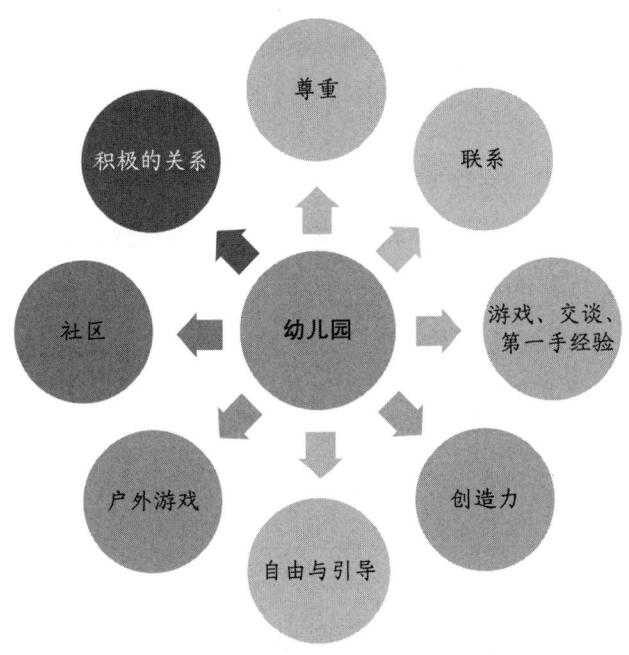

图 7.7　福禄贝尔幼儿园的显著特征

相互关系"（Tovey，2016，p.3）。这种关系是积极的、亲密的和信任的。幼儿教师的作用是培养儿童的积极力量，"扩展他们已经能做的事情，而不是他们还不能做的事情"（Tovey，2016，p.3）。

受福禄贝尔方法影响的幼儿教师会促进和引导儿童，创建一个充满民主和尊重的幼儿园集体，与更多的人和地方紧密联系（Tovey，2016）。

索贝尔（2016）是教育领域的一位著名作家和研究者，经常被认为是地方教育理念的提出者。他认识到福禄贝尔的价值观如何影响当今让儿童到户外游戏的运动。索贝尔（2016，p.34，p.35）在反思学前教育的"学院化"和"室内化"时，将森林学校和自然幼儿园列为一种"急需的矫正"。作为一名基于自然的学前教育运动倡导者，索贝尔认为，这种童年早期与环境的联系对儿童的健康和地球的未来都至关重要。

> **专栏 7.2　重要理论家：戴维·索贝尔**
>
> 戴维·索贝尔是美国安迪亚克大学新英格兰分校的学者。他写了大量关于儿童和地方的文章。他的书《儿童的特殊之地：探索童年中期的堡垒、小窝和灌木丛房屋》(*Children's Special Places: Exploring the Role of Forts, Dens, and Bush Houses in Middle Childhood*) 研究了堡垒、小窝和灌木丛房屋在儿童生活中的作用。他描述了这些空间在儿童自我意识和地方感的发展中所发挥的作用。在《童年与自然：教育工作者的设计原则》(*Childhood and Nature: Design Principles for Educators*，2008) 一书中，索贝尔定义了儿童的游戏主题，并在第 3 章进行描述。他的工作为提倡地方教育运动做出了贡献。

索贝尔（2004）建议地方教育包括将当地社区和环境作为儿童整个课程学习的起点。索贝尔认为，真实世界中的动手学习可以提高学习成绩，并帮助儿童与社区建立更牢固的联系。这些经验帮助儿童形成对自然世界的欣赏，并增强他们作为积极、有贡献的公民的服务意识。幼儿教师甚至认识到，最年轻的学习者也是有权利的公民（Dietze & Kashin，2016）。理解地方教育对于增加儿童在户外游戏和自然教学中的接触与体验非常重要。

实 践 应 用

幼儿教师如何将理论运用到实践中，支持儿童在充满可能性的空间和地方游戏？无论是游乐场、森林还是海滩，儿童都需要有机会与环境和幼儿园户外游戏空间建立联系。他们的"身体和感官是进行发现、探索与理解的工具"（Banning & Sullivan，2011，p. 141）。幼儿教师的作用之一是帮助儿童理解、解释他们的经验，并通过将所学到的知识应用到下一个发现中来扩展思维（Banning & Sullivan，2011）。阅读表 7.3 中的示例，看看如何利用先前的户外游戏经验促进儿童反思和解释。

表 7.3　户外游戏与学习标准：反思、解释和应用

- 儿童将过去的经验与新的情况联系起来，产生想法，深入理解，并做出预测。
- 儿童开始预测并表现出对动机和他人想法的理解。
- 儿童通过游戏、表达和讨论来处理信息和应用想法。

幼儿教师通过观察、倾听和鼓励儿童来进一步探索自己的想法，为儿童创造机会，让他们从自己的经验中获得意义。儿童想要讨论他们所看到和经历的事情。你认为照片7.8中的儿童看到了什么？如果有机会，儿童可能想涂色、绘画或进行表征（Banning & Sullivan, 2011）。这样的经验支持儿童以各种方式使用工具在某个地方深入地参与游戏。

照片 7.8　探索树木及栖居在它身上的生物

安吉儿斑璞自然学校

实践原则：基于游戏的实践

地方教育试图将儿童与他们的当前环境和周遭环境联系起来（Gruenewald & Smith, 2014）。特定地方的独特特征对当地的学习与教学非常重要。地方教育中与经验式学习、情境学习、基于问题的学习、建构主义、户外教育、本土教育、环境与生态教育、生物区域教育、民主教育、多元文化教育、社区教育、批判教育（Gruenewald, 2003）有着深刻的联系。地方教育要求对儿童探索和发现的空间进行考察，将其作为学习的主要来源。儿童从他们当前的世界或地方获得知识，学习机会由此可以向外扩展（Sobel, 2008）。

每个地方都有独特的游戏和学习的可能性。例如，把海滩当作一个地方。在

陈欢

照片 7.9　将海滩作为一个地方

这个地方可以诞生什么样的教学方法？一些幼儿教师可以把当地的海滩作为儿童体验和发现的地方。回想一下你小时候在海滩的经历。你的记忆唤起了怎样的情感？作为一个地方，海滩为儿童提供了独特的机会，可以帮助他们建立持久的情感联系。看照片 7.9，并思考在海滩进行游戏和学习可能会发生什么。

海滩提供了许多学习的可能性。想象一下收集和计数岩石，或者根据颜色、形状或质地进行分类。海滩为数学、科学、语言、艺术和建构游戏提供了机会。

你能平衡堆放多少块石头？什么石头最适合堆放？当儿童使用在海滩上找到的材料时便参与了数学活动。当太阳落山时，他们观察关于日落的科学。儿童可以通过学习新的名字、创编关于鸟和鱼的故事，与在海滩上发现的动物互动。岩石和沙滩玻璃为创造短暂艺术作品提供了无限的可能性，而被冲上岸的浮木为建构游戏提供了机会。现在让我们从海滩来到森林。你有童年时在森林里的记忆吗？让我们把森林当作一个地方。

基于地方的学习：森林

地方教育促进儿童与自然环境的关系（Lloyd & Gray，2014）。在森林里，儿童会与树木、野花和青蛙游戏。儿童能从这些经历中学到什么？拉弗蒂（Rafferty，2013）引用了儿童如何通过触摸青蛙、野花和树木来学习同理心的例子。将森林作为一个地方，儿童可以在其中发展生态身份，学习生态素养。请仔细观察照片 7.10，看看这只在森林学校发现的青蛙是如何被对待的。你看到了什么？相比于在传统环境中缺乏此类接触的儿童，在森林中有持续不断的这种经验的儿童会对环境和可能遇到的动物表现出更多的关爱行为（Rafferty，2013）。

卡明和纳什（Cumming & Nash，2015）发现，儿童不仅会从他们在森林中的经验学习中发展出地方感，还会形成一种对地方的情感依恋，这有助于发展"地方意义"（place meaning）。地方意义可以帮助解释为什么人们会被吸引到特定的地方。森林对你来说意味着什么？它是一个体验宁静的地方吗？是一个体验奇迹的地方吗？地方意义有助于支持地方认同感的发展，增强归属感（Cumming & Nash，2015）。

照片 7.10　爱护青蛙

● **地方意义**是指人依恋某个地方而建立的情感联系。

课 程 计 划

小小世界是儿童创造的对世界的表征，有助于儿童的想象游戏、语言和社会性发展。创造小小世界是一种具体的活动，帮助儿童掌握抽象概念。在森林的每个角落都有许多探索和创造小小世界的邀请物。仔细观察树桩的中空部分，儿童会得到一个神奇的微型森林，里面有植物、真菌和芳香。利用开放性材料或新发现的自然材料，儿童可以采用一种艺术的视觉语言来表达他们对世界的独特理解，从而陷入幻想。当儿童创造一个小小世界时，他们会以一种有意义的方式用物体交流思想或想法，还会表现出理解符号的能力。这些符号是他们在阅读和书写中所使用的，也是他们掌握艺术和数学语言所必需的。表 7.4 呈现了塑造黏土生物的邀请物。

表 7.4　计划、参与、探索和反思——小小世界和黏土生物

计划	给儿童提供少量黏土和一些开放性材料，或者请他们寻找林地材料来塑造一个他们可以在森林中找到的小生物。所需要的只是黏土、岩石、松果、羽毛、树枝等。

（续表）

参与	当儿童塑造黏土生物时，幼儿教师需要与儿童进行有关每个黏土生物的个性、特点和名称的对话。寻找共同的特征，儿童可以把他们的黏土生物聚在一起，形成一个小小社区或小小世界。
探索	让儿童看向树桩或朽木的里面，为这些生物寻找家园。在森林中找到的开放性材料和物品可以用来建造小小世界。
反思	当儿童创造小小世界来表征房子、酒店、堡垒或任何他们选择的东西时，幼儿教师可以记录他们正在展开的叙述，并为儿童的作品拍照。即使小小世界被拆除了，儿童也可以查看记录，并决定重新创作、建构或更改他们的作品。

索贝尔（2004）提出，当儿童有机会在森林和自然空间里游戏时，他们会塑造小小世界，因为这个活动是7个游戏主题之一。索贝尔认为，正如第3章所述，儿童喜欢创造小小世界。通过创造生态系统或社区的缩影，儿童可以在概念上理解更大的事物，这为他们理解抽象概念提供了一个具体的载体。

家长支持与参与

家长是了解儿童在社区里的游戏空间和地方的最佳资源。附近有哪些目的地？可以访问哪些目的地？幼儿教师可以与家长分享当地的目的地及其特点。维拉纽瓦等人（Villanueva et al., 2016）指出，儿童的多动症、注意力不集中等行为问题与远离绿色空间有关。他们发现，在决定是否使用社区绿地时，邻近性对儿童和家长来说很重要。儿童及其家长更有可能使用离家几步之遥的空间和服务。随着儿童年龄的增长，邻近目的地变得越来越重要，因为这个地方更有可能继续成为他们生活的一部分，并对他们有意义（Villanueva et al., 2016）。

幼儿教师在支持家长和儿童方面发挥着重要作用，可以帮助他们了解儿童在户外空间和地方中的游戏与互动的益处大于风险（Villanueva et al., 2016）。邀请家长参加户外活动，可以支持儿童持续地进入独特的空间，获得宝贵的游戏机会。

可及性与设计

根据布里兰特和曼昆（2015）的研究，户外环境对儿童的发展具有重要作用，包括在依恋阶段。空间的可及性，体现了所有儿童都被重视的理念。他们不同的能力和学习方式会被理解与尊重。所有儿童和成人都需要具有包容性的游戏空间（Spencer & Wright，2014）。在设计户外游戏空间时，重要的是游戏区域的表面和周围的路径是可达的。精心设计道路的宽度和地面纹理，以支持需要移动设备的社会成员，如步行者和轮椅使用者（Dietze，2014；Spencer & Wright，2014）。

所有儿童都会从户外游戏中受益。凯西（Casey，2007）建议游戏空间包括较低和较高的攀爬区域。如果儿童在繁忙的游戏空间中感到焦虑或不知所措，那么可以增加一些自然特征，如灌木丛、乔木等植物，为儿童提供更多的庇护和隐蔽空间可能会帮助他们减轻焦虑。有效的户外环境支持多样化的游戏行为，而不是以消极的方式强调儿童的差异（Casey，2007）。

户外游戏的提示与工具

可以请专业的儿童户外游戏空间景观设计师设计幼儿园的户外游戏空间。户外游戏空间的变化会引发儿童的兴趣，不需要精心设计。空间中简单地添加一点内容就会改善儿童游戏的地方。幼儿教师被鼓励让围栏外的景观对儿童"说话"，例如，一个开阔的场地邀请儿童奔跑，倾斜的山坡有利于滚动和滑动，水聚集的地方提供了在水坑里游戏的机会。无论户外游戏元素是什么，它们都具有一定的游戏价值。我们提供了9条建议，以增加户外活动的可能性。

1. 在带儿童去一个特定的地方之前，你要先了解这个地方。
2. 找一个自然知识丰富的人，或者使用自然应用程序或书籍了解并识别那个地方的植物和动物。
3. 评估可以进行冒险游戏的地方和有危险的地方。有关风险评估的更多信息，请参阅第6章。清除碎玻璃之类的危险物品，用栅栏隔开毒葛之类的植物。

4. 确保儿童有合适的衣服。在可能的情况下，请额外准备一些衣物，这样儿童就有适合场地和天气的衣服了。

5. 当儿童第一次进入空间时，让他们了解界限，并独立去发现这个地方。

6. 为参观这个地方制定一个一致的时间表。确保有足够的时间步行和游戏。可以考虑定期去那里，如每周三或周五。你可以设置"森林星期三""森林星期五"，或任何与这个地方有关的名字。

7. 通过海报、刊物、电子邮件和社交媒体与家长沟通，并提供关于天气、场地和游戏条件的着装信息。

8. 让儿童游戏和探索。邀请儿童进行学习和探究。第9章将提供一些相关的提示和工具。当时机合适时，抓住机会分享当地动植物的名字和特性。

9. 调节儿童和教师最初表现出的一些紧张与不情愿的感觉。要认识到，这些感觉并不罕见。只需要走出去，接触特殊的地方，反思你的心智倾向，并思考如何才能发展或加深你对户外游戏的热情和爱！

在现场——专业反思："我为什么热爱户外游戏"

专栏7.3　我为什么热爱户外游戏

　　森林是最神奇的！当我们进入"森林之门"并戴上"森林帽子"的那一刻，转变就开始了。那些因为害怕说错而无法说话的儿童突然找到了他们的声音，那些不能安静地坐着的儿童则在他们的"静坐点"上找到了安慰和平静。树木对我们很有帮助。从儿童进入森林的那一刻起，他们就好像按下了开关。沟通、冒险、团队建构、工程、探索和积极的社会关系变得自然。当你清除教室里的障碍时，儿童所能做的一切总是让我感到惊讶！森林是终极的冒险乐园。我无法规划一个比森林更好的游戏空间。这里有可以攀爬的树，可以滚动和跑上跑下的小山，还有可以用来与"外星人"进行决斗或建

第 7 章 基于自然的学前教育空间和地方 241

> 造一个令人惊叹的帐篷的树枝。有灌木丛可以藏身，有小溪可以捕捉青蛙和水龟，有砍倒的木头可以寻找蝾螈——所有这些都激起了我们的好奇心。我的学生每天都在森林里促进他们的前庭神经、本体觉、社会性、情感、认知、身体和亲社会性的发展。有墙壁的教室没法复制这种学习！总之，森林就是终极的教室。森林与儿童的自我调节就像豆子和胡萝卜一样。它们一起出现的时候最好吃。
>
> 幼儿教师盖尔·莫伦纳尔（Gail Molennar）

案例研究

阅读案例研究 7.2，它描述了一所幼儿园如何改变其游戏空间。该案例研究是基于幼儿园园长希瑟（Heather）的视角。希瑟在学前教育领域工作多年，意识到与家长和教师的合作是成功的关键。请阅读她是如何为正在改变的空间创造一个共同的愿景的。

> **案例研究 7.2　变换空间和地方**
>
> 　　我们位于一座商业大厦里。当我们搬进来的时候，游戏场地是人行道。我们对如何处理这个空间感到困惑。我们想为孩子们提供一个自然的游乐场和花园。我们有一些限制：不能挖出沥青，也不能在地面上安装任何东西。不知道该怎么办的时候，我们决定看看孩子们如何使用只有开放性材料的空间。我们观察了 18 个月，看着孩子们把轮胎、线轴和球从空间中的自然斜坡上滚下来。春天，下了好多天的雨后，我看到雨水流进了游戏场地外面的下水道里。在那一刻，我知道该做什么了——一个水景！这个水景将成为空间的焦点。
>
> 　　我们准备规划空间。整个幼教小组一起制订了一个计划，把孩子们的建议也包括在内。教师们想要花园，孩子们想要室外游泳池。我们从市政当局那里获得了一些用于户外人工草坪的资金，还收到了一笔资助，请专业人士为我们绘制水景的蓝

图。当地的一家园艺中心帮忙创建水景的概念。然后，我联系五家景观设计公司，让他们为创设水景提供报价，他们都说我们需要挖出沥青。我没有那样做，而是回到园艺中心，他们建议我购买回收的橡胶花园镶边、黑色池塘防水布和许多袋石头。把橡胶镶边粘在路面上，从水源（户外水龙头）一直延伸到7米外的下水道。水景的宽度为2米。边缘用景观胶加固。黑色的池塘防水布也被粘在一起，然后石头被放入水景的主体。这个工程大约花了3小时，当我第一次打开水龙头，让水流到下水道时，我欣喜若狂。

从那里开始，我们继续创建整个户外空间，在家人和朋友的帮助下，度过了2天的周末时光。这确实是大家合作的成果。我们为儿童搭建了大种植箱和平台，他们可以爬上去，也可以坐在上面野餐；我们安装了用于遮阳的太阳帆，并在游戏场地的各个地方添加了人造草地；我们甚至为小海盗们提供了一艘船。

在过去的2年里，我们已经在户外空间创设方面变得非常有创意：新增了树枝（后来变成了种植箱）和常春藤（绕着树枝攀爬），后者长成一棵大树的样子；为我们带来阴凉、菜园和提供庇护与阴影的豆科植物圆锥形帐篷；还有35个牛奶箱，这些牛奶箱可以用来建造从消防车到潜艇的一切东西。这个水景现在的正式名称是"河"。这条河每天都被孩子们使用。他们在河上用我们收集到的各种不同的建构材料建造桥梁、跳过河来躲避鳄鱼、漂浮船只、玩石头。我们已经能够用水坝阻止水流进入下水道，当游戏结束时再把水放走。这个游戏空间为孩子们带来了不同的视野和期待。我们相信，你不应该被物理空间限制。如果你是一个富有创造性的思考者，你就可以创建美丽的户外游戏空间。

 专栏7.4　到户外去

在靠近你家或工作地点的大自然中找一个地方。在1个月内花些时间多次去参观同一个地方，每次去那里都仔细观察细节和变化。当你经常去那里之后，看看你不在那里时是否能想象出一个画面、产生对那个地方的感觉。你已经和那个地方建立了联系！想一想，怎样能让孩子们拥有同样的情感联系。

本章小结

- 学前教育没有充分利用户外自然环境。幼儿教师可能缺乏有关环境可供性的经验。福禄贝尔、杜威、蒙台梭利、斯坦纳、卢梭和马拉古齐等教育理论家都强调自然经验在儿童的健康发展中的作用。

- 幼儿园运动带来了福禄贝尔对自然重要性的强调。随着社会改革家开始关注生活在城市环境中的儿童的需求,游乐场运动应运而生。游乐场运动包括在公共空间安装人造的游戏设备。

- 游乐场运动演变为安全的游乐场运动。指导方针相继发布,游乐场设备被拆除。加拿大标准协会为儿童的游戏空间和设备制定了标准,旨在将风险和伤害降到最低。随着幼儿园和学校开始遵守这些标准,游乐场从秋千、跷跷板和旋转木马变成无菌但安全的地方。这些游乐场可能没有考虑到儿童冒险对发展方面的益处。

- 如今,儿童不那么活跃了,与大自然的联系也少了。他们缺少在户外游戏和亲近大自然的机会,这引发了一种新的户外游戏运动。森林和自然学校是这一运动的一部分。

- 使游乐场自然化的运动越来越多。幼儿教师发挥了作用,通过不断创造空间,让儿童从户外环境中获得的游戏价值和机会最大化。

- "生态学校"通常以生态为重点。学前教育环境可以从"成为生态学校"或"变得更有生态意识"的7个步骤中获得学习。

- 冒险游乐场是完全为儿童提供的空间,支持他们的健康、创造力和学习。快闪冒险游乐场的设计是为了证明,在现有的户外环境中添加冒险游戏的地方很多。

- 花园为儿童提供了多种游戏和学习活动。食物花园允许儿童观察和参与种植食物的奇妙过程。在能提供食物的花园中游戏会为儿童提供发展一百种语言之一——食物语言的机会。

- 发展地方感与归属感有关。归属感与联系感有关。幼儿教师可以成为儿童的"地方创建者"。自然中的活动和户外环境中的探索可以帮助儿童发展与人和地方的关系。

- 戴维·索贝尔是一位环境教育家和倡导者，他认识到福禄贝尔的价值观如何影响当今让儿童到户外游戏的运动。索贝尔认为，童年早期与环境的联系是最基本的，地方教育是让儿童了解环境的关键起点，包括环境中的人、地点和事物。
- 幼儿教师帮助儿童理解、解释他们的经验，并通过将所学到的知识应用到下一个发现中来扩展思维。
- 特定地方的独特特征对当地的学习与教学非常重要。每个地方都有独特的游戏和学习的可能性。
- 海滩提供了许多学习的可能性，为数学、科学、语言、艺术和建构游戏提供了机会。在森林里，儿童会与树木、野花和青蛙游戏。相比于在传统环境中缺乏此类接触的儿童，在森林中有持续不断的这种经验的儿童会对环境和可能遇到的动物表现出更多的关爱行为。
- 儿童不仅会从他们在森林中的经验学习中发展出地方感，还会形成一种对地方的情感依恋，这有助于发展"地方意义"。地方意义可以帮助解释为什么人们会被吸引到特定的地方。小小世界是儿童创造的对世界的表征，有助于儿童的想象游戏、语言和社会性发展。当儿童有机会在森林和自然空间里游戏时，他们会塑造小小世界，因为这个活动是7个游戏主题之一。
- 家长是了解儿童在社区里的游戏空间和地方的最佳资源。幼儿教师可以与家长分享当地的目的地及其特点。幼儿教师在支持家长和儿童方面发挥着重要作用，可以帮助他们了解儿童在户外空间和地方中的游戏与互动的益处大于风险。
- 户外环境对儿童的发展具有重要作用，包括在依恋阶段。空间的可及性，体现了所有儿童都被重视的理念。他们不同的能力和学习方式会被理解与尊重。在设计户外游戏空间时考虑可及性很重要，因为所有儿童都会从户外游戏中受益。

安静反思

花点时间想一想你的童年。想一想你对室内外空间的感觉。有没有一个特定的地方让你觉得在情感上的联系最紧密？列出导致这些感觉的因素，同时思考共享这个空间的人以及在这个地方发生的事情。

与他人对话

和其他人一起，参与一场关于"童年的地方"的对话。向对方详细描述它们，然后把你记住的东西画成一个图表。这个地方对你有什么意义？在每个小组分享自己的童年空间之后，讨论可以把这些地方的某种精神带给儿童的方法。

进一步思考与行动

加拿大公园委员会出版了一本《自然游戏书》（*Nature Playbook*）。这本书提供了让儿童亲近自然的策略，旨在指导和激励所有成人采取行动，以确保当代与后代人都能与自然相连。

第8章
可持续性和第一民族——教学

学习成果

学完本章后,你将能够:

- 描述与幼儿园相关的环境可持续性的复杂性;
- 讨论本地价值观如何支持环境可持续性实践;
- 概述幼儿教师支持儿童成为环境管理者的方法;
- 概述美国心理学家尤里·布朗芬布伦纳的生态学理论;
- 描述基于整体的实践的含义。

浪费、破坏自然资源，使土地荒芜和枯竭，而不是充分利用它，将破坏我们的子孙后代理应从我们这里继承的繁荣昌盛和蓬勃发展。

——西奥多·罗斯福（Theodore Roosevelt，1858—1919）

童年回忆

　　小时候，爸爸会带我们去树林里散步。我们有一条特别喜欢走的路。这条路上的树枝很高，我们可以从下面溜过去。这意味着我们可以跑在前面，藏起来，然后当爸爸接近我们时大喊"嘿"。爸爸对森林很了解。他能从树叶随风飘动的方式判断出什么时候下雨；也知道我们将度过一个怎样的冬天，因为松鼠在秋天收集了大量的食物。他帮助我们学习各种昆虫的名称，如蜘蛛，还教我们如何在合适的时间从树上提取云杉胶。他向我们展示了动物生活的地方，如在地上挖洞以寻求安全的动物和寻找开阔的空间睡觉的动物。尽管他给我们充分的自由去闻、去感受并与森林的美妙建立联系，但我们很早就学会了寻找树苗并尊重它们。他教我们如何抬起树枝，这样我们就不会伤害树木，他还示范保护苔藓或森林地面的位置和方法。我喜欢回忆这些经历，最重要的是，我意识到爸爸向我们传授的保护环境的重要性，这样我们的下一代才能拥有它。

本 章 预 览

　　儿童充满好奇心，喜欢追根究底且活泼好动（NAAEE，2010）。成人的角色榜样会影响儿童探索、发现和爱护环境的欲望。例如，当儿童有机会从森林中的地面得到树枝时，他们可以选择用它们在泥巴里做记号、在岩石上创作音乐、为自然拼贴画创造框架，或者将它们融入超级英雄游戏中。自然体验为儿童提供了"丰富的感官刺激，以及对儿童早期发展至关重要的感官整合的机会"（Ernst，

2014，p. 739）。这些经历有助于儿童学会感恩户外环境所提供的新体验和新发现（Ernst，2014）。

黑德福尔克、阿尔姆奎斯特和奥斯特曼（Hedefalk，Almqvist，& Ostman，2015，p. 975）指出，"今天，在儿童出生的世界里，气候变化、贫困、污染、二氧化碳排放和生物多样性丧失是主要的全球问题"。随着气候和环境的变化，越来越多的当代文献表明，"环境可持续性"是幼儿园中的一个新兴概念。例如，雷德曼（Redman，2013，p. 1）指出，"实现可持续的未来需要个人采取可持续的行动，这往往需要在年幼时学习和巩固"。对儿童而言，要成为环境管理者，他们需要有机会以多种方式探索自然。拥有一系列经验有助于他们具备与环境相关的知识和技能，以及爱护环境的能力（Redman，2013）。接触并被鼓励实践可持续性理念的儿童，有潜力改变对可持续发展实践的态度、价值观和行为（Kellert，2005）。他们将成为优秀的环境保护大使（Edwards & Cutter-Mackenzie，2011）。

● **环境可持续性**是指通过采用关爱措施来长期维护优质环境。

环境教育并不是一个新事物（Hedefalk，Almqvist，& Ostman，2015）。同样，传统的生态知识和智慧也不新鲜，但目前正成为幼儿园和户外游戏相关书籍的主要焦点（Turner，Ignace，& Ignace，2000；Haas & Ashman，2014）。迪策和卡欣（2016）基于有关环境教育演变的各种研究，记录了幼儿园中环境教育的演变（见图8.1和表8.1）。你会注意到，近些年的建议重点是让幼儿教师与儿童、家庭和社区合作，共同确定将采取的环境实践类型。

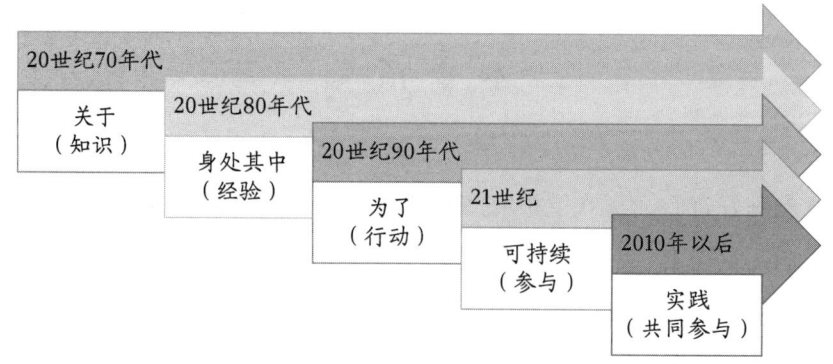

图 8.1　幼儿园中环境教育的演变

表 8.1　幼儿园中环境教育的演变

知识传授（20 世纪 70 年代） 鼓励幼儿园通过科学书籍和图表向儿童提供有关"水来自何处"等主题的信息。	经验（20 世纪 80 年代） 鼓励儿童在自然环境中参与活动和学习。然而，户外游戏正在减少，而更多的是面向学业准备的活动。
行动（20 世纪 90 年代） 幼儿园开始和儿童一起采取行动，被鼓励植树、回收纸张，并为减少食物浪费做出贡献。有关环境保护的行动类型的讨论出现，这是可持续发展的先兆。	参与（21 世纪） 儿童和幼儿教师更多地进行户外游戏、使用开放性材料。
共同参与（2010 年以后） 鼓励儿童、家长和幼儿教师一起行动，更多地体验自然环境，欣赏地球之美，并发展有助于减少对环境的负面影响的实践。 进一步了解本地人的认知方式以及环境如何有利于和影响所有公民的实践。	

正如恩达尔（Engdahl，2015）所说，幼儿教师要采用儿童视角，通过儿童的日常生活经验来了解他们的环境和可持续性实践，包括安全的、迷人的且对儿童而言特别的空间和地方。也正如基勒（2008，p. 51）所指出的那样，"美丽和惊奇应该是每个儿童所处环境的基础，儿童所看到的每个方向都应该充满激发好奇心和快乐的材料与结构"。幼儿教师和家长建立联系并拥抱户外游戏，可以增强儿童游戏和融入环境的愿望。迪策和卡欣（2016）建议幼儿教师实施一种环境教学。他们将环境教学描述为一种支持儿童学习和体验自然环境如何运作的策略，特别是儿童和成人如何接受可持续性实践和爱护所遇见的生态系统。

儿童视角是指成人赋能儿童进行选择和自由游戏，并鼓励他们在游戏中使用喜欢的方法尝试新的想法和概念。

环境教学是指让儿童有机会亲近和体验自然环境——从森林、树下到虫子或池塘。

生态系统是指生物群落与环境中的非生物组成部分之间的相互作用。

幼儿教师应把环境可持续性视作一种广义的教学方法，从各种资源中获取文献资料。这将支持幼儿教师设计策略、环境及活动来帮助儿童发展技能和知识，这些技能和知识是维持并改善他们的自然环境和社会环境的基础（Haas & Ashman，2014）。例如，在幼儿园中，儿童需要在活动中弄湿双脚、在冰上滑行、在草地上奔跑、追虫子、抓虫子、爬树（NAAEE，2010）。这些活动将儿童与他们的地方感和生活环境的特征联系起来。如图 8.2 所示，环境可持续性的教学方法包括环境管理、社会意识和进步、社会–经济进程及可持续性实践。本章将讨论这些要素的各个方面，也将借鉴传统的生态文献，且持续使用"本土"一词。

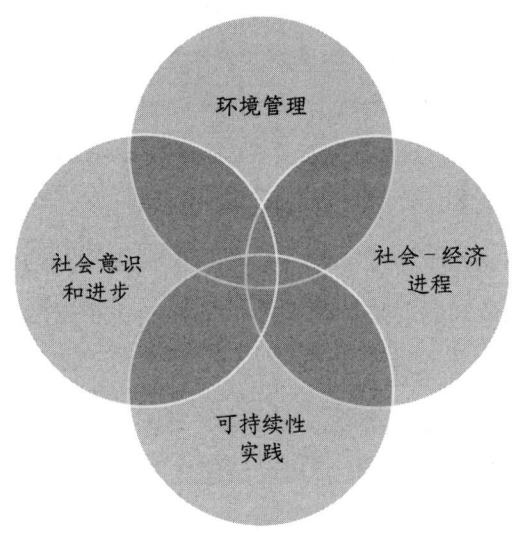

图 8.2　环境可持续性教学的要素

如表 8.1 所示，在许多领域，人们越来越意识到，作为一个社会，我们如何受益于学习本土知识和环境教学（Sutherland & Swayze，2012）。萨瑟兰和斯韦兹（Sutherland & Swayze，2012）指出，本土文化和实践建立在对自然世界的敬畏之上。他们认为，长者扮演着重要角色，"分享传统文化，让学生接触到一种世界观，即认识到所有生物的内在价值及相互依赖的关系"（p. 89）。莱弗勒（Lefleur，2014，p. 28）描述"长者是那些被看作积累了知识的人、有答案的人或者知道如何按照传统做事的人"。他们与人民和土地的联系是他们共同的知识及价值观的基础。

●**本土知识**是指当地居民与环境相关的思想、文化知识、价值观、信仰体系和世界观。本土知识从长者传给年轻一代。

●**长者**是指那些被视为知识守护者的人,以及那些被允许分享知识和信仰的人。

本土思想提供了一个可以指导幼儿园的额外框架,使儿童重新与自然联系在一起,并创设出一个示范对环境和环境中的生命抱有尊重与负责的态度的环境。萨瑟兰和斯韦兹(2012)提出,本土知识和教学是以一个框架为基础的,这个框架融合了长者、语言、文化和经验式学习之间的互动与联系。他们认为,帮助儿童学习科学和环境知识需要一种整体的方法,即通过与文化相关、与社会和生态正义相关的经验以及生态素养来支持儿童慢慢地了解环境。

●**慢慢了解**(coming-to-know)是指与那些支持探索新知识的人建立联系,包括一起踏上一个旅程或参与一个过程,以及共同反思,进而了解事物。

以儿童是积极的学习者为前提,恩达尔(2015, p. 363)指出,他们"有权参与与当下和未来生活有关的问题"。她认为,幼儿教师将受益于让儿童、家庭和社区在一个社会与生态框架内一起发展文化认同(Engdahl, 2015)。

对许多幼儿教师来说,将环境实践融入课程计划可能是一种新的体验(Ernst, 2014)。像任何改变一样,当幼儿教师以渐进的方式将新知识融入实践中时,改变课程的策略最为成功。实践的改变可能是脆弱的。任何长期地改变都需要持续地投入时间和专业学习(Nicholson, Baurer, & Woolley, 2016)。想一想幼儿园中的儿童。你如何把他们引入可持续性实践中?如何把关于土地和保护的故事融入他们的环境中?什么样的材料可以放在儿童的环境中,以激发他们对环境的讨论?放置在环境中的材料如何拓展儿童对环境的认识?根据对本土学习者的学习方式的理解,德尔皮特(Delpit, 1995)肯定地认为,要成为儿童的有效榜样,成人,包括幼儿教师,就必须真正了解儿童。幼儿教师观察并与儿童和家长建立联系,以了解他们给环境带来了什么知识,以及"他们的文化实践、价值观和信仰如何塑造他们作为学习者与知识生产者的形象"(Delpit, 1995, p. 183)。

幼儿教师应尊重儿童和家长有自己的学习方式，尊重他们有自己对世界的理解、生活经验以及相互联系和交流的方式这一事实（Santoro, Reid, Crawford, & Simpson, 2011）。

专业学习是指与他人一起参与活动或体验，以促进有关儿童工作的知识和技能的发展。

可持续性和可持续发展有很多定义。其中一种流行的定义至少有25年的历史，是由世界环境与发展委员会①在1987年记录下来的，后来被称为《布伦特兰报告》（Brundtland Report）。委员会将"可持续发展"定义为"在不损害后代人满足其自身需要的能力的前提下满足当代人的需要"（WCED, 1987, p. 43）。黑德福尔克、阿尔姆奎斯特和奥斯特曼（2014）借鉴了布伦特兰（Brundtland, 1988, p. 975）的工作，将可持续发展定义为"既满足当代人的需要，又不损害后代满足其自身需要的能力的发展"。幼儿园中的可持续性实践侧重于支持儿童了解他们所处的自然环境、社会和文化（Hedefalk, Almqvist, & Ostman, 2015）。

我们鼓励幼儿教师重新思考并采纳"可持续性"和"可持续性实践"的定义，以指导他们的实践。了解各种定义的背景是幼儿教师创建框架的基础，指导他们理解如何以及为什么把可持续性实践嵌入自己的课程决策和示范过程。理想的情况下，幼儿教师为儿童提供了解他们所在的自然世界的机会，强调如何培养对他人和环境的关心，并成为一名真正关心所生活的世界的负责任的公民。"以探究为导向的教学"（inquiry-led pedagogy）是一种理想的方法，有助于儿童发现有关他们所处环境的新知识。

以探究为导向的教学是指在为儿童设计的环境里发生的游戏和学习过程，这种环境旨在让儿童体验惊奇的感觉，并有机会研究他们的问题、想法和理论。

儿童从环境中受益，在那里他们体验好奇、惊奇和对自然世界的关心（Dietze & Kashin, 2016）。关于"以探究为导向的教学"的更多信息将在第9章深

---

① 英文全称为 World Commission on Environment and Development，简称 WCED。——译者注

入介绍。

环境可持续性

今天的儿童将经历的环境条件和持续变化与20年前的儿童所经历的大不相同（Hedefalk，Almqvist，& Ostman，2015）。不同领域对气候变化、水质和水资源短缺、环境治理、粮食安全和商品消费的关注都在日益增加，它们也是卫生、政治科学和教育领域的重要话题（Dyment et al.，2014）。黑德福尔克、阿尔姆奎斯特和奥斯特曼（2014，p. 975）明确指出，强烈建议从很小的时候就开始教育儿童"学习以一种可持续的方式行动"。然而，戴门特（Dyment，2014）认为，尽管将可持续性行动纳入早期课程计划的时机是正确的，但幼儿教师接触到的能够支持幼儿园的可持续性内容或教学过程有限。他们认为，幼儿教师有义务掌握知识、技能和课程计划策略，使其教学日常的可持续性透明化。

"减少""重复利用"和"回收利用"这三个词现在已经在加拿大的许多社区和文化中根深蒂固。如图8.3所示，可持续性实践的7R①是相互关联的（Hedefalk，Almqvist，& Ostman，2014）。这些概念可以有效地指导幼儿教师进行可持续性实践。

联合国教育、科学及文化组织②（2005）确定了三个相互影响的可持续性综合支柱。可持续性的支柱是环境、社会文化和经济。这些支柱与7R相互关联，被视为可持续发展的基础。卡里曼－奥兹图尔克、奥兹特克和古勒（Kahriman-Ozturk，Olgan，& Guler，2012）从社会的整体角度记录了这些支柱。正如图8.4、图8.5和图8.6所示，迪策和卡欣（2016）将这些内容添加到图表中，以说明这三个支柱如何支持学前教育实践。

---

① 即减少（reduce）、重复利用（reuse）、回收利用（recycle）、尊重（respect）、重新思考（rethink）、反思（reflect）和重新分配（redistribute）的英文简称。——译者注

② 英文全称为 United Nations Educational, Scientific and Cultural Organization, 简称 UNESCO。——译者注

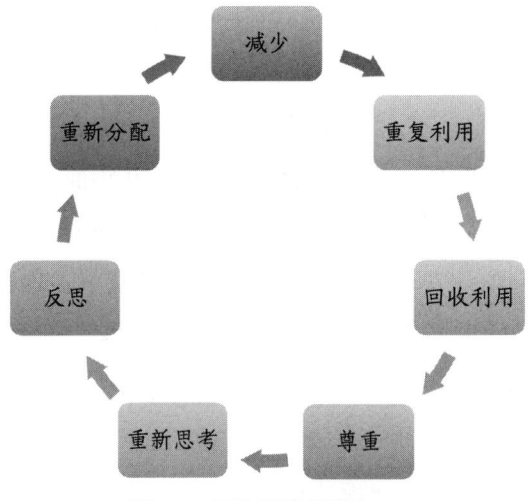

图 8.3　可持续性实践的 7R

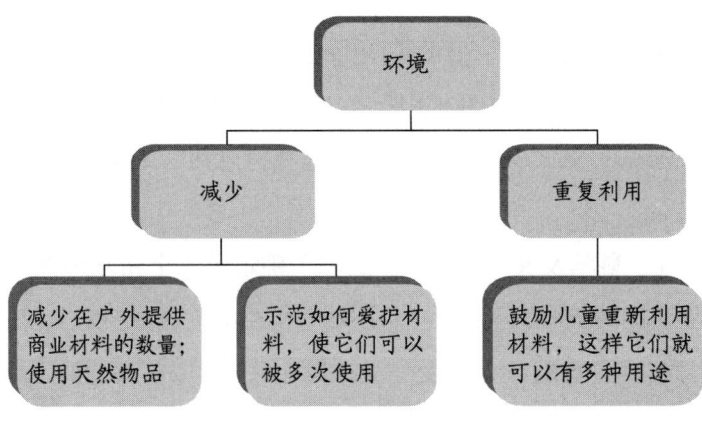

图 8.4　环境支柱

图 8.5　社会文化支柱

第 8 章 可持续性和第一民族——教学 257

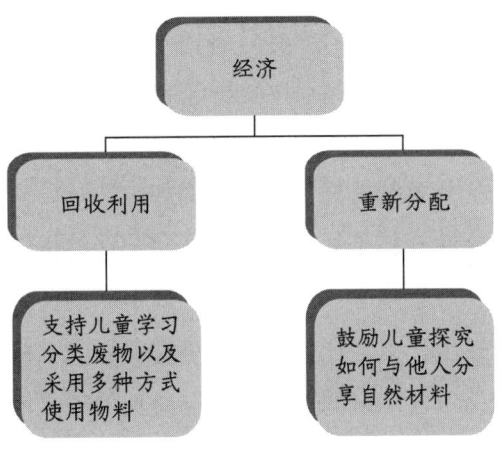

图 8.6 经济支柱

作为可持续性实践的一部分，幼儿教师与儿童讨论在游戏中使用自然物品。在使用材料、收集材料以及决定哪些材料可以和不可以从户外空间移除时，他们会进行有关伦理方面的讨论。例如，幼儿教师和儿童讨论摘野花。他们应该把花摘下来放在教室里，还是让花度过它们的自然生命周期？同样，如果有儿童感兴趣探索的昆虫，他们应该在探索的同时创造一个栖息地，然后把它们放回自然环境中，还是幼儿教师使用其他策略帮助儿童了解昆虫？其中的许多决定都受到幼儿教师有关学习和关爱环境的观点的影响（NAAEE，2010）。

查看环境支柱。在户外环境中，可以进行什么样的示范来支持"减少"和"重复利用"的理念？想一想，当儿童使用原木片和树桩的时候，他们如何理解

照片 8.1 幼儿教师影响儿童的经验

原木片和树桩是对以前生长在森林或社区的树木的重新利用？然后，想一想更多的自然产品，如由木材而不是塑料制成的桌子或凳子，可以如何支持和示范环境实践。

社会文化支柱深受儿童的榜样的影响。例如，回顾第4章关于开放性材料的内容。想一想那些开放性材料是如何影响儿童和同伴的探索的。同时，思考儿童如何从他们对同龄人的观察中学到冒险游戏的诸多方面。想象一下，当儿童接触大自然新的一面时会发生什么，比如在池塘里看青蛙，集体讨论如何有助于他们获得关于青蛙的新知识。在本章的后面，你会读到关于火堆和它们对儿童发展的重要性的内容。幼儿教师提倡并重视尊重自然，鼓励参与、解放，以及个体和群体中儿童与成人之间的平等和公平。

解放是指儿童拥有自由的感觉，能够不受成人的限制进行探索和发现。

从学前教育课程计划的角度来看，经济支柱包括在幼儿园中消费的所有可衡量的商品和服务的生命周期，包括促进回收利用和减少浪费（McNichol, Davis, & O'Brien, 2011）。例如，儿童在户外花的时间越多，室内用电量就越少（McNichol et al., 2011）。在户外，儿童可以在栅栏或岩石上作画，而不是在纸上作画。对许多重视环境可持续性实践的家长来说，他们可能更喜欢儿童在围栏或岩石上创作的作品的照片，而不是要求他们在回收利用的纸张上创作艺术作品（McNicol et al., 2011）。

《通向环境管理之路：儿童和青少年框架》（*Pathways to Stewardship: A Framework for Children and Youth*，2016）的作者为儿童环境管理标准提供了一个框架。如表8.2所示，迪策和卡欣（2016）对框架进行了调整，将其与户外游戏活动和环境管理相结合。许多管理原则可以通过一种基于探究的、生成的方法来实现，而不是通过教师计划的活动。

标准是指与已有的实践相比较，衡量或判断实践的质量或水平。

表 8.2 管理框架

管理原则	标准	可能的经验
在以下情况中，儿童会喜欢在绿色空间里游戏： ■ 在各种绿地和土壤条件中体验户外游戏； ■ 被鼓励在游戏中运用好奇心和惊奇感； ■ 有时间和机会在空间里体验想象游戏和探索； ■ 可以在各种天气和季节体验户外游戏。	■ 儿童有机会定期进入户外空间。 ■ 儿童有时间参与探索空间。	■ 儿童在空间里收集物品。他们触摸、嗅闻和观察物体，如虫子、蝴蝶及树叶。 ■ 儿童可以自由地攀爬、跳跃、奔跑和体验。 ■ 儿童会从榜样那里听到积极和肯定的语言。 ■ 儿童主导思考、活动和发现。
在以下情况中，儿童会发展有关植物、动物和昆虫的积极经验，以帮助他们理解生命周期和其他生物的需求： ■ 被鼓励发展并表达对所有生物的尊重； ■ 通过使用各种"什么和为什么"的问题来获得成人的支持，形成对生命周期和其他生物需求的意识。	■ 儿童在所有季节中都被鼓励定期与动物和植物接触。	■ 儿童参与喂鸟活动。 ■ 儿童收养一棵树，种植花园。 ■ 儿童寻找动物，看或听鸟、松鼠、蠕虫等生物。
在以下情况中，儿童通过感官与环境建立联系： ■ 被鼓励运用五种感官和想象力去探索并与户外环境建立联系； ■ 体验户外空间中的气味、味道、景象、温度、声音和美丽。	■ 户外环境为儿童提供了每天使用各种感官的机会。	■ 儿童在游戏中使用松果、岩石和落叶等天然物品。 ■ 儿童参与声音漫步、雨天远足和社区探索。 ■ 儿童种植和照顾感官花园。 ■ 儿童用照相机和艺术作品记录他们的发现。
在以下情况中，儿童会对户外游戏空间和地方产生敬畏与惊叹的感觉： ■ 根据空间、材料和同伴确定他们将参与的户外游戏活动类型； ■ 被鼓励探索所处环境的自然方面，如阴影、水坑、雪、冰、盛开的花和自然攀爬区域。	■ 户外游戏空间在各种天气中都可以让儿童长时间使用。 ■ 成人支持儿童探索环境。	■ 儿童有有趣的空间去探索。 ■ 在户外各处都能见到环境触发的好奇心。 ■ 与儿童一起记录，并在户外展示。 ■ 在户外环境中展示文字、探索和故事等环境素养理念。 ■ 儿童主导思考、活动和发现。

为户外游戏做好准备

关于环境、可持续性实践、自然游戏空间、学前教育课程计划模式和幼儿教师角色的研究正处于十字路口（Ernst，2014）。正如联合国教育、科学及文化组织（2005，p.12）在一份政策记录中所概述的那样，"可持续发展的学前教育远不止环境教育。它应该比简单地带儿童到户外去发现自然之美和谈论自然环境更宽广"。理想情况下，儿童接触到的产品消费体验和态度会发生一些重大转变（McNichol et al.，2011）。这种转变将取决于幼儿教师的角色示范的可持续性。成人如何作为榜样进行实践和关注环境将成为下一代改变的驱动力。例如，如果种植花园和树木成为幼儿园的标准，儿童就有机会了解太阳、雨、风和自然环境中生长过程的重要性。幼儿教师可能希望重新思考如何向儿童呈现玩水游戏，从而让可持续性实践显而易见并得到充分的讨论。实践上的改变包括支持儿童继续有这种感官体验，同时扩大讨论，让他们接触关于节水的新知识和解决问题的方法。幼儿教师可能会调整他们的想法，让儿童接触很多开放性材料（即使它们在游戏空间里看起来凌乱不堪），从而平衡凌乱的情绪和儿童从开放性材料中获得的游戏价值。

幼儿教师被要求做出改变，支持儿童拥有新的环境经验和发展对户外环境的欣赏。这可以从幼儿教师深入理解研究以及有效促进学习、思维创新和负责任的环境保护的策略开始（Ferrerira & Davis，2015；Dyment et al.，2014；Haas & Ashman，2014）。

想一想，写一写，读一读

你对环境"可持续性"的看法是怎样的？你有明确的定义吗？在网上搜索"幼儿园中的环境可持续性"，阅读并评述几篇文章。绘制一个草图，呈现你将如何描述你的实践图景。与同事分享。思考其中的不同之处和相同之处。

正如厄恩斯特（2014，p.738）所述，幼儿期是培养儿童"尊重意识和关爱

自然环境的伦理道德"的关键时期。在生命早期形成的态度将成为许多终身态度和价值观的基础,这些态度和价值观将在我们的环境中体现出来(Hedefalk, Almqvist, & Ostman, 2015)。澳大利亚的早期教育课程框架针对具体的环境期望,明确了特定的结果。例如,"教育工作者要培养儿童理解和尊重自然环境以及人、植物、动物和土地之间的依存关系"(DEEWR[①], 2009, p. 14)。如照片8.2所示,儿童要有机会"怀着同理心和尊重之情与他人和自然世界互动"(DEEWR, 2009, p. 14)。此外,儿童也被鼓励"对社会负责,尊重环境"(DEEWR, 2009, p. 29)。那么,这类教育成果如何适用于所有的幼儿园?

培养儿童和成人的心智倾向,以便让他们觉得有能力进行批判性思考并与户外环境完全连接,是一件需要被关注的事情(Ernst, 2014)。戴门特等人(2014, p. 672)提出,促使幼儿园重

照片8.2 儿童怀着同理之心与自然互动

视环境的挑战之一是幼儿教师对当前实践的态度。在研究中,戴门特等人发现"许多幼儿教育工作者认为他们已经在实施可持续性教育了,因为学前教育传统上就认为在大自然中游戏是幼儿教育的一个基本支柱"。随着更多基于自然的课程发展,重要的是,教师要认识到在自然中游戏仅仅是解决与环境、社会和经济相关的当代环境问题的第一步(Dyment et al., 2014)。环境的可持续性不仅仅是指在大自然中游戏。

培养儿童对环境的积极态度的方法有很多,可以从幼儿教师开始。厄恩斯特(2014)指出,应该把纠正人们的错误认识——儿童必须进入大型公园或森林

---

① 英文全称为Department of the Education, Employment and Workplace Relations,即澳大利亚教育、就业和工作关系部。——译者注

等户外自然游戏环境才能接受环境教育——作为重塑观念的出发点。在表 8.3 中，厄恩斯特列出了一些需要解决的障碍，以及应对这些障碍的建议。

表 8.3　在户外游戏空间中克服障碍的建议

户外游戏的障碍	克服障碍的建议
缺乏通向自然空间的步行通道	■ 检查幼儿园附近的空间和地方，可以在围栏外为儿童提供不同的环境体验。 ■ 制订计划，到开阔的空间进行实地考察。
缺少时间	■ 重新思考幼儿园为什么会出现时间不足的情况。 ■ 讨论如何改变时间表以支持儿童的户外游戏时间和体验。 ■ 研究室内的课程计划如何以及为什么可以发生在户外。
天气状况及家长对天气状况的态度	■ 创造条件，解决户外游戏规划和天气方面的问题。 ■ 为家庭提供关于儿童在户外各种天气里获得的学习和经验的最新研究。 ■ 向家庭提供信息，说明为什么户外游戏环境比室内环境对儿童而言更健康。
安全问题	■ 与家长讨论有关监管策略、师幼比、风险评估程序和儿童参与冒险游戏的重要性的政策和实践。 ■ 提供教学记录，展示参与游戏的儿童，以及他们如何学习管理风险。
缺乏监管	■ 向家庭提供有关监管策略的信息，包括清点人数的流程，工作人员对特定儿童的具体责任、规则和规定，以及为儿童准备游戏活动的策略。

厄恩斯特（2014）认为，"环境教学只能发生在基于自然的课程中"这种观点其实是一种误解。她指出，一些尚未从事自然教育的幼儿教师已经形成一种认识，即儿童需要进入自然公园和森林环境才能充分接受环境教育。这是不对的。这些观点强化了幼儿教师的两方面需求，即讨论障碍以及确定采用何种方法将环境教学引入儿童的户外环境。克服障碍是必要的，这样心智倾向才会发生变化。与任何变革过程一样，重要的是承认和支持幼儿教师的已有实践，同时向他们发起挑战，让他们学习有关环境教学的新知识并建立信心（Dyment et al., 2014）。

照片 8.3 儿童通过接触环境中的元素来了解环境

爱德华兹和卡特－麦肯齐（Edwards & Cutter-Mackenzie，2011）建议幼儿教师通过有意识地纳入图 8.7 所示的三种类型的游戏来重新审视他们的计划过程和教学互动。

> 开放性游戏涉及幼儿教师为儿童提供材料来创造他们自己的游戏，并使经验或概念有意义。
>
> 示范性游戏是指幼儿教师在儿童使用材料之前，向儿童展示或说明如何应对某种体验，以说明环保概念。
>
> 有目的的预设游戏是指幼儿教师为儿童提供使用材料的机会，同时在使用材料时对特定的属性或方法进行示范。

图 8.7 支持环保概念的三种游戏类型

生物多样性等概念可以通过探索和发现等活动被嵌入游戏中。正如爱德华兹和卡特－麦肯齐（2011，p. 54）所述，生物多样性主题"与儿童和教师的生活密切相关，适合被纳入儿童的课程中"。当你审视生物多样性和生态生物多样性的定义时，你认为幼儿教师可以向儿童介绍哪些观点？如何以及为什么让儿童参与到图8.7所示的三种类型游戏中？

> **生物多样性**是指植物以及鸟类和蛇等动物的生命及其环境的多样性，包括生态生物多样性，后者是指生态系统、自然群落和栖息地，以及它们彼此之间、与环境之间的相互作用（National Wildlife Federation[①]，Tolme，2017）。

爱德华兹和卡特－麦肯齐（2011）指出，当代环境教育的研究表明，幼儿园应当发展新的课程计划策略。他们主张的课程计划策略包括以游戏为基础和以儿童为中心的原则，重点是环境问题。这些方法包含开放性游戏、示范性游戏和有目的的预设游戏的组合。他们将开放性游戏描述为：要求幼儿教师"向儿童提供与环境教育中产生的特定概念有关的材料，并允许儿童使用这些材料创造他们自己对概念的理解"（p. 54）。这意味着儿童需要接触各种各样的材料，并有探索这些材料的自由。

示范性游戏是指"教师在让儿童使用材料之前，先向儿童'展示'如何使用材料以说明环境教育的概念"（Edwards & Cutter-Mackenzie，2011，p. 54）。有目的的预设游戏最好被描述为"教师为儿童提供机会去使用材料，参与示范性游戏活动"（Edwards & Cutter-Mackenzie，2011，p. 54）。鼓励幼儿教师探索这三种类型的游戏看起来是什么和怎样做可能需要他们重新设想实践。表8.4以儿童对蜜蜂的兴趣为例，说明了幼儿教师如何为户外游戏做好准备，将这三种类型的游戏结合到对环境的探索中。

这种方法是从一个环境和社会框架发展而来的，儿童和成人通过这个框架来验证他们的想法与观念。成人的示范为儿童提供了一个环境，在这个环境中，他们可以与周围的环境以及周围的事物建立联系。例如，儿童在开始思考蜜蜂的重要性时，会质疑或以不同的方式思考我们为什么应该保护和养殖它们。儿童不再害怕蜜蜂，而是开始理解蜜蜂对环境的重要性。他们了解蜜蜂在环境中被哪种花

[①] 即美国国家野生动物联合会。——译者注

吸引。这种学习有助于他们发展更多的潜力，对他们所看到的事物做出不同的反应，并采取措施保护周围环境中的生物和非生物。这些行为将影响社会变革、文化习俗和环境的可持续性实践。这种游戏过程可以促使幼儿教师审视自己当前的实践，并鼓励他们采用可以在空间里给儿童带来地方感和诸多相关条件的教学（Edwards & Cutter-Mackenzie，2011）。有目的的教学趋向于创造一种综合的环境理论和方法，在这种方法中，不同类型的游戏在儿童与环境的接触中可以很好地服务他们（Edwards & Cutter-Mackenzie，2011）。

表 8.4 支持环境活动的三种游戏类型

示范性游戏	开放性游戏	有目的的预设游戏
幼儿教师在户外准备一张桌子，上面放着用于创作"蜜蜂旅馆"的材料。这些材料包括关于蜜蜂旅馆的书籍、指南针、牛奶盒、长短不一的竹条和木制框架。在儿童观察材料后，她开始讨论为什么蜜蜂旅馆对植物和我们的食物很重要。她指出，想要建造蜜蜂旅馆的人在开始之前应该先观察一下她的建造过程。在整个过程中，她和孩子们讨论为什么竹条必须固定好，为什么旅馆的入口必须朝向南方或东方，因为这样蜜蜂才能被吸引到房子里来。当他们讨论南方和东方的位置时，她向孩子们介绍了指南针和它的使用方法。然后，她和孩子们一起标记太阳的位置。	幼儿教师把用来建造蜜蜂旅馆的相同材料放在不同的桌子上和户外的不同位置。参与了关于建造蜜蜂旅馆的对话的儿童被吸引到餐桌区。在那里，他们进行讨论，重点是蜜蜂为什么要建旅馆，以及关于如何建旅馆的想法。一些儿童被指南针吸引，并通过指南针在游戏空间里找到了南方和东方。在 3 天的时间里，三个蜜蜂旅馆被建造起来并安置在游戏空间内。	几天后，孩子们继续表达对蜜蜂旅馆的兴趣。幼儿教师拓展与孩子们的对话，讨论一些过程，比如，我们说"蜜蜂是传粉者"是什么意思？她向他们展示蜜蜂给植物授粉的照片。他们讨论蜜蜂给植物授粉时身体的位置。然后，她展示一本关于当地吸引蜜蜂的植物种类的图书。然后，她邀请想去散步的儿童一路上看看他们是否能找到给植物授粉的蜜蜂。他们用照相机捕捉所观察到的东西。

如图 8.8 所示，改变目前的做法、进一步提高环境的可持续性，要求幼儿教师以非常不同的方式为户外游戏和课程计划做准备。儿童需要户外游戏环境为他们提供机会，创造和推进体验式、多感官和基于项目的学习（Dietze & Kashin，2016）。可持续发展的原则需要系统思维，该学习产生于对互动的、多层次的视角进行研究。系统思维与生态素养是一致的。在儿童户外游戏环境中，生态素养

使他们参与探索，通过观察季节、天气、植物和动物以及了解自然世界的生命周期来获得对世界上某个特定地方的归属感（Haas & Ashman，2014）。

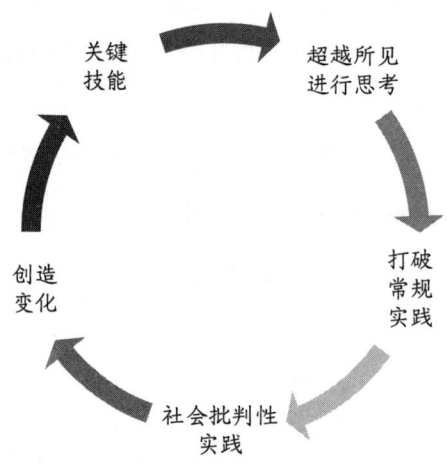

图 8.8　改变流程，增加儿童的环境经验

● **系统思维**是一种整体的方法，重点是多个系统或部分如何在更大的系统环境中相互关联和作用。

● **生态素养**是指如幼儿教师之类的个体以生态学原理为基础为儿童和家长创设健康的环境（Haas & Ashman，2014）。

 专栏 8.1　认识户外游戏——反思要点

"药轮"（medicine wheel）作为一种谈论本土平衡原则的语言（或方式）被广泛采用和接受。它是表达文化概念、描述反映共同原则的文化知识和价值观的有用工具。当被用于指导幼儿园时，药轮的教学提供了一个包括所有儿童的模式。药轮建立在整体实践的基础上。它以儿童个体为中心，向外扩展到与儿童、家庭和社区的心理、精神、情感及身体发展有关的文化观点及实践。药轮的哪些方面可以应用到各种幼儿园中？你为什么想进一步了解药轮的概念？

照片8.4 儿童以多种不同的方式与环境建立联系,沉浸于环境之中

我们对户外游戏的愿景

在幼儿园中,有一种价值从未像今天这样重要,即学习在帮助儿童形成对环境的欣赏能力方面的价值。儿童的榜样影响着他们与自然相处的经验,以及他们成为环境管理者和拥护者的深度与广度。

我们希望,儿童将有一个榜样,帮助他们连接自然,丰富他们对自然、环境和人类的相互关系的理解(Boyle,2008)。这不仅仅意味着学会照顾树木、池塘或动物栖息地,更需要在家庭、社区领导者、儿童和幼儿园之间建立伙伴关系,使其共同创造一种大气候,不断采用有利于子孙后代的、新的可持续战略。

大气候是指学前教育共同体有关可持续性实践的总体氛围或感觉。

户外游戏在儿童生活中的地位

理解环境教学与游戏的关系不仅仅是指为儿童提供户外游戏使用的自然材料。黑德福尔克、阿尔姆奎斯特和奥斯特曼（2015）的相关文献综述发现，幼儿园似乎比 5 年前对可持续发展表现出更大的兴趣。尽管有这一发现，但可以用来确定加拿大幼儿园在环境教学上所采取的立场的研究仍然非常有限。在更多的研究的支持下，幼儿教师对学前教育场景下的环境教学有更多的了解和新知识，而不是主要依赖环境教育研究（Davis，2009；Hedefalk，Almqvist，& Ostman，2015）。如照片 8.5 所示，儿童可以在游戏中以多种方式使用被重新利用的自然材料。

照片 8.5　许多自然材料支持儿童的游戏和学习

莱格特和纽曼（Leggett & Newman，2017，p. 30）认为需要重新定义游戏，使其反映"社会文化方法，认识和重视教育者的作用，以对抗'游戏是无目的的'这类误解……而且应该主要在室内推广"。他们认为，任何与学前教育相关的游戏定义都必须被明确地嵌入教育者的角色。他们建议定义应该如下：

游戏是有目的的，可以让儿童在积极探索、发现、想象，以及与物体、人和自然世界互动的过程中，带着个人学习的目的和目标行动。教育工作者的作用在于，通过有意识地推动儿童的思维发展，让他们参与以游戏为基础的学习环境，从而促进儿童的全面发展。（p. 30）

莱格特和纽曼（2017）认为，这一定义承认了学习与发展中的认知和社会文化方面。这对支持幼儿园中的环境教学是必不可少的。

黑德福尔克、阿尔姆奎斯特和奥斯特曼（2015，p. 981）认为，幼儿教师对如何实施环境教学有不同的看法和理解。他们的研究发现，大量的幼儿教师认为，他们需要"对儿童进行环境教育"，从自然和科学等主题中汲取知识。幼儿教师会提供学习机会，比如让儿童进行头脑风暴，并记录他们对蠕虫的了解。另一个例子是用讲故事的方式解释环境问题，特别是在他们没有足够的知识可以借鉴的情况下。黑德福尔克、阿尔姆奎斯特和奥斯特曼认为"有些教师无法将环境与自然区分开"（p. 981）。同样，阿勒马尔姆-哈格瑟和桑德伯格（Arlemalm-Hagser & Sandberg，2011）认为，还有很大比例的教师没有鼓励儿童为社会进步而行动，因为他们没有将这些概念嵌入实践中。

黑德福尔克、阿尔姆奎斯特和奥斯特曼（2015，p. 981）指出，幼儿教师通常将环境教学定位为提供"影响儿童行为以促进可持续发展"的活动。这意味着，重点在于教师指导儿童如何在环境中行动。

黑德福尔克、阿尔姆奎斯特和奥斯特曼（2015，p. 982）概述的环境教学的最后一种方法是"一种教育儿童进行批判性思维的策略……使环境与社会之间的联系问题化"。例如，儿童在了解对回收废物进行分类的重要性时，应该能够表达如果废物得不到回收将会对环境造成什么影响，比如，溪流中的塑料袋如何损害鱼类的生活质量。

● **问题化**是指把某件事认定为一个问题，或者把某件事变成一个问题。

照片 8.6　幼儿教师将环境教学融于实践中

广西壮族自治区柳州市育柏森林幼儿园

上述每种方法都忽略了如何通过游戏来帮助儿童发展有关环境的技能和知识（Smirnova & Riabkova, 2016）。正如莱格特和纽曼（2017）所概述的那样，如果我们相信当代的儿童观（即儿童是有能力的），相信他们在鼓励游戏、探索和发现的环境中会学得最好，那么如照片8.6所示，幼儿教师就会受益于将环境教学融入儿童的日常生活中。

理 论 基 础

幼儿教师在试图理解自己有关儿童如何发展以及游戏如何影响发展的价值观和信念时，会研究许多观点并对照不同的理论（Dietze & Kashin, 2016）。对许多幼儿教师来说，尤里·布朗芬布伦纳（1979）提出的生态系统理论是有价值的，特别是当与社会概念建构的各个方面相结合时。他使用"生态系统理论"这个术语来强调环境、生存的地方、系统和让儿童获得生活经验的机构是如何潜在地影响他们的发展的。尤里·布朗芬布伦纳认为，微观系统、中间系统、外层系统、宏观系统以及时间纬度这五个系统中存在多种生态。他的观点与许多研究一致，这些研究概述了儿童接触户外游戏的障碍和挑战，以及支持环境教学的课程计划。

● **生态系统理论**认为发展受到五个环境系统的约束和影响。

● **社会概念建构**是指共同建构世界观，它构成对"什么是现实"的共享理解和假设的基础。

> 专栏 8.2　重要理论家：尤里·布朗芬布伦纳
>
> 　　尤里·布朗芬布伦纳是生态学理论的领军人物。他指出，儿童不仅受到家庭环境中的生活经验的影响，还受到更大的社区的影响，包括但不限于大家庭、邻居、媒体和文化（Bronfenbrenner，1979）。

　　尤里·布朗芬布伦纳（1979）将第一层影响称为微观系统，指儿童生活的地方，包括家庭、幼儿园和社区。例如，家长和幼儿教师可能会表达他们对于儿童在冬季到户外游戏的立场。幼儿教师可以与幼儿园园长分享这些信息，后者与管理委员会分享这些信息。这些相互作用可能会影响户外游戏政策制定的深度和广度。

　　第二层是中间系统。中间系统提供了微观系统中人与人之间的联系。例如，当许多家长主张让儿童每天都有在户外游戏的多种活动和时间时，儿童的生活经验就会受到更多的积极影响。理想情况下，这将使儿童有更多的机会进入户外游戏环境，进行各种各样的游戏和探索。

　　第三层是外层系统，是指与儿童有直接联系且影响其生活经验的机构或人（Dietze & Kashin，2016）。例如，幼儿教师可以与家长分享户外游戏对身体发育的影响。当家长了解到户外游戏与孩子日后的学业成功以及与环境的关系时，他们可能会愿意增加儿童体验环境的机会（Ernst，2014）。

　　第四层是宏观系统，侧重于信仰、价值观以及"家庭、社区、文化、当地传统和国家规范的思想意识"（Dietze & Kashin，2016，p. 29）。这一层影响儿童的户外游戏机会，也影响环境活动的分享和体验，以及儿童如何了解环境。例如，重视环境的家长会示范环境管理、社会意识和进步、社会-经济概念以及可持续性的原则和行为。如果儿童很少有机会体验户外游戏或接触环境的多种属性（Dyment et al.，2014），他们与环境的联系就会减少。

　　第五层是时间纬度，着重于环境事件和生命过程中发生的转变。例如，幼儿教师支持儿童观察树叶变化的时间和过程，讨论当他们发现一只鸟死亡时会发生什么。

　　想一想尤里·布朗芬布伦纳的生态系统理论，结合本土文化进行思考。巴蒂斯特

安吉儿斑璞自然学校

照片 8.7 儿童的不同能力被视为天赋

和亨德森（Battiste & Henderson, 2009）指出，有的本土居民将"学习"定义为神圣的、整体的和终身的责任。他们认为，每一个儿童，如照片 8.7 中的儿童一样，在他们的学习旅程和知识构建上都是独一无二的。

影响许多本土家庭社会化的价值观和态度包括：把儿童的不同能力视作天赋，重视儿童发展的整体观，提高在土地上生活的技能，尊重儿童的精神生活和为社区文化生活所做的贡献，传递儿童祖先的语言，形成优势而不是弥补劣势（Anderson & Ball，2011）。

实 践 应 用

幼儿教师根据各种理论、观点和方法决定如何有效计划和促进那些支持儿童发展灵活思维及抗逆力的课程。这要从儿童、家长、幼儿教师和社区之间建立融洽的关系开始。积极的人际关系是灵活思维、抗逆力和人类发展的基础（McCelland，1987），也是儿童拥抱游戏的基础。

融洽是指至少两人之间的互动以及对彼此的深切关心。

灵活思维是指儿童能够以一种新的方式思考事物的过程。

正如"理论基础"一节所述，为儿童提供在各种户外环境中游戏的机会，让他们能够与同龄人、成人、家人游戏或自己游戏，是让他们融入和拥抱环境的最有力的方式之一。如表 8.5 所述，灵活性和抗逆力是实践的重要标准。

表 8.5　户外游戏与学习标准：灵活性和抗逆力

- 儿童表现出乐观、主人翁意识和现实的个人控制意识。
- 儿童愿意尝试曾经觉得困难的任务。
- 儿童更能控制冲动，接受和适应计划外的、不愿意看到的事件或结果。
- 儿童面对开放式问题毫不慌乱。（2011，p. 203）

来源：Banning and Sullivan (2011). *Lens on Outdoor Learning.*

户外环境是一个充满学习的教室。树上的树枝和掉下来的树枝都为儿童提供了独特的机会来发展平衡、称重的技能以及运动概念。当儿童用沙子建造村庄时，有时水和沙的比例适当；有时，沙子不会形成他们预期的样子。想象一下，儿童试图用树枝在一个被树叶覆盖的区域附近建造堡垒，但是地面上有一个突出的部分，妨碍他们把树枝稳稳地放到地面上。现在，想一想成人如何通过自己与儿童的融洽关系，给儿童提供支持并鼓励他们尝试、测试、再测试、重新思考策略。如前所述，儿童需要在户外环境中有效地参与有助于发展认知灵活性的活动。认知灵活性包括灵活思维和定式转换。

定式转换是指儿童放弃旧的做事方式，适应新的做事方式和实践的过程。

想一想，写一写，读一读

关于灵活思维的重要性，人们有很多观点。通过阅读，了解如何提高灵活思维的能力。在网上搜索"灵活思维"，阅读相关文章，然后思考你的灵活思维能力。它是否有助于你扩展灵活的处事方式？

如何将这个概念应用到你与儿童的关系和角色示范中？

灵活思维源于儿童有时间、材料和支持来重新体验游戏，这样他们就可以重新尝试并完善自己的策略以达到目标。同样，当儿童有各种各样的经验可以借鉴时，就能实现定式转换。有成人示范，儿童会表现出受到鼓励和好奇，更有可能想要接受新的游戏活动。想象一下，儿童在学习滑冰。一般来说，他们一开始会

在冰上用一把椅子来保持平衡。然后,他们会抓住一个成人继续滑冰。渐渐地,他们学会平衡和支撑自己的身体。与思维僵化的儿童相比,思维灵活的儿童能更好地度过这些过程。定式转换的过程可以帮助他们"忘记"需要一把椅子来支撑才能在滑冰时活动身体。思维僵化的儿童很难跳出基本的做事方式,也很难有信心尝试新的任务或机会。

思考过程与儿童发展抗逆力有关。儿童可以从许多户外游戏活动中学习抗逆力,这与他们的舒适度和冒险能力有关。例如,想象一群儿童想在幼儿园中建造一个树屋。幼儿教师利用这个机会和他们讨论为什么要建造树屋,他们可以怎么做,以及需要什么材料。然后,当儿童开始做这件事的时候,他们决定爬上四根树枝,看看把树屋建在树上的什么位置。三个儿童很容易地爬上去了。第四个儿童安德鲁绞尽脑汁才找到合适的地方放脚,然后放心地把胳膊伸到下一根树枝上。他没有安全感,决定不再参与。第二天,他又试了一次。他从观察其他儿童爬树开始,再次尝试。这次他滑了一跤,树枝划破了他的脸。他掉了几滴眼泪。教师向他保证,划伤是常有的事而且会好起来的,然后问安德鲁如何才能帮助他。当他爬上去的时候,他让教师靠近,以防止自己再次滑倒。教师照他的话做了,还在他成功爬上第一根、第二根树枝的时候说了一些鼓励的话。他在第二根树枝上坐了至少5分钟,然后开始移动自己的身体前往下一根树枝。他没有放弃,而是花时间研究如何才能实现目标。培养儿童坚持玩这种游戏的信心需要一个过程,这个过程受到成人和环境的强烈影响。儿童接触到的健康关系和榜样越多,他们发展内在力量、思考能力、自信以及渴望学习新事物和与他人一起参与的机会就越大(Pearson & Kordich,2017)。

抗逆力是指儿童应对挑战的能力,以及他们恢复、重试和努力实现目标的能力。

特纳和伯克斯(Turner & Berkes,2006)基于传统生态知识与智慧提出可持续性生活的实践和策略。他们的模式侧重于哲学、世界观、沟通、知识交流、实践和可持续性生活策略的重要性。生态知识与智慧的发展以及它们成为人们的信仰和生活实践的过程是需要时间的。这对于幼儿园的户外游戏而言尤为重要。分配给户外游戏的时间影响儿童摆弄物品和探索的深度与水平(Ernst,2012)。如

照片 8.8 户外游戏培养了儿童的抗逆力，让他们获得自信

广西壮族自治区柳州市育柏森林幼儿园

果儿童只能在户外活动很短的时间，而且他们的游戏经常被打断，那么他们仔细观察环境和进行游戏的机会就会受到负面影响。迪策和卡欣（2016）认为这是一种快速游戏，它限制了儿童深入体验的能力。普雷苏瓦尔（Pressoir，2008）认为，重视以下内容的过程和环境的成人创造者可以使儿童受益。

- 学习求知——获取放大镜之类的支持性材料，以支持探索和发展新知识
- 学习发展——轻松地支持个人实现目标
- 学习共同生活——参与并与他人合作促进人类的一切发展
- 学习行动——在任何环境中创造性地、负责任地做出反应
- 学习改变自己和社会——发展对环境、社会团结和非歧视行为的尊重

快速游戏是指儿童游戏的持续时间短，范围有限（Dietze & Kashin，2016）。

照片 8.9　儿童通过探索进行学习

实践原则：基于整体的实践

在社会学和教育学等学术领域中，基于整体的实践是指为儿童提供有关某个特定领域的兴趣或概念的所有方面的机会，并支持他们认识到整个概念由相互依赖的部分组成（Schoonover-Shoffner，2013）。有些人认为，"整体"（holistic）不同于"整个"（wholistic），因为"整体"涉及心理、身体和精神之间的相互作用（Schoonover-Shoffner，2013）。

基于整体的实践包括：儿童通过经验式学习，在与小家庭、大家庭、同伴、社区及自然世界的互动中寻找意义和目的。经验式学习有助于儿童发展整体思维方式。这意味着，类似于灵活和定式转换，随着儿童获得更多的经验和学习借鉴，他们将学习的层次融入思维过程中。

作为《早期教育框架》（Early Years Learning Framework，EYLF，2009）的一部分，澳大利亚教育、就业和工作关系部认为，整体教学承认大脑、身体和精神之间的联系。幼儿教师需要了解儿童、家庭和社区之间的联系与相互关系的重要性。正如《早期教育框架》记录所概述的那样，幼儿教育工作者要培养儿童理解和尊重自然环境以及人、植物、动物和土地之间的相互依存关系的能力。与本土社区的信仰和价值观相似，整体环境（holistic environment）通过确保环境支持有机的、生成的经验式学习来促进儿童的学习。

幼儿教师、儿童、家庭和社区通过交流来分享学习及新知识。在自然中学习和从自然中学习鼓励儿童关心并联系有关地方、空间和内在精神的教育（Ernst，2014）。例如，当儿童有机会思考和参与解决环境问题的实验时，他们就与地球建立了联系。这可以像帮助儿童了解瓢虫如何吃蚜虫，这样树上的叶子就不会被破坏一样简单。或者，观看大雁在秋天南飞，在春天返回。

基于整体的活动将儿童与他们的内在联系起来。帮助儿童把他们的内心世界和外部环境建立联系的成功方法之一是口头讲故事，而不是预先选定好书籍。讲故事能激发儿童的想象力，有助于儿童理解他们的文化以及对过去和现在的认识。"谈话圈"（talking circle）植根于加拿大的本土社区（Umbreit，2003），能够有效地支持儿童和幼儿教师进行有意义的对话，将他们的想法与他人和经验联系起来。

谈话圈是一种鼓励对话和共同创造学习内容的过程。圈子里的人倾听说话的人，大家都有机会轮流说话。

基于地方的学习：火堆

正如你在第 6 章中所读到的那样，当儿童接触火堆时，他们会发展问题解决技能、承担风险，并在应对风险的过程中建立信心。幼儿教师将有关火堆的活动作为讲故事、交流和建立关系的场所。这里是儿童和成人讨论的场所，比如，讨论火势蔓延与风等环境条件的关系，气象学家如何通过风和云来预测天气，还有火中的烟是如何升起和落下的。他们学习边界和地方感，以及如何在界线内行动。这些技能可以帮助儿童发展自我调节技能。火堆边是可以谈论自然、环境元素和安全问题的地方。例如，儿童学习防火毯的用途，了解什么是防热手套，以及为什么洁净的水源是必要的。在这里，儿童可以了解生火的方法、灭火的方法、灭火器的操作方法等。火堆是儿童了解消防员等职业的地方。当儿童围坐在火堆旁讲故事时，其中一个重要的组成部分是，他们通过反复讲故事来深化学习（O'Brien，2009）。

一般来说，当有一个火堆时，儿童可能会烤薄饼、烤三明治，或者用一个水壶煮茶。这些活动支持儿童收集从树上掉落的树枝（比较绿色的树枝和干枯的树枝），并削尖树枝的末端，这样他们就可以用它来烤面包。通过对话和活动，火堆将儿童、家长和幼儿教师聚集在一起，促进一种与人、地点和环境的联系感。篝火是与年轻一代分享故事和智慧的地方，年轻一代继而会成为下一代的故事讲述者（Dietze & Kashin，2016）。

幼儿教师会和儿童讨论，在火附近时或者当他们烤食物时，他们的手指上感觉到的温度。这带来了一种集体参与环境的感觉。"火对儿童来说是有趣的、神奇的"（Phillips，2016，p. 47）。通过采取适当的预防措施，并进行风险/效益评估，成人可以与儿童安全地探索火。幼儿教师可以通过使用"不留痕迹"的方法来树立尊重环境的榜样，不对环境造成伤害（Phillips，2016）。

课 程 计 划

户外游戏可以提供多种类型的经验和材料，帮助儿童了解环境。例如，许多社区都有池塘。当儿童所在的幼儿园善用池塘时，儿童所获得的学习和经验是很重要的。儿童可以被鼓励定期参观池塘以确保垃圾被清除，使自然栖息地得以繁荣。这是儿童了解水、动物栖息地、植物和围绕池塘衍生的生命周期的起点。通过这种接触，特别是当幼儿教师鼓励儿童用新的视角看待环境时，比如，让儿童观察、拍照和讨论他们在池塘周围看到的所有

照片 8.10　儿童在池塘边观察

广西壮族自治区柳州市育柏森林幼儿园

自然环境属性，儿童就会将科学与环境联系起来。表 8.6 说明了幼儿教师如何帮助儿童对附近的池塘产生兴趣。

表 8.6　计划、参与、探索和反思——善用池塘

计划	邀请儿童查看关于他们能在池塘周围找到的不同事物的照片和书籍。你可能会想到：平坦的岩石、硬泥土、草、苔藓、残骸和虫子的照片。
参与	邀请儿童到池塘去，鼓励他们拍照。让儿童感受他们发现的许多天然物品。讨论如何安全地清除该区域的废弃物。
探索	儿童散步回来后，下载并打印照片，然后根据照片内容进行分类。有多少张照片相似或不同？从如何回收处理的角度对废弃物进行分类。参与讨论，如果池塘没有得到精心维护会发生什么。
反思	儿童学会维护池塘了吗？他们是否具备了关于池塘和保护环境的知识？如果儿童定期去池塘，那么是否有助于他们成为环境管理者？关于池塘，儿童进行了哪些类型的对话？对话是否随着时间的推移而改变？

家长支持与参与

适应可持续性生活需要儿童在学前教育环境中找到榜样，包括家长和幼儿教师，他们应该拥抱自然环境，强调让生活方式和实践对社会影响最小的方式（Dyment et al., 2014）。帮助家长了解儿童户外活动的重要性是一个很好的开端。独特的探索活动可以增加儿童知识体系中学习的深度。

埃利奥特（Elliott, 2014, p. 15）认为，"可持续发展的学前教育是一个变革和赋能的过程，具有以生态为中心的世界观的儿童、家长和教育者积极地参与其中"。为了实现这一目标，需要制定明确的政策，向家长阐明户外游戏环境如何支持儿童了解环境和可持续性实践。

幼儿教师让家长参与制定和实施促进环境可持续性的政策，包括讨论有关环境教育的规定、实践和理念。以各种方式与家长分享儿童参与环境教育的各个方面，包括但不限于教学记录或新闻简报。如图 8.9 所示，让家长参与到环境议程中需要家庭和幼儿园的合作。

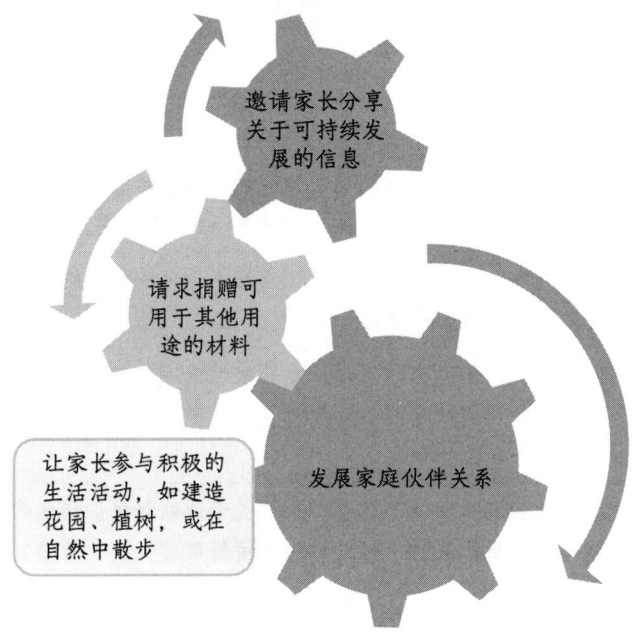

图 8.9　家庭和幼儿园的伙伴关系

可及性与设计

幼儿教师鼓励所有儿童接触各种户外环境。不同的环境有助于儿童了解周围环境的异同。随着儿童接触环境而来的是责任。鼓励儿童关心和尊重环境。幼儿教师示范如何以及为什么不破坏植物以及鸟类、无脊椎动物等生物的庇护所。他们向儿童介绍这个空间,并帮助儿童学习温柔地对待这些生物,以及如何让生物回到自己的空间;也帮助儿童在岩石或原木下探索,并告诉儿童永远把探索过的东西放回原处有多么重要。儿童将学会辨别哪些东西必须留在空间里,哪些东西可以移除,如折断的树枝或松果。在课程计划中,幼儿教师确保儿童沉浸在环境中,这里的环境尊重户外空间中的生物和非生物元素。

户外游戏的提示与工具

帮助儿童成为环境管理者的方法有很多。以下 10 条建议可以帮助儿童理解和拥抱户外环境。

1. 向儿童介绍各种动植物,包括让儿童建造花园和照料植物。支持儿童学习如何观察周围的动植物。
2. 在环境中为儿童提供自然材料,如岩石、鹅卵石、树枝、松果等。
3. 支持儿童成为自然知识的共同建构者。
4. 鼓励儿童重新利用材料,并将其用于各种目的,比如,将纸筒用于滚动和速度活动,将盒子用于建构,将木片或雪地用作画布。
5. 提供甜菜汁和胡萝卜汁,让儿童在创作中使用天然染料。
6. 邀请长者和其他社区人员帮助儿童了解环境。
7. 提倡对儿童进行环境教育,将户外游戏和环境视为幼儿园的重要组成部分。
8. 鼓励家长参与更新环境政策,包括节水和节能、种植吸引蝴蝶和蜜蜂的植物、减少浪费和噪声污染等问题。
9. 邀请儿童、家长和幼儿教师设计户外空间,使其具有堆肥、收集雨水和种植蔬菜等功能。
10. 开发幼儿教师可以与儿童和家长分享的资源,促进他们学习那些支持环境教学原则的主题。

幼儿教师有责任澄清他们的知识、技能和环境教育观(Dyment et al., 2014)。幼儿教师和家长可以观察儿童的行动,以深入理解如何在日常实践中有效实施环境教学(Hedefalk et al., 2015)。

在现场——专业反思:"我为什么热爱户外游戏"

专栏 8.3　我为什么热爱户外游戏

当想到户外和开放性材料时,它总是让我想起自己的童年。作为加拿大曲湖第一民族(Curve Lake First Nation)的一员,我在自然保护区长大。我最喜欢的记忆是在户外玩木棍和石头,在树林里奔跑、玩捉迷藏、游泳、在狐狸岛露营、爬树和建造堡垒。自然是我的一部分,与我的日常生活相融。它有很多地标。在外面玩的时候,妈妈会告诉我们:"你们如果走过那棵大苹果树,就走得太远了。"我和兄弟们在户外和朋友们从早玩到晚。我们必须让这种记忆一直在儿童的心里扎根。作为教育者,我们需要让儿童在户外学习和探索。儿童天生喜欢大自然。户外的气味、声音和不同的质感只会让你想去探索怎么样、是什么、是谁和为什么,这些都是儿童自然想要做的事情。还有什么地方比户外更适合他们这样做呢?我的女儿和地球母亲有着强烈的联系。她在 7 岁时就明白,我们一定会照顾她。在夏天的几个月里,她喜欢在户外的自然环境中玩上几小时。她喜欢所有的季节。无论她是在建造"骄傲的岩石",还是在为所有的动物搭建营地生火,岩石和树枝在她的游戏中都是活的,具有意义和目的。儿童是造物主赐予我们的神圣礼物。他们在地球母亲的土地上茁壮成长。我们必须享受童年的美妙,为儿童提供"用木棍和石头做什么"的无限可能。

米歇尔・泰勒・莱昂哈迪(Michelle Taylor-Leonhardi)
奥什凯蒙幼儿园协调员

案例研究

幼儿教师受益于通过多种方式密切观察户外空间,包括空间里有什么以及儿童使用空间的方式。对这些信息进行分析和反思会影响幼儿教师在环境中设置的邀请物类型和课程计划。玛丁娜很高兴加入新的幼儿园，特别是因为它在社区中的声誉和在那里工作的了不起的幼儿教师。

当你阅读案例研究 8.1 时，你会了解到玛丁娜花时间仔细观察环境中的材料，然后与同事一起为环境添加更多的自然材料。结合你在前几章学到的内容，思考案例研究后面的问题。

 案例研究 8.1　探索将更多自然活动带入环境的方法

我是一所幼儿园的新教师，这所幼儿园因高质量的课程计划而享有盛誉。昨天，我检查并清点了户外活动空间。这让我大开眼界，因为我意识到，儿童可以使用的 20 种材料都是由塑料制成的。我很惊讶。当我看着这个空间时，我意识到没有树枝，没有松果，没有岩石，没有泥土，没有树叶，也没有植物。我被这个发现震惊了，因为我意识到，如果没有兴趣和机会去探索自然，儿童就不会与自然联系在一起，除了新鲜的空气、天气和平坦的地面。我开始思考以下几个问题。作为儿童学习的促进者，在为儿童提供用于学习和测试理论与事项的资源时，哪些是重要的考虑因素？需要做出哪些改变来拥抱儿童在户外的机会？现在我们可以把什么样的新奇物品放进环境中？怎样用天然产品取代塑料制品？

想一想你作为教师的角色。你认为什么类型的自然材料可以被立即投入环境中？

1. 你将如何让家长参与到改变空间的活动中？
2. 你将如何在这所幼儿园中扩展环境教育？
3. 你认为，你在知识上的缺口是什么？你将如何获得这些知识？

本章清楚地界定了榜样示范的关系及其与环境和行为的联系。幼儿教师的信念和实践是影响儿童接触户外环境和参与户外可能出现的大量学习活动的主要因素之一。如果幼儿教师缺乏知识、时间和机会来获得在大自然中的经验，以及与儿童一起发展倡导能力，那么改变当前户外实践的机会就会减少（Ernst，2014）。

> **专栏 8.4　到户外去**
>
> 你上次坐在火堆边是什么时候？看看有一个火堆的空间。你会考虑哪些环境方面的注意事项？你有什么确保儿童安全的材料？你会围着火堆做什么？你会和儿童在火堆边进行什么样的对话？你什么时候会没有火堆可用，为什么？

本章小结

- "环境可持续性"是幼儿园中的一个新兴概念。
- 环境教学是指让儿童有机会亲近和体验自然环境。
- 环境可持续性的教学方法包括环境管理、社会意识和进步、社会–经济进程和可持续性实践。
- 将环境实践融入课程计划可能是幼儿教师的一种新体验。
- 世界环境与发展委员会的《布伦特兰报告》（1988，p. 43）将"可持续发展"定义为"既满足当代人的需要，又不损害后代满足其自身需要的能力的发展"。
- 以探究为导向的教学通过角色示范和实践来帮助儿童理解文化。
- 可持续性实践的 7R 包括：减少、重复利用、回收利用、尊重、重新思考、反思、重新分配。
- 幼儿期是培养儿童尊重意识以及与环境建立联系的关键时期。
- 研究表明，幼儿教师可以将开放性游戏、示范性游戏和有目的预设游戏融入他们的实践中。
- 在改变的过程中，幼儿教师将经历脱离正常实践的过程，因为他们需要反思社会批判性实践、创造变化、获得关键技能并超越所见进行思考。
- 生态素养是指个人利用生态学原则创设健康环境。
- 幼儿教师对如何实施环境教学有着不同的看法和理解。
- 尤里·布朗芬布伦纳（1979）提出了生态系统理论，强调环境、生存的地方、系统和让儿童获得生活经验的机构的重要性。

- 有的本地居民将"学习"定义为神圣的、整体的和终身的责任。
- 环境管理源于儿童、家长、幼儿教师和社区之间的融洽关系。积极的人际关系对灵活思维有支持作用。
- 灵活性和抗逆力是幼儿教师需要融入户外游戏环境的重要标准。
- 传统的生态知识与智慧的模式包括哲学、世界观、沟通、知识交流、实践和可持续性生活策略。
- 研究表明,儿童受益于成人支持他们学习求知、学习发展、学习共同生活、学习行动以及学习改变自己和社会的环境。
- 基于整体的实践包括:儿童通过经验式学习,在与小家庭、大家庭、同伴、社区及自然世界的互动中寻找意义和目的。
- 火堆为儿童提供了各种各样的机会,以支持儿童学习环境管理、科学原理和参与社区学习。
- 政策支持幼儿教师促进儿童和家长的环境实践。
- 幼儿教师帮助儿童学习如何在环境中照顾生物。

安静反思

在花园里待上一段时间。观察你在地上和植物上看到的虫子。植物上有蜜蜂吗?有没有什么特别的颜色吸引它们?它们是如何将身体放在植物上的?你认为,儿童在观察蜜蜂之前应该知道什么?

与他人对话

当你思考儿童、环境、环境可持续性和户外游戏时,请重点关注你在倡导儿童成为环境管理者时所设想的步骤。

1. 你会用哪些策略与家长讨论环境的可持续性?
2. 你认为幼儿园中的环境可持续性是什么样的?
3. 当幼儿教师们对户外游戏的重要性和支持儿童充分探索环境的方法持有相反的观点时,会发生什么?

进一步思考与行动

本章强调了幼儿教师全面了解和应用环境实践的重要性。你认为，障碍可能是什么？在与同事、儿童和家长推广包括环境教学在内的新的课程计划理念时，你将扮演什么角色？你将如何支持家长？如何继续搜索来自本土文化的信息，以指导自己的实践？

第 9 章
从四季的视角规划课程

学习成果

学完本章后，你将能够：

- 解释儿童在四季体验户外游戏的重要性；
- 讨论"生成课程""协商课程""教学""课程计划""目的性""结果""邀请物""诱导区"以及它们之间的关系；
- 描述儿童如何基于探究的姿态、生态教育学及其指导原则与自然建立联系；
- 概述图式游戏与户外游戏的关系；
- 讨论如何将科学方法应用于户外游戏；
- 说明如何让家长支持户外活动。

第 9 章 从四季的视角规划课程　289

被迫要做的事情是工作，随心而做的事情是游戏。

——马克·吐温（Mark Twain，1835—1910）

 **童年回忆**

我从我的祖母那里学到了很多，她是一个非常聪明的女人。在她的房子后面，有一个很大的蔬菜香草园。我喜欢和她在户外的花园里。她会告诉我每种植物的药用价值，描述用植物制作酱料、汤、香蒜酱和茶的食谱。我们也会一起做饭。我最喜欢的是用研钵和研杵做罗勒香蒜酱。当我感冒时，她会把紫锥花浸泡在热水里，滤去叶子、花瓣和根，用一个漂亮的茶杯给我沏茶。它总能让我感觉好些。

本 章 预 览

在加拿大，一年四季的户外游戏对儿童而言很重要。一年中的每个月、每一天都在户外游戏对儿童十分有益。我们生活在儿童可以见证每天、每周、每月、每年的天气变化的国家，这为他们的游戏和学习提供了支持。季节性游戏充满了机会。秋天为儿童提供了落叶，让他们跳入其中。此外，儿童还可以发现屋顶上的霜和水坑里正在凝结的冰。冬天为儿童提供了冰如何裂开、如何在冰上滑行的惊奇感，或者雪花轻轻飘落时给人的感觉和味道。春天为儿童提供了用来做"馅饼"和滑行的泥浆。夏天为儿童提供了大量的自然材料，用以探索和发现。每个季节都有独特的游戏和学习可能性。在每个季节里，你最喜欢的活动是什么？作为一个成人，你喜欢夏天把脚泡在水里，冬天在冰上滑行吗？你小时候最喜欢的活动是什么？它们与现在相似还是不同？你喜欢在冬天堆雪堡，在夏天爬树，或者在秋天感受地面的树叶发出摩擦声吗？你是否在春天体验并享受过4月的倾盆大雨，探索过5月的花香和美丽？

季节性游戏为儿童提供了在不同方面进行探索、思考、捣鼓和发现的机会，所有这些都是他们学习的基础。想一想，在冬天，儿童学到的不同于其他季节的科学原理是什么？他们可以通过观察水结冰的过程来了解温度。当冰融化时，他们可能会听到冰裂开的声音和水滴落在地上的声音。在冬天，他们可以把雪地当作画布进行创作。在春天，万物复苏的迹象比比皆是，儿童可以听到和看到鸟儿回来，树上的嫩芽变成叶子，以及青蛙或蟋蟀等昆虫的叫声。因为每个季节提供了不同的游戏和学习情境，拥抱户外游戏的幼儿教师对每个季节都充满热情。幼儿教师要认识到，季节性游戏对儿童的生活至关重要，即使他们可能更喜欢待在室内躲避恶劣的天气或者避免自己变脏（Copeland, Sherman, Kendeigh, Kalkwarf, & Saelens, 2012）。

想一想儿童在雨中会经历什么。他们能学到什么？当儿童身处浓雾、小雨或大雨中时，他们会学习哪些不同或相似的概念？想一想科学、数学和语言——他们可能会经历什么？如果在下雨的时候把雨伞、水桶和木桶放到游戏环境中，儿童会做什么？当他们使用这些材料时，会有哪些观察结果？他们可能会看到雨来自天空。开始下雨时，天空变黑。这将如何引导他们思考自己的理论，研究是什么导致潮湿的天气？他们可以倾听雨水滴落在雨伞上的声音，并思考这项发明是如何保护他们不被淋湿的。测量桶里的雨可以帮助儿童运用数学技能思考节水问题。收集的水可以用来浇灌新种植的蔬菜。正如这个例子所表明的那样，如果儿童被在各种天气条件下都拥抱户外游戏的幼儿教师包围，他们就有很多机会体验和学习，而这些经验是在室内无法复制的。

观察水果和蔬菜的生长可以帮助儿童理解种子发芽，植物可以在土壤或水中生长。随着收割季的临近，儿童可以帮忙采摘或挖出花园里的水果与蔬菜。如果收获的果实被用来做零食和午餐，他们就会了解食物的生产和使用。这些都是儿童好奇的源泉。本章的重点是季节在游戏、惊奇和学习方面的可供性。这就要求幼儿教师审视他们对季节性课程计划的观点，并决定如何通过给儿童提供材料和邀请物来支持与鼓励儿童全年都参与到游戏中。我们希望这些游戏邀请物将支持幼儿教师促进所有季节里儿童的户外游戏与学习。

第 9 章　从四季的视角规划课程

图 9.1　四季中的户外游戏

研究表明，儿童户外游戏的机会因季节而异（Carson，Spence，Cutumisu，Boule，& Edwards，2010）。户外活动是儿童身体活动水平以及健康发展的其他领域的重要预测指标。卡森等人（Carson et al.，2010）对加拿大一座城市的儿童进行研究，那里的冬天以极低的温度和寒风为特征。他们确定，与其他季节相比，儿童在冬季的身体活动水平较低。一部分原因可能是极端的天气条件，但更有可能是由于幼儿教师减少了儿童在冬季几个月里参加户外游戏的机会和时间（Ergler，Kearns，& Witten，2016）。如表 9.1 所示，幼儿教师会通过评估天气来确定进行户外游戏是否安全。

表 9.1　天气评估流程

当气温较低*时，儿童是否有危险？
冻伤的风险有多大？
■ 儿童如果觉得冷，就去室内休息一下。
■ 确保儿童穿着保暖的靴子、冬季厚外套，戴着手套，以及围了一些可以温暖脖子的东西。
当出现极端天气警报时，儿童是否处于危险之中？
有暴风雨预警吗？
■ 估计儿童和教师转移到安全地带的速度。
■ 保持冷静，理解儿童的恐惧。
当温度很高时，儿童会有危险吗？
极端高温是否会导致儿童迅速脱水？
■ 确定户外阴凉区域是否为儿童提供了适宜的保护，以便他们能够继续在户外游戏。
■ 遵循加拿大儿科学会①保护儿童的指导方针，确保儿童水分摄入充足，有足够的水饮用和游戏。
■ 在高温警报期间，暂停户外活动并留在室内。

* 即气温低于 -25℃，含风寒系数。

儿童需要在自然世界里的第一手经验。他们一整年都在大自然中玩耍，便能调动所有的感官。厄恩斯特（2014）指出，关于大脑发育的研究表明，童年早期的游戏应该致力于促进想象力的发挥、多感官体验和游戏化学习。多感官、儿童主导和开放性的游戏活动应当被学业领域的正式指导取代。学前教育先驱夸美纽斯认为，参与的感官越多，学习就越有效（Elkind，2015）。随着季节的变化，大

---

① 英文全称为 Canadian Pediatrics Society。——译者注

自然发出"邀请",支持儿童的游戏,让他们以多感官的方式学习。例如,想一想不让儿童跳进水坑有多难。在冬天,水坑会变成一种"诱导区",邀请儿童前来把冰面打破。除了大自然发出的邀请,理想情况下,幼儿教师也应该提供有计划的环境,有意识地邀请儿童在不同的季节里体验和探索他们的感官。

为户外游戏做好准备

幼儿教师可以有意识地邀请儿童玩涉及经验式学习的游戏。在本章中,我们指的是经验而不是活动。经验不同于活动。沃茨(Watts,2013)认为,经验意味着更深层次的潜在学习。活动则意味着对儿童的供给有限。为儿童提供的是一项活动。为了让儿童观察、好奇和了解周围世界不断变化的本质,他们需要经验。"他们不能单纯地从图片、练习册或照片中了解季节"(Watts,p. 4)。在儿童寻求探索和与环境建立联系的过程中,有吸引力的第一手经验和对每个季节所有奇观的利用对他们来说是有趣的。体验季节性学习的一种有效方式,是在不同的月份参观同一个地方,实施地方教学。

*经验*是指一种无限制的行为,它鼓励儿童根据自己的兴趣采取行动。随着时间的推移,它是可持续的。

*活动*是指一次性发生且由成人预先决定的行为,而不是由儿童的兴趣引发。

儿童能从季节的变化中学到什么?在第7章中,我们鼓励幼儿教师带领学前儿童通过持续、定期地参观相同的空间来支持他们发展地方感。这个地方是如何随着季节变化的?威特(Witt,2017,p. 59)认为,"故事可以连接人和地方,提供创造的可能性,刺激儿童参与户外活动"。威特提出了一系列问题,如表9.2所示,还增加了一列"在四季中",以鼓励幼儿教师思考学前儿童在不同的季节与天气条件下游戏和学习的可能性。

表 9.2　讲述地方的四季故事

在这个地方，我们能找到什么故事？	在四季中
这个地方有什么？	在四季中
这个地方邀请我们做什么？	在四季中
谁（人类和非人类）住在这里？	在四季中
谁依赖这个地方？	在四季中
我们如何关心这个地方？	在四季中
这个地方知道什么？	在四季中

当儿童有机会探索和研究户外环境时，最初在成人的鼓励下，他们用自己的感官去观察、注意、发现，并对季节变化充满好奇。随着时间的推移，他们将这些技能嵌入日常的认知方式中。基于观察、疑问和好奇，儿童创造和记录地方的故事，加深他们与户外世界的关系（Witt，2017）。想一想你小时候去过的某个地方，它在四个不同的季节里是如何变化的？冬天来临时，那里的鸟类、昆虫等生物发生了什么？树木是如何变化的？当儿童在不同的季节里了解地方以后，他们关于地方的故事就能为幼儿教师提供信息，帮助他们生成新的课程。

照片 9.1　森林里的菌类

随着儿童做出选择并与他们的生活经验联系起来，课程在生成过程中会沿着新的道路分化开来。课程选择总是不固定的，以便在季节的变化中将新的可能性编织其中。幼儿教师为儿童的经验做计划。琼斯（Jones，2012）认为，教师应根据对儿童兴趣的观察和反思来制订计划。"课程只有在课程发生之后才会形成，除非是常规的事情，否则不事先安排"（p. 66）。琼斯称其为"生成课程"。地方为儿童兴趣的生成提供了许多可能性。例如，当一群儿童发现森林里的树木、原木和树桩上长满了看起来不可思议的菌类时，他们对这些形状着迷。如果你是幼儿教师，你将如何基于儿童对菌类产生的兴趣进行计划？

生成课程是指从学习者的兴趣出发共同构建的课程。

生成课程是一种协商课程。福曼和法伊夫（Forman & Fyfe，2012）认为，早期学习环境中的生成课程是以社会建构主义理论为基础的，在教师、儿童、家长和社区人员构成的学习者共同体中创造或协商而成。"课程既不是儿童中心，又不是教师导向的"（Forman & Fyfe，2012，p. 246）。课程产生于儿童的经历。然而，幼儿教师在设计路径中发挥重要作用，他们通过观察儿童、做教学记录以及与家长对话，计划儿童的机会和经验。教师倾听儿童的声音。在协商课程中，儿童表达他们的兴趣，后续经验将依据教师与儿童、其他教师以及在许多情况下与家长的协商。

协商课程意味着课程并非仅仅来自儿童或者教师，而是经过协商的。它"由儿童发起，但由教师设计"（Hill，Stremmel，& Fu，2005，p. 16）。

协商课程采用的是"由教师激发，儿童参与"的模式（Forman & Fyfe，2012，p. 248）。幼儿教师扮演"激发者"，为儿童的探索计划丰富的活动，同时记录和反思下一步。在第 4 章的基础上，本章将探讨课程如何基于户外游戏经验中的协商、自然教学而生成。

"教学"是一个被经常使用但被误解的术语（Colwell & Pollard，2015）。教学不同于课程。课程是具有潜在经验的内容，儿童可以参与其中，我们也可以促进这些经验。教学是指我们如何教授。教学是学习发生的方式（Ontario Ministry of Education，2014）。教学是你的教学方法，而课程是你的教学内容。课程回答"教什么"的问题，而教学回答"如何教"的问题。想一想这个例子，两位幼儿教师都想教儿童关于落叶树和针叶树的知识。

教学是一种内涵丰富的术语，涉及幼儿教师为促进教与学而采用的方法。

教师亚历克丝关于学习的理念来自"儿童通过观察和被告知正确答案来学习"这一观点。她带着一群儿童去附近的一个公园，公园里有一小块地种着不同种类的树木。亚历克丝让儿童聚集在一棵树前,她用手指着辨认这棵树的类型和名称。儿童重复树的类型和名称,然后移动到下一棵树。教师劳蕾尔的教学方法不同,因为她不相信儿童是从被告知中学习的。她带儿童到附近的树林里,邀请他们通过触摸树皮来近距离观察树木、闻树叶,并收集掉在地上的松果、橡子、树叶和树枝。他们还进行拍照存档。儿童在整理他们的"森林宝藏"时,开始形成自己的理论,解释为什么有些树会掉叶子,而有些树不会。他们的想法被表达出来,谈话也被记录下来。

在第一个例子中,儿童被告知答案。在第二个例子中,儿童未被告知答案,而是在教师的支持下得出正确答案。在理论构建过程中发生的思考与儿童喜欢的学习方式是一致的。儿童面临的挑战不是死记硬背正确答案,而是猜测、预测和创造理论。比起儿童被教师告知但很快就遗忘答案,这种技能更有助于他们之后解决问题和进行批判性思维(Dietze & Kashin,2017)。"课程计划"一词包含教学和课程。课程也需要计划。如果你认为计划是促使儿童和成人一起发现的方式,那么你就在与儿童共同构建课程,而不是强加你的想法(Walton,2013)。在本章中,我们使用"课程计划"一词描述为支持儿童游戏和学习而准备环境的过程。

课程计划包含课程发展的过程(Dietze & Kashin,2016)。

儿童户外游戏活动的计划和安排涉及目的性。游戏和教学中的"目的性"是指教师带着知识和目的行动,确保儿童在户外游戏时进行学习,并获得支持他们发展的最佳经验。这将为日后儿童在学校的成功提供必要的基础。美国研究者爱泼斯坦(Epstein,2014)认为,有准备的教学不是偶然发生的,因为它需要深思熟虑、有意识地计划。瑞吉欧·艾米莉亚的教育工作者

照片 9.2　探究性游戏引发新的学习

把环境称为"第三位教师"。对儿童而言,户外环境是终极教师。课程计划通常是不必要的,因为儿童会主导游戏。有洞察力的幼儿教师将抓住机会,通过观察和提供资源,在必要的时候支持儿童的游戏体验与学习。在其他时间里,计划活动可能是为了激发儿童的好奇心或支持他们的探索。

目的性是指在为儿童计划活动时目的明确。

幼儿教师通常根据结果制订计划。无论是回应儿童自发的户外活动,还是为儿童的户外时间制订有目的的计划,有准备的教学都意味着考虑儿童学习与发展的所有领域的具体结果。爱泼斯坦(2014)将这些领域称为"学业领域",如图9.2所示(读写、数学、科学和社会学习),以及传统上认为的早期学习领域,如图9.3所示(社会性、情感、认知、语言、身体和创造力)。幼儿教师的另一个考虑因素是当今的STEAM视角,如图9.4所示,包括科学、技术、工程、艺术和数学。成为有准备的教师需要考虑"什么是理论"以及"如何应用理论"。这是检视实践的基础,意味着幼儿教师全面理解游戏、儿童发展和户外环境如何影响儿童在学业、发展以及STEAM领域的户外游戏经验。

结果是指你希望儿童在活动结束时能够知道或做什么。

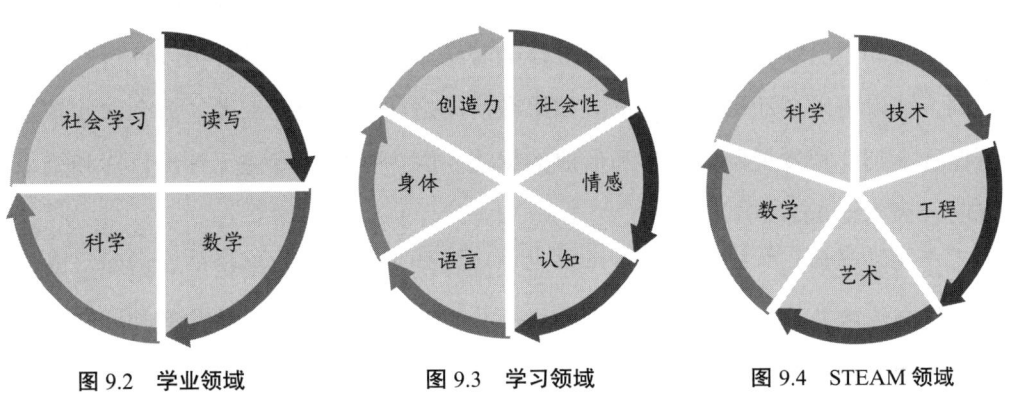

图9.2 学业领域　　图9.3 学习领域　　图9.4 STEAM领域

如图9.5所示,诱导区不同于邀请物。幼儿教师投放的学习邀请物可能会引起回应,并成为诱导区。诱导区是一种得到了回应的邀请物,因为它不能被忽视;也就是说,它引发了回应。被忽视的邀请物本身可以促成一次反思的机会

（Kashin，2017）。邀请是在户外环境中为儿童创造他们想要参与的体验的一种方式。"诱导区"和"邀请物"的区别如图9.5所示。它们是被有意安排的。虽然爱泼斯坦（2014）建议有准备的教学从结果开始，但这些结果并不一定要在邀请物之前设定。教师可以在经验发生后进行确定。

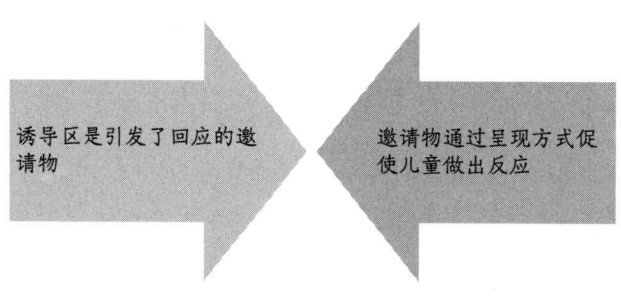

图 9.5　邀请物和诱导区

● **诱导区**对儿童而言是惊喜，是一些意想不到的东西，通常以一种能促进儿童好奇和参与的方式展现出来。

● **邀请物**含有邀请的行为，请儿童在场和参与。

教育机构或地方政府可能会设定与户外经验相关的结果要求，这些要求往往与省级早期学习框架相关。结果不同于目标。"目标"是广泛且长期的。目标并非一次活动之后就能达到。目标可以伴随着结果，两者都离不开可以评价的行为动词。结果可以在活动后被评价。如果在活动之前就设定好二者，那么幼儿教师可能看不到儿童发展中的兴趣和形成的想法，因为他们将专注于评价目标和结果（Dietze & Kashin，2017）。

在活动之前写下结果可能是一种必须放弃的实践。设定严格的期望和过度计划可能会影响儿童拥抱自然的自发性，而儿童的自发性才能让幼儿教师回应儿童的探究和兴趣（Porto，2017）。照片9.3展示了户外邀请物，主要目标是让儿童与彼此、材料互动，从而支持他们在认知与社会领域中学习数学、语言和艺术。使用参与、创造、设计、分类和组合等行为动词为这一活动书写的结果，可用于活动之后的评价。

根据科利尔、赖默、沃特斯和沃茨（Colyer，Reimer，Watters，& Watts，

2017）的研究，以探究为导向的教学是非线性的、不固定的。课程框架提出的学习期望可以通过一个包括以下内容的过程来实现：

- 观察、倾听儿童的学习；
- 关注、命名并记录学习内容；
- 将学习融入课程框架；
- 协商后续学习步骤。（p.58）

照片 9.3　可以实现多个结果的一次户外活动

陈欢

幼儿教师的角色是"为儿童创造发现、挖掘和构建新知识的机会"（Colyer et al.，2017，p.59）。从四季的角度来看，机会可以被设计为邀请物，让儿童了解自然中的循环和多样的奇观。每一个季节都会为儿童带来不同的体验（Watts，2013）。

 专栏 9.1　认识户外游戏——反思要点

你可能听过这样一句话："4月的雨带来5月的花。"你是否曾想过春雨也会带来泥巴？天一亮，孩子们就喜欢在泥巴里游戏。凌乱的、泥泞的、脏脏的游戏有很多益处。在与他人合作、协商、沟通、分享的过程中，儿童可以发挥创造力，提高精细运动技能，锻炼社交能力。儿童在比较、解决问题、验证想法、测量和计算的过程中，练习数学技能和科学技能。泥巴是一种可塑的艺术媒介，可以用来雕刻或绘画。泥巴游戏也是包容性的，因为所有儿童都可以在自己的发展水平上用泥巴游戏（Rupiper，2016）。

理论将在本章被应用于实践，想一想体验户外游戏和跨季节的自然教学。重点是为充分利用一年中季节变化的课程做好准备。这是一种有准备的课程计划，同时适用于儿童萌发的不同兴趣以及不同的天气条件。

我们对户外游戏的愿景

生成课程允许儿童的兴趣随着周围自然世界的变化而变化。传统的课程有预设的学习单元或主题,当儿童遇到世界上的奇妙事物时,教师不会让他们参与其中。这种类型的课程不支持儿童的兴趣,也没有机会影响他们的游戏或好奇心。当幼儿教师回应儿童对季节的好奇、问题和想法时,他们就在与儿童共同建构。共同建构理论以社会建构主义为前提。自然是不可预测的,它创造了生成课程的条件。儿童可以主导自己的探索,发现已知和未知的一切,进而引发小组学习(Porto,2017)。认识到课程的展开基于一定的理论是发展有准备、有计划的课程的关键,同时可以考虑儿童产生的兴趣、好奇、疑问和想法。我们希望幼儿教师在与儿童共同构建逐步展开的课程时,拥抱理论并考虑实践应用。也希望幼儿教师拥抱季节变化带来的不同景观,它们是促进儿童的游戏、学习与发展的礼物。这些变化的景观会为课程计划提供大量的机会。

当幼儿教师支持儿童拥抱他们的兴趣和探索时,他们就在拥抱大自然的不可预测性和儿童学习的地方。当你阅读案例研究 9.1 中卡门的经历时,请思考这个问题。

案例研究 9.1　高高的草丛之上的学习

卡门是一位幼儿教师,对操场外面的土地很熟悉。在不同的季节里,她经常带着孩子们去那里,因为她非常熟悉这个空间在一年中不同时间的特有之处。春天,雨后,高高的草丛后面的水会聚集起来。卡门坐在操场上的集合地,建议孩子们到这一带转转,因为这场雨给他们带来了一些特别的东西。卡门知道儿童在一个社会结构中一起学习的重要性,于是邀请孩子们预测他们会发现什么。她记录他们的想法,然后他们一起出发到操场后面的空间,这样孩子们可以漫步、查看,也许会发现一条流过这个区域的小河。

卡门把理论融入她的实践中,并将大自然带给儿童的馈赠作为一种方式,以丰富他们在游戏中和在了解本地空间及环境中的生活经验。她专心地倾听儿童的想法,

> 乐于接受他们的问题,并通过提出问题来支持他们的好奇,引导他们进行更深层次的思考,同时支持学习者共同体和探究文化的形成。
>
> 1. 卡门将如何记录儿童的活动?
> 2. 卡门可以通过什么方式让家长参与到儿童的活动中?
> 3. 在不同的季节里,这个空间可以为儿童的游戏和学习提供哪些可供性?

户外游戏在儿童生活中的地位

当儿童感到好奇并有机会理解他们对周围世界的好奇时,他们就会学习(Colyer et al.,2017)。儿童是天生的问题解决者。他们也是自然科学家、工程师、艺术家和数学家——他们总是对一切事物感到好奇,然后进行实验并回答自己的问题。以探究为导向的教学是一种可以增强儿童的自然游戏体验的方法,让儿童与各种学习领域建立联系,同时与环境和彼此建立关系。这个过程是之后的学业学习所必需的,也是其基础。季节性游戏是如何支持这一点的?接受以探究为导向的教学,需要儿童拥有对该过程怀着承诺和信念的幼儿教师,从而使其成为一种立场(Colyer,Reimer,Watters,& Watts,2017)。

立场包括坚持你所坚信的东西。

户外环境丰富,适合进行探究性学习和服务性学习(service learning)。服务性学习造福世界。虽然它在小学、中学和高等教育环境中被广泛使用(Waterman,2014),但它对早期学习环境而言是一种较新的方法(Vandermaas-Peeler,McClain,& Fair,2017)。范德马斯-皮勒(2017)及其同事提出将环境管理作为与儿童一起进行服务性学习的一种形式。促进儿童与自然建立积极的关系有助于他们的管理工作。这种形式的服务性学习可以在当地和全球范围内产生影响,部分原因是儿童有机会反思自己的经验、与同龄人互动,而且幼儿教师可以为他们的想法、探索和发现提供机会。记录儿童的持续经验有助于展示和公开他们对自然世界的尊重与价值。例如,他们管理环境的证据可以通过种植、培育植物和食用他们的食物呈现出来。回收、捡垃圾以及在户外自然环境中的正念冥想（Vandermass-Peeler et al.，2017）是服务性学习和环境管理的其他重要方面。

服务性学习是一种教育方法，有助于学习者拥有广泛的经验，有益于社会（Waterman，2014）。

这种类型的课程有时被称为"生态教育学"（ecopedagogy），是一种已经得到公认的实践框架（Haas & Ashman，2014）。生态教育学的目的是让儿童发展一种生态身份，提倡儿童作为地球公民的形象。生态教育学是由巴西教育家弗莱雷（Freire，1967）的工作和他的批评教育理论发展而来的。该方法支持幼儿教师挑战主导当前实践的信念和实践。在幼儿教师的支持下，儿童可以提出并反思他们支持自然世界的方式。在图9.6中，迪策与卡欣（2017）论述了生态教育学与生态身份之间的关系。

生态教育学试图让儿童充分参与并改善他们的社会（Misiaszek，2015）。

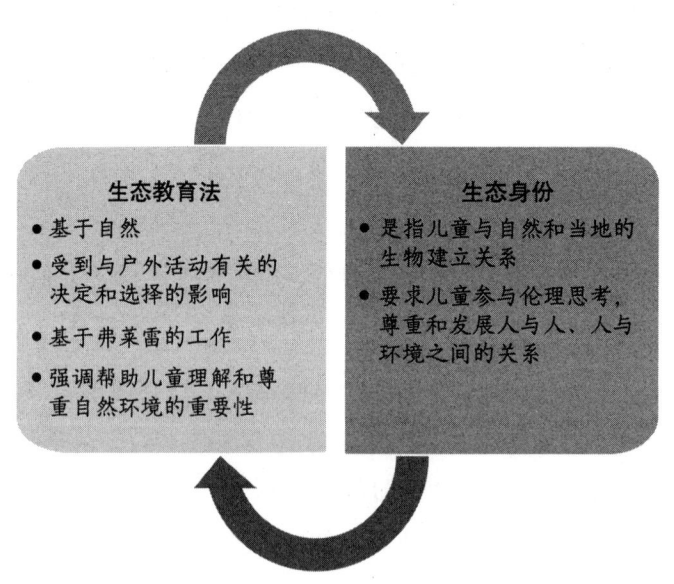

图9.6　生态教育学与生态身份

贾丁（Jardine，2010）指出，生态教育学是"生态学"（ecology）和"教育学"（pedagogy）两个术语的结合。他认为，生态教育学是一种课程理论，帮助我们思考来自某个地方的学习和以前的学习。在第7章中，我们阐述了地方对学习者的影响。在本章中，我们将着眼于地方对学习的影响。这个地方必须"被周围的人感知、感受、理解和解释"（Hung，2014，p. 1390）。亨（Hung，2014）认为，地方感是通过身处地方的个体的经验来构建的。从早期学习的角度来看，儿童在一个地方会有不同的体验，部分原因是材料、角色榜样和这个空间带来的感觉不同。他们也可能在同一空间的不同时间有不同的体验（Hung，2014）。幼儿教师的作用是通过探究过程来当场支持学习者和学习。

生态教育学与杜威、福禄贝尔以及美国教育家、心理学家加德纳（Gardner）在儿童课程计划策略和经验方面的立场一致。杜威（1916）认为，如果课程和活动不是建立在自然环境的基础上，儿童在自然中的体验就会变得支离破碎、不真实。同样，福禄贝尔（1889）提倡儿童在大自然中游戏。他认为，在大自然中游戏是儿童发展的基础，户外环境和活动应该像室内环境和活动一样得以

照片 9.4　发展对环境的敏感性

广西壮族自治区柳州市育柏森林幼儿园

精心规划和实施；此外，两者都应该注重与自然世界的互动。加德纳（2008）在杜威和福禄贝尔的基础上提出，儿童需要发展自然智能的机会。这意味着，儿童受益于帮助他们学会辨别生物、获得对环境和自然世界的其他特征的敏感性的经验。

自然智能是指看见自然中的模式，并将在自然中发现的各种属性联系起来的能力。

理 论 基 础

历史上一直存在着一种"古老的方式，将有关自然的知识和与自然的联系代代相传"（Young, Haas, & McGown, 2010, p.xxvii）。这种古老的教导形式起源于我们的祖先，他们是猎人和采集者。教导是一种传递知识的方式，通常用于早期学习，是指工作环境中的一种互惠关系，即更有经验的教育者支持缺乏经验的人，即学徒（protégé）（Dietze & Kashin, 2016）。

教导是指传授知识，与他人分享知识的一种方式。

乔恩·扬、哈斯和麦高恩（Jon Young, Haas, & McGown, 2010）将支持儿童充分发挥潜力并使他们所在的社区受益的过程称为"草原狼式教导"（Coyote Mentoring）。通过游戏、提问、讲故事和制作音乐等方式，儿童可以参与到支持他们与自然联系的核心活动中。这种教导方式温和地引导儿童充分发挥潜力。在之前的几个世纪里，这种联系很自然，因为家庭依靠自然生存。长者教儿童如何追踪、伏击、捕鱼和收集他们需要的东西，也教他们如何爱护自然世界。

向他人学习、与他人一起体验大自然对儿童来说是必不可少的。家长、社区中的老人和幼儿教师可以与儿童一起在大自然中探险。卡森（1956, p. 10）建议，这种共享"既包括暴风雨中的自然，也包括夜晚和白天宁静的自然，而且建立在一起游戏而不是教学的基础上"。通过活动，知识得以传递，儿童对自然的感恩也会随之发展。

"草原狼式教导"是由三个基本元素组成的循环模式，包括：走进自然、探索自然和在自然中建立关系，如图 9.7 所示。想象一下，当儿童在不同季节探访同一个地方时，他们在这个过程中可以学到什么。

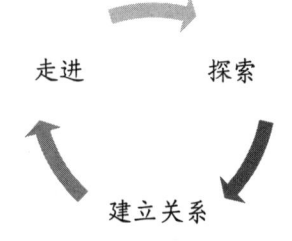

图 9.7 "草原狼式教导"流程

幼儿教师受益于教育实践中先问后答的教导过程。教导者通过提出问题激发儿童的新思维方式，培养儿童的好奇心。提问的过程通常被描述为"为儿童的探索播下种子或想法"，而不是给他们问题的答案。这个想法是让幼儿教师在播种前准备好土地。根据扬等人（2010）的研究，提问可以分为三个层次，如表 9.3 所示。

表 9.3 提问的三个层次

层次	类型	目的	例子
一级	建立信心的问题	以"建立信心"的问题开始，因为这可以让儿童展示他们的已有经验。	"告诉我，你发现了什么？"
二级	边缘问题	有了信心后，"边缘问题"就需要更多的探索，不仅是为了积累知识，还需要提供建立感官意识和经验的机会。	"你认为青蛙的家在哪里？"
三级	超越边缘的问题	接下来，"超越边缘的问题"提醒学习者不要只看表象。让学习者渴望自己去寻找答案。	"青蛙冬天住在同一个地方吗？"

幼儿教师可能会发现第一层次和第二层次的问题更适合年龄较小的儿童。用问题来建立信心，支持持续的思考和推理，可以帮助儿童与自然建立联系。这个想法旨在鼓励儿童近距离地观察大自然、注意细节，同时对他们的发现感到好奇，并培养他们的生态身份。

> **专栏 9.2　重要理论家：乔恩·扬**
>
> 　　出生在美国的扬 10 岁时受到美国印第安传统的追踪者和作家汤姆·布朗二世（Tom Brown, Jr.）的指导。扬被认为是新自然运动的英雄之一，其工作有助于重建人与自然的联系，以构建人类和其他物种之间的亲缘关系。扬有环境科学方面的背景，并对本土文化如何帮助儿童理解和亲近自然有着浓厚的兴趣。

实 践 应 用

　　在加拿大各地，儿童受益于四季经验，因为这有助于他们与自然建立联系。加拿大是一个四季分明的国家，尽管有些地区的季节变化可能比其他地区更不易被察觉。菲什博（Fishbaugh，2011）建议，应该和儿童一起庆祝季节的到来，并以此作为一种方式来为儿童提供全年的户外游戏经验。当儿童注意到树叶开始变色并落在地上时，就是庆祝夏天结束和秋天来临的时候。当第一场雪落下时，就可以向冬天的可供性问好，雪和冰有着潜在的游戏可能性。冬末冰雪融化时，儿童可以寻找新生命的迹象，庆祝春天的到来。随着天气越来越暖和，植物越来越茂盛，动物越来越活跃，是时候迎接太阳和夏天了。庆祝一个季节的结束和另一个季节的到来，向儿童介绍有关不同季节的书籍，并通过设置接下来的邀请物，从而拓展儿童的好奇、游戏和探索，同时继续他们的学习（见表 9.4）。

表 9.4　庆祝季节的书籍和邀请

季节	书籍	邀请
秋天	秋天已经到了，叶子先生开始行动，他要随风而行。《叶子先生》①（Leaf Man，2005）由美国洛伊丝·艾勒特（Lois Elhert）创作，可用于引导儿童庆祝季节。	邀请儿童用他们收集到的各种树叶创造他们自己的叶子先生。

---

①　该书的简体中文版已由读者出版社于 2019 年出版。——译者注

（续表）

季节	书籍	邀请
冬天	韩国尹成娜（Il Sung Na）的《雪兔，春兔》（*Snow Rabbit, Spring Rabbit*, 2011）是一本描写季节变化的书。	邀请儿童假装成冬眠的动物，然后在几个月的冬眠后醒来。
春天	美国尼基·麦克卢尔（Nikki McClure）的《妈妈，夏天到了吗》（*Mama, Is It Summer Yet*, 2010）是一本关于春天结束的书。	邀请儿童发现天气变暖的迹象，并想办法庆祝。
夏天	美国鲍勃·拉奇卡（Bob Raczka）的《夏日奇观》（*Summer Wonders*, 2014）以押韵的方式庆祝季节的到来。	邀请儿童成为书中描述的扔石头的人和人行道上用粉笔作画的人。

正如这些儿童书籍所展示的那样，每个季节都为户外游戏提供了只有该季节才有的可供性。在加拿大，季节之间既有差异，又有共性。秋天的第一个正式日期是9月22日。花园里的花仍然生机勃勃，而树木也变得五彩缤纷。白天可能是温暖的，但同时比夏天短，而且更凉爽。秋天可能会下雨、刮风、下雪和阳光明媚，是收获水果和蔬菜的季节。冬天在12月21日正式到来，尽管在此之前的几周，这个国家的许多地方可能会经历更冷的天气、冰雪，以及白天快要结束时早早就进入黑暗。成人在冬天可能不太热衷于户外活动；然而，儿童受益于与冬季相关的游戏机会。即使天气寒冷，如果有活动的空间，就能激发儿童的游戏，他们会自然地活动身体并保持温暖（Watts，2013）。

当雪开始融化，空气中弥漫着春天的气息时，天气会变得不稳定。官方的说法是，3月21日是春天开始的日子，但可能会更早开始变暖或者21日以后甚至到4月仍会下雪也不罕见。白天的时长会增加。这是由于"地轴逐渐向太阳倾斜"（Watts，2013，p. 79）。有更多的光和更多的温暖促进新的生长。春天，树木等植物的嫩芽发出，继而生长和繁荣到夏天。夏天在6月21日正式到来，伴随着温暖的天气和灿烂的阳光，这个季节有一种放松的感觉（Watts，2013）。表9.5列出了儿童在不同的季节里会有的一些发现。

表 9.5　季节性发现

秋天	■ 树上的叶子和果实掉到地上 ■ 松鼠在收集坚果 ■ 采摘野生水果和蔬菜 ■ 腐烂的木材和真菌 ■ 蜘蛛和蜘蛛网
冬天	■ 植物上的冰霜 ■ 树上的苔藓和地衣 ■ 地上的松针和松果 ■ 雪地上的动物足迹 ■ 天空中的云朵图案
春天	■ 春芽萌发 ■ 鸟类鸣叫 ■ 松鼠奔跑 ■ 昆虫出现 ■ 蟾蜍产卵 ■ 毛毛虫 ■ 马利筋上的蝴蝶卵 ■ 春季鳞茎植物开花 ■ 野花和杂草出现
夏天	■ 昆虫和野生动物 ■ 草、灌木和乔木等植物 ■ 阳光反射并产生阴影 ■ 掉到森林地面上的树枝和其他材料 ■ 被毛毛虫或昆虫吃掉的叶子 ■ 干旱期对花草的影响 ■ 花香四溢 ■ 蜜蜂、蝴蝶、黄蜂和蜻蜓

来源：Watt, 2013.

在所有的季节里都可以为儿童提供剪贴板来记录或绘画他们的发现。可以为他们提供放大镜。桶和篮子会鼓励他们收集。用参考书、野外指南或照片来识别植物和野生动物将有助于儿童了解他们所发现的东西。园艺工具、铲子、锅碗瓢盆和厨房用具将鼓励他们探索。照相机是激发儿童近距离观察和注意细节的绝佳工具。

除了每个季节的独特可供性外，还有一些游戏经验还可以贯穿全年。幼儿教

照片 9.5　在冬季不停运动，以保持温暖

照片 9.6　在夏季慵懒的日子

师向儿童发出的邀请可以鼓励他们自主游戏。幼儿教师不是游戏的导演；相反，他们会成为研究者，观察和记录儿童的反应。反思和检查这些记录将为新课程开辟道路。

在户外空间和地方有准备地提供支持自主游戏的邀请物，反映了幼儿教师对儿童如何学习与发展的理解。儿童通过好奇和发现来学习。从出生起，婴儿就开始以经验为基础并受到经验强化的学习过程。这个过程要求儿童成为积极的学习者。正如沃茨（2013，p.17）所指出的那样：

学习不是一个被动获取知识并得到可测量、可预测的结果的过程。它是一个吸取过去经验的过程，学习者可以理解和评价现在，然后采取行动塑造未来，从而获得新的知识。

幼儿教师的作用是支持儿童主动、自主的学习，同时提供拓展经验的机会。图 9.8 说明了儿童在户外环境中如何学习。观看图 9.8，思考如何在不同的季节拓展儿童的这些经验。

当蹒跚学步的儿童在春天的泥巴厨房里游戏时，他们会在用泥巴装满空罐子的同时探索泥巴的质地。他们发现，罐子变得更重。当把一半的泥巴倒进另一个容器里时，他们开始将关于重量分布的先验知识与新的经验联系起来。儿童可能会拿着两个锅的把手，试图爬上一个平台。他们是在冒险，因为他们中的一个或多个儿童可能会因为平衡困难而摔倒。他们可能会放下一个锅，然后再试一次。

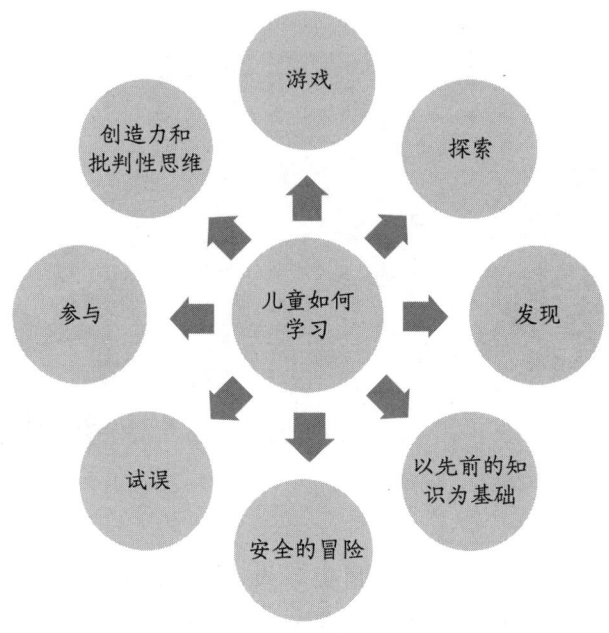

图 9.8　儿童如何学习

这一次可能会成功，然后一个或多个儿童爬下来取回剩下的罐子。儿童仍然沉浸在这种体验中。幼儿教师密切观察儿童的游戏，并反思他们在运用创造力和批判性思维技能方面的能力。现在想象一下夏天的泥巴厨房。年幼的孩子们现在有水了。游戏会发生怎样的变化？在秋天，树叶会被添加到混合物中，而在冬天，他们将探索由树叶、泥土和水组成的冰冻混合物如何变化，以及平台上的冰如何改变他们的攀爬策略。

在本章中，我们关注的是利用整个身体和所有感官进行学习的儿童。他们是"身体思考者"，通过感官进行调查，获得关于环境中材料的物理特征的知识。这种认识可以在以后的日子里被唤起（Atherton & Nutbrown，2016）。婴幼儿在探索和发现他们周围的世界时，包括他们所处的环境随着季节的变化而发生的变化，经常会重复一些行为。这些重复的行为是模式或图式。皮亚杰和库克（1952）提出，当儿童重复动作时，他们能够将知识转移到类似的情况中。英国的格里梅（Grimmer，2017，p. 12）提出，通过重复行为，儿童正在探究"他们认为发生的事情是否会再次发生"。儿童能够在探究中对物体进行概括同时对其属性进行分类，从而对将要发生的事情做出假设（Grimmer，2017）。

当儿童参与图式游戏时,他们会在没有帮助或独立的情况下做一些实验。他们像科学家一样做实验。幼儿教师观察、支持、延伸和拓展儿童的图式游戏。理论学家已经发现了许多可以在儿童游戏中观察到的图式。这些图式不会孤立地出现,因为它们通常是有联系的、相互影响的。例如,当儿童建立一个边界并围起一片草地时,他们可以把原木片排成一行(Grimmer,2017)。纳特布朗(2011)提出如下建议:

- 连接/拆分——将物体连接、断开
- 定位——将物体摆成一条线、一行,或按大小进行摆放
- 围合——爬进物体或建构边界
- 包裹——隐藏或被掩盖,包装或覆盖物体
- 搬运——将物体从一个地方运送到另一个地方
- 定向——从不同的角度看事物
- 旋转——旋转物体;对圆周运动感兴趣
- 轨迹——通过投掷或弹跳在空间中移动物体;对流动的水感兴趣
- 变换——探索和观察物体及材料的变化

让我们把跨季节的图式游戏看作幼儿教师帮助儿童理解世界的一种策略。表 9.6 列出了图式游戏的类别,并提出了在不同的季节里支持儿童的方法。

表9.6 不同季节中的图式游戏

图式	秋天	冬天	春天	夏天
连接/拆分	将树叶堆打散,或将沙质建构物撞倒;用滑轮提起松果。	用锤子和石头打碎冰;取出冷冻在容器里的玩具和开放性材料。	在森林里清理人行道上的落叶。	连接水槽和管道,形成水道或泥石流。
定位	把叶子从最大的排列到最小的;按颜色等特性将它们分组。	把雪球堆成一个雪人;在树之间系上绳索以帮助导航。	在淤泥中放置大原木片和木板来创建步行道或桥。	用原木、木板、布料和绳索建造瞭望塔。

（续表）

图式	秋天	冬天	春天	夏天
围合	坐在一堆树叶里。	在雪里挖个洞，坐在里面。	在水坑里跳来跳去。	坐在轮胎里；穿过高高的草丛；被东西包围。
包裹	在容器里装满树叶、岩石和松果。	用纱线和布条缠绕树干以帮它"保暖"。	收集树枝来建造一个堡垒或巢穴并藏在里面。	用大纸板箱建造一座房子，在里面玩角色游戏。
搬运	用马车搬运原木片、石头、南瓜和葫芦。	用桶搬运冰块、移动冰块，听冰块发出的声音。	用手推车运送土壤，填满花园的花坛。	用水桶、软管和干净的管道输送水。
定向	走出迷宫（玉米地、干草堆）。	在栅栏上编织布条和树枝。	寻找藏在岩石下的宝藏。	爬上树或牛奶箱获得最佳视野。
旋转	转圈并倒在一堆树叶里；坐在秋千的轮胎上旋转。	把自己或大管子从雪丘上滚下来；在树上挂鸟食球。	在泥巴厨房里搅拌水和泥巴。	用挂在树上的摆动的东西涂画。
轨迹	从小丘上滚下原木片。	滑雪橇、滑冰和打曲棍球。	收集并制作彩带棒，使其在空中盘旋；用融化的雪制成的溶液吹泡泡。	用勺子将水泼向墙壁，创造水的表征物。
变换	把南瓜切开，用南瓜子煮熟做零食。	把容器放在户外制作冰块，用有颜色的水或者液体喷洒冰块，用刷子或吸管在冰块上涂画。	参观同一个地方，注意树上的叶子需要多长时间才能长出来；在森林中发现的水塘里制造泡沫和气泡。	用锤子敲击花草；创造自然的艺术图案。

20 多年前，美国儿童学习与发展研究者高普尼克（Gopnik，1996）建议成人将儿童视为科学家。神经科学的发展带来了关于婴幼儿知道多少以及他们如何学习的重要发现。在童年早期，他们可以运用与科学家相同的方法了解世界（Gopnik，Meltzoff，& Kuhl，2000）。幼儿教师将科学学习的原则运用到他们的实践中，便能拓展和延伸儿童在户外环境中的游戏。

实践原则：以科学为基础的实践

幼儿教师使用科学探究的过程实现户外计划和课程设计的目的。以杰里米和霍尼为例，这两位幼儿教师在初秋时就开始想办法拓展和延伸儿童对一棵高大茂盛的枫树的经验。儿童喜欢抬头看这棵树有多高，还会抱着它想知道它到底有多粗。在对话中，他们把这棵树称为"我们的树"。随着时间的推移，杰里米和霍尼建议儿童认养这棵树。他们制订了一个计划，在每个季节、每周都去探访这棵树，观察季节的变化，并爱护这棵树。通过采用科学探究的策略来促进儿童的学习，教师和儿童收集了更多的数据来解释和分析。教师承担了研究者的角色，并支持儿童也成为研究者。这就是科学方法。它始于观察。图9.9说明了科学方法所涉及的一系列步骤。

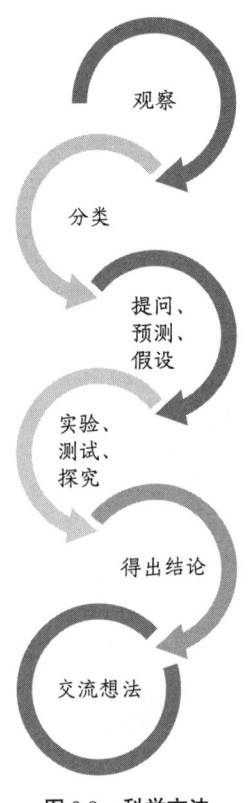

图9.9 科学方法

对树的调查跨越了四季。儿童观察树的变化，并将他们所注意到的一切按季节分类。他们提问、预测，提出自己的想法（假设），设想即将到来的季节将会对树产生什么影响。他们会在探访期间仔细查看这棵树，注意树叶、树干上的覆盖物、野生生物、天空、温度和树木周围的花草变化。他们在科学日记里记录他们的好奇。作为他们验证自己的理论以及形成新想法和新问题的策略的一部分，儿童会不断地翻阅这本日记。他们得出关于季节的结论，并将这个发现传达给其他人，包括他们的家人。

杰里米和霍尼没有计划过认养这棵树，也没有想到儿童会关心这个问题。随着经验的发展，儿童将特殊的石头或黏土作品作为礼物送给这棵树。一场暴风雨过后，他们担心这棵树，于是来看这棵树，捡拾垃圾、清理树皮。儿童与这个地方建立了联系。他们对他们的树生活过的地方产生了依恋。这是环境管理和可持续发展的开端。

基于地方的学习：池塘

第8章提出了采用池塘的建议。池塘作为一个地方，为儿童提供了与环境建立联系的重要机会。池塘是如何随着季节变化的？从一个季节到下一个季节，儿童会在池塘边发现什么？一年之中，当儿童有机会参观池塘时，他们的经验会发生变化，他们将发展关于池塘、水和植被的新知识，并加强与地方的联系。

秋天，儿童在池塘边游戏，观看水面上漂浮的树叶；冬天，池塘结冰；当冰在春天融化时，池塘里的植物、动物又回来了。儿童观察和分类他们在一年中看到的东西，从而参与科学探究。阅读一些关于池塘的书籍，如美国丹尼丝·弗莱明（Denise Fleming）的《在那小小的池塘里》①（*In the Small, Small Pond*，1993）和美国弗兰克·塞拉菲娜（Frank Serafina）的《近距离看池塘》（*Looking Closely Around the Pond*，2010），可以促进儿童对池塘的了解。对池塘、植被和动物的季节性生活进行盘点，有助于提高儿童的数学、科学、语言和读写能力，同时加强环境管理。在不同的季节里，儿童可能注意到什么？例如，当他们参观池塘时，可以计数并记录池塘里鹅的数量，思考鹅的数量在季节中是如何变化的以及为什么会发生这种变化。当幼儿教师专注于有关户外游戏与学习的课程计划时，可能性是无穷的。

照片 9.7　在池塘边学习

---

① 该书的简体中文版已由二十一世纪出版社于2017年出版。——译者注

课 程 计 划

幼儿教师计划邀请儿童到户外和大自然中游戏。这些不必是精心设计的,因为大自然会激励儿童进行观察、探索和实验。大自然提供了惊喜和挑战的机会。"在很多情况下,当儿童与自然互动时,自然会教给他们东西"(Wilson,2016,p. 26)。无论儿童处于什么年龄,大自然都能培养儿童的想象力和创造力。幼儿教师可能会发现,为3岁以下的儿童计划户外游戏比为年龄较大的儿童计划更具挑战性。对婴幼儿来说,自然类开放性材料很有吸引力。它们吸引儿童的部分原因是其开放的特性。然而,这些材料如果很小,就会引起窒息,因为年幼的儿童往往会把东西放进嘴里。为婴幼儿提供哪些自然类开放性材料始终取决于是否有可能窒息的危险。因此,幼儿教师应测试产品的这种可能性(Beloglovsky & Daly,2016)。遵循"PEER原则"的计划、参与、探索和反思,表9.7展示了如何在成人的监护下使用对婴幼儿而言安全的自然材料。

表9.7 计划、参与、探索和反思——自然类开放性材料

计划	婴幼儿喜欢敲击物体来制作音乐(Beloglovsky & Daly,2016)。设计一个支持这一愿望的邀请物。在他们探索树枝、岩石、木板和树皮片的潜力时,其敏捷性和技能将有所提高。
参与	以一种吸引人的方式展示这些材料,让儿童容易取用。确保有足够的树枝、岩石和大的木板供多个儿童敲击。
探索	儿童用树枝或石头敲击木板,探索自己行为的原因。树枝和石头碰到木板时发出的声音越来越大。蹒跚学步的儿童可能会通过敲击这些开放性材料来创造有节奏的模式。这种创造节奏模式的探索有助于儿童日后探索阅读和写作(Beloglovsky & Daly,2016)。
反思	儿童接触开放性材料了吗?反思儿童探索它们的不同方式。儿童是否试验了大声地敲击和轻柔地敲打?他们创造节奏模式了吗?如何将这种经验扩展到不同的季节?

家长支持与参与

幼儿教师有责任让家长参与他们的户外游戏和学习活动。通过参与，家长可以得到支持，让儿童有机会和兴趣在户外游戏。在计划这些活动时，重要的是要考虑如何与家长分享这些经验。在第 11 章中，我们将探究教学记录（documentation）。在本章中，我们请你思考如何使用数字文档支持家长了解孩子的户外活动，以及如何鼓励他们进一步参与和体验。找到自然类开放性材料很容易。通过提供数字图像来展现儿童使用这些材料的经验，并将其对学习与发展的益处记录下来，希望能够鼓励家长在晚上、周末和全年的假期中与儿童一起到户外活动。

照片 9.8 敲击自然类开放性材料的邀请物

沃茨（2013）建议，幼儿教师与儿童外出冒险散步时，可以制作一张地图让儿童带回家。这可能会激励家长和儿童一起使用地图，重复这段旅程。儿童可以在郊游中扮演主角，描述和讨论他们之前所观察到的情况。可以在家长可进入的区域创建一个教学记录展板，这样他们就可以看到当地一年四季可参观的地方的图片。也可以鼓励家长分享他们在这些地方的照片，并带来他们找到的材料，儿童可以在游戏中使用这些材料。通过这种方式，家长可以丰富儿童在户外和大自然中游戏的经验。

可及性与设计

户外空间的设计可以支持所有的季节性游戏。基勒（2016）提出，通过添加季节性植物，为儿童提供的自然空间可以在每个季节都发生变化。经过深思熟虑和精心准备，儿童可以享用晚秋收获的蔬菜。在冬天，只要穿上合适的衣服，儿童就可以继续玩沙子甚至水。春天的时候，花园里的嫩芽开始萌发，儿童可以照料它们。夏天，儿童会寻找遮阳的地方，躲藏起来或者玩假装游戏。球茎植物可以在春天开花，提供各种颜色、质地和气味。夏天，可以在花盆里放上薰衣草和香草，以吸引蝴蝶和其他昆虫。在秋天，花园为霜冻的到来做好了准备（Watts，2013）。经过细致的思考和准备，儿童可以全年投入户外空间中。

户外游戏的提示与工具

认识到游戏来自儿童的幼儿教师，会有目的地邀请儿童进行游戏，比如，带他们到一个开阔的场地让他们自己去玩。成人会从儿童那里得到进入游戏的提示，而不是强行进入游戏。有目的地提供工具、材料和用品会鼓励儿童进行自主游戏。以下是一些可以添加到户外环境中的物品：

- 自然艺术家的照片，如加拿大画家罗伯特·贝特曼（Robert Bateman）和美国画家佐治亚·奥基夫（Georgia O'Keefe）
- 一个鼓励环保意识和可持续性的堆肥器
- 放大镜和放大镜片
- 可推近镜头的照相机，鼓励儿童注意大自然的细节
- 用于练习在池塘里捞鱼的桶和网
- 园艺工具、盆栽土壤和容器
- 用于塑造生物、装饰树木或用木棍敲击的天然黏土
- 吸引儿童进行观察与思考的鸟池和蝴蝶花园

即使是最小的学习者也能在大自然中发现美好。无论学习者的年龄如何，户外游戏都是他们学习、发展和健康的基础。

在现场——专业反思:"我为什么热爱户外游戏"

专栏9.3　我为什么热爱户外游戏

作为一名幼儿教师,我喜欢户外游戏。照顾年幼的儿童给了我一个美妙而重要的机会与他们分享户外活动。我知道,有时候,我是第一个和他们一起感受青草的人。刚开始的几次,看着婴儿在外面探索是很神奇的。当他们第一次感受到温暖的阳光或寒冷的冰雪,或当他们第一次感觉到草在他们的手指之间时,我喜欢看到他们脸上的变化。我喜欢看到他们四处爬行,然后来到一个新的材料——沙子——前突然停顿下来!孩子们似乎总是渴望抓住和品尝教室外的自然材料。有时,我会在树旁抱着他们,这样他们就能看到、触摸和品尝树叶;或者当他们躺在草地上时,我会给他们一把长长的草,让他们抓住并探索。与其他空间不同,户外给了我们一个探索感官的地方。我不知道,没有它,我该怎么办!

幼儿教师奥利维娅·温多夫(Olivia Wendorf)

案例研究

有时,同事或家长可能会对增加儿童户外游戏机会产生抵触。阅读案例研究9.2,了解一位面临着这种阻碍的幼儿教师并思考下面的问题,反思在类似的情况下你会怎么做。

案例研究9.2　对户外游戏感到沮丧

莉萨很幸运,有机会参加了一个36小时的户外游戏课程。在整个春天和秋天的6个星期六里,她都与一组幼儿教师一起将大部分的时间用在户外学习上。尽管网上有课程材料,但这并不妨碍他们在自然中学习。他们把材料装进背包,然后带到森林里。在莉萨的课程中，幼儿教师们一起探讨了好奇、惊奇、冒险游戏、自然教学和地方教学的概念。他们看到了森林在两次参观之间的变化，他们变得非常善于观察。当一位教师给她看一株乳草属植物上的一个小帝王蝴蝶卵时，莉萨非常兴奋。几周后，她注意到蝴蝶也在同一个地方。她的同事们并不像莉萨那样热衷于户外游戏和学习，这挫伤了她的热情，给她带来了压力。他们不希望儿童在雨中游戏。莉萨从她在户外度过的时光中知道，在雨中游戏有很多东西可学。她的同事们经常指出，家长让儿童在雨天待在室内的原因。他们说，家长不想让孩子感冒或把衣服弄湿。莉萨很担心。她知道冬天就要来了，她的同事们会再次抱怨儿童在寒冷的下雪天待在户外。她知道，他们会再一次暗示，是家长希望儿童待在室内。

1. 莉萨对户外活动重要性的信念使她感到孤立。她该如何帮助同事们理解呢？
2. 莉萨将如何让家长参与到关于户外游戏益处的讨论中？
3. 下雨或下雪的时候，你会建议莉萨提供哪种类型的邀请物，以说明一年四季在户外游戏的好处？

 专栏 9.4　到户外去

无论天气如何，都要到户外去，想一想每个季节为儿童提供的游戏和学习方面的可供性。一旦你经历过雨、雪、太阳和风，你就能思考如何让儿童体验季节性游戏。

本章小结

- 加拿大的儿童一年四季都需要户外游戏。
- 研究表明，儿童户外游戏的机会因季节而异。户外活动是儿童身体活动水平以及健康发展的其他领域的重要预测指标。
- 幼儿教师在确定儿童和教师进行户外活动是否安全时，需要评估天气。
- 可以有意识地邀请儿童玩涉及经验式学习的游戏。经验不同于活动。经验意味着更深层次的潜在学习。活动则意味着对儿童的供给有限。

- 课程是从儿童的兴趣发展而来的。地方为儿童兴趣的生成提供了许多可能性。生成课程是在教师、儿童、家长和社区人员构成的学习者共同体中创造或协商而成的。
- 教学不同于课程。课程是儿童可能参与的具有潜在经验的内容,是我们促进的内容。教学是指我们如何教授,是学习发生的方式。
- 幼儿教师通常根据学业领域(读写、数学、科学和社会学习)以及传统上认为的早期学习领域(社会性、情感、认知、语言、身体和创造力)的教育结果来制订计划。此外,还考虑 STEAM 领域(科学、技术、工程、艺术和数学)。
- 以探究为导向的教学是一种可以增强儿童的自然游戏体验的方法。户外环境丰富,适合进行探究性学习和服务性学习。服务性学习造福世界。环境管理是一种服务性学习。这种类型的课程有时被称为"生态教育学",其目的是让儿童发展一种生态身份,提倡儿童作为地球公民的形象。
- 一些研究者将支持儿童充分发挥潜力并使他们所在的社区受益的过程称为"草原狼式教导"。通过游戏、提问、讲故事和制作音乐等方式,儿童可以参与到支持他们与自然建立联系的核心活动中。在之前的几个世纪里,这种联系很自然,因为家庭依靠自然生存。长者教儿童如何追踪、伏击、捕鱼和收集他们需要的东西,也教他们如何爱护自然世界。"草原狼式教导"是由三个基本元素组成的循环模式,包括:走进自然、探索自然和在自然中建立联系。
- 儿童读物可以作为庆祝季节的一部分。幼儿教师支持儿童在大自然中进行季节性的发现。每个季节为游戏和学习提供了不同的可供性。
- 婴幼儿通过他们的整个身体和所有感官来学习。婴幼儿在探索和发现他们周围的世界时,包括他们所处的环境随着季节的变化而发生的变化,经常会重复一些行为。这些重复的行为是模式或图式。在儿童的户外游戏经验中可以观察图式。
- 幼儿教师使用科学探究的过程实现户外计划和课程设计的目的,遵循观察,分类、提问、预测、假设、实验、测试、探究,得出结论和交流想法的步骤。
- 池塘为儿童提供了与环境建立联系的重要机会。一年之中,当儿童有机会参观池塘时，他们的经验会发生变化，他们将发展关于池塘、水和植被的新知识，并加强与地方的联系。
- 幼儿教师有责任让家长参与他们的户外游戏和学习活动。通过提供数字图像来展现儿童使用这些材料的经验，并将其对学习与发展的益处记录下来，希望能够鼓励家长在晚上、周末和全年的假期中与儿童一起到户外活动。
- 户外空间的设计可以支持所有的季节性游戏。研究者提出，通过添加季节性植物，为儿童提供的自然空间可以在每个季节都发生变化。经过细致的思考和准备，儿童可以全年投入户外空间中。
- 有目的地提供工具、材料和用品会鼓励儿童进行自主游戏。

安静反思

当你安静地坐在户外时，试着唤起有关每个季节的感官体验。冬天，当你的脸颊又冷又红，雪花落在你的眼睫毛上时，你有什么感觉？春天，阳光照在脸颊上，空气中弥漫着清新的气息，你有什么感觉？当你用舌头接住雨滴时，它们是什么味道？你还记得在天气炎热的夏天，你需要找个阴凉的地方躲避太阳时是什么感觉吗？你还记得在树叶堆里蹦跳的感觉吗？那是快乐的吗？当你在那堆树叶里的时候，你闻了、尝了、摸了什么？想一想当你游戏时树叶发出的声音。你可能会发现，唤起这些感觉很容易，也许是因为它们太强大了。这就是我们今天想让儿童所体验的。

与他人对话

当幼儿教师因自己关于户外游戏和自然教育的信念与价值观而感到被他人孤立时，有很多方法可以寻找志同道合的人。有一些幼儿教师活跃在社交平台上，他们支持和倡导户外游戏。你可以在社交平台上分享你觉得鼓舞人心的文章和网站，以鼓励其他人进行对话。你也可以在网上寻求他人的推荐以获得进一步学习，还可以寻求建议和反馈。

第 10 章

支持家长和其他人将儿童的游戏与发展联系起来

学习成果

学完本章后，你将能够：

- 描述户外游戏如何有助于儿童的全面发展；
- 讨论大脑发育和户外游戏之间的关系；
- 描述社区和旅行的含义，这些概念如何影响儿童的户外游戏和学习，以及它们与观察、参与和代际学习之间的联系；
- 解释美国心理学家亚伯拉罕·马斯洛（Abraham Maslow）的需求层次理论与课程计划和户外游戏的关系；
- 描述大自然如何促进儿童的健康；
- 描述幼儿教师和家长在促进儿童户外游戏体验方面的作用。

第10章 支持家长和其他人将儿童的游戏与发展联系起来

儿童比任何人都更能自发地观察大自然。

——玛丽亚·蒙台梭利

童年回忆

当我和我的兄弟姐妹回忆我们的童年时,我们会谈论去小溪、穿过涵洞,自由漫步在我们家附近的游戏空间和美丽的田地之间。我们想在白天和许多冬天的夜晚把雪橇拉到山上,然后在黑暗中、在星光下回家,一路上期待着喝一杯上面放着棉花糖的热可可。现在,每当我有机会给孩子们提供一些可以让他们在大自然中自由游戏的活动时,我就觉得自己在给他们提供一种老式的童年体验。

本 章 预 览

有户外游戏机会的儿童会在健康、社会和文化方面获得大量的益处,这些益处与他们作为儿童的游戏权利有关(Park & Riley,2015),包括:发展与人和环境的联系、创造力、审美和肌肉运动知觉,以及社交和合作技能(Hirsh-Pasek,Michnick Golinkoff,Berk,& Singer,2009;Brown,2015)。当儿童有机会尽情地游戏和探索大自然时,他们就会释放压力。与花较少时间在户外游戏的儿童相比,他们吃得更好、睡得更好。鉴于这些身体和心理方面的益处,社区、家庭和幼儿教师在儿童的生活中具有重要作用(Park & Riley,2015)。

养育儿童是家庭、幼儿教师和社区的重要作用之一。儿童的发展受到家庭和儿童本人的特征的影响,如家庭和谐(Bekkhus,Rutter,Maughan,& Borge,2011),社会经济因素,儿童、家长和幼儿教师的性格,以及家长和幼儿教师的受教育水平(Ulset Vitaro,Brendgen,Bekkhus,& Borge,2017)。所有儿童都能从他们发起的游戏中受益。这种类型的游戏给他们一种自由的感觉。与其他任何经验或活动相比，非结构化的户外游戏环境对儿童的发展和健康具有更积极的价值（McFarland，Zajicek，& Waliczek，2014）。如今的研究文献中反复出现的一个主题是"自由游戏的减少导致儿童心理问题的增加，特别是焦虑、抑郁和自恋的增加"（McFarland，Zajicek，& Waliczek，2014，p. 527）。只有由儿童自由选择的游戏才可被视作自由游戏（Dietze & Kashin，2018）。

许多研究者，包括吉尔（2007）、桑德塞特和肯奈尔（2011），已经发现，当游戏发生时，"较少的监督、较少的结构、更多的挑战和冒险等元素"（Alexander，Frohlich，& Fusco，2012，p. 157）对儿童的社会性、情感、认知和身体发展都有好处。同样，肯普尔、奥、肯尼和史密斯－博纳休（Kemple，Oh，Kenny，& Smith-Bonahue，2016）发现，儿童从户外游戏中获得的发展经验不能通过其他方式复制。乌尔里克（Ulrich，2002）早在很多年前就提出户外游戏可以促进健康，预防心理和身体问题。这一观点受到一些伟大的思想家的影响，如美国哲学家和作家亨利·戴维·梭罗（Henry David Thoreau，1854/1955），他的许多文学作品都关注自然历史和自然之美；还有美国自然主义者、作家和环境主义者约翰·缪尔（John Muir，1911/1987）。约翰·缪尔写了关于尊重自然以及人类情绪受到自然影响的文章（Brinkley，2017）。缪尔和梭罗的影响导致一种思想流派，即当儿童有机会持续地游戏、参与和体验一系列包括荒野在内的环境时，他们会表现出更多的积极个性（Brinkley，2017）。

广西壮族自治区柳州市育柏森林幼儿园

照片10.1　在不同的环境中学习

身体问题是指对疼痛或疲劳等身体症状感到焦虑。

第10章 支持家长和其他人将儿童的游戏与发展联系起来

　　幼儿教师可以从很多视角来看待户外游戏和大自然。幼儿教师可以从理论和实践的角度明确它们的意义。例如，它们意味着荒野中的游戏或开放空间中的游戏吗？是否意味着在有植物、动物的早期学习空间中的户外与自然游戏？空间中必须有树木等绿色植物才能被认为是户外游戏和大自然吗？在定义户外与自然游戏时，游戏空间如何与游乐场设备相匹配？通常，这一视角取决于生活经验、态度和关于儿童游戏如何有助于他们的健康与幸福的价值观。理想情况下，儿童会在许多学习环境中有各种各样的经历。

　　随着户外游戏对儿童健康、幸福和学习的益处越来越明显，教育工作者、卫生保健人员、家长和其他人都在关注如何解决越来越多的儿童无法到户外或接触户外环境的问题（Alexander, Frohlich, & Fusco, 2012）。幼儿教师和家长在减少儿童户外活动的障碍与危险，以及促进户外活动方面发挥着重要作用（Beyer, Bizub, Szabo, Heller, Kistner, Shawgo, & Zetts, 2016）。

照片10.2　儿童受益于成人的支持

　　儿童在幼儿园中的环境和经验受到政府政策与程序的影响，包括师幼比、集体规模和户外活动的每日最低要求。尽管如此，与实际政策相比，成人的态度对儿童接触和参与户外游戏的影响要大得多（Norodahl & Johannesson, 2015）。"虽然社会科学家对'态度'的具体定义各不相同，但总的来说，人们一致认为它是指对外部刺激做出积极或消极反应的倾向"（Beyer et al., 2016, p. 254）。成人在户外表现出的态度和行为对儿童的游戏欲望、深度、持续时间以及他们参与的游戏类型有着深远的影响，这反过来又会影响他们的学习（Williams，2016）。

儿童需要接触理解户外环境和对其感兴趣的成人，分享他们对户外环境的热情。这表明，当成人对游戏、自然和环境探索做出积极反应时，儿童的好奇心和与户外环境的联系就会萌发并增长（Oke & Middle，2016）。幼儿教师的一个主要作用是与儿童合作，发现他们对户外活动的兴趣，并鼓励他们观察自然和地方之美。理想情况下，如图10.1所示，幼儿教师如果对户外游戏持积极态度，就会极大地影响儿童与环境的关系（Koc，2012）。

成人对户外活动的积极态度使儿童有更多探索和发现的机会，有更多的时间去体验它们

参与户外游戏可以帮助儿童减少恐惧，增加他们与自然和地方接触的机会

结果是儿童的健康发展和他们对自然中户外活动的积极态度

图10.1 成人的态度影响儿童的发展

当成人示范以下行为时，儿童将从户外游戏环境中受益：

- 计划可以反映儿童兴趣的活动和机会；
- 拥有将户外游戏作为核心价值的理念；
- 在户外游戏时适当与儿童接触；
- 接触各种天气条件下的户外环境元素；
- 强调户外游戏与室内活动同等重要。

为了支持儿童进行户外游戏，幼儿教师应促进、维持和扩展儿童在户外的潜在经验类型。想一想幼儿教师在户外游戏中所发挥的作用，然后思考表10.1中的问题。正如你会注意到的那样，幼儿教师在思考户外活动和他们的作用时可能会产生很多问题和反思。幼儿教师对待户外游戏的方式会对儿童的生活产生持久的影响（Ergler, Kearns, & Witten, 2016）。

表 10.1　幼儿教师在户外游戏中的不同作用

■ 是否为儿童提供了足够的户外时间？
■ 儿童在户外学习环境中可以接触到哪些材料？
■ 当支持儿童在户外游戏和学习时，会考虑和寻找什么？
■ 怎样才能让儿童有机会成为有创造力的学习者，培养他们热爱户外活动的性格？
■ 如何帮助家长理解儿童主导的户外游戏与成人主导的户外游戏之间的区别？

　　幼儿教师对户外游戏与儿童发展的关系有了全面的了解，就能更好地促进游戏。这包括扩展游戏和鹰架儿童，支持儿童主导自己的探索（Brown，2015）和达到最佳发展水平。鹰架是一种隐喻，是指在儿童学习时为他们提供支持（Zurek，Torquati，& Acar，2014）。想象建筑工地中的鹰架。幼儿教师以鹰架为一种策略来支持儿童的学习。就像在施工过程中采用鹰架来搭建所需要的平台并在施工结束后撤除鹰架一样，"教育者通过提供必要的支持水平和支持类型来支持儿童，适时地满足儿童的需求"（Zurek，Torquati，& Acar，2014, p. 28）。这意味着，幼儿教师不断反思他们的所见所闻，以确定什么才是支持儿童下一阶段学习最有效的策略。

　　为了在儿童的户外游戏活动中使用鹰架策略来支持他们，一定程度的目的和准备是必要的。有时，使用鹰架的机会会自然出现（Zurek，Torquati，& Acar，2014）。梁和博德罗娃（Leong & Bodrova，2012）发现，作为鹰架的一部分，幼儿教师应当观察儿童的游戏并确定使用材料、资源和对话来支持儿童的方式，从而在游戏中拓展他们的思维和经验。幼儿教师会观察儿童如何玩、和谁玩、玩什么，然后在鹰架的过程中使用这些信息。教师可以提供儿童可能会考虑的选项，这将最终扩展他们的想法，激励他们尝试新的想法。例如，假设一群儿童不断地用大木棍和石头建造堡垒，如照片 10.3 所示。他们参与这个游戏已经有一个多星期了。幼儿教师一直在观察和记录儿童所着迷的东西，并利用这些信息分析儿童在哪里可以扩展他们的游戏。然后，教师添加新的资源，这将要求儿童使用新的技能、语言，并参与试错的过程，发现是否和如何使用这些材料。这种拓展可能会使儿童的社交能力、语言能力、问题解决能力、计划能力和想象能力得到

照片 10.3　用木棍和石头建造堡垒

提高。

非洲有句谚语被广泛引用,即"养育一个孩子需要一个村庄的努力",这句谚语至今仍然适用。家长、儿童、幼儿教师和社区之间的伙伴关系,或如谚语所说的"村庄",对于确保儿童有机会与自然、户外以及他们生活的环境建立连接和重新连接至关重要。儿童与人、地点和环境的互动影响着他们如何理解周围的环境(Ergler, Kearns, & Witten, 2016)。正如第5章所述,尤里·布朗芬布伦纳提出了一个生态模型,强调幼儿教师、家长和其他相关者(如政府)之间的关系如何影响儿童的发展、思考和参与户外环境。幼儿教师面临的挑战是双重的。首先,幼儿教师需要深入透彻地理解他们与家长分享的户外游戏的理论架构;其次,他们必须在自己的课程计划、行动和对户外环境的好奇中树立榜样。

为户外游戏做好准备

户外游戏有利于大脑发育。儿童的大脑在有积极经验的环境中发展和茁壮成长。大脑的基本结构是随着时间的推移而建立起来的,大部分的神经连接或突触在生命的前6年发展起来(Louie & Sherren, 2017)。儿童在户外体验的积极游戏越多,这种经验就越会留下来,并成为他们健康的大脑结构的一部分。在突触修剪过程中,未被使用的回路会被消除,而那些被使用的回路会变得更有效率(Louie & Sherren, 2017)。想一想那些对蜗牛和蠕虫感兴趣的儿童。在适当的环境中,幼儿教师和家长可以支持儿童寻找和凝视它们,观察它们如何从一个地方移动到另一个地方。这将如何支持儿童的大脑发育,又将如何支持他们的其他经验？现在反过来想一想。如果幼儿教师或家长鼓励或阻止这一水平的探索，会发生什么？这如何影响大脑结构的发育？

布利克（Bullick，2017）认为，健康的大脑结构的发展受到成人与儿童"发球和接球"交换过程的影响。这个过程影响人际关系的形成和语言的接连，它是社会性、情感和探索功能的基础。户外游戏环境充满这种交换的机会，让成人和儿童参与大脑的建构。例如，当儿童表达对蜗牛的兴趣（"发球"）时，即使幼儿教师对蜗牛不感兴趣，也有必要对于儿童对蜗牛的兴趣表现出兴趣（"接球"）。贝里（Berry，2017）认为，这并不意味

照片 10.4　成人支持儿童观察蜗牛

着成人需要对儿童表达的每一个兴趣都做出回应。然而，儿童需要足够的"接球"来获得一种被接纳感和探索欲望。在本章中，我们将继续分享户外游戏如何与儿童的发展相匹配。户外游戏是儿童生活中的重要组成部分，与推理和计划等高级思维功能直接相关。随着新研究的出现，幼儿教师和家长现在将户外游戏定位为促进大脑各部分之间的复杂连接和发展的必要需求（Jaswal，2017）。

● **发球和接球**是指当儿童表达对某人、某地或某物的兴趣时，他们与成人之间的交流。

● **高级思维功能**是指将新的经验与以前的经验联系起来，进行分析、评价和综合的思维概念。这要求儿童学习复杂的技能，如批判性思维和解决问题的技能。

户外游戏除了影响儿童的大脑结构发展过程以外，还与注意力恢复理论和行为功能有关（Bullick，2017）。对许多儿童而言，他们待在室内的时间越长，就越需要花更多的精力来控制噪声水平（Stansfield & Clark，2015，p. 171）。斯坦斯菲尔德和克拉克（Stansfield & Clark，2015）指出，这是"因为儿童在快速成长和认知发展时期暴露在环境噪声与相关污染物中时，应对环境噪声的能力和对

噪声的控制能力都不如成人"。噪声水平可能会对某些儿童的行为产生负面影响，特别是在他们发展自我调节技能的过程中。

注意力恢复理论由美国环境心理学家雷切尔·卡普兰（Rachel Kaplan）和史蒂芬·卡普兰（Stephen Kaplan）夫妇在 20 世纪 80 年代提出，该理论基于这样一种信念，即儿童在大自然中活动时更专注。

想一想，写一写，读一读

"发球和接球"对你的实践意味着什么？从户外游戏的角度寻找"发球和接球"的例子。这对你的户外游戏理念有何影响？反思你的理念并加以补充。

注意力恢复理论的支持者支持儿童拥有大量的户外时间。卡普兰夫妇（1989）在注意力恢复理论方面的开创性研究表明，户外游戏环境中的自然元素可以改善儿童的注意技能和自我调节策略。儿童在过度刺激的环境、嘈杂的环境或混乱的环境中消耗了精神能量后，大自然有帮助儿童恢复注意力的能力。卡普兰夫妇指出，影响儿童注意力的注意系统有两种。第一种是定向注意力（directed attention），第二种是软引力（soft fascination）。定向注意力需要高度专注，能够忽略干扰。这需要长时间地集中注意力，会消耗能量、增加精神疲劳。一个关于儿童的例子是，他们试图弄清楚如何把原木片堆高。

定向注意力是指在需要解决问题时集中注意力和专注。它利用了大脑的抑制机制，这有助于阻止不相关的刺激。

软引力是指环境中那些吸引我们并让我们想要置身其中的事物。这种置身其中的体验会恢复我们的智力能量。

原木片是环境中对儿童有吸引力且让他们着迷的物品实例。软引力是指儿童在大自然中所体验到的奇妙和魅力。有趣的、令人愉悦的、具有美学成分的户外环境被归类为软引力，例如，刮风的声音、雨点打在窗户上、日出或者彩虹。

幼儿教师应寻找方法和机会，让儿童接触有助于注意力恢复的自然环境。在儿童可以自由探索和感到舒适的环境中，恢复是最有效的。在这样的环境中，儿童会减少日常功能所需的能量消耗，同时支持他们有效的自我调节能力。这种环境促进儿童的思考和奇思妙想，支持他们好奇、想象和体验，同时与之前可能不相关的想法建立联系。

在童年早期，儿童需要大量的时间在户外游戏。这有助于他们更长久、更专注地游戏，更好地执行复杂的技能，因为他们有时间去沉思、考虑、弄清楚和继续探究他们的想法。主要的游戏机会与软引力、大脑功能、认知发展、自我调节技能和儿童的性情有关。这可能意味着幼儿教师应考虑延长户外游戏时间，超出规定的时间。

与注意力恢复理论类似，格斯勒（Gesler，1992）提出，由于自然世界长期以来一直与儿童的健康和福祉有关，

照片10.5 堆放一节节竹子

因此幼儿教师将受益于把户外游戏空间视为治疗性景观。拜尔等人（2015）发现，儿童与重视在自然环境中持续进行非结构化的、创造性的游戏的成人在一起时受益最大。

> **治疗性景观**是指能够让人感到精力恢复、健康和快乐的户外空间。

非结构化游戏是一种儿童可以选择并参与其中的游戏类型，可以有也可以没有明确的目的，比如，儿童开始探索原木片、木棍和绳子的使用。幼儿教师观察儿童的游戏，但不需要指导或进行干扰。这与结构化游戏不同，结构化游戏一般都有明确的目标，比如，给儿童提供积木工具包和指导他们建造高塔。

非结构化游戏可以帮助儿童产生一种自由的感觉和对环境的控制。他们决定材料、玩伴、游戏策略，以及如何实现成功和进一步发展的机会。为了支持非结

构化游戏，幼儿教师应确保有足够的自然类开放性材料，如松果、树枝、水、树叶和石头，让儿童选择，而不需要成人的帮助。此外，积木、织物和盒子等材料也可以增加儿童的选择和游戏机会。

拜尔等人（2015）发现，成人为了接受非结构化游戏并成为非结构化游戏的倡导者，他们必须首先审视自己有关儿童会从户外游戏中获得什么的信念。他们进一步建议，成人要制定策略和程序来应对他们的恐惧和他们给环境带来的障碍，因为儿童会本能地感受到成人在游戏空间中的焦虑。

儿童户外游戏与大脑发育和学习的相关性清楚地表明了成人支持和促进儿童户外游戏的重要性。比尔顿（Bilton，2010）长期以来一直主张，幼儿教师必须给予户外游戏与室内课程计划同等的重视、优先级和资源。她发现，那些把户外游戏视为员工休息时间的教育者，把成人放在第一位而不是儿童。与室内环境相似，成人也应该在户外环境中准备好邀请儿童的材料，以激发儿童的好奇心。他们观察和记录儿童对什么感兴趣，并在儿童的户外游戏中通过对话支持他们。这使得儿童和成人将户外游戏视为日常生活的重要组成部分。

正如维果茨基（1981）所指出的那样，在童年早期，儿童可以被视为学徒。作为学徒，儿童通过与那些拥有更多知识的人互动来学习社会和认知技能，并通过向那些有助于儿童获得新信息的榜样学习来获得技能和态度。维果茨基认为，儿童在环境和文化背景中的经历会影响其经验与知识的内化。

*学徒*是指向拥有特定技能的人学习其知识的人。

  专栏10.1　认识户外游戏——反思要点

想一想大脑发育和环境之间的关系。幼儿教师如何支持家长和同事了解他们当前的价值观、信念和实践？思考如何让户外游戏在我们的日常实践和社区中发挥更大的作用？认识到成人的态度对儿童参加户外游戏的机会以及他们可能参与的游戏类型的影响巨大，以此思考为什么我们现在必须改变自己的实践？如果当前一代的儿童不去体验或拥抱户外活动，那么他们将会错过什么——不仅在他们的童年里，还有他们的一生中？

在本章中，我们重点讨论儿童的户外游戏如何受幼儿教师和家长的影响。从幼儿教师、家长和社区的角度审视户外游戏，有助于将儿童与他们的文化、社区和生活经验联系起来。这将增强他们对户外游戏的好奇和热情。

我们对户外游戏的愿景

幼儿教师和家长在儿童参与什么游戏、是否参与、如何参与以及为什么参与中发挥重要作用。我们希望儿童在一天中的大部分时间里都被成人包围着，这些成人对户外游戏有浓厚的兴趣，渴望让户外游戏以及环境成为儿童游戏、学习和发现的地方。

家长和幼儿教师对户外游戏的态度会极大地影响儿童的态度发展（Hutchinson & Baldwin，2005；McFarland，Zajicek，& Waliczek，2014）。班杜拉在20世纪60年代提出了社会学习理论（Bandura，1977）。这个理论结合了行为哲学和认知哲学。班杜拉（1977）认为，儿童和成人通过观察与模仿同龄人及成人的示范来学习新的行为和价值观。当成人对户外游戏和自然表现出积极的态度并拥抱户外游戏时，相比于没有这些积极的榜样的儿童，有积极榜样的儿童更有可能对户外充满渴望（Ernst & Tornabene，2012）。例如，想一想对幼儿园后面的森林很感兴趣的幼儿教师。这位教师经常在森林里向儿童发出邀请。她对森林的热爱感染了儿童。随着时间的推移，孩子们每天都会问是否可以去森林里看看虫子、闻闻树木的味道，或者在小路上蹦蹦跳跳。幼儿教师和儿童把森林作为一个谈话、发现和恢复他们的能量水平的地方。

社会学习理论建立在儿童通过观察他人来获得学习的基础上。

户外游戏在儿童生活中的地位

户外游戏环境是儿童分享想法、观察同伴和成人，并学习别人如何看待经

照片 10.6　森林的一个邀请物

验的地方；也是儿童解决问题，应对成功和失败的地方。当幼儿教师创设示范合作和集体学习的环境时，儿童就能发展有助于实现共同目标的技能（Duque, Martins, & Clemente, 2016）。由于合作游戏需要儿童和成人之间的互动，因此儿童可以获得表达自己的想法、考虑他人的想法以及平衡自己与玩伴的观点方面的技能。儿童接触到的户外游戏环境越强调集体游戏和学习，他们就越有可能参与到既满足自己的需求又满足同龄人兴趣的游戏中（Sachs, Candlin, & Rose, 2003）。

合作学习环境符合帕顿（Parten, 1933）对儿童社会游戏阶段的分类。她认为，当儿童开始分享游戏材料并参与类似的活动时，他们就会表现出联合游戏的行为。她提出，合作游戏是指孩子们确定一个共同的目标，然后每个孩子都朝着这个目标努力时所发生的游戏。合作游戏让儿童在游戏中与其他儿童和成人建立联系，这反过来有助于儿童获得集体意识和归属感。

幼儿教师精心设计户外游戏环境，以丰富儿童参与合作游戏和学习的机会。想一想儿童在秋天把树叶堆起来，然后一起跳进去。他们不仅会了解科学和自然，还会了解彼此之间的交流、界限以及从相处中获得的快乐感受。合作游戏通常由一个儿童想要建造堡垒或堆雪人的想法引发，然后这个想法引起其他人的兴趣。想法和经验的结合不断发展。如图 10.2 所示，其他类型的经验可能会激发儿童参与集体探索和学习的欲望。

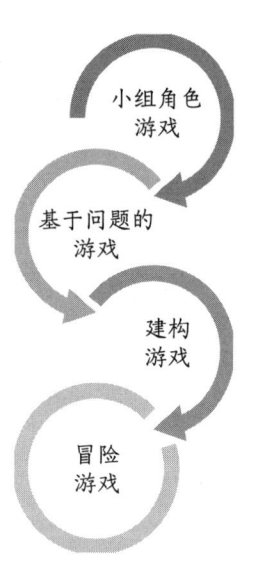

图 10.2　集体游戏

幼儿教师观察儿童在户外环境中所扮演的角色。例如，谁是领导者？谁是追随者？谁在观察了很长一段时间后才进入集体游戏？杜凯、马丁斯和克莱门特（Duque, Martins, & Clemente, 2016）发现，幼儿教师分析儿童的游戏类型和游戏中的伙伴，可以更好地理解儿童如何对彼此的学习做出贡献。通过查看和分析文献，幼儿教师可以了解环境、环境中的材料及其作用如何有助于在集体游戏和合作游戏中支持儿童。

理 论 基 础

许多哲学家、研究人员和教育工作者在一段时间内为讨论亲近自然对成人和儿童发展的重要性做出了贡献。正如前面提到的，两位颇为著名的支持者是亨利·大卫·梭罗（1817—1862）和约翰·缪尔（1838—1914）。

以《瓦尔登湖》①（*Walden: Life In The Wood*，1854）而闻名的梭罗一直被认为与环保运动的开端相关。梭罗特别关注环境对人的作用和影响。他指出向本土居民学习而形成观点的重要性，尤其是要理解嵌入在美丽环境中的语言（Bieder，2011）。

缪尔早年在农场和森林里的工作促使他开始研究环境的地质构造。他是最早发现我们的环境在一定程度上受到经济发展侵蚀的研究者之一。他的工作使他成为各级政府和社区的环境倡导者，并逐渐形成环境和荒野保护运动。缪尔试图确保所有公民都意识到自然的美丽和重要性。他的影响是广泛的，一些医生开始将户外活动纳入儿童处方，尤其是那些生活在拥挤的环境中的儿童（Bieder，2011）。

缪尔和梭罗影响了美国心理学家斯坦利·霍尔（G. Stanley Hall）。在19世纪80年代，他开始观察儿童的生活环境，尤其是城市环境，如何减少他们与自然的联系，并觉得这是非自然的。他指出，"那些在不了解乡村的环境下长大的人被欺骗了，没有乡村，他们的童年就永远不会完整或正常"（Schmitt，1990，p. 78）。他坚持认为，儿童如果想要成为快乐和富有成就的公民，就必须有机会进入荒野，或者至少是进入乡村生活。

受梭罗、缪尔和霍尔作品的影响，1910年，在欧内斯特·汤普森·西顿（Ernest Thompson Seton）的领导下，"童子军运动"（Boy and Girl Scouts movements）认识到，儿童需要户外的课程计划，包括徒步旅行、自然学习和露营，从而获得健康发展、具备公民美德。与此同时，越来越多的人认识到，儿童和成人可以从户外活动中获得身体和心理上的益处。荒野被认为是健康的恢复者（Bieder，2011）。

---

① 该书的简体中文版已由作家出版社于2015年出版。——译者注

公民美德是指培养一种符合社会模式、支持个人和社区取得成功的生活习惯。

根据美国明尼苏达大学（2017）的研究，大自然有很多方式来帮助我们恢复健康。如表10.2所示，迪策和卡欣（2017）对明尼苏达大学的《自然如何影响我们的健康？》（How Does Nature Impact Our Well-Being?）一文进行了改编，说明如何在幼儿园中将这些原则传达给儿童。

表10.2 自然与儿童的健康

自然治愈	自然抚慰
儿童需要接触树木等自然材料来支持他们的问题解决和身心治愈过程。	儿童需要时间进入可以体验树木等其他自然元素的环境，以此作为一种方式，支持他们获得舒适感。
自然恢复	自然连接
儿童在大自然中的时间越长，就越能提高他们的注意力和能力、更新他们的想法、赋予经验以意义。	有时间在自然中游戏的儿童有更多的机会与他人和环境建立联系，形成一种集体意识。

户外游戏和自然是儿童治愈身心、恢复活力与建立联系的地方。自然中的非结构化游戏活动有助于提高儿童的问题解决能力、合作能力、灵活思考能力和自我意识（Dietze & Kashin, 2018）。图10.3展现了为儿童参与自主游戏而设计的户外环境对儿童的健康和幸福的更多益处。

从户外游戏的角度来看，安萨里和珀特尔（Ansari & Purtell, 2017）认为，尽管大多数游戏是并且应该是自主的，但这并不意味着成人是被动的观察者。相反，幼儿教师要判断儿童什么时候能从与成人的互动中受益，自己什么时候成为合作者，以及什么时候解读和参与儿童的游戏，目的是深化游戏或向儿童发起挑战，让他们思考和体验新的游戏选择。幼儿教师需要经常观察、倾听、反思，并仔细判断是否、何时以及如何增加成人的提示，从而培养儿童的经验、思考和学习。基于迪策和卡欣（2016）、爱德华兹和卡特－麦肯齐（2011）以及比尔顿（2010）的工作，表10.3概述了幼儿教师多种形式的支持作用。

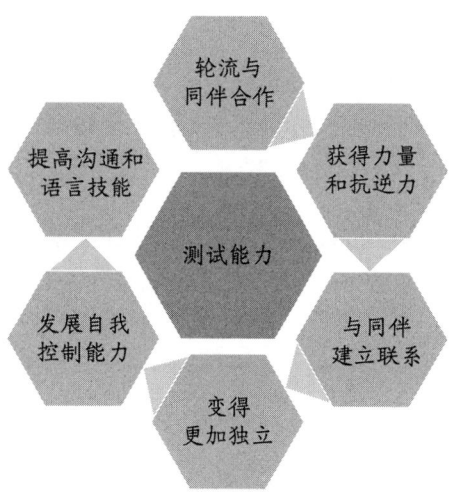

图 10.3　户外游戏对儿童发展的益处

表 10.3　幼儿教师的支持作用

■ 基于儿童和家长的文化经验创设儿童主导的游戏环境。例如，渔船、渔网和捕虾器是渔村儿童生活环境的一部分。
■ 儿童主导的游戏需要能够把他们的游戏点子和活动与特定的概念性想法联系起来的成人。例如，当儿童表现出对黏土和雕塑的兴趣时，他们可以接触到支持他们探索想法的艺术家。
■ 幼儿教师设计环境，反映儿童当前的知识、经验、想法以及同伴的兴趣、潜在的新发现。例如，当儿童表现出对建造堡垒的兴趣时，教师就会通过放置新材料来发出邀请，让儿童在游戏中弄清楚如何使用这些材料。
■ 幼儿教师和家长与儿童、社区成员和环境发展动态关系。例如，在有条件的情况下，家长和幼儿教师与儿童一起参与到户外游戏环境中。
■ 幼儿教师支持儿童理解和关心自然与人造环境。例如，儿童和幼儿教师决定在森林里玩什么和在哪里玩，如何照顾森林以及从森林中获得什么。
■ 幼儿教师在各种物理环境中为儿童提供进行户外游戏的机会。例如，确保儿童有机会进入各种户外空间，如公园、早期学习空间和社区空间。
■ 幼儿教师和儿童让他们的游戏与学习可见。例如，儿童和成人决定把户外游戏活动的哪些方面写下来、记录下来，与家长和同龄人分享。
■ 幼儿教师和儿童会发出积极参与的邀请。例如，儿童和幼儿教师共同倾听、观察，并为其他儿童的活动贡献材料或想法。
■ 幼儿教师考察户外游戏环境的物理特性、儿童和成人互动的方式，以及教师、儿童和环境之间的相互作用。例如，教师检查户外游戏空间以确定其属性，然后在空间中设置邀请物，从而激发儿童的好奇心和他们对空间的各个方面的探索。

如上所述，幼儿教师在创造支持儿童游戏的环境方面负有不同的责任。幼儿教师需要全面的心智倾向和个人素质来支持所有儿童和家长，无论他们的文化、多样性或信仰如何。索利（2015）提出，三个重要的特征是：思维和实践的灵活性、妥协的能力和实用主义。环境中的成人对参与儿童的游戏富有激情和耐力，儿童便会茁壮成长（Bilton，2002；2014）。如图10.4所示，幼儿教师表现出与儿童的认知、游戏和学习的方式相一致的品质很重要（Bilton，2014）。

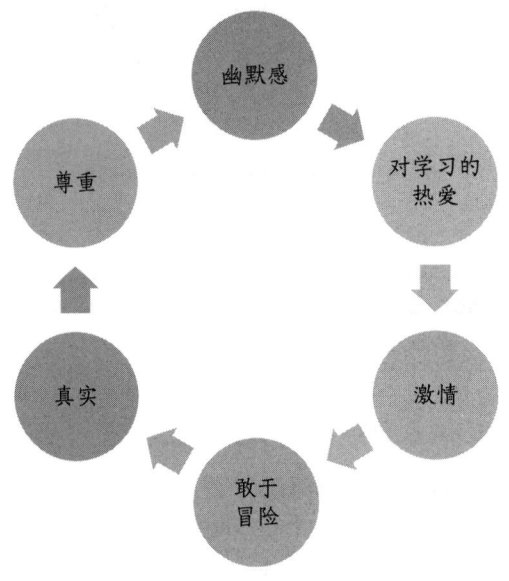

图 10.4　幼儿教师的品质

迪策和卡欣（2017）认为，幼儿教师在对待儿童、家长和同事时，会以多种方式展示他们的个人品质。例如，幼儿教师的幽默感可以从他们与儿童玩的游戏中看出。儿童在户外发现一口大锅，里面有一张空白的食谱卡片，上面写着："你能给这锅'傻瓜汤'添加一种配料吗？"教师可以用"傻"这个字为起点，和儿童进行一段押韵的对话。

幼儿教师通过与儿童交流表现出对学习的热情和热爱。想象一下，儿童在环境中发现了一只有趣的昆虫，并把它展示给教师。当教师与儿童进行关于这只昆虫的提问和讨论时，他们就一起参与了学习。他们可能会决定，关于这只昆虫他们知道什么、希望了解它的什么，以及可能去哪里寻找答案。儿童探究的深度受到兴趣水平、好奇心、学习欲望和教师示范的影响。

与儿童相似，幼儿教师也能从冒险行为和策略中获益。例如，当儿童决定他们有爬树的兴趣时，幼儿教师可能会和他们一起爬树。冒险也可以通过向儿童提出新的想法和经验来表现，这些想法和经验可能在教师或同事的舒适区之外但仍然很安全，并且可以提供无限的探究机会。

当同事和儿童生发想法、表达好奇和有新的发现时，幼儿教师要对他们表现出尊重和真诚。例如，当儿童发现探索雨水游戏的乐趣时，幼儿教师如何用肢体语言进行交流、表达语言线索，反映出他们对这种游戏的价值观和信念。通过观察教师的反应，儿童会感知到他们想要探索这种大自然礼物的愿望是否会被接受。

在比尔顿（2014，p. 946）进行的一项有关户外游戏和员工态度的研究中，122名受访者中有超过90%的人认为他们的作用是"促进、支持、发展、增强、鹰架、互动和参与"。超过30%的受访者表示，为保障安全而观察儿童是他们在户外游戏中的关键作用之一，而只有7%的受访者认为他们的明确作用是教儿童具体的概念。幼儿教师受其课程理念、信仰和价值观的引导。在本书中，我们强调"自主游戏"的重要性，而不是"教师主导的活动"。自主游戏对儿童而言是极其有意义的，因为儿童可以决定如何追求兴趣以及探索兴趣的深度。想一想儿童开始对苹果感兴趣。他们将如何通过图片了解苹果的不同味道、颜色、制作方法和种类？然后想象一下，当儿童从苹果园回来以后决定开一个苹果商店出售苹果，或者在角色扮演区开设一家苹果餐厅制作苹果酱，或者邀请其他人加入他们的游戏测试不同类型苹果的口味的游戏时，会发生什么。这些自主活动是如何通过有意义的游戏机会影响儿童的数学、科学、语言和表演能力的？从本质上说，幼儿教师让儿童主导游戏的发展，这样做是为了让他们决定在哪里玩、何时玩、玩什么以及如何玩。

照片 10.7　探索雨水的游戏

照片 10.8　儿童在户外自主游戏

广西壮族自治区柳州市育柏森林幼儿园

尽管许多研究人员和幼儿教师认为户外游戏对儿童的健康、福祉与性格至关重要，但幼儿教师面临着共同的障碍和挑战（Bilton，2014；Dietze & Kashin，2017）。图 10.5 概述了可能影响儿童参与户外游戏、获得户外游戏机会的一些常见问题。

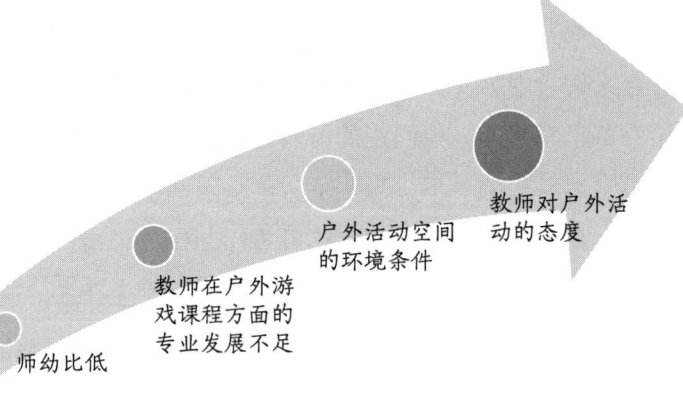

依次为：缺乏储存和遮蔽的地方；师幼比低；教师在户外游戏课程方面的专业发展不足；户外活动空间的环境条件；教师对户外活动的态度

图 10.5　户外游戏的障碍

当你阅读图 10.5 中的障碍时，思考哪一个障碍是最难克服的，为什么？格里斯、古斯、惠特克（Gehris，Gooze，& Whitaker，2014）和厄恩斯特（2012）

认为，幼儿教师如果不接受户外活动，就会影响儿童的经验或导致他们缺乏这方面的体验。虽然缺乏开放性材料和良好的环境条件（Dietze & Kim，2014；Oke & Middle，2016）会影响儿童的户外游戏，但好的教师依然可以找到支持户外游戏的方法，并倡导改变这些障碍。想一想那些喜欢躲在棚子后面的学龄前儿童吧。一些幼儿教师可能会把这看作一种探索性的游戏活动，包括让儿童参与社会互动、计划以及发现空间和地方。其他人可能会改变儿童的游戏方向，害怕儿童不在自己的视野之内，或者担心他们参与可能不安全的游戏。认为儿童有能力、应该得到重视而不是需要保护的幼儿教师，将影响儿童如何利用其游戏的环境和空间。

> **想一想，写一写，读一读**
>
> 比尔顿（2014）指出，了解户外游戏的目标有助于幼儿教师思考他们在户外游戏计划中的作用和责任。你认为户外游戏的目的是什么？由谁决定？如果幼儿教师的目标和价值观与儿童或家长的目标和价值观不同，那么会发生什么？你的户外游戏目标是什么？写两段话来描述你的观点。

由于户外游戏对儿童至关重要，因此幼儿教师应始终如一地不断反思他们对户外游戏如何影响儿童生活的感受、价值观、技能、心智倾向和信念。索利（2015）建议幼儿教师单独或共同回答以下问题：

1. 我们需要改变、扩展或发展什么来给环境增加新的挑战，以反映儿童的兴趣、技能、知识和理解？
2. 我们如何提供户外游戏活动，通过具有挑战性的游戏促进学习机会？

如照片 10.9 和照片 10.10 所示，大部分户外游戏设备都为儿童提供了锻炼的机会。现在，看看当儿童有各种各样的开放性材料时会发生什么类型的游戏。你认为，在照片里的这些游戏空间中会发展出什么类型的游戏？

儿童的游戏机会受到环境的影响。100 多年前，凯瑟琳·多德（Catherine Dodd）受到福禄贝尔的影响，主张给儿童提供在集体活动时进行社区旅行的选择。

照片 10.9　标准的操场

照片 10.10　带有开放性材料的游戏空间

> **专栏 10.2　重要理论家：凯瑟琳·多德**
>
> 凯瑟琳·多德坚持认为，儿童受益于在课程中鼓励他们与社区和旅行建立联系的幼儿园，这一概念始于 19 世纪后期的德国。旅行是指远离学前教育活动通常发生的建筑和空间，并为儿童提供一系列他们在其他情境下无法体验的环境（Dodd, 1897）。多德认为，儿童之所以能够从旅行中受益，是因为旅行可以让他们观察、讨论和发现他们所处环境中的新的地理和美学属性。今天的"超越藩篱"概念与历史上的"旅行"理念有着相似的特点。

想一想多德的观点，思考哪些因素可能会阻止幼儿园把儿童从他们的早期学习环境中带到社区里，在那里观察、发现并与人、事物和新思想进行互动？如果你要带儿童去旅行，你该如何让他们做好准备？你会使用哪些有趣的语言和概念激发他们的想象力？

实 践 应 用

儿童与自然、同龄人、成人、家长和社区的互动是他们拥抱户外环境的重要组成部分。这意味着儿童期待户外游戏时间,他们可以进行探索和实验的各种游戏选择,如建构、扮演和创造性的游戏;他们在环境中与地方、同龄人和成人发展有意义的联系。布朗(Brown,2015,p. 5)从教育心理学的角度将"参与"定义为"自我激励的积极情感和认知投入状态,其特征为主动发起、持续投入和专注"。如图10.6所示,从建构主义的方法出发,鼓励幼儿教师和家长从儿童及成人的视角来审视户外环境参与中的回应。

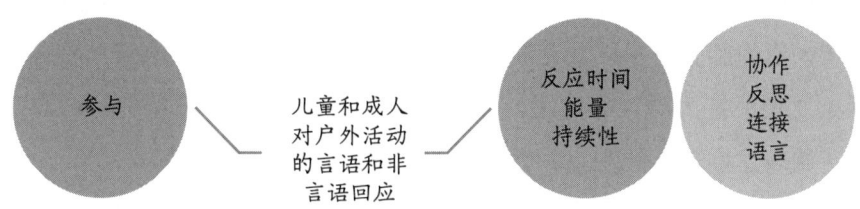

图10.6　儿童和成人对户外活动的言语与非言语回应

根据威利福德、维克·惠特克、维蒂洛和唐纳(Williford, Vick Whitaker, Vitiello, & Downer, 2013)的研究,儿童的自我调节技能、游戏深度、计划能力、环境使用能力以及积极和消极的沟通方式都会受到他们与同龄人及教师的参与程度的影响。如表10.4所示,幼儿教师可以通过观察和反思教师与儿童的参与、同伴参与、任务参与和消极参与来决定是否以及如何改变户外环境,从而增加儿童和教师的参与机会。

正如前文所述,包括家长和幼儿教师受教育水平在内的人口因素、家庭收入、儿童性别、文化背景及户外空间的情况,都会影响儿童在户外与自然中的游戏机会(Ernst,2012)。

正如第9章所述,婴幼儿通过他们的整个身体和所有感官来学习。他们是"身体思考者"。随着儿童进入幼儿园,他们的世界得以扩展——无论是游戏的地方、材料,还是和他们一起游戏的同伴。户外游戏对开始发展独立性的儿童而言是一个非常重要的环境,因为他们本能地想要探索周围。理想情况下,由于此前

表 10.4　儿童参与的类型

教师和儿童的参与	同伴参与
是指儿童和幼儿教师共享积极关系的程度，包括他们频繁的对话和相互回应。	是指儿童彼此之间建立的联系的程度，包括他们如何共同游戏、交流，并对彼此表现出关心的行为。
任务参与	**消极参与**
是指一个或多个儿童在游戏中表现出的注意力、热情、好奇和坚持的程度。	是指对其他儿童或幼儿教师表现出的攻击性或不合作行为的频率和程度。

来源：Williford et al., Understanding how children's engagement and teachers' interactions combine to predict school readiness, *Journal of Applied Developmental Psychology.*

接触过户外游戏，他们的好奇心将持续下去。通过小组游戏、想象游戏、建构游戏和创造性游戏，儿童磨炼他们的发展技能，如建立关系和沟通。当儿童在户外游戏环境中有教师、材料以及充满刺激和邀请的机会时，他们会开始在先前经验的基础上发展；扩大语言的使用，包括对再现字母表中的字母和单词产生兴趣。他们也开始表达推理类的观点，解释游戏如何以及为什么会以一种特定的方式发展。儿童需要大量的时间和机会回到他们的游戏材料与结构中，以便思考、重新思考，并为他们原有的想法添加新的维度。

实践原则：基于数学的实践

户外游戏环境通常被视为儿童建构和重建数学知识的实验室，特别是环境中有可以引发探索的邀请物并要求儿童以新的方式思考时。这意味着幼儿教师要研究与数学属性及概念相关的户外游戏活动。

森普特和黑德福尔克（Sumpter & Hedefalk，2015）发现，与数学和户外游戏同样重要的是，儿童户外游戏的减少与数学技能之间存在相关性。例如，经常在户外游戏的儿童，他们会更多地接触和使用开放性材料。他们可能讨论雪堆有多高，或者测量原木片堆了多高。他们可以决定需要多少罐沙子才能使沙塔达到预期的高度。如果儿童没有这样的经历，他们在通过游戏学习这些概念时就可能产生差距。当思考可以在户外体验的数学概念时，你也许会想到分类、识别形状和计数等技能。这些是幼儿教师通过儿童的户外游戏来促进的基本技能。例如，想一想，可以向建构了照片10.11中的图案的儿童提出哪些问题。在这种情况下，你会如何帮助儿童进行数学思考和推理？与其他学习机会类似，户外环境是儿童建构和共同建构游戏的重要场所，它所扩展的数学概念可以超出上述的基本概念。例如，

照片10.11　森林中的数学概念

幼儿教师会和儿童讨论一些概念，比如，集合和角度是什么意思。他们可以通过使用几何、图案、宽度、深度和体积等词汇扩充儿童的词汇量，所有这些都可能激发儿童对这些词汇含义的兴趣。

森普特和黑德福尔克（2015）指出，学龄前儿童受益于有关数学问题的公开讨论，以及可能情况下的概念扩展。这取决于幼儿教师在恰当的时机提出关键问题或提供指导的能力。当儿童接触数学问题时，他们就会发展推理能力，这反过来又会提高他们对数学的理解能力。

为了理解数学，儿童需要许多活动来支持他们发展数学推理技能。让儿童描述他们的数学思考（Niss, 2003）有助于他们内化概念或原则。例如，想一想4岁的马蒂和萨米。几天来，他们一直在用木块和木棍建造一座建筑物。他们想在上面放一片大的原木片，然后再堆六块石头。虽然他们尝试了两次都没有成功，但在与他们的讨论中，幼儿教师发现，他们认为尽管木块大小不同，但木块越多结构就越稳定。数学推理与儿童的口头言语能力有关，作为推理过程的一部分，他们能够表达自己的想法，并质疑其他儿童对数学概念的争论。逻辑推理也是发展数学能力的一个关键方面，这个概念是指儿童能够识别对象的属性，比如排序东西和使用模式。

● **数学思考**是一种思考过程，通过生活经验、一般推理能力和对解决方案的沟通技能来解决问题。

● **数学推理**是指儿童能够观察到某些部分之间的关系，如图表，并概括地得出结论。

● **逻辑推理**是指根据数学程序使用一系列系统的步骤来确定解决方案或结论。

当我们思考儿童的户外游戏活动并将其与数学概念相结合时，幼儿教师的核心作用之一是鼓励儿童表达他们的观点，以此作为一种共同建构知识和技能的方式。此外，利斯纳（Lithner，2008）、森普特（2013）和萨夫斯特罗姆（Safstrom，2013）都认为，为了让数学技能在学前教育时期得到发展，儿童需要一位将推理过程视为集体参与过程的幼儿教师。森普特和黑德福尔克（2015，p. 3）提出"数学的学习依赖儿童对真实的集体建构过程的参与"，这里的"真实"是指"在自由游戏的背景下，重点选择的科目是数学"。幼儿教师使用他们的语言、角色示范和材料来支持儿童共同建构数学原理方面的知识。如图10.7所示，幼儿教师将核心数学概念融入儿童的户外游戏活动中。

图10.7　户外游戏环境中的数学

表10.5提供了数学概念如何在户外游戏环境中演变的例子。

表 10.5　发展数学概念

测量物体：一个儿童爬上一块岩石。幼儿教师开始谈论那块石头有多大。儿童回答说石头比自己高。儿童预测这块石头也比其他三个孩子高，并建议让一个同伴用木棍来测量一下。然后，孩子们和教师讨论石头、儿童、教师和木棍哪个更高。这激发了孩子们预测其他物体的大小，然后用各种工具测量它们，如木棍、绳子、其他孩子和量尺。孩子们会使用诸如"我预测""比……大""比……小"之类的语言。
估算和断定高度：儿童正在使用积木来建造他们的塔。在开始施工之前，每个儿童都选择一根木棍来决定他们能在塔倒塌前把塔建多高。每个孩子都表达了他们为什么认为自己可以把塔建成他们预测的高度。教师综合孩子们的预测，并请每个孩子说出他们预测的原因。
数学性质与功能：三个儿童正在用积木和木棍为动物创造一个动物园。其中一个孩子走到教师面前，拿起装着动物的容器。当儿童把容器带回到施工区域时，另外两个孩子开始给动物分类。一个孩子把狗放在动物园的笼子里，而另一个孩子认为狗是宠物，不是动物园里的动物。在计数和分类动物的过程中，出现了关于"什么是动物园"，以及关于动物、宠物和农场动物的讨论。幼儿教师询问孩子们："狗有没有在动物园里待过？""你如何判断哪些动物是在动物园里发现的，哪些是在农场里发现的？"
发展一个概念：一群儿童正在吃饼干。然后，三个孩子决定，任何像饼干一样圆的东西一定是饼干。这些孩子把它当作一种游戏。他们在环境中寻找圆形的物品。他们把所有的东西都标上了饼干的标签，把花盆标记为饼干盆、把原木片标记为树饼干、把圆形的石头标记为石饼干。当其他孩子观察这些孩子在做什么和说什么时，他们提出质疑：花盆怎么能被称为"饼干盆"。这个过程为两组孩子提供了分享他们对这个概念的观点的机会。

当数学原理被自然地融入户外游戏环境中时，儿童的基本数学技能学习就开始了。因此，环境就成为第三位教师。也就是说，儿童会开始查看材料的属性，通过游戏构建他们对数学概念的理解，参与其他儿童和教师之间的对话，并建立关于数学、科学和语言概念的联系。

基于地方的学习：社区

加拿大有许多独特的社区。有些与其他社区具有相似的特征，还有一些则具有不同的、独有的特征。有些家庭比其他家庭更积极地参与社区活动。社区具有文化属性。不同的社区可能有地理差异；它们通常提供独特的经验，有不同的家庭态度、当地知识和生活经验。当我们把多德在19世纪末提出的"旅行"和"社区"的概念结合起来时，会发现儿童参与社区旅行有很多好处。迪策和卡欣（2017）采用了"旅行"和"社区"的概念，并将其更具体地定义为"社区旅行"。社区旅行的概念不同于野外旅行。野外旅行通常有明确的目的，比如，让儿童体验摘苹果或去消防站。社区旅行没有明确的目的，儿童和幼儿教师在路上一起看看他们可以经历什么，包括观察、体验、观看、收集和会见邻居。例如，在新斯科舍雅茅斯的社区旅行中，孩子们发现了图10.8中的一切。除了视觉上的发现，如照片10.12所示，他们还遇到了一位纺织工。

图10.8　儿童在社区旅行中看到和学到了什么

● **社区**是一群人居住或具有某种共同特征的地方。

● **社区旅行**被定义为儿童在探索社区时，遇到对他们的学习有帮助的地方、人和事。

社区旅行，就像新斯科舍省的儿童所经历的那样，让儿童触摸、讨论，并在

第 10 章 支持家长和其他人将儿童的游戏与发展联系起来 351

发现的东西中确定自己的喜好。这些经历有助于老年人与儿童进行对话，并向他们介绍编织和木工方面的技能与天赋。儿童会表达自己的想法，并提出各种各样的问题，引发和成人之间的进一步交流。除了知识的传递，这种类型的交流还有助于代际之间的相互学习。这种代际学习能够促进两代人之间的尊重，有助于建立一个让儿童和老年人更好地联系在一起的社区。

照片 10.12　儿童在社区旅行中了解了编织

● **代际学习**是指向不同世代的个体学习。

在拜访了编织工之后，四个儿童对编织产生了兴趣，其他儿童则花了很多天的时间用木材和胶水为他们的艺术作品制作木框，这些木框是工匠送给他们的。如图 10.9 所示，至少有 9 个原因可以解释幼儿教师为什么要为儿童提供经常参加社区旅行的机会。

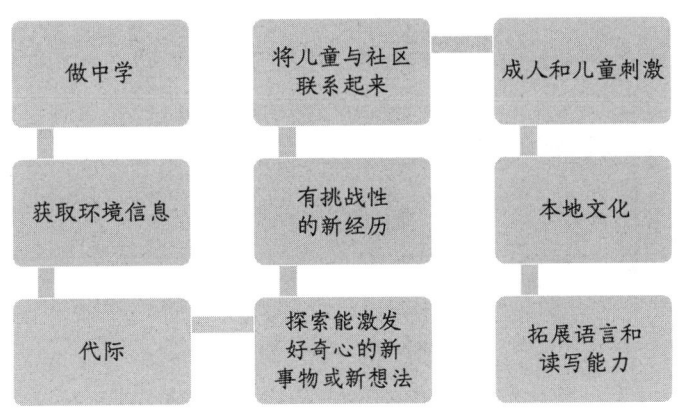

图 10.9　为什么社区对儿童很重要

儿童和家庭从社区联系中获得的学习，与本土的人、环境和认知方式的联系是相匹配的。当成人把儿童和他们的户外社区环境联系起来时，他们就在示范如何利用户外环境作为一个学习的地方进行游戏、发现、观察和管理。例如，在照片 10.12 中，儿童会在社区旅行中获得哪些独特的学习经验？儿童如何开始注意到建筑的独特方面和结构？这种户外学习如何影响他们在建构区的活动？然后，思考你可能与儿童进行哪些讨论，从而让他们明白为什么应该保护社区中的植物、野生动物和文化。幼儿教师花时间了解社区的现有条件，就可以有目的地把儿童带到社区中和把社区带给儿童。

认知方式是指我们获取知识并将新知识与之前的知识和经验结合起来的方式。

理想情况下，通过在社区中漫步和探索，儿童会接触到他们所处空间里的人和核心环境特征，无论是森林、起伏的山丘，还是独特的岩层。这将儿童与环境联系起来（Gehris, Gooze, & Whitaker, 2014）。想一想加拿大各地儿童所在的社区。社区旅行如何帮助儿童了解他们的渔业社区？社区旅行如何帮助儿童了解居住在社区中的老年人？与老年人建立联系如何丰富儿童的生活？幼儿教师可以支持家长了解其所在社区如何增强儿童对环境的好奇心、兴趣和知识，同时培养儿童的生态素养、促成践行环境可持续发展的社区和生活方式。

想一想，写一写，读一读

社区是儿童游戏和学习的好地方。什么可能阻止幼儿教师带儿童去体验他们所在的社区？现在有一场让儿童参与社区服务的运动正在进行。阅读资料，了解儿童如何通过参与社区服务来做出改变，并思考这对学龄前儿童意味着什么？写一篇关于学龄前儿童如何支持老年人的文章。

课 程 计 划

户外游戏不只是打开通往户外环境的大门。为了让儿童拥抱户外游戏，幼儿教师要小心地跟随儿童的领导，通过基于此前的经验或技能来选择材料和发出邀请，让儿童有新的探索和学习机会。

马斯洛在1943年的论文《人类动机理论》（A Theory of Human Motivation）中提出了需求层次理论，认为人类必须经历特定的阶段才能实现完全发展

（Maslow，1943）。从幼儿教师的角度来看，马斯洛需求层次理论为幼儿园如何支持儿童发展提供了一个框架。如表10.6所述，学龄前儿童仍然依赖其他儿童和成人来满足自己的需求。幼儿教师在安排儿童的户外游戏环境和日常活动时需要考虑这些需求。

表10.6 马斯洛需求层次理论和课程计划

自我实现的需求 幼儿教师通过提供材料和邀请物来帮助儿童获得对自己能力的认识，这些材料和邀请物建立在儿童的优势之上。鼓励儿童在成功的基础上不断挑战和探索。
自尊需求 幼儿教师向儿童发出邀请，激发儿童的好奇心。他们鼓励儿童尝试新点子、新材料。儿童和幼儿教师表现出对同伴与家长的尊重。教学记录的支持让儿童的户外游戏可见。
社会需求 幼儿教师确保儿童有机会与不同的玩伴联系、互动、探索和发现他们所处的环境。鼓励儿童和成人之间建立关系。
安全需求 幼儿教师保护儿童免受危险，支持他们进行冒险。规则被保持在最低限度。
生理需求 幼儿教师支持儿童食用健康食品，为儿童树立榜样，让他们有时间和机会参加户外活动。儿童的打闹游戏是他们体验人类接触的一种方式，而且是开始学习同理心和自我调节技能的过程。

幼儿教师利用学龄前儿童以往的经验和知识，将其融入新的经验中，以支持他们的游戏。遵循计划、参与、探索和反思的"PEER原则"，表10.7说明了幼儿教师如何共同建构学龄前儿童参与和拥抱户外游戏的机会。

表10.7 计划、参与、探索和反思——移动石头和木板

计划	学龄前儿童对用大石头和木板做建筑感兴趣。幼儿教师在户外环境中放置各种各样需要多个儿童才能抬起来的新的石头、木板和木棍。他们整理好材料，等待儿童的回应并把材料移到一个更适合施工的大开放区域。
参与	当儿童表现出对新材料的兴趣时，他们意识到自己无法单独移动这些材料。他们讨论可以用什么资源来搬运这些材料。

（续表）

探索	幼儿教师观察儿童倾向于哪些资源。他们是否试图用货车、箱子或移动手推车来移动这些材料？他们会尝试两两一起搬运石头或木板吗？儿童之间的对话是什么？他们如何参与解决问题的过程？当儿童成功时，他们为什么会成功，又是如何发生的？这对他们的游戏经验有什么影响？
反思	儿童有没有显露挫折感的时候？儿童是否作为一个团队共同制定移动石头和木板的策略？你作为成人所扮演的角色有助于儿童获得成功吗？儿童在成功之前失败了多少次？下次你会做哪些不同的事？

正如你在这个例子中所注意到的那样，幼儿教师扮演了观察者的角色，而儿童决定玩什么游戏以及游戏如何展开。幼儿教师拓展了儿童在游戏中解决各方面问题的机会，也确定了这对儿童的益处。他们观察并决定什么时候介入，以及他们的介入应该如何支持儿童的游戏。

家长支持与参与

幼儿教师认识到，让儿童决定他们的游戏以及支持游戏的材料很重要，但这并不意味着成人是被动的观察者（Williams，2016）。幼儿教师和家长与儿童在游戏中合作，为他们提供深化或扩展游戏经验的机会，从而引导他们进行自己的探索（McWilliams，Brailsford-Vaughns，O'Hara，Novotny，& Kyle，2013）。在本章中，我们希望你思考与儿童和家长就游戏经验进行对话的核心语言，并将其作为一种扩展儿童的思维和游戏想法的方式。例如，你可以在与家长的对话中分享儿童的社区旅行和他们的经验。想一想，你的对话将如何引导家长问问题，包括儿童在幼儿园的一天以及他们看到的内容？这些对话可以在幼儿园和家庭环境之间架起桥梁，有助于家长了解幼儿园中发生了什么，并为家长提供信息，帮助他们进一步拓展与儿童的对话。幼儿教师可以支持儿童的家庭成员将社区旅行和社区中的人视为儿童了解社区、文化和人的途径。

家长被鼓励支持儿童的户外游戏。沃勒（2011）提出，作为支持角色的一部分，成人必须乐于成为思考者和儿童知识的共同建构者。我们要求幼儿教师与家长一起研究如何发动全家的力量拓展和重视儿童的户外游戏。这在今天尤为重要，因为许多儿童的户外时间有限（Ulset，Vitaro，Brendgen，Bekkhus，& Borge，2017）。麦克法兰、扎伊切克和瓦利切克（McFarland, Zajicek, & Waliczek，2014）强调，当家长花时间在户外时，儿童就更有可能在户外进行探索、发现，并与美丽的自然和环境建立连接。一般而言，家长都希望自己的孩子得到最好的一切。幼儿园与家长合作，了解他们的文化、行为、态度和兴趣如何影响儿童的户外游戏，最终将有助于推进户外游戏。

鼓励家长与儿童分享他们的户外游戏经历和冒险经历，包括儿童可以与同伴分享的照片。当儿童和家人分享他们的户外游戏故事时，这些故事可能会促使儿童再现他们在幼儿园中的活动。当这些经验被展示出来时，儿童、家长和幼儿教师就有机会进行集体讨论，并让这些经验在幼儿园里继续发展，这有助于扩展家园之间的合作关系。

可及性与设计

所有儿童和家庭，无论其文化或社会经济水平如何，都能从户外游戏和社区中受益，尽管家庭和个人的参与水平可能不同（Oke & Middle，2016）。参与户外游戏和社区活动可以增加身体活动，增强想象力、问题解决技能以及与环境的联系（Oke & Middle，2016）。理想的户外环境可以为儿童和家长提供广泛的感官与身体体验，包括触觉体验、安静的空间、运动，以及发现声音、光线和气味的场所。儿童和成人受益于社区提供的可以发生多样化游戏的空间和地方。这些元素使所有儿童和成人都能从游戏中受益，并理解包容的价值。

幼儿教师应考察社区环境是否便于使用移动设备的儿童和家长进入，确保自己选择的路线能让所有的儿童都参与探索，而不会与同龄人隔离。例如，检查人行横道，确定路垫的位置。检查人行横道的位置和两个方向的可见度。检查社区周围的坡道和楼梯，确保儿童能够独立使用它们。地面的稳定性也要检查，包括裂缝和不平整。幼儿教师和家长就可及性条件进行对话，以便儿童和成人能够以富有想象力和创造性的新方式在幼儿园或社区里共同使用户外空间。空间影响儿童的社交互动以及与同龄人和成人的协商能力。当社区空间不遵循可及性原则时，儿童和家长就会处于不利地位。

*移动设备*是指帮助在身体活动方面需要支持的人的设备或器械。

户外游戏的提示与工具

幼儿教师和家长用巧妙、鼓励的方式支持儿童的户外游戏。他们欢迎儿童决定自己的游戏，同时为他们提供新的材料、同伴和在社区活动的机会。让儿童接触周围环境和社区中的人与事，从而了解他们所在的自然世界和社会中的人。这里有一些可以添加到户外环境中的材料：

- 在社区中可以发现的建筑和道路的照片；
- 适用于社区的材料，如贝壳、浮木、渔网、岩石和商业标志；
- 可以成为游戏伙伴的社区成员，如艺术家和木工；
- 社区内可能参观的地方的地图；
- 供儿童探索社区时使用的照相机。

在现场——专业反思："我为什么热爱户外游戏"

 专栏 10.3　我为什么热爱户外游戏

从小到大，我一直都很喜欢户外游戏。在旧汽车里、麦田里玩耍，在池塘里游泳，用树桩做堡垒，这些都给我留下了美好的回忆。进入学前教育领域后，我把自己对户外的热爱带到每一所我工作过的幼儿园。唯一的不足是，我被要求遵循别人的课程和他们认为对儿童最佳的户外时间。

直到我开办了自己的幼儿园，我才意识到，在任何时候都要跟随儿童的脚步。头2年，我们有泥巴和开放性材料，如原木、树桩、托盘、木板、水桶、玩具卡车和大量的水。大多数时候，我们一整天都在外面度过，只是进室内拿些食物和如厕。

多年来，孩子们和我对户外游戏空间重要性的新认识都决定了游戏场地的命运。随着时间的推移，我们每天都会外出；然而，如果儿童在室内游戏时间很投入或者我不想"打断"他们，我们就会牺牲户外时间。当我们终于到达户外后，时间又不够，因为家长很快就会来接孩子。孩子们刚开始玩，一点也不想离开。直到我参加了一个关于户外游戏的专业发展系列课程，我才意识到，我没有花更多的时间在户外其实牺牲了一些对儿童非常重要的东西。

于是，我改变了自己的做法，保证孩子们每天都能出门。我开始在冬天为孩子们设置邀请物，之前我通常在春天才会这样做。孩子们花了更多的时间在户外游戏、探索、绘画、创作，有时只是闲逛。现在，无论我走到哪里，无论是对朋友、同事还是家长，当涉及户外游戏时，我总是有一种冲动想要表达我的感受和想法。它如此珍贵，但它正慢慢地从孩子们的手中溜走。我意识到自己必须成为孩子们最好的倡导者，分享我最近学到的新知识以及我的个人历史，从而保障户外时间，让儿童尽情游戏！我的态度很重要。

幼儿教师安吉拉·罗伊（Angela Roy）

案例研究

有时，家长和幼儿教师之间可能会出现紧张局面，部分原因是他们对儿童游戏与学习之间的关系存在不同的期望或理念。阅读案例研究10.1，了解幼儿教师如何应对由于户外游戏而与一位家长产生的紧张关系。思考下面的问题，想一想在类似的情况下你会怎么做。

案例研究 10.1　连接儿童与社区

梅利莎在一所幼儿园中工作了 8 年多。这所幼儿园强调，户外游戏和社区联系对儿童在园的日常体验至关重要。梅利莎和儿童与当地的艺术家、店主和老人关系很好。每周，儿童和梅利莎都会决定使用哪一张社区地图、去哪里探险、去拜访谁。在大多数情况下，家长们赞赏这种方法可以帮助儿童了解他们所在的环境和社区中的人。儿童经常给他们去过的、探险过的地方拍照。有时，他们会带回来自己在途中发现或了解到的"宝物"。

一个家庭的家长开始担心，孩子在户外和社区的时间太长会开始感到不舒服。他们想让他们的孩子安全地待在幼儿园的围栏院子里，而不是在社区里闲逛。梅利莎无意中听到两个不同家庭的家长正在讨论他们的担忧。2 天后，这两个家庭的家长找到梅利莎，进一步表达了他们的担忧。自从梅利莎第一次意识到这个问题，她就一直在思考。她知道她的方法的益处是拓展儿童的想法和发现，并最终影响他们的游戏。

1. 梅利莎觉得这些家长在质疑她关于户外游戏和社区如何影响儿童发展的理念。她将如何帮助家长理解这对儿童的学习与发展的帮助？

2. 梅利莎如何让这些家长参与到关于这些活动给儿童带来的益处的讨论中？

3. 梅利莎如何鼓励家长成为探索中的合作伙伴，并将探索转化为户外游戏中的共同建构？

 专栏 10.4　到户外去

在社区里散步——向上看，向下看，再向远处眺望。你认为，哪些东西可以激发儿童对社区的好奇心？你会如何与儿童分享你的发现？在这些活动结束后，你如何与家长分享它们的益处？

第10章 支持家长和其他人将儿童的游戏与发展联系起来

本章小结

- 户外游戏和大自然比室内活动有更积极的发展和健康价值。户外游戏有助于减轻压力和提高自我调节技能。
- 儿童的社会性、情感、认知和身体发展在监督较少、结构松散、有更多探险和冒险的环境中会迅速发展。
- 幼儿教师和家长在明确并减少儿童户外活动的障碍和挑战类型,以及促进户外活动的方式方面发挥着重要作用。
- 与实际的政府政策和程序相比,成人的态度对儿童接触和参与户外游戏的影响要大得多。
- 环境中有示范以户外游戏为核心价值理念的成人、有反映儿童兴趣且受到支持的活动、有与户外环境元素相容的材料,会让儿童受益。
- 幼儿教师需要深入透彻地理解他们与家长分享的户外游戏的理论架构,并在课程计划和行动中表现出对户外游戏环境的好奇。
- 户外游戏有利于大脑发育。儿童在户外体验的积极游戏越多,这些经验就越会留下来,并成为他们的健康大脑结构的一部分。
- 健康的大脑结构的发展受到成人与儿童"发球和接球"交换过程的影响。这个过程影响人际关系的形成和语言的连接,它是社会性、情感和探索功能的基础。
- 儿童的大脑结构和注意力的恢复受到户外游戏的影响。注意力恢复理论基于这样一种信念,即儿童在大自然活动时更专注。
- 治疗性景观是指能够产生恢复、健康和快乐感觉的户外空间。
- 非结构化游戏是一种儿童可以选择并参与其中的游戏类型,可以有也可以没有明确的目的。非结构化游戏可以帮助儿童产生一种自由的感觉和对环境的控制。
- 当儿童从拥有特定技能的个人那里获得新的知识和技能时,他们可以被视为学徒。
- 社会学习理论建立在儿童通过观察他人来获得学习的基础上。
- 亨利·大卫·梭罗和约翰·缪尔是让儿童亲近自然和荒野的两位著名支持者。

- 研究表明，大自然可以治愈、抚慰、恢复儿童的健康，并将他们与周围的环境联系起来。
- 幼儿教师发挥着一系列作用，包括仔细观察儿童在户外和大自然中游戏时所面临的障碍和挑战。
- 幼儿教师在户外游戏活动中，要仔细观察教师和儿童的参与、同伴参与、任务参与以及消极参与。
- 作为学龄前儿童发展的一部分，他们的独立性会增强，他们的世界将基于游戏中使用的地方和材料而得以扩展。
- 活动、材料以及成人和儿童之间的讨论促使户外游戏环境充满丰富的数学概念、数学思考、数学推理和逻辑推理。
- 社区拥有丰富的游戏和学习活动。社区旅行被定义为儿童在探索社区时，遇到对他们的学习有帮助的地方、人和事。
- 代际学习是指向不同世代的个体学习。
- 社区支持儿童与身处社区和社区文化的人一起参与新的、有挑战性的、亲身体验的学习活动。
- 马斯洛的需求层次理论（生理需求、安全需求、社会需求、尊重需求和自我实现的需求）提供了一个关于户外游戏环境如何支持儿童发展的框架。
- 幼儿教师和家长与儿童在游戏中合作，为他们提供深化和扩展游戏经验的机会，从而引导他们进行自己的探索。
- 所有儿童和家庭都能从户外游戏和社区中受益。
- 鼓励家长和儿童分享他们所在社区的建筑、道路、材料和地图的照片。

安静反思

安静地去社区里一个你感兴趣的地方。那个地方有什么吸引你？是气味、声音、建筑的结构、树木、草或人令它充满吸引力吗？如果你和儿童分享这个社区，你会告诉他们关于这个空间的什么？有没有一个特定的季节让这个地方比其他季节更迷人？这个地方如何支持你恢复精力或想象新的可能性？你会如何记录你的地方并与他人分享？这个地方如何支持儿童参加社区旅行？你认为，儿童在你的社区里会有什么感觉？

第 10 章 支持家长和其他人将儿童的游戏与发展联系起来

与他人对话

"狂野温哥华"(Wild About Vancouver,WAV)是一个独特的户外游戏教育节日,提供了实用的方法来支持儿童和家长经常参与户外游戏。它旨在连接家庭、组织、学校、青少年教育项目,以及对推广户外运动感兴趣的加拿大温哥华广大市民。

进一步思考与行动

你认为,儿童和幼儿教师应该花时间与社区中的地方、事物和人建立联系吗?如果你认为应该,那么这与带儿童在社区里散步有什么不同?如果社区居民来到幼儿园,幼儿教师把社区的东西放到环境中,儿童会获得同样的益处吗?为什么或为什么不?

第 11 章
教学记录与儿童户外游戏环境评价

学习成果

学完本章后,你将能够:

- 说明教学记录与儿童户外游戏环境评价之间的关系;
- 讨论教学记录如何支持幼儿教师了解儿童对户外游戏的兴趣和他们在游戏中的能力;
- 描述记录和教学记录之间的区别;
- 概述幼儿教师在做教学记录时可能使用的策略;
- 讨论教学记录如何支持家长参与。

第 11 章　教学记录与儿童户外游戏环境评价　365

我们所看到的改变了我们所知道的。我们所知道的会改变我们所看到的。

——皮亚杰

 **童年回忆**

当我很小的时候，我的家人带我拜访亲戚。他们住在一个很棒的地方，他们称之为"冒险乐园"。在亲戚家的那个星期里，我每天都玩所有可用的材料。我最喜欢的是轮胎。每天我都试着用它们做些不同的事情——堆轮胎垛、平衡和滚动它们。每天，我父亲都会为我的活动拍照。他把它们打印出来，放在相册里。我现在还留着那本相册。我很感激父亲记录了我在冒险乐园的时光。当我回首往事的时候，我的内心充满了美好的感觉，我现在可以看到户外游戏、开放性材料和记录的价值。我要让所有这些都在我今天的教学实践中具有重要的作用。

本 章 预 览

儿童在户外环境中的学习可以通过实践和做教学记录来得到加强，后者使学习可见。持续评价户外学习环境的游戏价值、为儿童提供的机会及其可以改进的方式，最终会使儿童拥有一个支持他们的好奇和发展的空间。评价是一个与教学记录相关的概念——当学习可见后，对学习的分析就是一种评价形式。它还涉及评价儿童在日常生活中接触到的物理空间。对户外空间的持续评价和对教学记录的分析能够提供使儿童的学习过程可见的机会，马拉古齐（1998，pp. 69—70）将这种做法称为"留下痕迹"：

教师必须把那种孤立的、无声的、不留痕迹的工作模式抛诸脑后。相反，他们必须找到沟通的方法，并记录儿童在学校里不断发展的经验。他们必须稳定地为家长准备高质量的信息，同时得到儿童和教师的赞赏。

● **教学记录**是一个使儿童的学习可见的过程。通过分析和解释，它可以揭示课程的方向（Dietze & Kashin，2016）。

● **户外空间评价**是指对户外空间的特征、价值、质量及其对儿童户外活动选择和机会的影响进行考察与确定。

塔尔（Tarr，2010）认为，教学记录不仅需要通过一个聚焦于特定学习或技能的镜头来观察儿童，还需要通过"好奇心的镜头"，以便幼儿教师总是保持开放，"看见"兴趣、学习以及儿童带给户外游戏环境的力量。评价需要一个协同思考的镜头，才能对空间、地方和材料进行持续评价。

威恩（Wien，2011）指出，"教学记录"一词由达尔伯格、莫斯和彭斯（Dahlberg，Moss，& Pence，1999）提出，与瑞吉欧·艾米莉亚方法有关。"教学记录起源于意大利北部城市瑞吉欧·艾米莉亚市创新的、如今世界闻名的市政幼儿服务"（Dahlberg & Moss，2004，p. 6）。瑞吉欧·艾米莉亚的教育工作者记录发生的事件，并将其作为行动研究的一部分，这被称为"教学记录"。教学记录在支持教师反思实践方面具有重要作用（Dahlberg，Moss，& Pence，1999）。

幼儿教师捕捉数字图像、创建教学记录，展现儿童的能力。同时，这些图像还有助于评价户外游戏空间对儿童游戏的贡献。如图11.1所示，它们是在一个下午儿童玩游戏时拍摄的。从左上角的照片开始，你将看到一系列事件。关于儿童的兴趣、学习和优势，这些照片告诉了你什么？你注意到环境中的什么？环境如何支持儿童的游戏？你将如何使用从照片中获得的信息来影响第二天你向儿童提供的邀请物？

在本章中，我们将重点关注与儿童户外游戏活动相关的记录过程，以及如何利用教学记录来启示和影响户外游戏空间的设计、安排与展示（Basford & Bath，2014；Dietze & Kashin，2018）。当考虑通过教学记录来评价空间和解释儿童的游戏活动时，幼儿教师会利用他们有关儿童的兴趣、想法、学习、发展和理解方面的信息（Basford，2015），而不是考虑通过检查教学记录来确定与比较儿童的能力。并不是所有的记录都是教学记录。为了便于教学，教师所做的记录需要他人的解释，并且被用于引导课程的方向（Dietze & Kashin，2017）。幼儿教师如果收

图 11.1　为游戏中的儿童拍照

集了大量的观察结果,并通过电子邮件、小组讨论或室内外公告板/展示板进行分享,就会有足够的机会让这些记录成为教学记录。

我们提倡幼儿教师采用一种与儿童、家长和其他幼儿教师合作的教学记录流程。适应合作的过程有助于在幼儿园中培养民主实践(Moss,2007)。具有合作性的教学记录制作过程有助于确保儿童的声音被听见,将他们纳入这个过程中。如表 11.1 所述,教学记录在是什么和不是什么之间有明显的区别。

表 11.1　教学记录的各个方面

教学记录是指：	教学记录不是指：
■ 收集儿童游戏的证据和作品 ■ 反思和分析作品 ■ 通过使儿童的学习在早期学习环境中可见的记录过程来展示这些收集物 ■ 就想法、思考和观点进行多人合作	■ 记录儿童某一天的活动且不进行分析 ■ 一组没有解释的儿童游戏照片 ■ 放在架子上的儿童作品集，不能用于支持未来的课程方向 ■ 一份保存性记录，列出儿童所展现的技能

儿童观察在幼儿园中有着悠久的历史，可追溯到19世纪由斯坦利·霍尔发起的"儿童研究"运动。直到最近，观察主要是指确定某个儿童是否符合一套预定的标准。随着幼儿教师有关创建和理解教学记录的重要性的知识与相应技能的增长，传统的观察将不再是规范。相比之下，教学记录侧重于寻求对儿童游戏活动、游戏过程和能力的理解。它力求让儿童的力量和能力可见。教学记录以儿童为中心，是文化适宜的而不是预设的（Dietze & Kashin，2017），并且可以借鉴不同的理论和哲学（Fleet，Honig，Robertson，Semann，& Shepherd，2011）。

当幼儿教师在观察中关注儿童的优势，而不是他们发展中的弱点或差距时，教学记录便能帮助他们认识到儿童是有能力的。马拉古齐（1994，p.10）从瑞吉欧·艾米莉亚方法的角度阐明了儿童的形象如下：

我们不再认为儿童是孤立的、以自我为中心的，不再认为他们只从事与物体有关的活动，不再强调认知方面的东西，不再贬低情感或不符合逻辑的东西，也不再模糊地考虑情感领域的作用。相反，我们认为儿童是富有潜力的、强大的、有能力的，最重要的是，他们与成人和其他儿童紧密相连。

幼儿教师评价户外环境，以确定它是否以及如何与儿童的游戏想法、经验、能力相一致。这就要求幼儿教师了解空间、地方和材料如何帮助儿童获得成功的户外游戏体验。

在本章中，我们将从仔细观察户外游戏空间的角度来讨论户外环境是否、如何、何时、在何处支持儿童的好奇心和惊奇感。这些空间的使用效果如何？幼儿教师可以使用什么工具来评价户外游戏环境？这些评价如何支持教学记录并与之结合使用，以确保户外游戏空间提供充足的游戏机会？儿童的户外游戏受到个人、儿童、社会关系以及环境因素的高度影响。幼儿教师需要考虑这些因素（Anbari & Soltanzadeh，2015）。

如图 11.2 所示，迪策和金（2014）、安巴里和苏丹扎德（Anbari & Soltanzadeh，2015）等人从多个角度研究了儿童户外游戏空间。评价空间以及儿童如何使用空间是一个复杂的过程，是课程计划的基础。

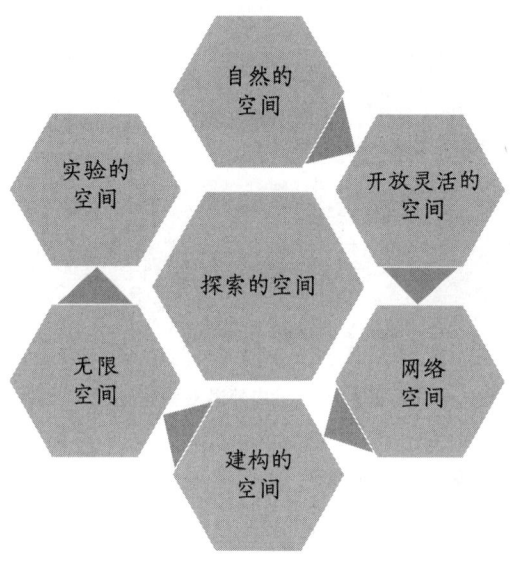

图 11.2　具有不同特征的户外游戏空间

对儿童户外游戏空间的评价与教学记录为幼儿教师和儿童提供了有关空间及空间内材料的有价值的信息。幼儿教师在通过文献资料研究空间的同时，还要考虑空间如何布置，以及户外游戏的时间分配如何影响儿童的户外游戏参与（Anbari & Soltanzadeh，2015）。基于教学记录与儿童和家长进行的讨论有助于教师、儿童和家长深入了解儿童对环境和游戏活动的感受。

金（2015）在一项关于户外游戏教学记录的研究中发现，通过将教学记录放在户外游戏发生地点的附近且儿童能够接触到的地方，儿童的声音在这个过程中会变得更加突出。其结果是，幼儿教师对儿童的兴趣更了解，并可以利用这些信息进行计划。因此，记录就具有了教学意义。查看照片 11.1，想象一下，儿童在看这些教学记录时可能会做什么或说什么。儿童会做何反应？产生哪些想法？在户外游戏中用它做什么？

照片 11.1　户外游戏教学记录

金（2015，p. 90）就户外游戏教学记录采访了儿童，发现他们"意识到户外游戏教学记录是一种反思工具，在那里他们可以重新审视、解释和分析之前的户外游戏，从而产生关于户外游戏的新想法"。金认为，当儿童在户外阅读教学记录并且有材料、空间和机会来重现游戏情节时，他们会对户外游戏更有信心，能够表达更深刻的认识、想法与情感。这一发现强化了幼儿教师在儿童查看教学记录时仔细观看和倾听的重要性。

教学记录突出展现了儿童在自然环境中游戏时如何以多种方式表达自己。例如，一些儿童发现户外环境是令人振奋的。当他们发现自己在旷野时，就会跑起来。他们一到山坡，就开始翻滚。其他儿童则对探索大自然所提供的一切——植物群、动物群和微小动物非常兴奋。幼儿教师利用这些观察来理解儿童游戏的意义，并将儿童的思维和兴趣理论化。这些观察结果是回答有关儿童游戏的问题的基础。分析过程就成为行动研究，能够提供关于课程计划意图和材料类型的见解，从而支持丰富的、潜在的游戏活动。

行动研究在这个背景下，是指一个以持续改进为目标的过程，用于研究与反思一个情境或儿童、幼儿教师和家长作为实践共同体中的合作伙伴的问题。

在做教学记录的过程中记录观察结果,并以一种探寻儿童游戏的意义和观点的方式对其进行反思,这是幼儿教师专业实践的核心要素(Morrison,2013)。想象一下,照片11.2中的儿童会对标本瓶里的虫子说些什么?幼儿教师可能问儿童哪些问题来了解他们的想法?

使用剪贴板和便利贴记录非正式的观察有助于捕捉信息,从而洞察和理解儿童的游戏。这比更正式的观察方法,如逸事观察,要简单得多。收集到的数据也会有所不同。例如,幼儿教师不会专注于记录儿童是如何拿瓶子的,是钳握还是用手掌抓握。这种类型的观察对教学记录的过程不是必要的,也不重要。

照片 11.2 查看标本瓶里的虫子

安吉儿英郡年华幼儿园

相反,幼儿教师更注重了解儿童的思维过程。在教学记录的观察阶段,幼儿教师鼓励儿童发展自己的观察技能,并将他们看到的与他们想象的结合起来。幼儿教师鼓励儿童仔细观察,用语言或绘画表达他们的想法。儿童不仅会获得使他们的学习可见的技能和知识,这些信息还有助于幼儿教师评价环境是否支持儿童的游戏和学习兴趣。

为户外游戏做好准备

户外游戏环境是儿童在游戏、学习、沟通、连接、批判性思维和解决问题等方面发展基本技能的必要场所(Villanueva et al.,2016)。新出现的证据表明,户外游戏环境的设计有助于儿童的健康和发展(Villanueva et al.,2016)。作为儿童与户外环境之间联系的一部分，幼儿教师鼓励儿童探索和发现环境的各种属性，包括嵌入在户外环境中的模式和联系。这些观察可以作为好奇心的触发器（Dietze & Kashin，2018），通过一种非指导性的方式实现，鼓励儿童使用不同的感官去体验和探索世界（Wilson，2016）。环境中的各种资源能够支持儿童确定他们的想法和疑问，并将其记录下来。作为这个过程的一部分，幼儿教师可以为儿童树立榜样，告诉他们花时间近距离观察便可以获得新的信息。参考图11.3中改编自鲁宾（Rubin，2013）的用于研究自然的物品。观察流程如图11.4所示。

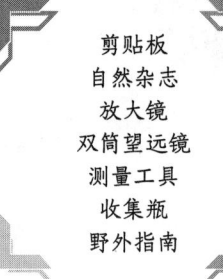

剪贴板
自然杂志
放大镜
双筒望远镜
测量工具
收集瓶
野外指南

图 11.3　用于近距离观察所需的物品

近距离观察是一种鼓励儿童观察大自然的策略。

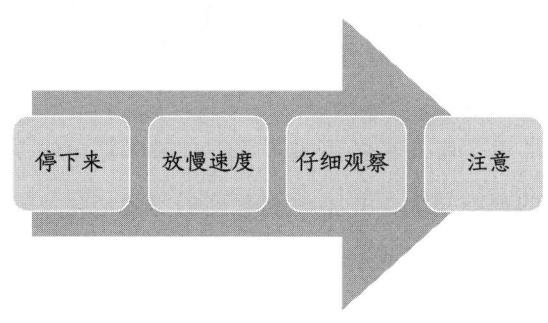

停下来　放慢速度　仔细观察　注意

图 11.4　停下来，放慢速度，仔细观察，注意

随着儿童对自然世界的熟悉，他们可以成为敏锐的观察者并学会深入观察，超越主观认识，比如，海龟"很可爱"，转而专注于描述对海龟行为的客观观察，如海龟的头缩回壳里。儿童将学会区分主观观察和客观观察。儿童在描述他们在自然世界中观察到的行为和看到的特征时，比如，海龟的壳是"坚硬的，形状像一个圆顶"，可以通过角色示范来学习。儿童受益于被鼓励在观察过程中使用所有感官，停下来、放慢速度、仔细观察和注意。幼儿教师在观察户外游戏环境的各个方面时，会向儿童展示和示范这些原则。

- **主观观察**是指在没有必要的经验或事实的前提下，表达想法、观点或意见。
- **客观观察**是指描述你所看到、感觉到、听到或闻到的东西。

做教学记录有四个阶段或基本元素，如图11.5所示。观察引发记录。记录可以采用照片、音频或录像带的形式。

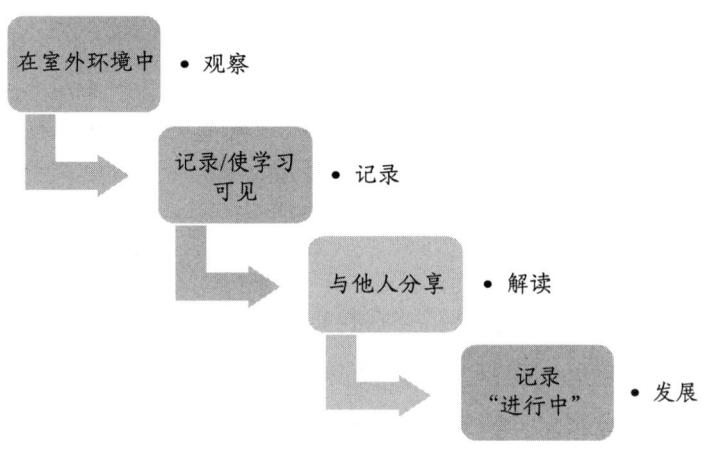

图 11.5　做教学记录的各个阶段

收集数据还涉及在教学记录中添加儿童的表征物示例。当这些表征物被与他人共享并被广泛解释时，教学记录将会继续发展。例如，儿童可能对画出或写出他们看到的、想到的东西或对户外探险中感到好奇的东西感兴趣。这些用来与他人分享的表征物会使思维可见。"观看、思考和好奇"是一种可见的思维方式，可以帮助儿童聚焦于他们的经验，如专栏11.1所示。

　专栏11.1　**认识户外游戏——反思要点**

儿童受益于被邀请创造他们的兴趣、游戏、想法和理论的表征物。这样，幼儿教师就会做出清晰地表达儿童心声的教学记录。支持教学记录的有用工具是来自哈佛大学"零点项目"（Project Zero）的可见的"思维活动"（thinking routine）。"思维活动"是一项名为"可见思维"计划的组成部分，

> 该计划旨在支持儿童的思维和记录（Ritchhart & Perkins，2008），提供了许多适合不同年龄群体的思维活动。我们相信，支持年幼的学习者的方法是"观看—思考—好奇"。这种活动有助于激发儿童之后的好奇心，为探究打下基础。当你邀请儿童对一个物体、图像或事件进行观察时，他们将回答以下三个问题：
> - 你看到了什么？
> - 你觉得怎么样？
> - 这让你想知道什么？
>
> 使用这种可见的思维活动可以帮助幼儿教师收集有关儿童与自然世界互动的信息。

收集教学记录内容的过程包括查看观察笔记、打印照片和查看儿童对学习的表征。只有当幼儿教师与包括儿童和家长在内的其他人对记录进行解读和分析，并基于此创建课程路径时，记录才会成为教学记录。根据教学记录，下一步将如何支持儿童的学习和兴趣？要确定这一点，幼儿教师需要共享教学记录，并接受可能的挑战和批评。幼儿教师要接受，这是他们作为行动研究者的旅程的一部分。借鉴他人的观点来发展教学记录，使其具有教学意义。

当幼儿教师将使用教学记录视为"探索我们关于儿童的所有问题的过程"（Ontario Ministry of Education，2014，p. 21）时，他们会将教学记录提供给他人（儿童、家长、其他教育者、社区成员）并欢迎他人对所看到的内容进行解释、提供多种观点。这些观点可以帮助成人在任何时候看到幼儿园中发生了什么，并有助于创建一个对参与者来说真实的课程路径。

想一想，写一写，读一读

一些幼儿教师可能对"教学叙事"这个术语很熟悉。它和"教学记录"相同还是不同？为什么有这两个不同的术语？

没有分析的教学记录等同于单纯的记录（Fleet et al.，2012）。为了寻找意义，

幼儿教师应反复阅读教学记录，试图了解它们如何与儿童在户外活动中是有能力的形象相一致。通过批判性地反思和分析解释，教师寻找与他们需要遵守的框架相一致的教学记录制作方式。超越框架需要更深入的分析。例如，教学记录如何反映民主和声音？它如何反映出所有儿童都有归属感和幸福感，并能够参与和表达自己？与他人分享教学记录就是邀请他们参与解释。幼儿教师欢迎反馈，并将其视为"进步"过程的一部分。他人的思考和解释可以对户外游戏课程计划的发展产生重大影响，从而反映出有意义的课程。

正是通过教学记录，幼儿教师和儿童了解他们的环境如何服务于儿童。例如，幼儿教师可能会想，为什么他们很少看到儿童使用游戏空间里的某个区域，而其他区域每天都有儿童前往。加拿大萨斯喀彻温省的幼儿园课程确定了评价真实性的重要性。如表 11.2 中所示，我们调整了萨斯喀彻温省幼儿园课程的三个评价领域，以便说明教学记录如何影响教师对户外游戏环境的评价。

表 11.2　教学记录与学习

评价类型	儿童和幼儿教师	幼儿教师和环境
为了学习的评价	幼儿教师反思和解释教学记录，以确定如何支持儿童使用选择的材料和游戏。	幼儿教师查看教学记录，以确定儿童如何使用环境和环境中的材料。这种反思与解释将影响户外环境中的邀请物和材料类型，从而激励儿童并扩展他们的学习。
作为学习的评价	当儿童回顾教学记录以及他们如何开始某一特定活动时，幼儿教师仔细倾听。	幼儿教师根据儿童分享的关于他们如何开始一段活动的信息来布置材料，这些材料可以引导儿童复制一段活动的各个方面，同时在过程中添加新的方面。
对学习的评价	幼儿教师和儿童创建教学记录以说明他们的游戏、能力和兴趣。	幼儿教师查看教学记录，以确保户外环境和材料符合儿童的能力和兴趣。

来源：Early childhood education (Kindergarten)—Saskatchewan (2010)—Curricula. 2. Competency-based education—Saskatchewan. Saskatchewan. Ministry of Education. Curriculum and E-Learning. Humanities Unit.

瑞吉欧·艾米莉亚的教育理念认为，儿童有与其他儿童和成人交流的能力，以及通过多种语言表达自己想法的能力（Edwards，Gandini，& Forman，2011）。

幼儿教师在户外游戏环境中创造独特的、创新的选择，为儿童综合使用多种语言奠定基调。这最终会提高他们的思维能力（Edwards et al., 2011）。教学记录成为一个有效的过程，它捕捉和记录儿童练习探究、与他人沟通和表达他们的观点的各种方式（McKenna, 2005）。教学记录是一种用来记录儿童声音的有效策略（Kim, 2015）。幼儿教师娜丁用电子文档制作了一幅拼贴画，记录了一次户外游戏活动。在教学记录中，一个儿童被鼓励对她发现的毛毛虫提出自己的想法。通过这种方式，娜丁在记录中加入了儿童的声音，证明儿童是有能力的：

我们早晨在户外的时候，奥德丽发现了两条毛毛虫。当她回到室内的时候，迪克森老师帮助奥德丽在研究的过程中进行保存，以确定毛毛虫的品种。奥德丽确认了她的想法，即它们是灯蛾毛虫，和我们去年找到的一样。下午在户外的时候，奥德丽和尼科决定挖更多的卵。然而，他们没有找到卵，而是找到了那天我们发现的最长的虫子。杰克逊分享了他的知识，告诉我们虫子有两个屁股。

幼儿教师、儿童和家长可以接触各种各样的视觉内容，这些视觉内容包括收集的笔记、录像、照片和儿童的表征物（如他们的绘画），进而重建学习过程，为对话、反思和分析创造一份真实的教学记录（Gandini & Kaminsky, 2004）。里纳尔迪（2006, p. 68）认为：

教学记录因此被看作是可见的倾听，是痕迹的构建（通过笔记、幻灯片、视频等）。这些痕迹不仅证明了儿童的学习路径和过程，还使它们成为可能，因为它们是可见的。对我们来说，这意味着让构成知识的各种关系变得可见，并且成为可能。

当幼儿教师让教学记录成为教学的一部分时，他们支持户外游戏活动中的教学和课程显然是基于儿童的真实生活经验的。它是复杂的，因为作为一个过程，教学记录涉及解释记录和领悟它的意义。它讲述了儿童与户外环境、同伴和空间内材料之间的联系。

数码拍照设备是幼儿教师和儿童用来捕捉经验的重要资源。人们通常会拍一些特别的照片，比如去公园或动物园的旅行，然后在照片上写着"孩子们在公园里玩得很开心"或"孩子们在动物园里看到动物很开心"。这些描述缺乏意义，对儿童参与的实际活动以及这些活动如何增加儿童学习与发展的价值的解释有限。正如弗利特、帕特森和罗伯逊（Fleet, Patterson, & Robertson, 2012, p. 7）所述，教学记录"不是实时电影或事件记录，而是一组主观的冻结时刻，诱导、启发、记录，并为进一步思考与探究提供机会"。正如图 11.6 所示，这是幼儿教师探寻儿童户外游戏活动的意义的过程。记录的目的是向儿童传达他们是有权利的公民。他们需要感到被重视，而且他们作为分析贡献者对课程的意义是宝贵的。

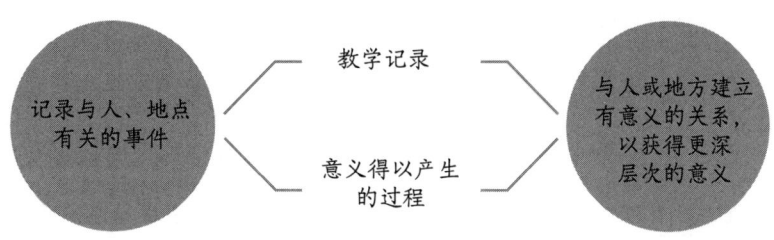

图 11.6　记录意义的教学记录

幼儿教师从一项正在进行的探究中收集儿童参与的关于种子生长的笔记，这些种子最终被移植到户外花园中。这些教学记录在室内被用于与儿童和家长分享（在室内的某个区域中摆放装着种子的小花盆、长出植物的小花盆、相关工具和材料以及教师所做的记录），后来又搬到户外分享。教学记录是可见的、美观的，因此它吸引了儿童、家长和其他教师参与其中。他们思考放置教学记录的位置，以便儿童和家长能够接触到它并提供他们的看法。大量的记录资源被用来收集在调查种子时产生的研究。

调查种子时所使用的记录工具如表 11.3 所示。每种形式的教学记录都可以被视为幼儿教师、儿童和家长进行分析的数据来源。

表 11.3　教学记录的形式

专业日记	幼儿教师保留专业日记，记录对儿童的观察和想法以及他们的户外游戏活动。
教学记录展板	这些视觉的艺术表现形式——通常被称为"展板"——展示了儿童的思维和理论构建，并且正如瑞吉欧·艾米莉亚所指出的那样，允许儿童说一百种语言，但通常听不到一个字（Dietze & Kashin, 2016）。
学习故事或叙事	学习故事是一种观察和记录形式，采取故事叙述的形式。幼儿教师在儿童通过游戏进行探索的过程中观察和倾听他们。拍照，写笔记，然后创编一个故事，与儿童和他们的家长分享（Pack, 2015）。学习故事是为儿童和家长而写的。学习故事，类似于其他形式的记录，关注儿童的优势和学习品质。

（续表）

儿童表征物示例	在收集记录材料的过程中，儿童的学习表征物可以被存档。例如，如果孩子们正在研究蜗牛，那么他们可以画蜗牛，用黏土制作蜗牛，给蜗牛上色，或者用金属丝等另一种媒介来制作蜗牛。
观察笔记	这些可以记录在专业日记、合作记录书或便利贴上。
照片和视频	在平板电脑或智能手机上录制的视频可以与数码照片一起存储，这些照片可能会被添加到展板或档案袋中。
档案袋	多年来，档案袋在早期学习中一直很流行。档案袋被认为是一种"有目的、多层次地收集儿童成长、进步和努力过程"的方法（Hanson & Gilkerson, 1999, p. 81）。档案袋可以让儿童在户外环境中使用。
记录软件	记录软件可以免费下载，也可以按每个儿童或每个小组的方式付费下载。这些软件通常基于省级指南，并具有与家长共享的特性。

教学记录有多种形式，体现在学前教育环境的各个部分中。麦克纳利和斯卢茨基（McNally & Slutsky, 2016）认为，教学记录并不总是永久的或者以展板的形式存在。当它们被放在可接触的环境中时，儿童可以每天查看教学记录和档案袋。这些教学记录和展板应该在户外环境中提供给儿童，因为当他们在户外空间查看教学记录时，会发现户外游戏是有价值的。

我们对户外游戏的愿景

教学记录要求幼儿教师将自己视为研究者。研究者使用许多资源收集数据，寻找证据，以证明儿童在户外游戏空间里体验到的学习的深度和广度。这些信息将成为儿童能够接触到的材料类型和户外游戏环境设计的参照。研究者需要确定一种策略，比如，使用专业日记记录儿童关于户外游戏活动的话语和想法。这些记录会成为视觉反思的起点。

我们希望幼儿教师在做教学记录的过程中将自己视为研究者，将收集的文献资料作为研究数据进行分析。研究的所有对象——儿童、家长和教师——都包括在这个过程中。在分析教学记录的过程中，幼儿教师可以对以下问题进行解读和反思：

- 如何继续培养儿童的兴趣、拓展他们的想法?
- 如何支持儿童的学习,并为他们创造进一步探究的机会?
- 如何在儿童的学习过程中提供有意义的、真实的体验?
- 如何改变户外环境和材料,支持儿童的探索与发现?

当有多个视角时,解释的过程会变得更加丰富。幼儿教师要对他人的意见持开放的态度。这些观点将启发实践,并形成未来的课程方向。

户外游戏在儿童生活中的地位

教学记录作为专业实践和专业学习的工具被认为具有革命性。彭斯和韦罗妮卡·帕契尼–凯查鲍(Pence & Pacini-Ketchabaw,2008,p. 248)指出,"那些将教学记录作为一种革命性工具来重新定义学前教育实践的人,并没有故步自封于提供唯一儿童观的指导方针中;他们对多种声音、多种解释(多样性)保持开放态度"。花时间创建、积累和分析记录材料大有裨益,这样就可以在教学中使用记录。这对幼儿教师、儿童和家长都有益处,如图 11.7、图 11.8 和图 11.9 所示。

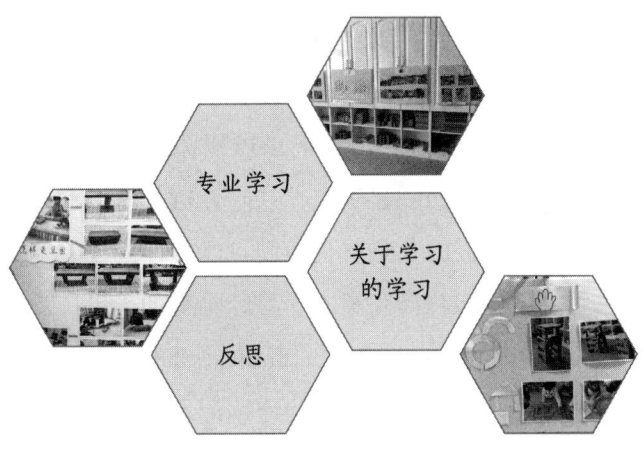

图 11.7 对幼儿教师的益处

图 11.8　对儿童的益处

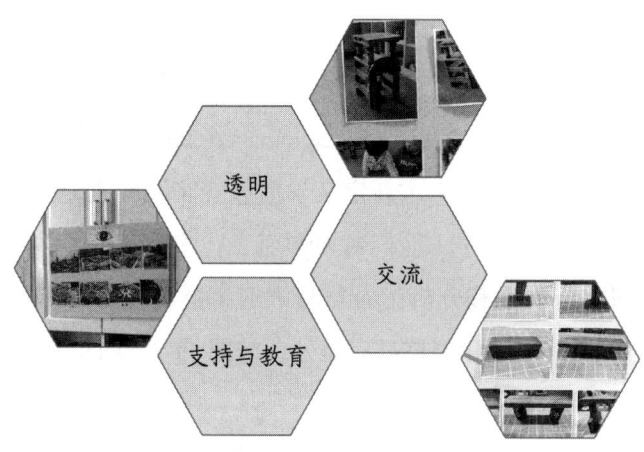

图 11.9　对家长的益处

布尔杜（Buldu，2010）认为，教学记录可以激励一个专业的学习共同体，并为幼儿教师创造机会，让他们一起工作，共同分析儿童正在学习的内容。教学记录可以使幼儿教师反思他们的儿童观、他们自己的作用以及家庭和社区在儿童游戏与学习中的作用。记录和解释儿童的学习经验有助于更广泛、更深入地理解儿童如何思考（Jablon，Dombro，& Dichtelmiller，2007），以及他们如何表达自己的兴趣。整合儿童在不同活动中的参与的连续记录，会真实地展现儿童在游戏中的不同发展水平、技能、好奇心、个性和策略（Forman & Hall，2005）。从户外游戏对儿童学习与发展的重要性的角度来看待户外游戏，要求教师进行反思。反思性实践有助于支持教师的持续性专业学习。

作为户外游戏教学记录的主体，儿童从视觉上发现自己在环境中是有价值的。当儿童的家庭被认为是儿童学习经验的一部分时，儿童也会受益，而记录会使得这种学习对他人可见和可接触。例如，当家庭成员与儿童谈论他们在雪地里游戏的一天时，儿童会因为看到自己活动的影像记录而表现出自豪感和成就感。记录为在家学习提供了更多的机会。此外，家庭有儿童日常活动的视觉证据。这可以加强家长与幼儿教师之间的沟通和支持。如图 11.7、图 11.8 和图 11.9 所示，早期学习有益于儿童、家长和幼儿教师。

在环境中持续地提供和使用教学记录，儿童将更有可能积极地参与自己的学习过程（Dietze & Kashin，2017）。教学记录可以促使儿童在学习过程中发挥主导作用，部分原因是重新审视自己的工作并思考自己一直在做的事情可以使儿童增强自信心和好奇心（Malaguzzi，1998）。在实践中使用教学记录有助于促进儿童思考和学习的鹰架过程，帮助他们扩大兴趣，在学习中发挥积极的作用，并促进自我意识（Buldu，2010）。儿童通过教学记录重新审视他们的学习，可以修改之前形成的想法，并在同龄人和幼儿教师等人的支持下提高思维能力（Kim & Darling，2009）。

教学记录提供了与更广泛的社区建立关系的机会（McKenna，2005）。邀请社区成员查看教学记录并提供他们的反馈，可以拓宽儿童的视野。

家长希望他们的孩子得到最好的一切（Ontario Ministry of Education，2014）。教学记录提供了一种方式，让家长看到儿童所参与的户外游戏活动的质量。因此，他们可以放心，知道他们的孩子得到了高质量的照顾和教育。这对那些认为儿童在室内学得比在户外学得更多的家长来说尤为重要（Sandseter & Sando，2016）。看到儿童的户外游戏活动并参与对话，了解这些活动如何有助于儿童之后所需的技能，有助于家长理解这些活动对儿童发展的重要性。布尔杜（2010，p. 144）推测：

虽然采用和实施教学记录并不容易，但它有潜力凸显儿童的学习过程，增加儿童在学习过程中的动机、兴趣和参与，帮助他们反思和有所行动，以促进自己的学习。

教学记录可以加强儿童、家长和幼儿教师之间的交流（Buldu，2010）。通过交换信息，家长可以从幼儿教师那里学习一些策略（Buldu，2010）。从户外游戏的角度来看，教学记录可以作为一种帮助家长为孩子增加户外学习经验的途径。

理 论 基 础

民主常与政治联系在一起。就教学记录而言，民主是指让人们直接参与影响他们的事务。从这个角度来看，民主可以被理解为存在于世界的模式，一种共同生活的形式（Dietze & Kashin，2016）。民主是指将"分享、交换和协商观点与意见的机会"最大化的生活方式（Moss，2011，p. 2）。民主"是一种与自我和他人相关的方式，一种道德的、政治的和教育方面的关系，它能够而且应该遍及每天生活的所有方面"（Moss，2011，p. 2）。民主实践需要目的、支持性条件和对日常实践的不同思考。民主实践需要民主的专业精神（Oberhuemer，2005）。

政治是指与治理一个国家或组织有关的活动，其目的是基于某套特定的信仰或原则来改善某种状况、情形或地位。

表 11.4　民主实践的四个要素

多样性	民主实践包括承诺尊重多样性。所有儿童都应该在教学记录中看见自己，感受被尊重、他们属于这里。教学记录应该突出户外学习，以显示多样化学习经验的价值。
多重视角	民主实践努力带来多重视角，并且将公开教学记录以得到更多人的解读作为一种允许和邀请不同视角的方式。
好奇心、不确定性和主观性	在民主实践中，幼儿教师一直处于不确定的状态，因为他们利用自己对儿童学习的好奇心，持续收集教学记录并分析它揭示了什么。教学记录所揭示的并不总是客观的。它可以是主观的。主观性作为过程的一部分被接受。
批判性思维	民主实践包括运用批判性思维，即做出清晰而理性的、经过深思熟虑的判断。教学记录作为一个需要时间的过程，有助于幼儿教师成为批判性思考者。

教学记录支持民主过程。这意味着所有参与的家长、幼儿教师、儿童和社区

都可以为这一过程做出贡献。思考家长查看教学记录和参与记录过程的不同方式。如何将记录过程呈现给家长,让他们充满期待并对教学记录做出贡献?幼儿教师通过使用多种方式与家长共享教学记录,家长将更有可能参与进来并提供自己的观点(Dietze & Kashin,2017)。在争取民主实践的过程中,幼儿教师让儿童参与教学记录的制作过程。例如,设想你正在探索毛毛虫蜕变成蝴蝶的过程。你怎样使儿童参与进来?你如何确定使用哪些艺术作品来使学习可见?想象一下,当儿童在教学记录中看到自己的作品照片时,会发生什么?这如何有助于他们的学习并使其学习可见?

让儿童参与记录过程还需要考虑伦理问题。教学记录中出现的每个人都必须被告知教学记录将如何被使用。对年幼的儿童来说,这意味着要得到家长的同意才能发布儿童的照片和作品。在分享教学记录时,幼儿教师要尊重儿童的隐私和保密性。如果一位家长不同意在社交媒体、论坛或公告板上分享儿童的照片,那么这个请求就必须得到尊重。幼儿教师应查看来自家长的知情同意书,确保教学记录中描述的儿童没有负面的内容,或者教学记录的分享不会以任何方式伤害儿童(Ontario Ministry of Education,2015)。塔尔(2011,p.16)指出:

教育工作者和研究人员都必须在不断摇曳的道德困境阴影中通过协商找到出路。当我们使用视觉图像让儿童的生活变得可见,将他们的声音包含在合作的努力中时,这些道德困境的阴影就会出现。

在思考教学记录中的伦理问题时,请考虑以下几点。这些内容改编自《重新审视教学记录:以新的方式看待评价和学习》(*Pedagogical Documentation Revisited: Looking at Assessment and Learning in New Ways*,Ontario Ministry of Education,2015)。

1. 你如何以合乎道德和尊重的方式将儿童纳入教学记录?
2. 为什么你选择这个照片或视频来展现儿童的学习,而不是其他材料?
3. 当照片中的某个儿童形象不太积极时,我该怎么做?

当幼儿教师努力做到合作和包容时,道德和民主实践被认为是教学记录的重要部分。即使在一开始做教学记录时,即幼儿教师观察儿童的阶段,也会考虑儿童在小组中的地位。

在学前教育环境中思考伦理和政治可能涉及重新思考或重新概念化之前的观点。重新概念化是当前学前教育中的一个过程，旨在挑战普遍真理的概念，是指质疑所谓的宏大叙事，或者只有一种公认的观点。在后现代的世界里，人们以怀疑的眼光看待宏大的叙事，取而代之的是，渴望寻求一种本土化的叙述或故事。在学前教育领域中，这意味着寻求多重视角来启发实践，并认识到多样性和复杂性（Bloch et al., 2014）。这可以在教学记录的过程中完成。

重新概念化是指重新思考一个概念或想法，从而产生新的视角、概念或想法。

韦罗妮卡·帕契尼－凯查鲍是加拿大研究重新概念化的主要学者之一，她的研究重点是儿童与地方、材料和其他物种的共同关系（Pacini-Ketchabaw, 2013）。

专栏 11.2　重要理论家：韦罗妮卡·帕契尼－凯查鲍

帕契尼－凯查鲍是一位著名的研究者和大学教授，她对教学记录、重新概念化和共同世界关系感兴趣。帕契尼－凯查鲍研究的是儿童继承、居住和与他者（无论是人类还是其他生命）共享的现实世界。她正在研究环境破坏和全球不平等现象是如何塑造这些生命世界的。

重新概念化是支持教学记录的一个关键元素。这需要在过程中包含多重视角。与他人分享教学记录将鼓励家长和其他人进行反馈。

实 践 应 用

将教学记录纳入实践的最大挑战之一是时间。正如弗利特、霍尼格、罗伯逊、西曼和谢泼德（Fleet, Honig, Robertson, Semann, & Shepherd, 2011, p. 18）所指出的那样，教学记录需要大量的思考和写作时间。他们建议幼儿教师思考"你在你的角色中花了多少时间，你在你的角色上花了多少时间"。他们怀疑，幼儿教师在角色上花的时间比在角色中花的时间要少，部分原因是人员配备模式，以及他们觉得离开儿童去思考和反思的时间有限。幼儿园可以考虑使用如下策略。

1. 当幼儿教师在小组中思考、交谈和写作时，教学记录会变得更加丰富。让幼儿教师以小组的形式一起查看、反思、辩论，并确定记录儿童游戏的方法，可以丰富思考和记录的过程。
2. 交谈理论是一种重要的实践，因为幼儿教师带着各种各样的理论和对这些理论的理解来到环境中，通过这些理论来理解他们的工作，并指导他们的实践。诸如教师会议之类的小组会议可以为幼儿教师提供一个场所，将他们的工作集体理论化。
3. 检查师幼比和时间表可能有助于为幼儿教师提供远离儿童的时间，让他们在不违反师幼比要求的情况下用这些时间进行思考和记录学习。
4. 确定与儿童一起做记录的时间对于创建高质量的教学记录至关重要。当儿童参与到这个过程中时，他们的学习就会变得显而易见。此外，与儿童合作可以让教学记录作为日常生活的一部分来展开。

尽管没有一种所谓正确的方法来参与记录的过程，但技术越来越多地被用作支持创建教学记录的工具。尽管视频比其他媒体更有助于成人有效地了解儿童，但弗兰纳里、奎因和施瓦茨（Flannery，Quinn，& Schwartz，2011）发现，照片比视频更受欢迎，而且更能帮助儿童成为记录过程的一部分。

使用各种技术和多种形式（如数字文件或打印文件）来练习创建教学记录，将有助于教育者找到理想的格式和工具。如表11.5所述，记录新手可以从思考、行动和反思过程中获益。请思考幼儿教师为什么可以在各种户外游戏空间中做游戏教学记录？幼儿教师在探索游戏空间的不同部分时，会从儿童身上了解到什么？

表 11.5　支持教学记录新手的策略

思考	行动	反思
■ 想一想你要记录什么以及为什么记录。 ■ 思考如何以及为什么记录你要捕捉的内容——文本、视频、照片还是不同形式的组合？ ■ 思考儿童和家庭的角色是什么，为什么？ ■ 思考教学记录将如何影响你对户外活动空间及其内部材料的评价。	■ 观察游戏中的儿童，收集图文数据，捕捉你想要探索的东西。 ■ 回顾作品。 ■ 确定会影响故事讲述方式的镜头。 ■ 选择并整理支持你的故事的作品。 ■ 查看记录，确定从中获得哪些信息。 ■ 把与同事、儿童和家长分享教学记录作为教学改革的起点。 ■ 确定教学记录将在户外展示的地点和原因。 ■ 随着新的学习出现，把它们添加到教学记录中。	■ 你从教学记录中获得了什么故事或见解？ ■ 它如何影响课程计划、支持性做法以及与儿童和家长的讨论？ ■ 你对儿童的兴趣和能力有什么看法？ ■ 你看到的正在出现的模式或趋势是什么？今后你将如何利用这些信息？ ■ 儿童的声音是如何影响你的反思的？ ■ 教学记录中出现的互动结果如何影响你在实践中接纳儿童和户外游戏的方式？ ■ 下次你会做哪些不同的事？ ■ 根据教学记录，你可以对空间和地点做出什么样的评价？

实践原则：基于环境的实践

幼儿教师经常把户外游戏环境看作儿童参与积极的身体游戏以及从游戏发展而来的社交活动的场所。结合环境意识的原则可以追溯到皮亚杰（1962）。他认为，当教师拥有本地环境的经验时，最能理解同化和顺应。他提出，儿童在户外充满刺激的环境中进行的游戏和学习要丰富得多。

在童年早期，让儿童接触环境可持续性概念，将会影响他们关于可持续性实践的态度、价值观和行为（Kellert，2005）。这就要求幼儿教师从广义上思考可持续发展的教学。儿童需要发展有助于自己成为社区和全球公民的技能与知识，并向榜样学习，以维护并改善我们的自然和社会环境（Haas & Ashman，2014）。幼儿教师把让儿童了解生态系统的机会作为他们户外游戏"活"经验的一部分。结合了解生态系统的机会有助于儿童在许多方面的发展，包括但不限于科学、语言、解决问题和批判性思维技能。支持儿童了解生态系统是儿童成为具有环境素养的公民的基础。

生态系统是指各部分相互连接，并与环境相互作用的系统或网络。

贝克福德和纳迪（Beckford & Nahdee，2011）建议，本土认识论（Indigenous epistemology）为幼儿教师提供了一个将基于环境的实践纳入学前教育的框架。本土环境哲学可以指导幼儿教师思考和认识人类、自然以及其他生物之间的相互联系。表11.6说明了幼儿教师如何开始思考将基于环境的观点融入儿童户外游戏活动的方式。

表11.6 查看基于环境的概念和实践

概念	思考和反思	实践
人与自然世界之间的联系	在培养儿童关心现在和后代的环境中，我的角色和责任是什么？	■ 与儿童讨论为什么以及如何关爱我们的环境。 ■ 提供适合户外游戏的开放性材料。
尊重环境	在说明维护和改善环境的重要性时，我扮演什么角色？	■ 示范如何减少商业材料的消耗。 ■ 确定爱护环境的原则，如减少废物、节约水源、重复使用材料，以及在尊重自然的同时利用环境。
认识到人对环境的依赖	我对儿童户外游戏和学习的质量与环境质量之间的关系了解多少？	■ 观察儿童在何处以及如何利用户外环境。 ■ 与儿童讨论并记录他们与环境之间的关系。 ■ 观察儿童的户外游戏在不同的季节中是如何变化的，以及儿童如何接纳这些季节。

一旦幼儿教师确定了他们对基于环境的实践的观点，他们就会把它作为指导他们与同事讨论的基础。如表11.7所示，《幼儿环境教育项目：卓越指南》（*Early Childhood Environmental Education Programs: Guidelines for Excellence*，NAAEE，2016）为幼儿教师提供了在学前教育中构建环境可持续性实践的核心观点。

表 11.7　将环境实践纳入学前教育的指南

系统	儿童生活在系统中并了解系统：家庭、人类社区、动物和植物。关于系统的学习如何在户外游戏环境中可见？儿童和家长如何了解户外游戏？
相互依存	儿童和成人相互联系，并与自然相连。我们吃的、喝的、呼吸的、穿的都来自自然，也对自然产生影响。儿童和家长如何通过户外游戏来了解我们与自然的联系？我们如何帮助儿童了解太阳、水、风和雨？
居住地的重要性	儿童从了解自己的生活环境和当地的景象、声音及气味中受益。幼儿教师如何支持儿童近距离地观察环境？儿童如何学习描述他们闻到的气味和听到的声音？幼儿教师在促进它们与儿童的联系中扮演什么角色？
整合与融入	环境学习最好是通过课程领域（读写、创造性艺术、数学、科学、健康、日常生活）与各种户外空间和地方的体验相结合。读写和数学是如何融入户外游戏的？对儿童来说，户外和室内的创造性艺术有什么不同？这将如何改变提供创造性艺术的方式？
根植于现实世界	儿童需要直接体验真实的户外材料；整理树叶和种子，挖虫子，辨认当地的鸟类、昆虫和植物，这些都是可以帮助儿童在自然世界中扎根的活动。如果儿童没有接触这些重要的真实材料，那么会发生什么？想一想城市中的幼儿园，那里只有人造草，没有树。如果儿童在人造空间里，那么他们如何与自然建立联系？
终身学习	对世界的好奇、创造性思维、解决问题的能力和合作学习是终身学习的重要组成部分。如果儿童没有接触特定的材料和刺激来强化他们对学习与经验的欲望，那么会发生什么？如果儿童在户外的时间有限，或者在户外很匆忙，会发生什么？对户外游戏的限制将如何影响他们的学习？

对许多幼儿教师来说，思考环境并在教学中明确它可能是一个持续的挑战。想一想，你现在可以在儿童的环境中介绍些什么。是通过园艺和收获蔬菜吗？你是否在社区中为它选定一个特定的位置并精心维护它？它是否展示了特定的可重复利用的实践？

当幼儿教师集体检查他们的环境，强调创设健康环境的潜在选择，并协商如何将环境纳入户外游戏活动时，基于环境的原则对儿童才最有效。例如，想象一个儿童正努力爬上一棵树，在某个树枝上上下摇晃。作为幼儿教师，你要意识到，这样的活动可以让儿童练习身体运动，比如平衡和如何在空间中使用身体。然而，作为环境倡导者，你要知道让儿童思考这种活动将如何影响树的健康。你会向儿童提出哪些类型的问题？你如何与儿童一起检查环境，以确定他们有关树的潜在游戏活动的可行性？

以下7个核心原则可以帮助幼儿教师支持儿童成为与环境相连、爱护环境的公民。

- 让儿童对某个特定的地方有归属感，并确保他们能够影响和改变环境。
- 用材料与资源在一系列空间和地方创设环境，让儿童能够参与、探索，并做出影响他们在世界中的经验的选择和决定。
- 向儿童发出邀请，让他们承担起责任，履行支持关爱环境的行动。
- 为儿童提供学习生命周期的机会，与户外环境建立联系，并观察植物、天空和地方的美丽。
- 确保户外游戏机会有助于儿童获得新的思维和解决问题的技能，同时扩大他们对游戏和周围世界的决策范围。
- 提倡并实施在各种天气和季节中分配大量时间进行户外游戏的计划。
- 与社区中的人、地方、环境和环境中的资源建立联系，从而激发儿童对自然的好奇，并参与到户外游戏环境中。

幼儿教师给儿童带来的经验影响着他们与世界的联系。儿童需要幼儿教师帮助他们了解环境的重要性。这种支持将鼓励儿童养成与环境有关的积极习惯，并在同龄人、家庭和社区中成为环保主义的"催化剂"。

基于地方的学习：世界

法国作家、人类学家布鲁诺·拉图尔（Bruno Latour，2004）让我们在理解共同世界中的生活时，思考自然的本质。这个概念需要思考一个大概念。迪策和卡欣（2016）将大概念描述为支撑学前教育实践的理论概念。我们在深入、批判性地思考概念时，会产生创造一个更美好的世界的想法。共同世界的大概念包容所有的生命，包括人类和其他生物。共同世界教学（Taylor，2013）让儿童做好准备继承多物种的世界，并在其中共同居住。共同世界并不假设完全平等的和谐或平衡，而是认为当儿童与世界上的其他居民（如动物）建立联系和交流时，思维和生活的新渠道就会被打开（Pacini-Ketchabaw，di Tomasso，& Nxumalo，2014）。

● **共同世界**是指我们与其他生命、非生命实体、技术、地貌、话语和力量共同存在。

● **大概念**是指支撑幼儿教师工作的概念。

课 程 计 划

幼儿教师思考和评价户外空间如何支持儿童游戏。儿童户外游戏的深度和广度受到他们所拥有的友谊以及户外空间中的绿色植物的强烈影响（Mårtensson，Jansson，Johansson，Raustorp，Kylin，& Boldemann，2014）。儿童需要开放的游戏空间和地方来玩规则游戏以及更开放的游戏。佩莱格里尼和史密斯（Pellegrini & Smith，1998，p. 1）敦促幼儿教师从身体活动游戏的角度思考与儿童进行的户外游戏。他们将"身体活动游戏"定义为：

具体来说，身体活动游戏涉及象征性活动或有规则的游戏；活动可以是社交的或单独的，但不同的行为特征是有趣的情境结合……适度到剧烈的身体活动。

马滕森等人（Mårtensson et al.，2014）认为，儿童的身体活动游戏结合了高想象力的、言语的和身体的内容。具有成文规则的游戏在学龄儿童户外游戏中占主导地位。

遵循计划、参与、探索和反思的"PEER 原则"，表 11.8 说明了为儿童设计户外游戏环境时需要考虑的因素。

表 11.8　计划、参与、探索和反思——户外空间和地方

计划	儿童需要支持户外游戏的空间，以便进行小型和大型的群体游戏。评价户外游戏空间，以确定儿童可以进行安静游戏、小组游戏和身体游戏的地方。计划好你的空间如何容纳想要使用设备、参与假装游戏、参与打闹游戏、从事追逐游戏，或组织一个特定游戏的儿童。你如何计划和支持儿童的不同兴趣，以及如何支持或促进他们的游戏？
参与	以一种邀请的方式呈现空间和材料，鼓励儿童决定如何和在哪里参与游戏。让儿童记录他们的游戏以及他们如何使用空间。
探索	倾听、观察和询问儿童在空间里需要什么，以及他们将如何使用户外环境进行游戏。让儿童改变游戏空间，以新的方式支持他们的户外游戏。
反思	儿童如何使用空间？他们参与了什么类型的游戏，空间如何支持或削弱游戏？通过观察儿童游戏或者通过做记录，想一想你对他们有哪些了解？学龄儿童与低龄儿童在使用空间方面有何不同？

家长支持与参与

户外游戏教学记录为幼儿教师提供了机会，让他们参与关于儿童以及户外游戏对家庭与儿童的重要性和益处的对话。通常，当家长有机会分享他们对儿童和游戏的看法时，幼儿教师会获得不同于他们在学前教育环境中观察到的儿童的兴趣和能力的信息。与家庭建立牢固、互惠的关系，可以让幼儿教师了解儿童在幼儿园之外的情况。家长可以确定有关儿童户外游戏模式和兴趣的核心信息。当幼儿教师倾听和观察儿童以及家长对教学记录的反应时，家庭和文化的多样性变得显而易见。同样，家长们也有机会查看、观察、建立联系，并以一种新的视角看待他们的孩子（Fleet et al., 2011）。

幼儿教师应该认识到，与儿童和家长进行充满尊重的、有趣的对话很重要。当家长观察他们的反思如何影响课程计划理念、评价过去的经验和获得新经验的机会时，他们更有可能分享自己的想法和印象。在本章中，请你思考儿童和家长如何为户外游戏教学记录做出贡献。他们的观点如何影响将户外游戏空间呈现给儿童的方式？家长如何支持儿童表达户外游戏兴趣？你如何鼓励家长分享儿童户

外游戏活动的各个方面，以拓展教学记录并最终扩大儿童的游戏选择？

可及性与设计

迪策和金（2014）认为，幼儿园有责任确保户外空间的设计能够支持所有儿童进入游戏环境。教学记录提供了洞察户外游戏空间、评价其特征和进一步发展其潜力的机会。

迪策和金（2014）提出户外游戏环境具有以下核心设计特征。

1. 游戏区包括灵活的、绿色的、亲和的、安静的学习，以及对儿童和家长开放的季节性区域。
2. 游戏环境元素包括各种地表、游戏庇护所、美丽的物体、阳光、阴影以及野生动物栖息地。
3. 具有挑战性的身体运动和冒险活动，包括让儿童攀爬、跳跃、奔跑、使用工具、体验环境元素，以及参与打闹游戏。
4. 包括天然的、回收的、可重复利用的和制造的开放性材料。
5. 体验式游戏区，包括：让儿童接触玩泥、水和沙游戏的地方，建构游戏和角色游戏，还有艺术、音乐、数学和科学游戏。
6. 让家长参与创建教学记录和加入当地的适宜性课程。

当通过教学记录和由记录产生的反思来评估户外游戏空间时，幼儿教师要确保空间和材料支持儿童的能力与兴趣。空间要随着儿童兴趣和技能的发展而变化。评价游戏空间为创建支持儿童所有领域发展的环境提供了一个框架（Spencer & Wright, 2014）。

户外游戏的提示与工具

威恩（2011）确定了教学记录的 5 个步骤，我们将其解释为有用的策略，如

图 11.10 所示。让我们从户外游戏的角度来思考这些问题。在户外环境中养成做教学记录的习惯，需要有可用的记录工具，并认识到许多值得记录的时刻可能发生在一天中的任何时候，特别是在户外游戏时。如果你是一名初学者，那么你可能会发现你的教学记录是描述性的，因为它描述了儿童的经历。你和别人分享得越多，越敞开心扉接受别人的解读，你进行更深层次思考的潜力和能力就会得到更大的发展。这将帮助你增强公开分享教学记录的自信。

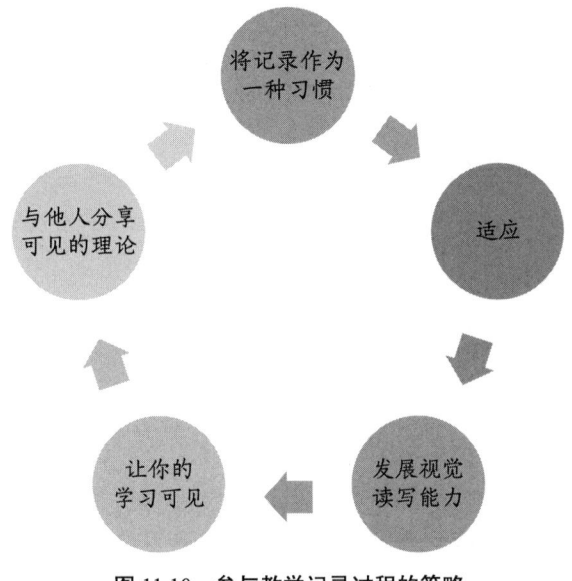

图 11.10　参与教学记录过程的策略

如果其他人将使用你的教学记录，那么请考虑你的教学记录的美感。思考照片和作品周围的空白空间。避免视觉混乱将帮助你认识到教学记录的不同部分是如何相关的，从而形成赏心悦目的视觉效果。当你不仅将教学记录视为一种让儿童学习可见的方式，而且将其视为一种促进幼儿教师成长和发展的方式时，你就会将教学记录定义为研究和专业学习。在你学习、解读、计划和继续前进的过程中，最初做记录的尝试是你走向教学记录过程中的"占位符"。教学记录是一个过程。首先，你要花时间解释儿童的学习，然后将其理论化。通过分享你的理论，敞开心扉接受别人的解读，你将使学习可见。通过这样做，你的教学记录将揭示更深层的含义。

在现场——专业反思:"我为什么热爱户外游戏"

 专栏11.3　我为什么热爱户外游戏教学记录

在我的实践中,和孩子们最有趣、最独特的对话往往发生在户外。我相信,问题和游戏中的创造力与学习在户外是最深刻和最有吸引力的。这就是我喜欢户外游戏教学记录的原因。创建户外游戏教学记录,通过让儿童的思考和学习——以及我的学习——可见,帮助我认识到那些宝贵的户外游戏时刻。户外游戏教学记录已经成为我专业实践的核心部分。它是一个神奇的工具,帮助我理解儿童的户外游戏,同时思考不同人的不同观点。因此,它有效地帮助我支持儿童的户外游戏。

对我来说,真正宝贵和有意义的时刻之一是当我与儿童谈论他们的户外游戏教学记录时。儿童分享的故事往往会超出我的观察和记录。他们可以为户外冒险提出新的理论、想法和计划。在与儿童就他们的户外游戏教学记录进行对话的过程中,我对他们的户外游戏活动、真正的兴趣和思考过程有了很多"顿悟"的时刻。我认为,通过使用户外游戏教学记录,儿童有能力进行反思和创造意义。户外游戏教学记录的使用也帮助我发现了与儿童在户外的真正乐趣。

我迫不及待地想去户外探索,想知道儿童对他们的户外游戏教学记录有什么样的反应,根据我们关于教学记录的对话他们会做什么,以及我如何能成为他们户外游戏活动的一部分。在儿童的户外游戏时间,我真的在场,因为我想密切地关注他们如何尝试新想法、解决问题,以及如何与彼此、材料和环境互动。有了聚焦于儿童户外游戏的教学记录,我就会不断地参与研究、支持儿童游戏,并与其他教育者和儿童家长分享这项研究。我对于户外游戏的价值观以及对于儿童声音的重视也会在使用户外游戏教学记录中呈现出来。

加拿大莱斯布里奇学院幼儿园指导者博拉·金(Bora Kim)

案例研究

对幼儿教师和使用学前教育服务的家长来说，实践中的改变可能非常具有挑战性。有时，同事表达的态度可能会耽误新的实践。这并不一定是因为他们反对新的做法，而是因为他们对当前的做法感到满意。阅读案例11.1，思考下面的问题。

案例研究 11.1　使记录具有教学意义

位于加拿大东部的一所大型幼儿园正在扩张，因此需要更多的幼儿教师。四名新雇用的教师参加了为期一天的研讨会，讨论使记录具有教学意义的策略。回幼儿园后，他们热情地与同事分享他们的学习。在研讨会上，他们设想了一些户外游戏区域，觉得近距离观察会有所裨益。在那周晚些时候的教师会议上，他们做了一个学习总结报告，并说明了他们认为如何推进这些概念。他们的主任支持这种新做法，并讨论如何帮助他们进一步吸引家长、儿童和访客探索户外游戏。当同事们表达自己的困惑，即这样做的目的、所花费的时间以及是否与拍照上传有什么不同时，热情的教师们感到很惊讶。他们质疑这些记录是为谁提供的，为什么要提供。经过接下来几天的讨论，大家认为现在还不是开始进行教学记录的时候。

1. 若新幼儿教师推迟运用在研讨会中获得的技能和知识，他们会面临怎样的挑战？
2. 你认为，为什么不是所有的团队成员都支持这个新做法？
3. 渴望开始进行观察和实施教学记录的新幼儿教师的优势和劣势是什么？

专栏 11.4　到户外去

想出一个对你来说很特别的户外游戏空间。记录你为什么认为它对你特别。现在，带上照相机去户外，给这个地方拍很多照片。查看这些照片，确定你看到了什么。从这些照片中，你是否对这个空间有了新的认识？你对这个空间有哪些新的了解？

本章小结

- 教学记录使学习可见,是一种评价形式,还涉及评价儿童进行游戏的物理空间。

- "教学记录"一词由达尔伯格、莫斯和彭斯(1999)提出,与瑞吉欧·艾米莉亚方法有关。瑞吉欧·艾米莉亚的教育工作者记录发生的事件,并将其作为行动研究的一部分。教学记录在支持教师反思性实践方面具有重要作用。

- 教学记录是一个涉及儿童、家长、幼儿教师和社区之间合作的过程,它支持幼儿园中的民主实践。

- 评价儿童的游戏空间包括检查户外环境是否支持儿童的好奇心和惊奇感。对户外游戏环境的评价与教学记录的结合能支持其有效性。

- 儿童观察在幼儿园中有着悠久的历史。直到最近,观察主要是指确定某个儿童是否符合一套预定的标准。相比之下,教学记录则侧重于寻求对儿童游戏活动、游戏过程和能力的理解。

- 当幼儿教师在观察中关注儿童的优势,而不是他们发展中的弱点或差距时,教学记录便能帮助他们认识到儿童是有能力的。

- 一项关于户外游戏教学记录的研究发现,通过将教学记录放在户外游戏发生地点的附近且儿童能够接触到的地方,儿童的声音在这个过程中会变得更加突出,从而使教学记录过程变得具有教育意义。

- 作为儿童与户外环境之间联系的一部分,幼儿教师为儿童树立榜样,告诉他们花时间近距离观察便可以获得新的信息。

- 教学记录有四个基本要素:观察、记录、解读和发展。在这个阶段,教学记录可以被修改和扩展。

- 教学记录可以采用专业日记、教学记录展板或学习故事的形式。儿童表征物的样本、照片、视频和观察笔记也是教学记录的形式。教师可以与使用软件的家庭共享教学记录。教学记录对儿童、家长和幼儿教师有多种益处。

- 教学记录支持实践中的民主。莫斯(Moss,2007)认为,在展示多样性,寻求多重视角,鼓励好奇心、不确定性、主观性和批判性思维的学习社区中,民主实践会蓬勃发展。

- 重新概念化是支持教学记录的一个关键元素。这需要在过程中包含多重视角。与他人分享教学记录将鼓励家长和其他人进行反馈。
- 使用各种技术和多种形式（如数字文件或打印文件）来练习创建教学记录，将有助于教育者找到理想的格式和工具。记录新手可以从思考、行动和反思过程中获益。
- 在童年早期，让儿童接触环境可持续性概念，将会影响他们关于可持续性实践的态度、价值观和行为。
- 通过"活"的户外游戏经验了解生态系统，有助于儿童发展环境素养。
- "共同世界"的概念，即我们与他者共同存在，需要思考一个大概念。大概念是支撑学前教育实践的理论概念。共同世界的大概念包容所有的生命，包括人类和其他生物。
- 当家长有机会分享他们对儿童和游戏的看法时，幼儿教师会获得不同于他们在学前教育环境中观察到的儿童的兴趣和能力的信息。与家庭建立牢固、互惠的关系，可以让幼儿教师了解儿童在幼儿园之外的情况。
- 学前教育户外环境的核心设计特征包括灵活的、绿色的、亲和的、安静的学习，以及各种地表和庇护所，还包括身体活动和使用开放性材料的机会。
- 教育者逐渐采用教学记录需要经历的5个步骤包括：将记录作为一种习惯、适应、发展视觉读写技能、让你的学习可见、与他人分享可见的理论。

安静反思

安静地去一个对你来说很特别的户外地方。这个空间的环境特征是什么？你是如何爱护这个空间的？你如何保持这个空间？如果你和儿童分享这个空间，你会告诉他们关于这个空间的什么，为什么？你会建议他们熟悉什么？你将如何观察儿童，评价他们如何使用和爱护空间？为什么这很重要，这对你的实践有什么影响？你如何支持儿童成为爱护这个空间的大使？

与他人对话

儿童应该被视作社区成员。社区的概念既广泛又复杂。儿童能够与社区内的其他人就社区的性质进行哲学对话。在将这些哲学问题带给儿童之前，和其他幼儿教师和学前教育专业的学生讨论一下。问题可以包括"动物是我们社区的一部分吗""我们应该如何对待动物"。

纳吉和哈希姆（Naji & Hashim，2017）证实了儿童能够进行哲学对话，并认为这涉及以下因素：

1. 不仅是质疑，还是挑战；
2. 与他人建立联系并观察关系；
3. 思考什么是可能的；
4. 更深入地探索或扩展想法；
5. 批判性反思。

幼儿教师可以将同样的元素应用到与他人的对话中。

第 12 章

户外与自然游戏——基于研究与实践的未来

学习成果

学完本章后，你将能够：

- 描述研究如何影响儿童的户外活动；
- 概述研究过程；
- 解释伦理研究宪章如何影响研究人员的研究实践；
- 概述与儿童户外游戏相关的行动研究、叙事探究和教学记录的特点；
- 确定批判性朋友和指导者在研究过程中的作用；
- 概述加拿大研究人员总结的研究类型如何指导实践。

第12章 户外与自然游戏——基于研究与实践的未来

有时，谈论"原创研究"时，我们似乎认为它是科学家或至少是高年级学生才有的特权。但是对研究者本人而言，所有的思考都是研究，而所有的研究都是原生的、原创的，即使世界上的其他人已经知道他仍在寻找什么。也就是说，所有的思考都有冒险。确定性无法事先得到保证。

——约翰·杜威

童年回忆

当我回想起我们试图建造一座冰堡的时候，我记得我们遇到了麻烦。我们没有做冰堡的经验。我们只有一张照片。我们开始滚雪球，把雪球一个又一个地堆起来。这样做了几层之后，雪球开始滚动。我们试着把雪球做小一点，但后来我们意识到，我们不可能把冰堡建得像我们想象的那么高。然后，我们拿起铲子，试图把雪堆在我们做的雪球上。我们的一些雪球塌了。幸运的是，我爸爸赶到了现场。我爸爸总是愿意帮忙。有时，他会问很多问题。回想起来，我可以想象他会问我们这样的问题："你们在建造什么？""你们都试过什么？"他可能会问我们其他的想法，以及我们使用了哪些资源来制定策略。现在，当我想起那天时，我觉得他是在帮助我们利用以前的经验，并将其与我们的新想法结合起来。他在引导我们成为游戏中积极主动的研究者。

本 章 预 览

幼儿教师和儿童不断学习。研究有助于幼儿教师的实践，并支持他们的持续学习之旅。正如里纳尔迪（2003）所指出的那样，"研究"是一个具有多重含义的词语。如果你在脑海中想象一名研究者，你可能会想象一个在科学实验室里工作的人。作为研究者的科学家通常在他们的研究中寻求客观性。然而，作为研究者的教师可能会使用主观镜头来搜索和研究他们关于儿童学习的理论。学与教是相通的。我们学习教，又教人学。马拉古齐（1998，p. 83）将教与学之间的联系描述为一段旅程，提出：

> 教与学不应站在对岸，看着河水从身边流过；相反，它们应该一起开始一段顺流而下的旅程。通过积极的、互惠的交流，教可以强化学以及学的方式。

教师和儿童一起学习、互相学习。学习与教学需要不断地研究，这些研究必须是可见的（Rinaldi & Moss, 2004）。在本章中，我们请你反思研究的立场，因为它涉及幼儿教师的角色和实践。

亨德森（2012）认为，把自己视为研究者的教师认为自己是知识的创造者，而不仅仅是信息的接受者。亨德森引用里纳尔迪（2005，p. 73）关于成为一位"有修养的教师"的观点，"一位有修养的教师不仅有多学科背景，而且具有研究、好奇和团队合作的文化——基于项目的思维文化"。当你考虑成为一位有修养的教师时，你觉得你会是什么样的？与儿童一起成为知识创造者和主动学习之间的关系是什么？我们认为，知识创造者是指那些与儿童一起表现出强烈的好奇心和高水平的探究技能，并通过与他人分享和参与的积极过程来不断构建新的学习的幼儿教师。研究成为持续专业学习的一个方面。

研究是一个职业的基础（Dietze & Kashin, 2016）。对幼儿教师来说，它与参与探究有关，以促进专业方面的变化和社会行为。幼儿园中的研究过程在过去许多年间发生了变化（Jarvie, 2015）。传统上，教育领域的研究旨在改善社会环境（Ampartzaki, Kypriotaki, Voreadou, Dardioti, & Stathi, 2013；Levine, 2002），重点关注儿童的发展，特别强调认知发展。研究者决定研究，他们设置问题的发展框架并确定研究将如何进行（Dietze & Kashin, 2016；

照片 12.1　一个用于探究的地方

Kellett，2011）。这种关于研究的观点正在改变。

幼儿园是成为"探究孵化器"的完美环境（Pelo，2006，p. 50）。对许多从早期学习的角度出发的研究者来说，关于谁进行研究、如何研究以及研究怎样影响幼儿园实践的潮流正在发生变化，其影响包括：

- 教师认识到，要让儿童参与游戏研究设计的过程中，并表达他们的想法和经验（Dietze & Kashin，2016）；
- "新"的儿童社会学理论强调儿童积极影响其社会环境，并有权对其在户外游戏环境中获得的经验和机会做出贡献。童年不再局限于儿童的脆弱性和依赖性；
- 越来越多的研究表明，让儿童参与研究的益处和策略；
- 教育工作者将研究视为一种工具，与儿童和幼儿教师一起回答有关他们的游戏和学习的问题，而不是评估技能和发展差距。

本章也将介绍一些杰出的加拿大研究者，他们专注于户外游戏的不同侧面。教师作为研究者参与关于教与学的持续专业学习，而研究是由其他人在幼儿园中进行的，这两者之间是有区别的。随着对户外与自然游戏的兴趣变得越来越普遍，幼儿教师可能有机会参与一个更正式的研究过程。在户外环境中，可以观察到幼儿教师与儿童互动。你和儿童都被认为是这项研究的对象。进入幼儿园的研究人员要遵循一项正式的研究协议，该协议是由他们所在学术机构的伦理部门批准的。幼儿教师的作用是支持儿童的权利和声音，以及他们自己与正在进行的研究相关的权利和声音。

无论何时进行研究，无论谁进行研究，都必须遵循道德规范。迪策和卡欣（2016）引用了麦克诺顿等人（MacNaughton et al.，2010）的观点，认为幼儿园中的研究具有伦理性、目的性、情境性、可信度、创新性和公平性很重要。格雷厄姆、鲍威尔和泰勒（Graham，Powell，& Taylor，2015）提出，幼儿教师在参与研究之前要先回答问题。这些问题改编自格雷厄姆等人，如表12.1所示。

表 12.1　伦理问题

■ 我如何确保参与研究的儿童不会受到伤害？
■ 如果参与研究的儿童变得痛苦或不安，我将如何回应？
■ 可以向儿童提供哪些信息，以便他们能够做出真正知情的同意？
■ 儿童参与研究是否总是需要得到家长的同意？
■ 是否要求父母双方提供家长同意书？
■ 如果儿童和家长对参与研究有不同的看法，会发生什么？
■ 如有需要，我们会为儿童提供哪些专业服务和支持？
■ 儿童参与研究是否需要获得报酬？

当幼儿教师审视他们的道德观点，并将儿童置于决策过程的核心进行行动时，儿童和研究人员都会受益。幼儿园被鼓励参与研究的主要原因之一是"对儿童的生活产生积极的影响"（MacNaughton et al., 2010, p. 4）。如果研究没有让儿童从中受益，那么必须质问为什么进行这项研究。如专栏12.1所述，《涉及儿童的伦理研究国际宪章》（International Charter for Ethical Research Involving Children）为研究人员提供了一个指导实践的框架。

专栏 12.1　涉及儿童的伦理研究国际宪章

作为一个儿童研究团体，我们致力于开展和支持高质量的伦理研究，尊重儿童的人类尊严、权利和福祉。我们的工作有以下7方面的承诺。

涉及儿童的研究遵守道德规范是每个人的责任

作为研究团体的我们，包括所有参与、委托、资助和审查研究的人，有责任确保在所有涉及儿童的研究——无论研究方法、重点还是背景中，都要达到最高的道德标准。

尊重儿童的尊严是伦理研究的核心

合乎道德的研究基于诚信，并且尊重儿童及其观点和文化。尊重儿童的参与要求研究人员认识到儿童的地位和发展能力，并重视他们的各种贡献。

涉及儿童的研究必须公正和公平

参与研究的儿童有权得到公正对待。这要求所有儿童都有平等的地位，参与研究的利益和责任被公平分配，没有儿童被不公平地排除在研究之外，消除因歧视造成的参与障碍。

合乎道德的研究有益于儿童

研究人员必须最大限度地确保研究有益于儿童个人或儿童群体。研究人员的主要责任是考虑是否应该进行研究，以及评估研究过程以及研究结果是否对儿童有益。

儿童不应该因为参与研究而受到伤害

研究人员必须努力防止任何潜在的伤害风险，并评估是否需要让单个儿童参与。

研究必须得到儿童的知情和持续的同意

必须始终征求儿童以及家长的同意，始终符合其他所有关于研究道德规范的必要要求。同意需要建立在平衡、公平的理解的基础之上，不仅是整个研究过程，还有结束之后所涉及的内容。对于儿童表达的异议或回避必须始终予以尊重。

合乎道德的研究需要不断反思

开展涉及儿童的研究很重要。合乎道德的研究要求研究人员不断反思自己的实践，使其远高于任何正式的伦理审查要求。这需要持续关注影响研究过程的假设、价值观、信仰和做法及其对儿童的影响。

正如迪策和卡欣（2016）以及麦克诺顿、罗尔夫和西拉杰-布拉奇福德（MacNaughton, Rolfe, & Siraj-Blatchford, 2010）所概述的，幼儿园中的研究包括儿童、家长和幼儿教师的声音。这个过程可用于检查问题，从儿童的游戏和学习活动中收集数据，分析和解释数据，并确定研究结果如何影响实践。这些发现通常有助于提高幼儿教师有关特定实践的知识水平、技能或能力。我们鼓励幼儿教师观察并将研究纳入实践中，"因为研究过程可以检验并改进实践"（Dietze & Kashin, 2016, p. 280）。此外，在幼儿教师和儿童中进行研究，可以让儿童在幼儿园中拥有发言权。

为户外游戏做好准备

在本章中,我们强调幼儿教师将儿童、家庭、社区和文化视为课程计划、理论与实践的核心的益处。从研究的角度来看,这意味着儿童、家庭和社区是"生成儿童研究知识体系"的有价值的合作伙伴(Kellett,2011,p. 1)。与儿童一起研究、为了儿童进行研究和参与由儿童引发的研究的幼儿教师会意识到,过程中的很多方面是相互影响和相互作用的。为了让数据更清晰,幼儿教师通过一些镜头来分析数据,理解他们所发现的东西。例如,在分析户外游戏空间时,幼儿教师可能从环境、儿童参与、游戏选择、成人/儿童互动、为什么要进行研究,或者儿童对游戏活动的看法等角度分析数据。他们可能从一个重点开始,知道这些数据会展现其他需要考虑的方向。

正如第 3 章所述,很多幼儿教师和儿童可能会对户外游戏的相关研究话题感兴趣,比如儿童与冒险游戏、户外游戏设计、户外游戏如何支持儿童健康、户外游戏课程、教师的态度与影响、户外游戏和开放性材料。想一想参加户外游戏的儿童。你对他们的游戏有哪些疑问?你还想知道什么?儿童喜欢进一步探索和学习什么?观看照片 12.2,想一想研究主题可能是什么?现在,观看照片 12.3。什么吸引了你,让你想了解更多?你将如何继续?你研究的核心问题是什么?

照片 12.2　审视空间

照片 12.3　空间如何引发有关儿童游戏的研究

对儿童和幼儿教师来说，有很多方法可以用于研究。正如麦克诺顿和休斯（MacNaughton & Hughes，2009）所说，研究人员通过识别问题（行动）来思考研究过程，评估问题对环境和可能参与研究的人的适宜性（反思），并决定是否继续研究（行动）。他们建议研究人员从4个相关方面来思考研究的目的，如图12.1所示。

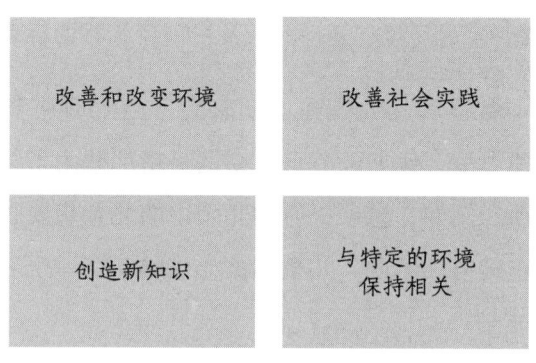

图12.1 研究的4个相关方面

为了促进儿童接触户外游戏活动的深度和广度，幼儿教师可能希望研究当前的实践、游戏场地，以及儿童在游戏中使用的东西。当你审视空间时，你看到了什么？儿童通常在空间里做什么？儿童如何参与游戏？你想尝试改变什么？为什么？这些问题可以帮助幼儿教师和儿童决定他们的问题是什么，以及新的信息如何引发空间、地点或游戏机会的变化。如照片12.2和照片12.3所示，观察空间可以让我们了解环境的变化如何影响儿童的游戏。

研究是一种有效的专业学习策略，支持幼儿教师改进和改变实践。幼儿教师受益于使用一种新的视角来思考户外游戏教学，将其作为一种增加改变实践机会的方法。一个新的镜头会打开更多的可能性，增加思考和解决问题的多样性。一个新的视角要求幼儿教师从当前的实践中探索新的选择，并承认当前的一些实践可能不符合儿童的最佳利益。

麦克诺顿和休斯（2009）发现，幼儿教师会思考习惯、习俗和惯例如何影响他们的社会实践与变化。例如，一所幼儿园有一个时间表或惯例，每天上午10点到11点在户外游戏。想象一下，如果经过研究，儿童和幼儿教师决定改变这种做法，同事、家长或其他儿童会如何接受这种改变？他们如果没有就这一改变达成一致意见，那么会发生什么？

● **习惯**是指根据一套既定规则或程序进行的一系列活动或实践。

● **习俗**是指特定群体在特定时间所遵循的传统风俗。

● **惯例**是指在特定的环境、活动或人员中一致执行的行动。

习俗是由家庭、社区和幼儿园建立起来的。当活动在多年的时间里持续存在，它就会变成一种习俗，比如，节日。惯例是指那些为了符合特定的规则和条例而定期执行的行动。例如，想象一所幼儿园中的儿童想要爬树，然而教师和园长都决定在园中禁止爬树。因此，儿童不被允许爬树。一个新的视角会如何改变这种想法呢？

不断变化的社会实践要求幼儿教师、园长、儿童和家长开放地审视幼儿园中已经确立的习惯、习俗和惯例的意义。更仔细地观察它们可能会带来实践的变化。个人愿意改变行为、尝试新的实践方式，并对这些改变进行反思，会促使这些改变增加儿童接触户外游戏的机会吗？当与学前教育团队讨论这些基本问题时，可以提供有关新实践是否以及如何展开的观点。

研究的目的是改变我们的思维模式、想法和理念、知识和实践，这将有利于儿童的游戏。例如，想一想幼儿教师和儿童是如何看待泥巴游戏的。想象一下，一位幼儿教师认为，儿童可以从玩橡皮泥的过程中获得类似于从玩泥巴中获得的技能。一次专注于观察儿童玩泥巴的研究经验会如何改变这一观点呢？幼儿教师如何通过观察儿童玩泥巴时的语言、社会互动和创造力来洞察这个问题？这项研究将如何启发教师"看到不同的观点，打开新的大门；变得灵活，尝试新想法"（MacNaughton & Hughes，2009，p. 12）？儿童如何从这种新知识中获益？

与儿童一起研究、关于儿童的研究、为了儿童的研究都是以儿童的生活经验为基础的，包括环境和与儿童在环境中有交集的人。研究人员必须确定谁是研究中的合作伙伴，如儿童、同事、家长和雇主，以及研究问题是什么，从而支持确定的研究兴趣领域。

欧洲共同体委员会①（2007）提出支持知识创造者角色的基本原则，包括：
- 系统反思实践；
- 开展实地研究；
- 将研究结果与实践相结合并进行评价；
- 评价与研究相关的个人专业发展需求。

当幼儿教师从研究中发现新的观点时，只有在团队的支持下，他们在实践中开启改变过程才会最成功。指导者和批判性朋友可以在检查数据、得出结论、提供建议以及改变实践中发挥关键作用。希利和韦彻特（Healy & Welchert, 1990, p. 16）将指导过程定义为"在工作环境中，高级职业在职者（指导者）和新手（学徒）之间的一种动态的、互惠的关系，旨在促进双方的职业发展"。莉和莱博维茨（Lea & Leibowitz, 1983, p. 26）等人则将指导视为一个整合的过程，包括"教学、辅导、建议、咨询、支持、角色示范、验证、激励、保护和交流"。指导可以以正式或非正式的过程出现。有效的指导者拥有训练、观察、沟通和批判性反思的技能。他们支持新手教师反思变化的各个方面，包括如何发生变化以及如何将新的学习转化为实践（Costa & Garmston, 2016）。

指导者指向一种学习与发展的伙伴关系，让一个在某一特定主题方面有更多经验或知识的人与一个缺乏经验或知识的人分享他们的知识和智慧。

批判性朋友是指你信任的、可以和他们谈论你的实践的人。这个人会问一些具有启发性和探索性的问题，这些问题可能会激发你用不同的视角审视你的实践，为你与儿童和同事的工作带来新的观点。

"批判性朋友"一词源于批判教育学。批判教育学的概念可以追溯到巴西教育家保罗·弗莱雷 1968 年的著作《被压迫者教育学》②（*The Pedagogy of the Oppressed*）。批判教育学的目标是让个人通过社会互动和行动来影响变革。科斯

---

① 英文全称为 Commission of the European Communities。——译者注
② 该书的简体中文版已由华东师范大学出版社于 2020 年出版。——译者注

塔和卡利克（Costa & Kallick，1993，p. 14）将"批判性朋友"定义为：

> 一个值得信赖的人，他会问一些启发性问题，提供一些数据让别人从另一个角度来审视，并作为朋友对别人的工作提出批评。一位批判性朋友会花时间充分理解工作的背景，以及个人或团队的工作目标。朋友是支持工作获得成功的人。

想一想，写一写，读一读

批判性朋友在帮助幼儿教师改善他们的技能、实践和信念方面非常有价值。你为什么想要一位批判性朋友？此时谁可能是你的批判性朋友？阅读巴斯克维尔和戈德布拉特（Baskerville & Goldblatt，2009）于2009年关于批判性朋友的研究。写一写，你为什么想要一位批判性朋友，或者成为一位批判性朋友。

正如图 12.2 所示，巴斯克维尔和戈德布拉特（2009）提出，发展有效的批判性朋友关系可能有 5 个步骤。他们认为，随着同伴进行对话和探索问题，交流和集体学习有助于加强这种关系。

专业无差异化	通过对话来检查和测试专业方案。
初步的信任	通过对话和集思广益，形成对正直和热情的认可。
信赖	通过行动和对话，确定共同的利益和尊重。
信念	通过对话，对当前的实践提出质疑，提出挑战性想法，并使用新的镜头来检查当前的实践和潜在的实践。
无防备的对话	对话是真实的，并提供了批判性的分析，支持以新的方式思考。

图 12.2　批判性朋友的发展阶段

正如迪策和卡欣（2016）所指出的，批判性朋友和指导者可以为新手研究人员提供反馈，这些反馈可能会启发他们以新的方式推进思维或重新审视，从而使信息更加清晰。参与研究是一种关键的专业学习方法，可以拓展幼儿教师对儿童如何游戏和学习的知识与能力。在幼儿教师和儿童创建学习社区的环境中，研究会迅速发展。这些伙伴关系建立在他们的知识基础之上，并以合作、创新及批判的方式扩展和研究实践中的核心问题（Dietze & Kashin，2016）。图12.3提供了一个研究模型，帮助新手幼儿教师和儿童开始他们的研究旅程。

第一阶段　　检查实践：仔细观察	
可以探索哪些问题？ 谁可能会参与这项研究，为什么？	为什么儿童或我对这个问题感兴趣？ 研究团队如何准备参与合作过程？

第二阶段　　准备参与：仔细观察	
关于这个有待探索的问题，文献资料是怎么说的？ 需要检查的伦理问题是什么？ 研究方法是什么，为什么？ 研究过程将如何展开？	需要反思什么？ 如何支持儿童参与研究，为什么？ 研究方法是如何确定的？ 计划的过程如何影响研究过程？

第三阶段　　参与研究：仔细观察	
参与研究团队。 收集数据。 分析数据。 确定数据的重点。 得出结论。	这些发现如何加深教师和儿童对实践的认识与理解？ 这些发现如何指导实践？ 批判性朋友会对新的学习做出怎样的贡献？ 接下来会发生什么？

第四阶段　　采取行动并分享发现：仔细观察	
这些结论是如何用于实践的？ 如何在研究团队之外分享研究结果？ 你发现了哪些新知识？	如何监测实践的变化，为什么？ 这项研究引出了哪些新问题？

图12.3　研究周期

我们对户外游戏的愿景

我们希望，幼儿教师将研究视为一个关键的专业实践。研究是设计课程和促进儿童户外游戏体验的重要基础工具。基于研究，幼儿教师通过讨论、观察、反思、提问、记录和理论化不断地了解儿童，并与儿童一起学习（Dietze & Kashin，2016）。当幼儿教师密切地关注儿童的户外游戏时，他们会思考自己作为学习的共同建构者或批判性朋友参与到儿童的游戏中什么时候有好处、是否有好处以及有什么样的好处。

尼米和涅夫哲（Niemi & Nevgi，2014）指出，变化的范围和变化发生的速度要求幼儿教师做好持续学习的准备。作为这种持续学习的一部分，了解知识是如何创造的以及幼儿教师如何对新知识的创造做出贡献，对个人和学前教育领域都很重要。尼米和涅夫哲建议，幼儿教师需要具备以下几点：

- 高阶思维能力；
- 分析和研究能力；
- 对知识及其不同信息源的有效性进行提问和评价的能力；
- 发现问题、争论和得出结论的能力。

幼儿教师作为研究者的概念需要深思熟虑。关于思考的思考或"元认知"是一种进行缜密思考的方式。反思高阶思维能力是观察研究的一个镜头。我们鼓励幼儿教师在研究过程中达到图12.4所示的三角形的顶点。这个图呈现的是美国心理学家本杰明·布鲁姆（Benjamin Bloom）所提出的高阶思维技能的修订版（Anderson & Krathwohl，2001）。使用反思性问题和参与反思性实践为幼儿教师提供了一种策略，从而影响学前教育环境中的理念与实践的变化。

元认知是指觉察并分析自己的思维和学习过程。

第 12 章 户外与自然游戏——基于研究与实践的未来 413

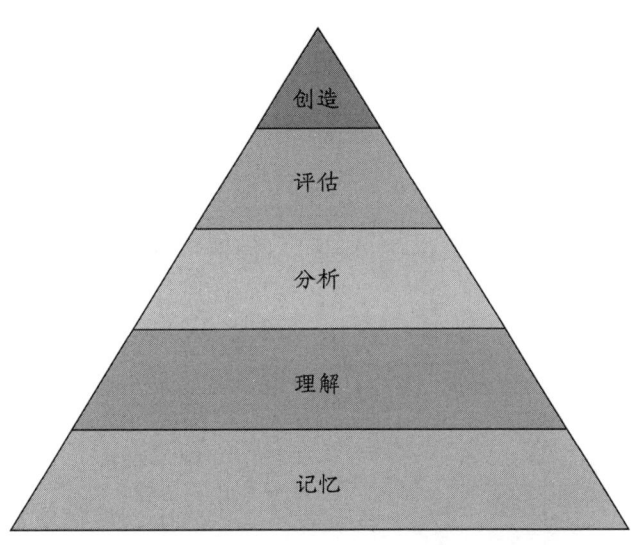

图 12.4 布鲁姆高阶思维技能的修订版

想象一下，你正在一所幼儿园中工作，那里有一个集体决定，即为儿童创造更多的机会让他们参与户外冒险游戏中。你从三角形的顶端开始，为儿童的游戏设计更多的挑战。你决定花更多的时间在开阔的地方，那里有足够的机会让儿童在游戏中应对挑战。接下来，你可以用这些反思性问题将研究应用到实践中。

江苏省丹阳市胡桥中心幼儿园

照片 12.4 创造进行冒险游戏的机会

- 创造——我们提供了哪些活动来研究实践中的冒险游戏？
- 评估——这些活动如何影响儿童和我们的实践？
- 分析——我们是否看到模式、主题和想法的出现？
- 理解——我们还能在什么地方使用我们所创造的知识？
- 记忆——我们是如何记录我们所做的研究的？

户外游戏在儿童生活中的地位

跨专业实践包括与其他专业人士一起工作来支持儿童,每个人都带来重要的观点。将不同的专业人士聚集在一起可以创造一个新的、意义丰富的儿童观(Payler & Georgeson,2013)。

照片 12.5　在户外学习

当跨专业实践与幼儿教师的理念、课程计划和专业学习相一致时,户外游戏在儿童生活中的地位就会显著提高。跨专业实践的目的是联系和汇集对户外游戏有共同兴趣的各种专业人士的专业知识(Payler,Georgeson,& Wong,2015)。作为跨专业实践的一部分,幼儿教师受益于从不同的学科和不同的角度出发研究户外游戏。例如,正如你将在本章后面所读到的,我们将介绍对户外游戏有共同兴趣的加拿大研究人员,他们从不同的角度研究户外游戏。幼儿教师查看来自不同学科的研究有助于理解该话题的复杂性和思想的多样性。布罗德黑德、美乐迪和德尔加多(Broadhead,Meleady,& Delgado,2008)认为,幼儿教师通过多种方式(包括回顾他们的研究)与广泛的专业人士接触,会拓宽有关户外游戏以及儿童学习与发展的关系的视野。

跨专业实践是指具有相似的理念和目标的内外部同事之间的协作实践。

幼儿教师的态度和思维环境与延伸到儿童户外游戏的环境和经验直接相关(Luís & Roldão,2017)。路易斯和罗兰(Luís & Roldão,2017)观察到,幼儿教师如何使用新的学习和知识,以及他们如何迁移新的学习,受到经验(隐性或显性）和个人理念的影响。布丁克（2009）提出，有三个特征支持幼儿教师融合新的学习。首先是内容质量，以及内容与当前知识和经验的关系；其次是理论应用的丰富性或广泛性；最后是理论结构。由于个体"生活经验"的多样性影响着人们对知识的追求和将知识转化为实践的过程，因此这些特征在幼儿教师身上表现的方式各不相同。例如，假设你收到埃伦·桑德塞特写的一篇关于冒险游戏的文章。你读了这篇文章，但你的生活经验和当前的信念并不包括让儿童在火边玩耍或爬上树顶。在加拿大的背景下，你会纠结于如何让研究影响你的实践。现在，你有机会去挪威直接向埃伦·桑德塞特学习，并观察儿童爬树、沿着陡峭的河岸行走、在火堆旁玩耍。这种新的"生活经验"可以帮助你将理论与实践联系起来，并使你能够将冒险游戏的各个方面融入你所在的环境中。

布丁克（Buitink，2009）认为，利用研究来指导实践需要时间。应用理论要求幼儿教师能够轻松地就自己的想法寻求建议，并参与讨论，以阐明如何将理论转化为实践。这可能意味着在这个过程中会出现一些错误或状况，这些错误或状况可能是幼儿教师之前没有预料到或经历过的。理想情况下，整合理论转化为实践需要时间，以及与同事、儿童一起制订的行动计划。在将理论转化为实践的过程中，一位批判性朋友或指导者也可能提供巨大的支持。

幼儿教师在幼儿园中获得的经验将直接影响他们对户外游戏的信念和价值观。例如，如果幼儿教师在一个注重户外游戏的环境中，认为儿童能够参与有趣的户外游戏活动，他们的方法将不同于那些认为室内环境更重要的同事。他们将展示鼓励儿童思考、沟通和解决问题的技能。他们有能力将关于户外游戏理论重要性的研究结果应用到实践中。他们的观点将与那些关注入学准备课程的人截然不同。

将研究转化为实践不仅仅是"展示和讲述"（Buitink，2009），或将观察到的策略直接转化为实践而不考虑地方的背景和教学。通过对研究、实践和反思的质疑，幼儿教师可以在实践中透彻地理解基于证据的决策所启发的新策略。

理 论 基 础

当幼儿教师决定开始自己的研究时,他们可以使用行动研究法。库尔特·卢因(Kurt Lewin,1890—1947)经常与"行动研究"(Mills,2011)这个术语联系在一起。行动研究与社会建构主义和弗莱雷(1992)的希望教育哲学相一致,后者认为教学是一种"人们在合作时相互尊重的合作活动"。这一价值观基于"通过对话获得解放"的哲学(p.2)。当人们聚在一起分享观点或知识时,新的知识就会被创造出来,从而改变实践(Moore & Gilliard,2008)。儿童在他们的游戏空间中共同创造知识。幼儿教师倾听儿童的声音,接受儿童提出的挑战,这可能会引发教师对游戏的设计和实施方式的重新思考。

行动研究是指为解决问题而发起的研究,或是为改进实践而进行的一个渐进的反思过程。

行动研究是一个系统地审查和反思个人或群体实践的过程,是教师-研究者和儿童构建知识的互动过程(Abdul-Haqq,1995;Miller & Pine,1990;Williamson,1992)。皮戈特-欧文(Piggot-Irvine,2003,p.28)认为,"行动研究中的'行动'一词是关键。它与做出改变或实施改变有关,而不是调查一个问题"。这个过程鼓励一种专业发展的形式,将研究者与他们的实践联系起来,并参与到反思性探究中(Kirkey,2005)。

反思性探究是指一种参与式的行动研究过程,让一群人通过密切关注来收集数据,以促成对某个主题的强烈反思。

费伦斯(Ferrance,2000)将行动研究分为:
- 个体教师研究——幼儿教师调查一个儿童、一群儿童、一个课程或环境的某个问题;
- 合作行动研究—— 一组幼儿教师和儿童有兴趣研究一个共同的问题,这个问题源于儿童的游戏活动或他们对环境的观察;
- 全园研究—— 一组幼儿教师探索一个来自儿童、成人、家庭或课程计划中的共同问题。

博尔吉亚和舒勒（Borgia & Schuler, 1996）的重要研究说明了幼儿教师如何使用行动研究来指导他们的实践和模式的持续改进。思考一些关于儿童参与户外游戏和进入空间的观察结果。现在，想一想，在空间中添加新的开放性材料。幼儿教师如何通过行动研究来密切观察环境中出现一系列开放性材料时，身体游戏的类型是否会改变以及如何改变？在户外游戏环境中添加一些开放性材料，通过观察儿童是否游戏、如何游戏、玩什么以及什么时候游戏，幼儿教师可以了解到什么？幼儿教师和儿童在研究了添加新的开放性材料时发生的情况后，将如何采取"行动"？为什么这些信息对教师很重要？这种反思过程有助于幼儿教师成为主动的认知者、思考者和知识的共同建构者，而不是依赖他人的知识。

彼得森（Peterson, 2016, p. 38）认为，合作行动研究在幼儿园中有很多益处。合作行动研究的重点是在地方层面建构知识。彼得森提出，合作研究与"与本土社区研究的'社区优先、土地中心'的理论框架相一致；建立在关系、尊重、宽容、责任和互惠的原则基础上"。合作行动研究始于伙伴关系的建立，以确保研究建立在对相应的儿童和社区的文化知识的理解基础上。

合作行动研究是指由团队进行、以改善团队经验和促进研究者专业学习为目的的研究方法。

幼儿教师可以使用的另一种研究方法是叙事探究。叙事探究作为一种定性研究方法出现于 20 世纪初。叙事探究可以以多种方式进行，涉及使用文本，如故事、教学记录、日记、对话、访谈和生活活动，通过故事为活动带来意义（Meier & Stremmel, 2010）。但是，它不仅讲故事，还要求个人和团体对经验与情况进行比较，从而理解当前的实践，并提出对潜在的新实践方式的见解。这也意味着修改故事或从多个新角度来看待某种情况（Meier & Stremmel, 2010）。从本质上说，通过叙事探究，幼儿教师会对儿童、环境以及与课程计划、文化及社区相关的态度和价值观有更深入的了解。通过这些故事，幼儿教师会更明晰他们所持有的关于理念和实践的真理。当幼儿教师与同伴合作，分享他们的经验、学习和实践时，叙事探究过程就会具有丰富的机会，他们可以获得有关正在探索的特定情况的新见解（Dietze & Kashin，2016）。

叙事探究是指对生活故事的线索和主题进行研究，这些线索和主题会给生活经验带来新的见解。

布雷斯勒（Bresler，2013，p.27）提出，"在研究的背景下，后现代社会理论对机构中的研究者及其与参与者的互动的关注，支持了'外部'和'内部'之间的互动以及对话联系的可能性"。从户外游戏的角度来看，在幼儿园中，与大学中的研究者、有兴趣将户外游戏提升到下一个水平的同事一起进行叙事探究是有效的。当教师们对持续学习和改进真正感兴趣时，就会形成一个安全的环境，可以轻松说笑。轻松说笑是体验"顿悟"时刻所必需的。轻松说笑和"顿悟"时刻成为新想法浮现的刺激，这些新想法会塑造专业实践，并产生支持儿童户外游戏和学习的变化。幼儿教师罗萨尔芭正在做一份教学记录，这让她对大自然和户外游戏产生了"顿悟"的感觉。请阅读案例研究12.1中她的叙述。之后，她与同事们分享了这份教学记录，这给了她一个轻松说笑的机会。

案例研究12.1　花园里皮帕的故事

为年幼的儿童做教学记录并不总是包括为他们拍摄的漂亮照片。做记录是捕捉思考的过程，捕捉是什么激励儿童开始他们的调查。世界对儿童来说是一个充满好奇的地方，他们试图一点一点地展开对他们来说有意义的东西。他们通过思考形成许多理论和探索。在他们发现的过程中，什么会发生变化？在这个过程中有哪些方向？

2.5岁的皮帕在8月份的时候会花时间观察和探索户外，因为花园和游戏场地充满了植物、静谧和声音。皮帕采用一种方法，包括谨慎的步骤和留心。她在感知植物时表现得很温柔。她仔细地倾听周围的声音。皮帕在花园里的每一天都显然是在了解大自然、和大自然一起学习、花时间倾听和观察周围的环境。这种与户外的日常接触提供了时间来形成理解，并提出问题以支持发展中的理论。当植物和水混合时会发生什么？为什么水会随着草的浸入而改变颜色？"啊！这么多泥巴，都掉进水里了！"混合、浸泡、提起、把草标记为"爸爸妈妈的意大利面"，皮帕的想象力和创造力在花园里活跃起来。

> 1. 教师应该如何回答同事的问题?
> 2. 可以通过什么方式与家长分享皮帕和花园的故事?
> 3. 为什么意识到时间的重要性对罗萨尔芭来说意义重大?她如何利用这个研究问题来支持她对儿童的研究?

这位教师所"顿悟"的是时间的重要性。她没有急于分享她收集的有关皮帕的记录。她放慢了这个过程,就像那个孩子在花园里慢慢地、小心翼翼地度过她的时光一样。她认识到,支持儿童与自然的联系需要长期的努力,她与同事们分享了她的记录。教师对由此而来的轻松说笑毫无准备。她的同事们对她故事的第一句话有所质疑,她讲的是那些深度参与的儿童的美丽照片,但同事们来回说笑着要在记录中找到超越描述性或客观性的内容,即解释性或主观性的内容。

虽然已有文献没有明确地将教学记录确定为一种叙事探究方法,但我们建议将教学记录归入这一类别。你也许能回忆起第 11 章的内容,教学记录被强调为一种观察方式,幼儿教师、儿童和家长可以用来查看和质疑,它是在讲故事,类似于研究。威恩、格夫斯基和贝尔杜西斯(Wien, Guyevskey, & Berdoussis, 2011, p. 1)认为,教学记录被认为是一种研究形式,因为它是一个"研究故事,建立在教师、儿童和其他人所'拥有'的探究问题之上"。从不同的角度——儿童和其他人——查看教学记录,遵循研究的原则解释所看到的内容。

我们鼓励幼儿教师将教学记录视为研究。将记录聚焦于户外游戏,并在户外与他人共享记录是一种新的视角,可以引发新的知识创造。同时,结合使用当前的专业研究,有助于支持专业学习,让你与时俱进。越来越多的加拿大学者将他们的研究重点放在户外游戏上。在本章中,我们将介绍五位研究者,分享他们在户外游戏方面的研究和观点。

重要理论家

我们请重要理论家思考户外游戏的未来。户外游戏的下一个领域可能是什么?他们对刚开始学习的幼儿教师有什么建议?他们对已经在实践中的幼儿教师有什么建议?当你阅读他们的研究成果时,想一想他们的研究对你的实践有什么帮助。你还有什么问题？怎样才能进一步了解他们的研究工作？

> **专栏 12.2　重要理论家：巴纳克、布鲁索尼、埃利奥特、哈伍德、齐曼尼**
>
> 加拿大不列颠哥伦比亚大学的哈特利·巴纳克（Hartley Banack）博士分享了他对教师为什么应该了解户外游戏和户外学习的观点。玛丽安娜·布鲁索尼（Mariana Brussoni）博士阐述了她对冒险游戏和环境的研究。加拿大卡莫森学院的伊妮德·埃利奥特（Enid Elliot）博士分享了户外游戏的原则，这些原则是伊妮德在咨询委员会的工作中发展而来的。加拿大布鲁克大学的黛布拉·哈伍德（Debra Harwood）博士和罗莎琳德·布劳尔幼儿园的教育者们分享了理论转变如何指导实践的故事。加拿大亨伯学院的路易丝·齐曼尼（Louise Zimanyi）教授分享了儿童和柳树相遇的故事。

哈特利·巴纳克博士，大不列颠哥伦比亚大学讲师和协调员

过去一段时间，我一直在谈论、思考和写作与户外学习活动有关的故事（Banack & Berger，出版中）。我向你们讲述我的户外学习故事，以及我是如何体验和影响户外时间对教育的作用的。

复杂性引起了我的共鸣，因为户外学习的诸多益处之一就是要求教育者和学习者在户外应对无法控制的变化条件（如下雨、寒冷、黑暗）。学习不再像在教室里那样被有条理地组织起来。户外学习是一个非常复杂的故事，我们在哪里学习是一个重要但尚未被充分探索的教育问题。在我的故事中，我以一种相当具体的方式使用"在哪里"，包括物理场所（室内/室外）、非物理场所（思想、记忆）以及数字/模拟文本/视觉资料（网络空间、书籍、电影）。所有这些都是有区别的反复，因此是对"在哪里"的理解。这种思维方式也意味着你可以同时在两个地方！

因此，"在哪里"是一个包括户外在内的比较含糊的总体概念。广泛地考虑在哪里学习很重要。特别是当我们考虑户外学习如何被教育边缘化和忽视时，这一重要性会被特别注意到。教育常常被分为课程和教学两大类。只有两个主要考虑因素，户外学习必须符合其中一个或另一个（或两者）的类别。因此，户外学习经常被作为另一种课程或教学方面的问题而被推广。在这种归属斗争中,户外学习时起时伏,往往处于其他更紧迫、更特殊的课程和教学问题或要求之后,被置于次要地位。

请记住,如上所述,复杂性的存在至少需要三个要素,而课程和教学只提供了两个。这就是为什么"在哪里"是一个教育必须考虑的因素,因为它将户外学习从课程与教学中分离出来,并引入了第三个教育标准,这引发了一个能够更好地思考学习的模型。所以,我的故事是关于"在哪里"的故事。我希望用这三个同时出现的要点来讨论教育与学习:课程(什么)、教学(谁、谁)和地点(在哪里)。请理解,这个故事不是一个线性或逻辑的故事,和户外复杂与混乱的特性很像。本着这种精神,我的故事流传开来。

这个故事让你把花在户外的时间看作一个重要的学习计划。在这个故事中,儿童"在哪里"游戏、学习和体验生活,与他们玩什么、怎么玩、和谁玩以及什么时候学、什么时候玩、什么时候体验生活同等重要。毫无疑问,教师精心设计的户外学习活动可以促进户外学习。在我的故事中,教师是努力增加户外学习和游戏时间的主要角色。

教师是决定学习活动在哪里发生的行为者。如果教师计划在户外学习,那么户外学习就会发生。这真的很简单,尤其是当我们谈到本地的户外学习时。但是,如果教师抱怨下雨和寒冷,那么儿童就不会在阴冷潮湿的天气去户外学习;如果教师觉得户外又脏又吓人,那么儿童就不会经常去户外学习。教育者的自主性与学习"在哪里"发生紧密相关。作为一名学者,我知道户外游戏对个人/社会、身体和心理健康、环境/可持续的伦理和实践的发展,以及获得高质量的学习

照片 12.6 比较蠕虫的大小

经验的益处；因此，我把户外作为重点。我注意到，在我邀请教师们把学习搬到户外后，职前和在职教师会定期将户外学习纳入他们的微格教学课程中。我认为，在学习过程中（从学前教育到12年级，再到高等教育），我们需要更多地关注自己所处的位置，如果我们真的相信户外活动对我们自己和学生有益，那么就从把学习搬到户外开始吧。

"在哪里"不仅存在于户外、室内甚至网上，还包括所有关于"在哪里"的概念（如乌托邦、无名之地、记忆）（Banack，出版中）。在我的故事中，我把"在哪里"和"课程"区分开，将其描述为一个关于"是什么"的问题，而"教学"是关于"谁"和"如何"的问题（当然，所有问题都有"为什么"和"什么时候"）。学习活动发生的地方似乎是教育中一个被忽视的部分，从学前教育到高等教育均是如此。学习年复一年地发生在教室里。

我的工作旨在通过增加花在户外的实际时间来打破这种模式，由此，提供户外学习活动，激励教师改变自己的户外学习经验。通过将户外活动融入学习，儿童将会更加适应在户外的生活和学习。许多教育者似乎没有真正考虑他们自己是在哪里学习的，或者他们对户外学习的个人回应/反应会影响他们的实践和教育倾向（包括教授户外课程的热心教师、在自己的生活中参与户外学习的教师以及那些喜欢穿时髦裤子的教师，他们不希望自己的着装在户外被弄脏，还有那些觉得户外活动可怕或危险的人）。由于人们普遍对学习地点探索不足，因此户外学习似乎陷入了个人情感的纠结之中，人们没有对其教育、伦理（环境、可持续性方面）和健康方面的益处进行评估。

与着眼于教师不断变化的实践的研究相一致，我在与教师们的工作中注意到，他们倾向于在教学中复制自己的学习实践，往往甚至没有意识到这一点。许多教师教育是基于实践的探索和对教师创造的学习经验的思考（例如，教师在课堂上使用的语言、向学生展示的内容，等等）。随着对反思性实践的强调，许多教师仍然认为室内学习实际上是更好的学习方式，这似乎很奇怪。一般来说，"在哪里学习"一直是一个被忽视的问题。我积极地将学习活动搬到户外，让儿童通过参与户外学习来体验户外学习。

我认为，户外学习的一个重要方面是，将我们的实践活动转移到户外，作为一种经验式学习的行为，并通过我们分享的户外学习经验来理解户外学习（例如，如何实践户外学习；在户外是什么感觉；同伴的观点；如何让学习活动适合他们）。

通过对户外学习的专业参与——无论是在正式的、轻松的还是非正式的环境中——我注意到，这些年来，在户外学习的时候，我的情绪有些波动。我将这些变化归因于课程或教学方法的变化，而不是偏离了一个独特的类别，即"在哪里"。我敦促教师和研究人员将他们的注意力更多地转移到户外学习的特定领域，或者更广泛地说，转移到"在哪里"学习。通过这种转变，特别是在教师个体的层面，我相信教育实践随着时间的推移而改变是可能的。就户外时间的益处而言，2017年的一个学龄前儿童的故事可能与一个12年级的学生的故事截然不同，尤其是在学习方面。

玛丽安娜·布鲁索尼博士，大不列颠哥伦比亚大学副教授

大约60%的加拿大儿童参加某种形式的托儿服务（Sinha，2014）。对许多儿童来说，幼儿园的户外游戏空间是他们进行户外游戏的主要场地。这些空间的质量和儿童可以参与的游戏影响他们的发展与健康。尽管它们很重要，但很少有人注意到这些户外环境。事实上，趋势表明，由于人们对降低风险和安全问题的高度关注，它们已经变得越来越受限制（Wyver et al.，2009）。

我的研究项目使用伤害预防和发展心理学的视角来审视儿童每天在户外游戏时的自由。因为冒险游戏目前面临着重大的认知和环境障碍，所以我关注的是冒险游戏。冒险游戏被定义为涉及不确定性的惊险游戏，包括6种类型：速度游戏、高空游戏、危险工具（如锤子、锯子）游戏、具有危险因素（如火、水）的游戏、打闹游戏和探索游戏（Sandseter，2007）。我研究了冒险游戏对儿童健康和发展的影响，还有认知障碍（如照护者的恐惧）和环境限制（如有限的游戏环境）。我们的研究表明了支持儿童在游戏中获得自由和冒险机会的重要性。我们已经为幼儿教师开发了工具，帮助他们提供丰富的游戏环境。

我们对有关户外冒险游戏与健康和发育之间关系的研究进行了系统回顾，发现身体活动和社会健康有积极联系，而和久坐行为有消极联系（Brussoni et al.，2015）。重要的是，我们的研究没有发现冒险游戏与包括受伤在内的负面结果之间的联系。其他研究也表明，冒险游戏在促进风险管理技能、抗逆力、自信、心理健康和独立性方面具有重要作用（Hüttenmoser，1995；Lavrysen et al.，2015；

LeMoyne & Buchanan, 2011; Sandseter & Kennair, 2011)。

这项研究强调了典型的伤害预防方法的局限性，这些方法关注伤害的发生率和类型，而不是考虑儿童的发展和其他需求。具体而言，受伤数据表明，从游戏设备上摔下来是儿童住院的一个主要原因（BC Injury Research and Prevention Unit, n.d.）。从这些数据可以看出，要降低坠落高度，更多地注意游戏设备下的表面，密切的监督是必要的，以确保儿童遵守严格的安全规则（Fuselli & Yanchar, 2012）。这种方法没有认识到，虽然为儿童提供限制造成严重伤害可能性的游戏环境很重要，但冒险是儿童游戏的一个基本方面，这是他们探索和理解世界所必需的（Smith, 1998; Sutton-Smith, 2001）。这种方法还忽略了大量的研究和数据，这些研究和数据表明，与游戏有关的严重伤害极其罕见，尤其是考虑到儿童花在游戏设备上的时间。认识到这些局限性，许多伤害预防专业人员开始采取一种方法，即尽可能地保证儿童的安全，而不是尽可能地安全（Brussoni et al., 2015）。从根本上说，建议游戏提供者专注于消除有可能造成严重伤害的危险（例如，对儿童来说不明显的伤害来源，如损坏的设备），但要保留那些可以让儿童认识和评估挑战的风险。

我们在两所游戏空间有限的幼儿园中进行了一项干预研究，以增加儿童接近自然和冒险的游戏机会。为了增加游戏可供性和接触自然的机会，我们花了8000美元用于增加自然材料和开放性材料（如植物、沙子、水）来作为游戏的来源，使用"7C游戏空间设计标准"指导材料布置（Herrington Lesmeister, Nicholls, & Stefiuk, 2007）。儿童在有自然元素的环境中进行的游戏比在有游戏设备的场地中进行的游戏更复杂，持续的时间更长（Luchs & Fikus, 2013; Samborski, 2010）。此外，持续和反复接触自然有利于身体活动、情绪调节、社会性发展和学习准备（Gill, 2014; Gray et al., 2015; Thompson, Oliveira, Wheeler, Depledge, & van den Bosch, 2016）。接触大自然越多，好处就越多（Shanahan et al., 2016）。幼儿园是儿童融入自然的理想场所，儿童每天都有机会接触自然。

即使是适度的干预和有限的时间，我们的研究也显示出它们对儿童发展的显著影响（Brussoni, Ishikawa, Brunelle, & Herrington, 2017）。幼儿教育工作者对干预后的空间表达了更大的满意度，并察觉到儿童行为的积极变化，我们的数据也支持这种趋势。儿童的低落情绪显著减少,这可能与游戏环境质量的提高有关,但也与更多地接触大自然有关,因为接触大自然有助于改善心理健康。反社会行为在两所幼儿园中都很少见,但在干预后进一步减少。亲社会行为有所增加,独立游戏的情况也是如此。幼儿教育工作者报告说,在干预后,他们花在管理困难行为或设计游戏上的时间更少了。

我通过研究和与家长、幼儿教师、审核部门工作人员、景观设计师等许多人进行磋商,发现了许多阻碍儿童进行冒险游戏的恐惧。

- **伤害**:由冒险游戏导致的严重伤害或死亡极其罕见。加拿大统计局的数据表明,在过去 12 年的时间里,只有一人死于从游戏设备上摔下来。从这个角度来看,你被闪电击中的可能性要高出几倍。近些年关于挪威幼儿园受伤率的研究表明,每个儿童的轻微(简单的急救治疗)受伤率为 0.13(Sando, Sandseter, Pareliussen, & Egset, 2017)。因此,一个典型的儿童要在幼儿园中待近 8 年才有可能受一点轻伤。

- **审核部门工作人员**:幼儿教育工作者可能会预先限制或禁止冒险游戏活动,因为他们认为审核部门工作人员(风险管理人员、安全保障人员)不会允许他们让儿童进行冒险游戏。许可条例不是规范性的,可以进行解释,因此与审核部门工作人员进行公开对话很重要。

- **家长**:儿童在上学时,即使是轻微的受伤或衣服被弄脏、撕裂,都会令幼儿教育工作者担心家长的反应,并担心更严重的伤害导致的责任。成功地实施了以冒险游戏为基础的课程的幼儿园概述了他们在处理这些问题时的一些关键步骤。首先,他们进行了广泛的内部协商,发展自己的游戏理念,并确保所有教师都能放心地支持它,理解如何将它应用于工作中。其次,他们准备了教育材料,并与家长进行持续的对话,向他们说明冒险游戏的重要性。最后,他们实施了各种机制,以帮助幼儿教师就其支持冒险游戏的活动和挑战进行持续对话(例如,作为教师会议议程上的一个常规项目);以及与家长持续沟通,如记录儿童参与冒险游戏的实例,以向家长说明它是如何影响儿童、让儿童受益的。这种持续、开放的沟通有助于在新出现的问题成为主要问题之前解决它们,并有助于避免在严重事件之后的下意识反应(通常是适得其反的)。

照片 12.7　所有儿童都应该体验户外环境的丰富性

目前，在加拿大和其他地方发生的许多令人兴奋的变化，以及越来越多的人认识到儿童户外游戏环境与在游戏中自由行动和冒险的重要性，令我深受鼓舞。与此同时，很明显，我们需要持续的关注和动力来解决许多障碍。我们距离让所有地方的儿童都能在高质量的户外游戏环境中自由地选择如何游戏、何时游戏还有一段距离。此外，为了支持生活在加拿大的多样化儿童，我们必须更加努力，理解并支持具有不同社会经济和文化背景的儿童的游戏，包括本土儿童、移民儿童和难民儿童。没有一种适合所有人的游戏方法，现有的有限研究表明，在向儿童及其家庭提供敏感的情境化支持时，需要考虑到游戏概念的重要差异。支持所有儿童，将有助于让每个儿童都具有丰富的经验，健康发展，并减轻社会不利条件的影响。

伊妮德·埃利奥特博士，卡莫森学院幼儿园园长

从合作的角度对户外游戏进行的研究产生了一套原则，这些原则是在我们开始研究之前的一年半时间里由一个咨询小组提出的。

- **与自然紧密联系——环境管理**：教师和儿童将培养他们与自然的关系，通过关爱、同情和对他们所生活的物理世界的好奇，形成"惊奇感"、好奇心和探究。此外，他们将通过鼓励儿童回应、爱护环境，并支持儿童理解生态和可持续性来做到这一点。
- **作为另一位教师的环境**："所有生物和系统都是相互关联的"这一价值观是课程的核心概念。花大量的时间在户外，支持儿童不断发展他们的认知，理解自己与自然景观和现象相互交织的联系。在户外空间中自由移动，学习探索自然、调查自然，而不是单纯地观看自然，在自然景观中发展自信，享受自然带来的感官体验，进行自发的非结构化游戏，享受在户外活动的感官体验，这些都可以提供丰富的学习情境。
- **作为社区的一部分进行合作学习**：通过不断增强的地方感，儿童将开始理解他们与当地社区的联系，包括家庭、邻居、朋友和当地附近的自然。儿童将与幼儿教育工作者、社区成员，如本地长者、公园教育者、皇家不列颠哥伦比亚博物馆馆长、祖父母和父母教学相长，并通过发展一种对他们所在社区的依恋来建立归属感和集体感（Berry，1988）。
- **身心健康**：儿童的身心健康受益于与自然环境的持续互动，因为身处绿色环境有助于改善心理健康，并提供多种活动机会（Kuo，2010）。通过探索自己的身体能力，儿童将有机会冒险，并适应自己的身体。
- **本地居民的认知方式**：儿童每天早上都会进入的森林已经成为几个本土乐队聚会的一个特定地点（Turner & Hebda，2012；Turner et al.，2000）。

所有这些原则的目的在于指导和分析我们的课程。对原则的讨论是我们进程中的一个重要步骤。发展关键想法的过程为我们提供了与更广泛的社区进行讨论的机会。我们提议加入"本土居民的认知方式"后，立即得到了反馈：本土社区的一些人认为，我们的措辞给人的印象是，我们假设了本土居民对自然的普遍理解。事实上，每一个本土乐队和第一民族都有他们对土地特有的故事与知识。我们很感激这种反馈，并将术语改为"当地的传统知识"。由此，我们开始明白，要专注地与儿童分享他们将在其中游戏和学习的地方的故事。我们的这一特殊视角非常复杂，具有多个层面；甚至在课程开始之前，我们就学会了仔细思考。

作为教师，我们正在深入研究的另一个方面是鲜活的世界。这符合与本地知识的联系。人类以外的世界有很多东西与我们分享。儿童在没有教育者帮助的情况下，可以以自己的方式进行交流。这里有很多值得学习的东西，在我们的教学方法中也得到了体现。

儿童的经验与他们在教室里的发现不同，因为在户外，在有生命呼吸的世界里，法国哲学家和思想家梅洛－庞蒂所说的"世界的肉身"（Merleau-Ponty，1962）会把手伸向他们，邀请他们了解托马斯·贝里（Thomas Berry，1988）所说的"更大的社区"或"综合地球社区"或阿弗里卡·泰勒（Affrica Taylor，2013）所说的"共同世界"。儿童和教育者之间有很强的集体意识。

在户外，儿童形成了一个安全的集体，他们相信教师和同伴会在身体上和情感上照顾自己。鼓励儿童对自己和彼此负责是我们风险管理计划的一部分。为了建立一个安全的集体，儿童都得到了一套创可贴、纸巾、"太空毯"和应急食品，可以放在背包里。他们学会在发现了捕食者（美洲狮和熊）时应该如何行动，如果踩在黄蜂的蜂巢上要做什么，以及如何协商攀爬的安全高度，或者在森林里迷路了要怎么办。负责他们自身安全的主要组成部分，让儿童了解自己的限制而不是被强加的限制，他们的安全取决于每个人的安全。在这个儿童群体中，自我调节更多的是在群体中调节自己，帮助儿童找到一个位置。一个孩子坚持叫了一早上，孩子们解释说，她可能是一只精灵狗，精灵狗"别叫"。孩子们没有因为她的叫声很烦人而让她必须安静下来，而是找到了一个方法让她成为一条"狗"，但却是一条安静的"狗"。

儿童互相分享学习，也与教师和其他教育者分享学习。"我在雪松树那儿等你。""那是一种入侵物种。""我要为我的蠕虫建立一个老年之家，它已经老了，而且怀孕了。"或者，他们决定当地的第一民族可以选择什么树作为独木舟，以及为什么。他们互相吸收信息，也从教师、社区专家和每周与他们一起旅行一天的"本土支持"教育工作者那里吸收信息。

"比人类更大"的社区会提供许多学习机会和不同的方式来表现这种学习。儿童学习悖论，例如，"什么时候我的木棍也是你的木棍"。一天，伊妮德和四个孩子走在小路上，其中三个孩子拿着木棍，正在比较各自的木棍特点。第四个孩子抱怨说她没有木棍，她旁边的孩子毫不犹豫地在膝盖上把木棍折断一半给了她，说："现在你有了。"他们学习隐喻和诗歌。例如，一个孩子说："天空在向我们招手。"照顾森林里的其他生物成为一个问题，因为孩子们一直在探索的蚁丘上布满了其他走过森林的人带来的树枝和石头。其中一些人是学校高年级的孩子，由于春天天气不错，他们开始进入森林。孩子们对蚂蚁的家被侵犯感到不安，他们制作了标语，贴在蚁丘旁边，然后拜访其他班级，向他们解释蚁丘是蚂蚁的家，应该受到尊重。

虽然户外是一个充满可能性和邀请物的地方，但它也是一个充满不确定性的地方。在四面墙之外，儿童有很多机会参与到岩石、树木和猫头鹰提供给他们的生活、材料与关系中。谁也不知道会发生什么。儿童通常愿意看到并抓住机会，而教育者也学会了这样做,从而回应儿童所处现状中产生的问题。

关注儿童的提问成为教育工作者的目标,而不是遵循既定的教学计划。他们通过叙事、儿童的问题和理论,以及他们自己的观察和与儿童的讨论,决定在哪里发展教与学。他们认真地合作,思考儿童似乎在探索什么,他们的问题在哪里;他们记下儿童的想法,并决定可以遵循哪些想法。作为一个团队,当儿童的探索似乎需要一个简单的答案时,他们可以互相提问。儿童真正关注的是鸟类,还是啄木鸟或鸟巢?儿童兴趣的起点是什么?他们试图不劫持或操纵孩子们的讨论,而是合作。儿童很清楚自己的喜好和兴趣,因为当他们对事情不感兴趣时经常会离开教师。没有墙壁以后,儿童不会被限制在空间中;地方,也就是他们走过、坐过、躺过的森林和土地的结构,吸引着儿童去探索。没有了这些墙,人们更容易从枯燥的课程中脱离出来。正如奥尔(Orr, 2013, p. 184)所说,让"地方成为课程的原动力"。

和儿童在一起意味着教师必须做好一切准备,并且愿意不知道所有的事情。在森林里有很多事情值得思考。路上可能会有一只死猫头鹰;当大雨倾盆而下时,蚯蚓可能无处不在;蘑菇和鲜红色的菌类可能一夜之间就发芽了。这里有很多故事可以分享——为什么蚯蚓会在雨中出来,为什么雪松是一个强大的盟友,植物和人类移民与定居的历史。

黛布拉·哈伍德博士和罗莎琳德·布劳尔幼儿园的教育者们,布鲁克大学

作为支持并正在过渡到户外自然课程的研究人员和教育工作者,我们在研究之初提出了几个问题。森林提供了哪些游戏机会?在一个基于自然的课程中,儿童能体会到哪些发展方面的益处?在森林中,相互作用和相互联系的方式是如何展开的?随着每一个新发现带来更多的问题,这些最初的问题随着时间的推移而改变。我们很快意识到,我们的建构主义理论框架和以人为中心的焦点,限制了我们对基于自然的教育所涉及的复杂性的全面理解。因此,我们的研究方法的本质发生了巨大的变化。

从理论上讲,我们现在把自己的想法与人类中心主义的概念结合起来,认为这是一个"严重不足的概念框架,无法应对在一个日益复杂、混乱、边界模糊、异质、相互依存和道德对抗的世界中成长所面临的挑战"(Taylor et al., 2012, p. 81)。

在我们的研究中，生活在森林里的儿童和教育者与鸟类、蚂蚁、树枝、鹿、岩石等密不可分。此外，在整个研究的第一年，我们在森林中经历了紧张情况（例如，人类的垃圾、一只死浣熊、动物权利等），挑战了我们最初有关"学前教育中天真的孩子和'纯粹的'自然"的概念（Nxumalo, 2015, p. 21）。我们发现大自然与儿童和教育者的经验是相互交织、密不可分的。这种思维和理解上的转变促使我们寻求新的理论与方法（另见 Harwood & Collier, 2017）。我们的研究项目是一段旅程，在安大略省的一所森林幼儿园中，我们分析成人、儿童、动物、自然、文化之间复杂的角色、背景和教学意义。

我们的研究背景是一所基于自然的幼儿园，支持8个学龄前儿童和他们的两位教育者沉浸到安大略省的一所大学校园里的天然、非结构的森林中。通常，从第一年的9月到第二年的6月，儿童每周都有两个上午在森林里游戏。儿童把他们的幼儿园称为"森林学校"。从理念上来讲，这种模式坚持定期、重复探访相同的自然空间的原则，以及自发性、经验式和以游戏为基础的学习（MacEachren, 2013）。

一开始，我们好奇于自然中的课程计划对儿童、教育者和他们的家庭的益处与影响，在研究的第一年和第二年采用了混合方法的研究设计。最初的研究使用一种数据收集方法——马赛克法（Clark & Moss, 2001），包括加速计、照片、视频、研究人员笔记、教育工作者日记、调查、对话访谈和儿童佩戴的照相机。与其他研究（O'Brien & Murray, 2006; Slade, Lowery, & Bland, 2013）一样，我们在研究的早期就发现了可以从森林学校中获得的无数发展益处。例如，儿童在森林里的身体活动是在幼儿园中"典型"一天的2倍，在森林里有更多独特的机会进行充满活力的游戏（Harwood, Reichheld, McElhone, & McKinley, 出版中）。然而，我们在森林里待得时间越长，收集和分析的数据越多，我们就越开始质疑，我们与这些孩子、这个森林、这个世界的关系是怎样的？遇到一只死浣熊是我们的研究项目的关键时刻，动物在儿童生活中的存在突出了儿童与自然之间在情感方面不稳定的关系。我们的观念转变为人"与自然一起、是自然的一部分，而不是（仅仅）身在其中"（Dickinson, 2013）。

我们目前正在用后人文主义的视角重新思考我们的项目。后人文主义的概念框架引发人们思考学习中的儿童所处的人类社会文化环境的影响，以及儿童和教师共存的空间和地方中人类之外的环境（Barad，2007；Haraway，2008；Somerville，2011；Taylor & Giugni，2012）。在项目中，我们发现儿童的思考经常与他们所在森林环境中的物体（岩石、树枝、浣熊）相关。思想、概念和理解是由发生在森林中的内部行动形成的。例如，儿童与木棍的互动会锻造出新的东西。木棍，就像孩子一样，是主观的，当儿童作用于木棍时，木棍也会反作用于儿童（Harwood & Collier，2017）。似乎不可能把儿童与自然分开，因为他们是一体的。因此，新的研究问题出现了，比如，教育者如何在森林中促成内部行动，并支持与自然世界的关系教学？随着这些新问题的出现，我们也对研究过程和我们"习以为常的以人类为中心的观察方式"进行质疑（Hultman & Lenz Taguchi，2010，p. 527）。我们期待以新的方式看待和加深自己对成人、儿童、动物、森林之间相互纠缠与交织的方式的新认识。

路易丝·齐曼尼，亨伯学院教授

两棵有150年历史、树皮开裂的参天柳树生长在加拿大亨伯河流域，周围环绕着生物多样性丰富的生态系统（Humber Arboretum[①]，n.d.）。它们是最近在多伦多市亨伯学院为2.5—4岁儿童启动的森林自然计划的核心（Zimanyi，2016）。

奥吉布瓦尼什那比民族土著人（Ojibwe Anishnabe Aboriginal people）拥有105公顷的传统领土，为儿童提供了许多机会，例如，攀爬，探索光影，看着山雀从树枝上俯冲下来，伸出渴望的双手献上葵花籽，注意风、雨、雪和阳光如何改变这棵树，探索一棵有故事的树在暴风雨后裂开的内部结构。

森林自然计划是学前教育部门在健康科学学院[②]、亨伯植物园和亨伯儿童发展中心[③]内的一项合作倡议，得到了亨伯本土资源中心[④]的支持。

基于学前教育以前的自然教育举措以及对教与学创新实践的承诺，森林自然计划为儿童提供了机会，他们可以定期、反复地在自然环境中游戏和学习，并与自然世界建立牢固、知识丰富的联系。该项目于2016年在北美地区不断发展

[①] 即亨伯植物园。——译者注
[②] 英文全称为 School of Health Sciences。——译者注
[③] 英文全称为 Humber Child Development Centre。——译者注
[④] 英文全称为 Aboriginal Resource Centre at Humber。——译者注

的森林学校运动（Forest School Canada[①]，2014）的背景下试行并启动，该运动重视在自然中以地方、情境为基础的具身学习（Sobel，2008），认为这对发展有益（Gill，2011），因为它支持儿童对自然的依恋，缓解通常所说的"自然缺失症"（Louv，2005，2014），并培养全球人们对环境管理的兴趣（IUCN[②]，2012）。

虽然在学前教育领域，具身学习在自然中的重要性正日益得到承认，但欧美幼儿园以儿童中心的教育方式为主，这种教育方式将自然与文化分离（Taylor，2013），不了解或忽视本土的认知方式。在日益复杂的、继承的（Haraway，2008）、殖民的和受到生态挑战的生命世界（Pacini-Ketchabaw，Taylor，Blaise，Finney，2015）中，他们没有采取行动和承担责任，以支持儿童投入集体和关系（Hultman & Lenz Taguchi，2014）中。

在学前教育研究、批判性地方教育学、后结构唯物主义女性主义哲学、生态人文主义、后人文主义地理学和本土本体认知论方面，越来越多的跨学科研究正在分析、重新配置、重新塑造以及重新讲述学前教育中的殖民式教学实践（Taylor & Pacini-Ketchabaw，2015a；Tuck，McKenzie，& McCoy，2014）。这包括从重视以儿童为中心的环境教学转而关注儿童在多种人际关系以及人类关系之外的复杂情况。

虽然看似解决了当今的环境问题，但21世纪的主流学前教育仍然根植于20世纪早期以儿童为中心的儿童发展理论（Piaget，1970）。泰勒和帕契尼-凯查鲍（2015a，p.4）强调，虽然"当代学前教育环境中的儿童正在继承日益复杂的、具有挑战性的共同世界，但以儿童为中心的主流教学很少支持儿童有意义地参与其中"，忽略或者很少承认或处理儿童与地方、植物、动物和归属感的联系及关系的教学意义。

结合地方进行思考（Taylor & Pacini-Ketchabaw，2015），将地方视为"内在的故事"（Nxumalo & Cedillo，2017，p.103），认为地方具有教学意义（Greenwood，2012），理解"智慧存在于地方"（Patterson，转引自 Feld & Basso，1996，p.70），参与地方的物质性、人类和非人类的集合（Duhn，2012）或儿童与"共同世界"环

[①] 即加拿大森林学校协会。——译者注

[②] 英文全称为 International Union for the Conservation of Nature，即世界自然保护联盟。——译者注

境中的其他生物和事物的关系（Common World Childhoods Research Collective[①]，2016；Taylor，2013），促使许多以自然为基础、以儿童为中心的教育机构（以北欧的森林学校为范例）寻求宏大的解决方案，以解决我们在21世纪面临的生态问题。

学前教育领域的新兴学术研究强调通过关注儿童与本地"共同世界"环境中的其他生物和事物的关系，动摇以儿童为中心的学习，重新定位童年和教学，从而实现地方学习的可能性（Common World Childhoods Research Collective，2016）。根植于本土信仰，即儿童与世界有着深刻而不可分割的联系（Martin，2007；Ritchie & Rau，2010），"共同世界"被用来描述儿童、教育者、家长和研究人员如何与其他物种共存，并作为一个框架来调查和定位儿童与非人类世界的关系（Common World Childhoods Research Collective，2016）。

定性研究方法的一个挑战是寻找一种包容的而非榨取的方法，它将"挑战知识产出和目的的核心"（Kovach，2010，p. 46），但仍然可以连接和优待本土与西方的世界观。本土研究框架（Martin & Mirraboopa，2003；Kovach，2010；Smith-Tuwahi，2012）、共同世界和多物种人种学（Pacini-Ketchabaw，Taylor，& Blaise，2016）是准确锚定和指导研究问题的相关方法，可用于探索和理解认知、存在与行动的多种方式；提供"通过故事写出理论"的方法（Stewart，2011，p. 445）；探索"多物种接触区域的本体论、伦理和生态难题"（Haraway，2010）；按照科瓦奇的建议，"打破两极分化，为集体智慧创造一个新的伦理空间"（Kovach，2010，p. 223）。

我的研究考察了如何通过共同世界的范式、方法和教学，以及本土关系的存在来重新概念化、去殖民化和重新讲述基于地方的学前教育研究，支持儿童建立的联系和伦理关系。我的研究问题是，包括亨伯植物园在内的地方如何通过其特有的故事，以不同的方式被集体认知和体验，以及人们如何在共同世界中用强调"人类关系之外"的地方关系的本土本体知识论对其进行思考？结合地方进行思考，教育者、儿童和本土居民一起，连同非人类世界，集体参与和探究如何有助于重新讲述儿童与地方的相遇，并重塑与地方相关的教育学？

[①] 即共同世界儿童研究小组。——译者注

这项研究挑战了人类在某种程度上是异常的、与自然高度分离的观点，并思考如何重新审视与我们相连的地方（土地、水、空气），"通过它的物质性，即由季节和天气的日常周期变换以及包括人类在内的所有生物的活动所导致的动态、不断变化的特性"（Somerville & Green，2012，p. 5），帮助我们"慢下来，关注当下，注意他者的多种存在方式"（Instone & Taylor，2015，p. 137）。

虽然还没有广泛传播，但有越来越多的教学和范式转变的例子，反映了通过集体探究关注儿童的关系和儿童在共同世界中的地位的有用原则（Taylor，2013）。这通常"需要实地调查，（反复地）让研究人员与儿童和教育者沉浸在实际环境中，观察、倾听、等待、学习"。在加拿大的努纳武特地区，可以结合因纽特人居住的地方或土地、冰和水进行思考（Rowan，2017）；去殖民化和重新讲述儿童在幼儿园中与"自然"森林的相遇（Nxumalo，2015）；结合水进行思考，倾听水音，探索课堂中的"水教学"（Pacini-Ketchabaw & Clark，2016）；与蚂蚁和蠕虫一起学习（Taylor & Pacini-Ketchabaw，2015b）；通过"变成青蛙"来了解地方（Somerville，2013）；把树桩看成充满故事的世界（van Dooren & Rose，2012）；雨、风和阳光对身体的影响，以及通过"风化"了解天气（Neimanis & Walker，2014）；与天气互动（Ingold，2007）促使天气世界化（Rooney，2016，p. 2），"人类、非人类和基本因素被卷入一个共同世界中"，通过在不同的天气中行走（Ingold，2015，p. 4）"探索天气和儿童之间相关事件的复杂性"，以及通过返回地方建立的联系。

与地方、材料、元素、土地、水和天气一起存在的核心的、主体的教学意义鼓励儿童质疑他们之外不同的选择和继承关系（Taylor，2013），实践关系伦理（Whatmore，2002），并学习如何与元素和多元物种共存。这种从"以人类为中心"到"以地球为中心、以生物为中心"的世界观的转变（Kimmerer，2015），是美国哲学家乔安娜·梅西（Joanna Macy）所说的"大转变"——这是我们这个时代的重大冒险，从工业增长的时代转变为维持生命文明的时代（转引自Kimmerer，2015，n.p.）。

实 践 应 用

阅读重要研究者的文字是为了启发实践。此外，个人和集体参与研究也会对你的儿童工作产生强有力的影响。幼儿教师可以遵循计划、参与、探索和反思的"PEER 原则"，为行动研究创造机会（见表 12.2）。

表 12.2　计划、参与、探索和反思——通过研究创造新知识

计划	幼儿教师检查他们的实践，以确定一些核心问题与户外游戏的各个方面有关，例如，儿童如何使用空间、儿童参与的个人和团体游戏类型、儿童如何拥抱户外，以及幼儿教师的角色和责任。然后，计划研究的内容、地点、时间、方式和参与人员。
参与	使用计划，进行文献综述，收集数据，分析并试图理解从数据中看到和想到的内容。让儿童、批判性朋友或指导者等其他人参与进来，为研究结果带来意义。
探索	倾听儿童、同事、批判性朋友或指导者，了解他们的所见所闻和想法，以及他们有关如何将研究结果应用于实践的看法。了解哪些变化对实践可能意味着什么。如何进行更改以及如何记录结果？儿童、家长、同事和研究者的角色是什么？
反思	研究过程是否有助于澄清这个问题？这个过程和发现是如何给研究者、儿童、家长、同事和幼儿园带来新知识的？你从这个过程中学到了什么？又出现了什么问题？你对什么感到惊讶？接下来，你会做什么？

户外游戏的提示与工具

研究户外游戏可以改善儿童的户外经验。虽然可以采用很多方法进行研究，但当幼儿教师和教师团队接受这个过程时，研究最有效。研究方法的选择将取决于所要探讨的问题。我们鼓励潜在的研究团队确定一个或多个可以投入时间寻求答案的主题。研究的目的是让研究者、儿童和整所幼儿园都满意。因此，对有兴趣开始研究的教师来说，确定想要研究的实践元素或儿童户外游戏的各个方面是有帮助的。

确定研究中将使用的镜头会有益于研究团队。例如，如果团队价值观与信念

是儿童在早上和下午利用特定的时间进行户外游戏,那么他们的方法将非常不同于跟随儿童、支持儿童的户外活动和游戏情节的团队。理想情况下,幼儿教师会思考他们想要形成和讲述的故事。

研究需要研究者对他们的发现持开放态度,并在投入研究之前承诺他们将使用研究结果为实践提供信息。否则,人们一定会质疑为什么要在这个过程中投入时间。研究的过程是为了促进幼儿教师的反思和持续的成长与发展。在研究过程中投入时间和精力,有助于改善儿童的户外游戏体验。是的,现在正是从事研究和掌握探究力量的时候。毕竟,儿童是我们投入研究的原因!

在现场——专业反思:"我为什么热爱户外游戏"

专栏 12.3　我为什么热爱户外游戏

当我成为一名幼儿教师,开始与孩子们在一起时,我的实践重点是室内环境。我带孩子们出去玩,因为这是一个获得许可证的强制性要求,但我所做的只是监督他们每天玩同样的设备和材料。我后悔没有把儿童带出围墙、带去有田野和树木的地方。当时我正在学习瑞吉欧·艾米莉亚方法的原理,并努力从以主题为基础的课程转变为生成课程。当我成为一名大学教授并开始教幼儿教育学后,我提倡自然主义的室内环境和开放性材料。户外与自然游戏还没有进入我的视野,这不是幼儿园的重要组成部分。

然而,我对专业学习充满热情,并开始使用社交媒体寻找任何与游戏和学习有关的文章、网站及博客。我有机会参加了一个森林学校的实践课程。我知道要进入森林,我正在走出自己的舒适区!我已经有几十年没有过这样的"艰苦生活"了,我一直是一个追求舒适的人。我倾向于避开寒冷、潮湿和虫子。除了我的厨房,我的刀工从来没有被发挥过,虽然我认为自己是一个伟大的厨师,但我经常割伤自己。我也经常撞到东西,被认为是个笨手笨脚的人。我想,这是因为我总是在自己的脑海里深刻地思考着教学、学习和人际关系。我总是有一些想法和思考。在森林里，我摆脱了自我，开始留意周围的环境，小心地迎接挑战。我认真倾听那些比我更有见识的人教给我的东西。我用弓锯锯，用小刀削，还可以打结。

我走出森林以后，对自己学习新事物的能力更有信心，而且更多地关注周围的环境，尤其是自然环境。在那次转变的基础上，我利用一切可能的机会在户外作为研讨会的参与者和协调员度过时光。作为加拿大约克区自然合作组织的主席，我有幸在大自然中与儿童、家长和幼儿教师相处。我开始相信户外游戏的重要性。当贝弗莉邀请我参加一个旨在培养幼儿教师支持儿童户外游戏能力的研究项目时，我没有犹豫。这一研究和课程设计带来了新的知识创造。能够在户外环境中促进在线和面对面的课程，我感到有一种情感联系，这是变革性的。我现在最想做的事就是和别人一起在森林里。这就是我热爱户外和大自然的原因。

本书作者黛安娜·卡欣

 专栏12.4　我为什么热爱户外游戏

我是在户外长大的。我在森林里散步，享受着树木的芳香、田野里的高草，以及整个环境。我躺在草地上；我为妈妈做了一个上面放着雏菊的泥饼；当踩到蚂蚁巢穴时，我大声尖叫，并在水坑里踩水。这就是我的现实。我以为那是每个孩子的真实写照。1995年，当我还是安大略省一所大学的教师时，我以为来到这里的学生都有类似的童年。我意识到，尽管学生们有户外游戏的经历，但他们似乎更喜欢有组织的体育活动，而不是单纯的玩耍。因此，我经常带学生参加户外探索活动。一些学生欣然接受了这个机会，而另一些学生真的为户外活动而烦恼——他们感到寒冷、无聊，认为户外活动没有室内活动那么重要。

由于这些经验，在一次教师课程会议上，我建议在课程中明确户外游戏。不幸的是，我的同事们有不同的观点。为了让户外游戏在我的课堂上更加明确，我开始寻找一本至少包含一章户外游戏内容的教科书。我没能找到这样的书籍。我开始感到沮丧，因为我的信念与价值观是儿童和成人在户外活动时更健康、更快乐，成人和儿童一起在户外活动时是快乐的。1999年，我决定把我的专业研究集中在户外游戏上，包括写我的第一篇文章和第一本加拿大教科书，其中有一章是专门关于户外游戏的。尽管我离开了教学岗位，进入了大学的管理部门，但我仍然坚持研究户外游戏。

现在，当我写关于户外游戏的文章，并与幼儿教师、家长和具有各种能力的儿童在一起时，我会从观察、倾听、指导和发现有关户外游戏的新知识中获得乐趣。我也从指导那些对儿童户外游戏感兴趣的学生完成他们的本科或研究生学位论文中获益良多。当幼儿教师等教育者对户外游戏"着迷"时，我会对我们的后代充满希望。

作为当前研究项目的一部分，我正在与市政当局合作，创建一个只有自然和开放性材料的游戏场地。当我看到许多家长带着他们的孩子来到这里，听到他们欢乐的笑声和尖叫声，观察游戏的激烈程度时，我知道没有什么比这更能支持社区和我们的下一代了。和黛安娜一样，对我来说，没有比户外更好的地方了。无论是在森林里，在住处附近散步，还是在花园里挖掘——我的身体和灵魂都属于户外。最后，我鼓励你打开门，让儿童在户外游戏。

本书作者贝弗莉·迪策

案例研究

幼儿教师可能会发现，从舒适的环境转向致力于研究，以创造有利于儿童和他们的户外游戏的新知识，是一种挑战和冒险。当从事研究时，幼儿教师必须做好准备并知道，在与儿童参与研究的过程中，他们在解释发现的意义时可能会感到不安和不确定。阅读案例研究12.2，思考下面的问题。

案例研究 12.2　从事研究

在一个关于户外游戏的智库小组的会议上，幼儿教师和园长被要求自愿将三所幼儿园作为试点，参与一个行动研究项目。该项目的目的是研究当户外游戏环境中有特定的开放性材料时，3 岁儿童会参与的游戏类型。园长和两位幼儿教师真的很乐意做志愿者，因为他们认为，通过近距离观察儿童如何玩开放性材料，可以了解到很多东西。与此同时，他们非常清楚地知道，他们将踏上一段新的学习之旅，因为他们没有行动研究的经验。他们决定自愿将自己所在的幼儿园作为试验基地。回到幼儿园后，他们认为，向同事们介绍自己的想法可能会有益处。他们来来回回地讨论如何展示和展示什么。他们知道将这些益处分享给园所、儿童和幼儿教师的重要性。但他们面临的挑战是，他们对行动研究所知甚少，以至于不知道如何描述项目的范围。

1. 在没有行动研究背景的情况下，接下这个项目会有哪些挑战？

2. 你认为，这几位教师在向同事们介绍信息时可能面临的挑战是什么？你会建议他们在与同事讨论之前做些什么或了解什么？

3. 参与这个项目的优势是什么？你认为利大于弊吗？

 专栏 12.5　到户外去

为其他幼儿教师或学前教育专业的学生计划一个户外工作坊。在阅读完本书后，其他人可以参与什么样的活动，从而适应户外游戏，并发现自己与大自然的联系？

本章小结

- 研究有助于幼儿教师的实践，并支持他们的持续学习之旅。
- 研究是一个职业的基础。

- 幼儿园是成为"探究孵化器"的完美环境。
- 无论何时进行研究，无论是谁进行研究，都必须遵循道德规范。
- 幼儿园中的研究包括儿童、家长和幼儿教师的声音。
- 研究人员通过识别问题（行动）来思考研究过程，评估问题对环境和可能参与研究的人的适宜性（反思），并决定是否继续研究（行动）。
- 研究的目的是改变我们的思维模式、想法和理念、知识和实践，这将有利于儿童的游戏。
- 指导者和批判性朋友可以在检查数据、得出结论、提供建议以及改变实践中发挥关键作用。
- "批判性朋友"一词源于批判教育学。批判教育学的目标是让个人通过社会互动和行动来影响变革。
- 研究者将指导过程定义为"在工作环境中，高级职业在职者（指导者）和新手（学徒）之间的一种动态的、互惠的关系，旨在促进双方的职业发展"（p. 16）。
- 本杰明·布鲁姆的高阶思维技能支持幼儿教师参与反思过程，这有助于影响学前教育环境中的理论和实践的变化。
- 跨专业实践包括与其他专业人士一起工作来支持儿童，每个人都带来重要的观点。
- 幼儿教师的态度和思维环境与延伸到儿童户外游戏的环境和经验直接相关。
- 研究表明，有三个特征支持幼儿教师整合新的学习。首先是内容质量，以及内容与当前知识和经验的关系；其次是理论应用的丰富性或广泛性；最后是理论结构。
- 应用理论要求幼儿教师能够轻松地就自己的想法寻求建议，并参与讨论，以阐明如何将理论转化为实践。
- 行动研究是指为解决问题而发起的研究，或是为改进实践而进行的一个渐进的反思过程。
- 行动研究是一个系统地审查和反思个人或群体实践的过程，是教师－研究者和儿童构建知识的互动过程。
- 行动研究分为个体教师研究、合作行动研究和全园研究。

- 合作行动研究是指由团队进行、以改善团队经验和促进研究者专业学习为目的的研究方法。
- 叙事探究是指对生活故事的线索和主题进行研究，这些线索和主题会给生活经验带来新的见解。
- 从户外游戏的角度来看，在幼儿园中，与大学中的研究者、有兴趣将户外游戏提升到下一个水平的同事一起进行叙事探究是有效的。
- 教学记录被视为一种研究方式，因为它是一种以探究有关儿童学习的问题为基础的研究故事。
- 加拿大的研究人员越来越多地在研究中考察户外游戏的各个方面。
- 选择哪种研究方法来研究户外游戏的各个方面将取决于所要探讨的问题。
- 确定研究中将使用的镜头会有益于研究团队。
- 研究需要研究者对他们的发现持开放态度，并在投入研究之前承诺他们将使用研究结果为实践提供信息。否则，人们一定会质疑为什么要在这个过程中投入时间。

安静反思

安静地去一个对你来说很特别的户外地方，在那里你可以看到或想象儿童在游戏和探索。想一想你对环境有什么问题或者儿童在环境中是如何游戏的？想一想为什么这些问题对你来说很有趣？为什么你可能想要进一步探索，以及如何行动？研究对你的实践有什么影响？你打算如何将你的问题转移到一个研究项目中？谁可能成为你的研究伙伴？是什么让你对从事研究的可能性感到兴奋？你认为挑战是什么？接下来你要做什么？

与他人对话

儿童、家长、同事和研究人员是研究的伙伴。社区对话和研究的概念是相互关联的。我们鼓励研究人员从建构主义的角度思考社区对话和研究，因为一系列的声音可以有很多益处。不同的观点有助于幼儿教师、社区成员和研究参与者进行思考、观察、想象，并决定如何从社会角度构建新知识。社区对话会增加人们进行研究的自主权，和以有助于促进实践改变的方式使用知识的自主权。想一想某所靠近公园的幼儿园。社区对话如何为儿童创造新的机会，让他们参与和拥抱这个空间？社区中的所有儿童如何从研究和社区对话中受益？幼儿教师的理想目标是创造一种有关探究、解决问题和社区联系的文化，所有这些都是有效研究和知识传播的必要条件。

参 考 文 献*

Abdul-Haqq, I. (1995). *ERIC as a resource for the teacher researcher*. ERIC Digest. EED 381530.

Acar, H. (2013). Landscape design for children and their environments in urban context. In *Advances in Landscape Architecture*. InTech.

Alexander, P. A., & Grossnickle, E. M. (2016). Positioning interest and curiosity within a model of academic development. *Handbook of Motivation at School*, 188–208.

Alexander, S. A., Frohlich, K. L., & Fusco, C. (2012). Playing for health? Revisiting health promotion to examine the emerging public health position on children's play. *Health Promotion International*, *29*(1), 155–164.

Allsup, K. (2016, June 8). Please don't say you allow your child to take risks.

Almon, J. (2017). *Playing it up—with loose parts, playpads, and adventure playgrounds*. Annapolis, MD: Alliance for Childhood.

Ampartzaki, M., Kypriotaki, M., Voreadou, C., Dardioti, A., & Stathi, I. (2013). Communities of practice and participatory action research: the formation of a synergy for the development of museum programmes for early childhood. *Educational Action Research*, *21*(1), 4–27.

Anbari, M., & Soltanzadeh, H. (2015). Child-oriented architecture from the perspective of environmental psychology. *European Online Journal of Natural and Social Sciences*, *4*(3) (s), 137.

Anderson, K., & Ball, J. (2011). Foundations: First nation and Métis families. In D. Long and O. P. Dickason (Eds.), *Visions of the heart: Canadian Aboriginal issues* (3rd ed., pp. 55–89). Toronto: Oxford.

---

* 为了环保，也为了节省您的购书开支，本书参考文献不在此一一列出。如果您需要完整的参考文献，请通过电子邮箱 1012305542@qq.com 联系下载，或者登录 www.wqedu.com 下载。您在下载中若遇到问题，可拨打 010-65181109 咨询。